THE LAW OF CORPORATION

MERGERS AND ACQUISITIONS

公司法

重组购并

◎金勇军 著

高等教育出版社
Higher Education Press

图书在版编目(CIP)数据

公司法：重组购并／金勇军著. —北京：高等教育出版社，
2009.12（2013.4 重印）
ISBN 978-7-04-028391-4

Ⅰ.公… Ⅱ.金… Ⅲ.企业合并－公司法－研究－中国
Ⅳ.D922.291.914

中国版本图书馆 CIP 数据核字(2009)第 192434 号

策划编辑 宋 军　　责任编辑 刘柏才　　封面设计 赵 阳　　责任校对 刘 莉
责任印制 田 甜

出版发行	高等教育出版社	咨询电话	400-810-0598
社　　址	北京市西城区德外大街 4 号	网　　址	http://www.hep.edu.cn
邮政编码	100120		http://www.hep.com.cn
印　　刷	北京民族印务有限责任公司	网上订购	http://www.landraco.com
开　　本	787×1092　1/16		http://www.landraco.com.cn
印　　张	23	版　　次	2009 年 12 月第 1 版
字　　数	520 000	印　　次	2013 年 4 月第 2 次印刷
购书热线	010-58581118	定　　价	38.00 元

物 料 号　28391-00

作者简介

金勇军，1968年生，金华市人，民盟盟员。

1990年毕业于华东师范大学哲学系。1996年毕业于北京大学法律学系（知识产权学院）民商法（知识产权）专业，获硕士学位。1996年至今，任职清华大学经济管理学院，现任副教授。

研究方向：公司法、证券法、合同法、知识产权法和税法。

学术兴趣：管理案例撰写、司法判例研究和专门问题评论。

教授课程：合同法（本科）、税法、知识产权法（本科）、商法（MBA）和知识产权法专题（MBA）；公司法专题、商标法专题、专利法专题和知识产权法专题（工商管理培训）；合同法专题和税法专题（财务总监培训）；公司法专题（高级经理培训、总裁培训和企业内训）；上市公司运作的法律框架（独立董事培训）；董事和独立董事的权利、义务与法律责任（独立董事培训）。

主要作品：《民法判例研究》（个人论文集），中国政法大学出版社2002年版；《知识产权法原理》（独著），中国政法大学出版社2002年版；《公司法总论》（独著），高等教育出版社2004年版；《知识产权法》（独著），法律出版社2005年版；《会计师第三人责任》（独著），高等教育出版社2006年版。

自　序

凡法律云者，要者有二：其一，为逻辑；其二，为利益。若手握逻辑，自当从逻辑；若逻辑解决不了利益，则从利益修改逻辑。今日立法，无非在利益关键处所出手一刀，楚河汉界，当自了然。

孰知中国世事，殊非简单；法治社会之法律，尚有三重区别：课本下之法律、生活中之法律和裁判上之法律。上文所指，只能是课本下之法律。衡诸业界人士，研习课本下之法律，绝非全部，也不是根本，只不过是基础；不管如何，此等研习绝非艰难。

2005年公司法第33条云："有限责任公司应当置备股东名册……"业界律师惊呼，中国并无哪怕是开曼群岛公司法上的股东名册制度。果真不简单，白纸黑字写着，是一回事；生活中生根发芽者，是另外一回事。此乃生活中之法律。此等法律，不上课本，不在眼前，不显明处，不招你我，多有所见，但不见全豹，研习艰难，世人共知。

尽管如此，2005年公司法第74条又云："转让股权后，公司应当注销原股东的出资证明书，向新股东签发出资证明书，并相应修改公司章程和股东名册中有关股东及其出资额的记载。对公司章程的该项修改不需再由股东会表决。"若法院面临股东身份纠纷案，经查确无实实在在的股东名册，但法官敢于从第74条推断，公司章程之修改或者股东会之决议，就是事实上的股东名册。设若如此，此乃裁判上之法律。是等法律，研习文本，操在法院；如若法院愿与业界共享文本，研习之便，交锋之利，可以想见，因为法官原本也是业界中人。

三四年前，笔者着手写作本书之时，已然想到三重法律，自得一并研习。甘苦辛劳，笔者自知。数年之下，研习心得，尽在页后；仅仅开头，并未终了。

在此期间，吾女金其智降生，计划事项多有耽搁；每每想到，一二周岁的孩子，天天晚上等我到十一点，我不回家，她不睡觉。对此，我不能再说什么；要说，也只能是："小猪，让你陪绑，爸爸对不起你！"

或许，心有灵犀。写作快要完工时，宋军女士来电问询：当年出版《公司法总论》时曾言及另有一计划，专研"动态者"，以使其与前者之"静态"相呼应；如今"动态者"进展如何。我惊讶地问："你怎么知道我刚刚完成呢？"幸赖宋军扶持，心有万分感谢!

愿闻业界和读者的任何评论。我的通讯方式为：

Email:jinyj@sem.tsinghua.edu.cn

MSN:intellectualpl@live.cn

目　录

§ 1 公司法导论

§ 1.1 公司法概述

1. 公司法内容

2005年公司法包括下列五部分内容：

第一部分，有关公司组织机构和股东权利的规定。比如，2005年公司法第2、3、4章和第6章相关章节。上述章节，要么事关股东的权利，比如股东表决权；要么事关公司的权力，比如董事会职权。如许内容可称为企业宪法。

第二部分，有关公司成立存续和公司财务会计制度的规定。比如，2005年公司法第2、4、8、9章和第10章相关内容。上述规定可称为企业组织法。

第三部分，有关公司股票和债券的规定。具体包括2005年公司法第5章和第7章规定。这两章规定的股票和债券为有价证券中的投资证券。故这一部分内容通常称为投资证券法。

第四部分，有关外国公司分支机构的规定。具体仅限于2005年公司法第11章规定。这一部分事关外国公司如何在我国直接营业，可称为外国公司法。

第五部分，附属行政法和附属刑法。上述四部分规定涉及的种种公司制度，得由相应的行政法规定和刑法性规定保证执行。比如，2005年公司法第12章。因此牵涉的行政法规定和刑法性规定，可称为附属行政法和附属刑法。

上述五部分内容当中，既有属于民法和商法等私法成分，也有属于行政法和刑法等公法成分。私法为主，公法为辅。若以内容多寡论，多数内容是企业组织法。[1]

---

1 参见李哲松：《韩国公司法》，吴日焕译，中国政法大学出版社2000年版，第5页。

2. 公司法法源

上述五部分，系2005年公司法法典的内容。公司法法典以及其他系属公司法的法律规定，均属公司法法源，系国家立法。[1]除此之外，值得特别讨论的公司法法源，是习惯法和公司自治规章。

首先，习惯法。2005年公司法第112条第1款第2句规定："董事会做出决议，必须经全体董事的过半数通过。"此系董事会决议产生事宜。仅从逻辑上推导，董事可投之票，原则上以赞成票和反对票为限；任何一种票的票数过半数，足以产生决议。在实务当中，有弃权票之说。如果董事投弃权票，仅就该票而言，该如何处理？算作反对票？或者不管可投之票的种类数额为多少，任何一种票过半数，相应决议即产生，相应的是赞成决议、反对决议和弃权决议？按照习惯，不得将其计入就表决事项享有表决权的票。是谓习惯法。

其次，公司自治规章。公司自治规章，是诸如公司章程、公司董事会议事规则、公司股东大会议事规则之类的文件。[2]皆为团体性自治规章。比如，就上文提到的董事投票，如果公司章程作出特别约定，约定可投之票包括赞成票、反对票和弃权票，则上述事例中的弃权票，算作一种董事可投之票。此种结论的依据，是章程约定这一种自治规章。

3. 公司关联法

作为企业组织法的公司法，在我国法律体系中处于哪个位置呢？这个问题，不妨以公司关联法为参照来讨论。首先，企业形式原则上包括公司、合伙、合作社和独资企业。相应的立法为公司法、合伙法、合作社法和独资企业法。公司法是其中一种。我国公司法，于1993年制定，于1999、2004年和2005年修订；我国合伙企业法，于1997年制定，于2006年修订；我国外资企业法，于1986年制定，于2000年修订；我国个人独资企业法，于1999年制定。[3]截至目前，我国尚未制定普通合作社法。

其次，从证券法律制度的角度看，有以下三种法律：公司法、证券交易法和证券业法。公司法仅就证券法律问题做出原则性规定，将其具体事宜留待证券交易法和证券业法规定。比如，证券交易中的收购问题，由证券交易法规定；证券公司和证券交易所等证券业问题，

1 立法的具体含义，参见2000年立法法。

2 可到交易所相应栏目检索：上海证券交易所，http://www.sse.com.cn；深圳证券交易所，http://www.cninfo.com.cn。

3 至于国有独资公司，从2005年公司法第2章第4节规定处理。

由证券业法规定。公司法是证券法律制度中的一般法。我国已于1998年将证券交易法和证券业法合二为一通过证券法，并于2005年修订。

再次，从投资者的角度看，有公司法、投资基金法和信托法之区分。公司法规定一般投资者，投资基金法规定特别投资者，即，机构投资者。投资基金据以运作的基础之一是信托合同，该种合同以及相关问题，由信托法规定。我国信托法，于2001年制定；我国投资基金法，于2003年制定。

最后，从实体和程序的角度看，有公司法、商事登记法和破产法之区分。公司法规定有关公司的实体问题，将程序问题留待商事登记法规定。目前该种法律是2005年公司登记管理条例。公司法原则规定有关公司破产的问题，将有关破产的具体的实体和程序问题，留待破产法规定。我国已于2006年制定统一的企业破产法。

4. 企业组织法

作为企业组织法的公司法，主要调整公司组织机构、公司和董事、监事、经理与股东之间的关系以及公司成立存续涉及的关系。其中，公司组织机构，比如股东大会、董事会和监事会，公司成立存续涉及的关系，比如，发起人责任、信息披露等。公司法仅仅调整上述关系。除此之外的事务，和公司法没有关系。更不能得出，了解公司法，就意味着了解与公司有关的所有的法律问题的结论。

法律体系中的各个部门法，有各自的分工。其他事务由其他法律规定。比如，公司和雇员之间的关系，如果涉及公司授予的代理权，那是民法中代理的领域；如果不涉及授权，那是劳动合同法、社会保障法等领域的事务。公司生产的产品，如果有责任问题，那是产品责任法的领域，也涉及诸如消费者权益保护法等法律。公司和他人做交易，那是民法或商法的领域。公司的税负，那是税法等行政法以及相应刑法的领域。如有环保问题，那是环境保护法的领域，等等。如欲成为一位合适的公司法律顾问，或者出具合适的咨询意见，除了了解公司法，多多少少要知道一点其他法律知识。自然，民法或商法之类的公司法的一般法，更不用多说了。

5. 公司法属性

2005年公司法共计219条。设若追根究底，每一具体条文，究竟系属哪一种性质的规定？[1]这一问题不可一概而论。

有的条文系属强行法规定。针对强行法规定，当事人不得以约定推翻，否则一律无效。比如，2005年公司法第24条规定："有限责任公司由五十个以下股东出资设立。"设若共有101位自然人缔结章程，意欲设立有限责任公司的，且不论其他事宜，该章程是否有效？结论是无效。

有的条文属于强制性规定或者禁止性规定。2005年公司法第147条规定："有下列情形之一的，不得担任公司的董事：……因贪污……被判处刑罚，执行期满未逾五年……""公司违反前款规定选举……董事……的，该选举……无效。"即，2005年公司法第147条第1款规定为禁止性规定；2005年公司法第147条第2款明确，凡违反2005年公司法第147条第1款规定者，无效。2005年公司法第33条第3款规定："公司应当将股东的姓名……向公司登记机关登记……；未经登记……的，不得对抗第三人。"即，2005年公司法第33条第3款第1句为强制性规定；2005年公司法第33条第3款第2句明确，凡违反公司法第33条第3款第1句者，无效。[2]

有的条文系属任意性规定。就任意性规定，当事人可以以约定推翻。比如，2005年《公司法》第149条规定："董事、高级管理人员不得有下列行为……违反公司章程的规定或者未经……股东大会同意，与本公司订立合同或者进行交易……"如果章程另有约定或者已经股东大会同意的，董事可以为上述行为；即使违反章程约定或者未经股东大会同意，董事为上述行为的，相应行为仍然有效。

至于某一特定条文，究竟属于哪一种规定，得从该条文的立法目的等因素综合判断，没有一成不变的公式。就全部公司法条文而言，私法条款居多；私法条款当中，任意性条款居多。

6. 公司法和政府管制

公司法调整的领域，可以区别为管制领域和非管制领域；区别标准是政府公共权力是否介入。就非管制领域，公司法仅仅设置任意性规定。比如，有限责任公司股东分红事宜，系属非管制领域。公司法第35条规定："股东按照实缴的出资比例分取红利……但是，全体股东约定不按照出资比例分取红利……的除外。"如果股东另有约定，从股东约定；如果股

1 在美国，一批具有经济学基础的法学教授在"Nexus of contracts"公司模型的提法下，讨论过类似的问题。See e.g., Frank H. Easterbrook and Daniel R. Fischel, The Corporate Contracts, 89 Colum. L. Rev. 1416 (1989).

2 此处的无效，是相对无效，针对第三人而言，是无效的。

东没有其他约定，从公司法第35条规定。

就管制领域，公司法设置强行法规定、强制性规定、行政法性规定甚至是刑法性规定。比如，注册资本抽逃事宜，系属管制领域。2005年公司法第36条规定："公司成立后，股东不得抽逃出资。"如果抽逃，结果又怎样？2005年公司法第201条规定："公司……股东在公司成立后，抽逃其出资的，由公司登记机关责令改正，处以所抽逃出资金额百分之五以上百分之十五以下的罚款。"公司法之外的刑法第159条规定："公司……股东……在公司成立后又抽逃其出资，数额巨大、后果严重或者有其他严重情节的，处五年以下有期徒刑或者拘役，并处……抽逃出资金额百分之二以上百分之十以下罚金。""单位犯前款罪的，对单位判处罚金，并对其直接负责的主管人员和其他直接责任人员，处五年以下有期徒刑或者拘役。"相关附属行政法和刑法之目的，系保证执行注册资本制度。

值得深思的是，某些公司法条文，看似处理政府管制事宜；相关条文并未包含相应内容借以明确法律后果，也没有其他条文明确。这样的条文几成具文。比如，2005年公司法第19条规定："在公司中，根据中国共产党章程的规定，设立中国共产党的组织，开展党的活动。公司应当为党组织的活动提供必要条件。"设若公司不提供必要条件，结果又怎样？结果没有。设若如此，又如何保证该种规定的实施呢？

§ 1.2 公司概述

1. 公司概念

（1）通常学说

通常学说主张，[1]公司是依照公司法设立的以营利为目的的社团法人。上述主张要点如下：

第一，公司是法人。在法律上，私法关系主体主要有两种，即自然人和法人。公司属于法人。表达准确一点，公司系独立于设立公司的股东的法人，是股东之外的另一法律关系主体。

第二，公司是社团法人。在法律上，因人的组合而成立的法人，为社团法人。[2]公司是由股东出资设立的，自然属于社团法人。民法通则在规定法人的第3章中，并未使用社团法

1 例见末永敏和：《现代日本公司法》，金洪玉译，人民法院出版社2000年版，第4页。

2 与此相对应，因财产的组合而成立的法人，为财团法人。Siehe Brox, Allgemeiner Teil des buergerlichen Gesetzbuchs, 8.A.,1984 , S.289—90.

人一说，故2005年公司法第3条仅仅提到，公司是企业法人。依照国家工商行政管理总局企业登记分类，企业分为内资企业和外商投资企业；内资企业分为国有企业、集体企业、联营企业、股份合作企业、有限责任公司、股份有限公司、私营企业和其他企业；外商投资企业分为中外合资经营企业、中外合作经营企业、外资企业和外商投资股份有限公司。[1]上述企业都可以是企业法人，有限责任公司或者股份有限公司是其中之一。

2005年公司法，准许设立一人有限责任公司和国有独资有限责任公司；因上述公司股东仅为一人，非为社团法人。此为例外。[2]

第三，公司是以营利为目的的社团法人。公司设立目的，在于为社团成员谋取利益，体现在诸如年终分红派息、送配股份和剩余财产分配等方面。与此相反，注册会计师协会，也是社团法人，但它并不以营利为目的。公司设立目的在于为社团成员谋取利益的提法，容易使人发生误解。更为确切的提法是，公司目的在于股东股份价值的最大化。不仅仅在于股东短期利益，还在于股东长期利益。[3]

第四，公司是依照公司法设立的。社团法人，有民法上的社团法人，比如注册会计师协会；其他特别法上的社团法人，比如合作社等。公司是依照公司法设立的。上述提法，应在更为广泛的意义上理解，公司成立存续依据是公司法，公司法是有关公司的企业组织法。

（2）公司和其他企业形式

我国正处在经济转型时期，公司之外尚有一些原计划经济体制遗留下来的企业形式。包括：第一，全民所有制工业企业。设立依据是1988年全民所有制工业企业法。而且该法第65条规定："本法的原则适用于全民所有制交通运输、邮电、地质勘探、建筑安装、商业、外贸、物资、农林、水利企业。"因此，差不多适用于所有行业的全民所有制企业。1993年的宪法修正案，改称其为国有企业。[4]第二，乡镇企业。设立依据是1996年的乡镇企业法。第三，集体所有制企业。设立依据是1991年的城镇集体所有制企业条例。第四，私营企业。设立依据是1988年的私营企业暂行条例。依照该条例第6条规定，企业形式包括独资、合伙和有限公司。第五，中外合资经营企业。设立依据是1979年的中外合资经营企业法。第六，中外合作经营企业。设立依据是1988年的中外合作经营企业法。第七，外资企

1 参见1998年国家统计局国家工商行政管理局国统字〔1998〕200号关于划分企业登记注册类型的规定第2条。

2 参见2005年公司法第24条和第2章第3、4节。

3 See Robert Charles Clark, Corporate Law 18 n.46 (1986).

4 参见1993年宪法修正案第8条。

业。设立依据是1986年的外资企业法。[1]

在我国，没有充分数据说明，公司是否是主导企业形式；在美国，尽管不在数量意义上，但在经济意义上，公司是主导企业形式。[2]

2. 法人人格

（1）概说

公司是独立于股东的法人。由此派生出公司享有的许多特点。第一，只要公司不注销或者没有注册为定期公司，公司会永久存续，此点有别于个人；[3]第二，在人、财、物和产、供、销等方面，公司与设立公司的股东独立。[4]比如，甲差不多持有某股份有限公司全部股份；甲将其财产木材一批，出让给公司；交货之后，甲以自己的名义为上述木材保险；因为火灾，上述木材全部烧毁。甲遂向保险公司索赔。该财产是公司的财产，而该公司又独立于甲；甲没有保险利益，故没有依据索赔。[5]第三，公司经营管理，委诸董事会，甚至董事会也仅仅起消极的监督作用，总经理负责经营。在美国，称为"centralized management"。[6]不过，这一点最好从反面理解，除少数场合的投票权外，公司经营由管理层决定。股东没有相应发言权，更不用说公司一般雇员。公司可以达到经营事务专门化，管理层可以设计合理的内部沟通和控制机制。[7]第四，有限责任。这是最值得一提的。下文独立讨论。正因为公司具备上述特征，公司才是主导企业形式。[8]

在20世纪80年代的美国，可供选择的企业形式有合伙、独资企业和公司三种。因为上述特征和适于税收最小化设计，企业多采公司形式。在特别情况下，才采取其他形式。比如，因为法律禁止以公司方式营业，诸如律师事务所或者会计师事务所之类的，采用合伙形式提供职业服务；新创企业（start-up），预见早年亏损情形，也考虑税收问题，多采合伙

1 上述企业形式之外，尚有其他企业形式，比如，地方性法规承认的股份合作企业。1995年河北省乡村股份合作企业条例，就是地方性法规之一。

2 See Number of Returns, Receipts, and Net Income by Type of Business: 1990 to 2005, http://www.census.gov (visited May 29, 2009).

3 例见1997年12月16日中国证券监督管理委员会证监〔1997〕16号上市公司章程指引第7条。

4 可以例见2002年1月7日中国证券监督管理委员会证监发〔2002〕1号上市公司治理准则第22条。

5 Cf. Janet Dine, Company Law 29 (4th ed. 2001).

6 See Robert W. Hamilton, The Law of Corporations 48 (2000).

7 See Robert Charles Clark, Corporate Law 22—23 (1986).

8 See Robert Charles Clark, Corporate Law 2 (1986).

和独资企业形式，到企业盈利的时候，再转变为公司。[1]

（2）有限责任

公司进行的交易，均以自身的名义进行，自然和股东没有关系。也就是说，公司以其资产为限对公司经营负债承担责任，股东没有任何责任；要说有责任，也仅仅是，股东以其出资数额为限对公司经营负债承担责任。[2]

比如，甲以家庭财产经营某水果店，因卖出一筐烂苹果，导致某顾客拉稀住院，付出医疗费若干。该顾客当然可以向该水果店索赔。如果水果店的财产不足以偿还，可以到法院请求扣押甲家家产，以资偿还。是谓无限责任。如果甲将其水果店转变为公司，其出资方式是这样：甲家其他家庭成员，各出资人民币1元；甲以实物出资的方式进行出资，相应实物就是该水果店。假设该水果店评估市值是45万元，甲将其中的30万元作为出资投入该公司，其余15万作为流动资金借给公司，但要求公司以水果店作为抵押。再假设该公司也遇到上述水果品质问题。如果该公司的资产不足以偿还，自然得破产。在这样的情况下，就要拍卖水果店偿还债务了。假设拍卖的价格还是45万元。因15万元借贷享有抵押担保，此时甲可以请求，先扣下拍卖款中的15万元偿还该借贷。该事件是公司经营所致，和股东没有任何关系。股东唯一的风险就是出资款。总之，对公司来说，其责任是无限责任；对股东来说，其责任是有限责任。[3]这一点，是合伙和独资企业所缺少的。

（3）否定法人人格

如果个人直接营业，其责任是无限的；如果个人以公司方式营业，其责任是有限的。如果承认公司独立于股东，显得不公平或者有违其他政策，则公司法人人格可以否定。[4]此等操作来自于英美法。有的法院认为，法律准许设立公司，意在避免个人直接营业的无限责任；出于公平考虑，公司面纱准许揭开。此种说法，形象称为揭开法人面纱（piercing the corporate veil）理论。[5]有的法院认为，股东控制公司决策、财务和业务，股东和公司形同一人，并借此为不公平事宜且致害他人的，公司只不过是股东的工具。此为纯工具（mere instrumentality）理论。[6]如果股东和公司权益一致，以至于公司不再独立存在，且继续承认

1 See Robert W. Hamilton, The Law of Corporations 5—6 (2000).

2 参见2005年公司法第3条。

3 Cf. Gower's Principles of modern Company Law 77—79 (6th ed. 1997).

4 See Robert W. Hamilton, The Law of Corporations 134 (2000).

5 See, e.g., Bartle v. Home Owners Coop., 127 N.E.2d 832, 833 (N.Y. 1955).

6 See, e.g., Zaist v. Olson, 227 A.2d 552, 558 (Conn. 1967).

公司独立多有不公的，公司是股东的他我（alter ego）。此为他我理论。[1]凡此种种理论，清一色用比喻的方式描述。具体判断标准为何，多不明朗，或许是诚信和公平原则。[2]

举例来说，第一，规避责任类案件。比如，甲答应出卖土地给乙，但事后改变主意。为避免出卖事宜，甲组建某公司，并将该土地出卖给公司。法院否定公司人格，判令甲向乙交付土地。[3]第二，不遵循公司法规定类案件。比如，不召开股东大会、股东的决策和合伙人的决策差不多、公司和个人的财产不分家、个人费用支出和公司的不分离、不保留公司财务簿册等，造成公司和个人没有差别，则可否定法人人格。[4]否定法人人格的结果是，股东为公司的经营后果负责，即无限责任。否定法人人格，是指否定具体案件所涉法律关系中的法人人格，并非将该法人注销。

上述理论多有模糊，可操作性也不强，因此近来也有学者主张，应废弃诸如揭开公司面纱之类理论；应根据个案情势，直接令股东负责；相应前提是，股东是个人，而且公司是封闭的公司。[5]比如，第一种类型的案件，完全可以用我国合同法上的撤销权[6]来处理，无需求助于极其抽象的否定法人人格理论。

（4）中国情况（之一）

2005年公司法第64条规定："一人有限责任公司的股东不能证明公司财产独立于股东自己的财产的，应当对公司债务承担连带责任。"在财产方面，股东和一人有限责任公司不独立，股东自当为公司债务承担连带责任。此乃不遵循公司法规定类案件。[7]

（5）中国情况（之二）

2005年公司法第20条第3款规定："公司股东滥用公司法人独立地位和股东有限责任，逃避债务，严重损害公司债权人利益的，应当对公司债务承担连带责任。"在规避责任类案

---

1 See Robert W. Hamilton, The Law of Corporations 137 (2000).

2 See Robert W. Hamilton, The Law of Corporations 137—38 (2000).

3 Cf. Janet Dine, Company Law 31 (4th ed. 2001).

4 参见罗伯特·W. 汉密尔顿：《公司法》，法律出版社1999年版，第108页。

5 See Stephen M. Bainbridge, Abolishing Veil Piercing, 26 Iowa J. Corp. L. 479, 534—535 (2003) (allocating liability within a corporate group controlled by a publicly held corporation involving far different policy considerations than holding liable the individual shareholders of a closely held corporation, intra—corporate group liability issues being dealt with as a species of enterprise liability while the liability of individual shareholders being the proper subject of veil piercing law and so defined and delimited, Veil piercing being abolished).

6 参见合同法第74条。

7 参见前文§1.2.2.3。

件下，[1]其一，A公司股东滥用A公司法人人格；第二，上述滥用即逃避A公司股东对外债务；第三，上述滥用严重损害A公司股东债权人的利益，A公司法人人格可以否定。2005年公司法第20条第3款的措辞却是“公司债权人利益”，而非“A公司股东对外债务”。如此替换，几成具文。

（6）公司社会责任

在美国，公司社会责任（Corporate Social Responsibility）运动或者论战，最早可以上溯到罗斯福新政之前。论战历经数个回合。[2]论战基本问题是：在做重要决策的时候，大型上市公司管理层，是否可以仅仅考虑公司利润即股东利益？是否得考虑社会利益？[3]这两方面利益，初看起来，是南北两极。目前胜出的股东利益主导模式（standard shareholder-oriented model）主张，公司管理层为股东利益负责，而衡量股东利益的主要基准是股价。逻辑和经验都说明，让公司管理层为股东利益极尽责任，是保护诸如债权人、供应商、雇员和客户等其他利益关联人（stakeholder）以及社会利益的最好手段。并不是说其他利益无须保护，保护其他利益的法律，不是公司法，而是诸如合同法、社会保障法之类的法律。[4]

就上述问题，美国法律研究院的相关文件，抱有类似主张。[5]2005年公司法第5条第1款规定：“公司从事经营活动，必须遵守法律、行政法规，遵守社会公德、商业道德，诚实守信，接受政府和社会公众的监督，承担社会责任。”上述提法，若从股东利益主导模式的角度理解，或许可行。

---

1 参见前文§1.2.2.3。

2 See generally Douglas M. Branson，Corporate Government “Reform” and the New corporate social responsibility, 62 U. Pitt. L. Rev. 605 (2001); C.A. Harwell Wells, The Cycles of Corporate Social Responsibility: An Historical Retrospective for the Twenty—first Century, 51 Kan. L. Rev. 77 (2002).

3 参见罗伯特·W.汉密尔顿：《公司法》，法律出版社1999年版，第20页。

4 See Henry Hansmann & Reinier Kraakman, The End of History for Corporate Law, 89 Geo. L.J. 439, 441—43 (2001).

5 See, e.g, ALI Principles of Corporate Governance: Analysis and Recommendations § 2.01. (a) and (b) (“(a)Subject to the provisions of Subsection (b) and s 6.02 (Action of Directors That Has the Foreseeable Effect of Blocking Unsolicited Tender Offers), a corporation [s 1.12] should have as its objective the conduct of business activities with a view to enhancing corporate profit and shareholder gain. (b) Even if corporate profit and shareholder gain are not thereby enhanced, the corporation, in the conduct of its business: (1) Is obliged, to the same extent as a natural person, to act within the boundaries set by law; (2) May take into account ethical considerations that are reasonably regarded as appropriate to the responsible conduct of business; and (3) May devote a reasonable amount of resources to public welfare, humanitarian, educational, and philanthropic purposes.”).

3. 公司类型

（1）公司类型的划分

按照股东承担责任的差别，可以将公司区别为：[1]其一，无限公司。由无限责任股东设立的公司。全体股东向公司债权人承担直接的无限的连带责任。在公司中，经营和所有不分离。虽为社团法人，但类同于合伙。2005年公司法没有规定无限公司。其二，两合公司。由公司股东设立。有的股东承担的责任是直接的无限的，有的股东承担的责任以出资数额为限，不过是直接的。有限责任股东不参与经营。虽为社团法人，但类同于隐名合伙。2005年公司法没有规定两合公司。其三，股份有限公司。它是指股东以出资数额为限对公司经营负债承担责任，公司以其所有财产为限承担责任的公司。公司出资划分成等额股份，并发行股票。公司经营事项委诸董事，所有与经营分离。2005年公司法容许股份有限公司。其四，有限责任公司。它是简化了的"股份有限公司"。和前者的差别是，出资不划分成等额股份，不发行股票。2005年公司法容许有限责任公司。

（2）有限责任公司和股份有限公司

依照2005年公司法第2条规定，公司类型仅仅限于有限责任公司和股份有限公司。是谓法定主义。[2]就股份有限公司而言，还有这样的差别：依照2005年公司法第121条规定，如果股份有限公司股份上市交易的，比如，在上海证券交易所或者深圳证券交易所，为上市公司；[3]如果上市公司退市，则又成为一般的股份有限公司。[4]退市之后的股份有限公司，仍然可以再行申请上市。[5]不论哪一种类型的公司，依照2005年公司法第3条的规定，股东承担间接的有限责任，公司承担无限责任。

---

1 参见末永敏和：《现代日本公司法》，金洪玉译，人民法院出版社2000年版，第19—20页。

2 法定主义的保障措施，参见2005年公司法第209条和刑法典第403条。

3 与此类似者为上柜公司。参见2001年6月12日中国证券业协会发布的证券公司代办股份转让业务试点办法第1、2条。

4 参见2001年11月30日中国证券监督管理委员会证监发〔2001〕147号关于发布亏损上市公司暂停上市和终止上市实施办法（修订）的通知。

5 在美国，有publicly held corporation and closely held corporation的提法，区别标准是，公司股份是否通过证券交易所、柜台或者网络交易。See Robert W. Hamilton, The Law of Corporations 2—3 (2000).

§ 1.3 公司设立

1. 公司成立

当事人提出申请，公司设立登记程序启动。历经公司设立登记程序，取得法人资格的，公司即告成立。纵观中外公司法立法例，有关公司成立的立法主张，有以下几种：

第一种，自由主义。公司之成立，不受国家法律限制；只要股东入社，公司即可成立。是谓自由主义。[1]时过境迁，不论境外境内，自由主义几乎绝迹。

第二种，特许主义。公司之成立，得经政府特许，是谓特许主义。[2]时至今日，特许主义仅仅适用于特别法上的公司，比如，保险公司、证券公司和商业银行等。2005年公司法第6条第2款规定："法律、行政法规规定设立公司必须报经批准的，应当在公司登记前依法办理批准手续。"此属特许主义主张。所谓法律或者行政法规规定的特许，是诸如保险法规定的特许之类的特许。2009年保险法第67条规定："设立保险公司应当经国务院保险监督管理机构批准。"而2009年保险法第78条规定："保险公司及其分支机构自取得经营保险业务许可证之日起六个月内，无正当理由未向工商行政管理机关办理登记的，其经营保险业务许可证失效。"

第三种，许可主义。公司之成立，以行政许可之获取为前提条件之一，是谓许可主义或者核准主义。[3]2005年公司法第12条第2款规定："公司的经营范围中属于法律、行政法规规定须经批准的项目，应当依法经过批准。"此属许可主义主张。所谓法律或者行政法规规定的许可，是诸如食品卫生法规定的许可之类的许可。1995年的食品卫生法第27条第1款第1句规定："食品生产经营企业……必须先取得卫生行政部门发放的卫生许可证方可向工商行政管理部门申请登记。"

第四种，准则主义。公司法明确规定公司成立条件，凡符合规定条件者，公司即可成立。是谓准则主义。[4]比如，2005年公司法第6条第1款规定："设立公司，应当依法向公司登记机关申请设立登记。符合本法规定的设立条件的，由公司登记机关分别登记为有限责任公司或者股份有限公司；不符合本法规定的设立条件的，不得登记为有限责任公司或者

1 参见李哲松：《韩国公司法》，吴日焕译，中国政法大学出版社2000年版，第71页。
2 参见李哲松：《韩国公司法》，吴日焕译，中国政法大学出版社2000年版，第71页。
3 参见李哲松：《韩国公司法》，吴日焕译，中国政法大学出版社2000年版，第71页。
4 参见李哲松：《韩国公司法》，吴日焕译，中国政法大学出版社2000年版，第71页。

股份有限公司。”所谓设立有限责任公司的条件，依照2005年公司法第23条规定，包括：第一，股东符合法定人数；第二，股东出资达到法定资本最低限额；第三，股东共同制定公司章程；第四，公司系有名称并建立相应的组织机构；第五，公司系有住所。所谓设立股份有限公司的条件，依照2005年公司法第77条规定，包括：第一，发起人符合法定人数；第二，发起人认购和募集的股份达到法定资本最低限额；第三，股份发行和筹办事项符合法律规定；第四，发起人制定公司章程，如果以募集方式设立的，公司章程经创立大会通过；第五，公司系有名称并建立相应的组织机构；第六，公司系有住所。

总之，就公司成立事宜，2005年公司法兼采特许主义、许可主义和准则主义。

2. 公司设立

从实质的角度看，设立公司，非属简单的民事法律行为，而是相对复杂的民事程序。该种程序，开始于公司章程之制定，终止于公司之成立。作为公司设立程序第一环，公司章程之制定，国外公司法理论主张，是公司设立行为；公司设立行为，系简单的法律行为，即共同行为。[1]

（1）设立方式

我国公司法容许的公司形式，仅限于有限责任公司和股份有限公司。在设立方式上，两者颇多不同。有限责任公司，依照2005年公司法第24条规定，由不超过50名投资者出资设立；股份有限公司，依照2005年公司法第78条规定，可以采取发起方式设立，也可以采取募集方式设立。所谓发起设立，是指由发起人认购全部应发行股份而设立公司；所谓募集设立，是指由发起人认购一部分应发行股份，其余部分向社会公开募集或者向特定对象募集而设立公司。

（2）注册资本最低限额

针对有限责任公司，2005年公司法第26条第2款规定：“有限责任公司注册资本的最低限额为人民币三万元。法律、行政法规对有限责任公司注册资本的最低限额有较高规定的，从其规定。”其中的较高规定，比如2005年公司法第59条第1款规定：“一人有限责任公司的注册资本最低限额为人民币十万元。”针对股份有限公司，2005年公司法第81条第3款规定：“股份有限公司注册资本的最低限额为人民币五百万元。法律、行政法规对股份有限公司注

---

1 参见李哲松：《韩国公司法》，吴日焕译，中国政法大学出版社2000年版，第72—75页。

册资本的最低限额有较高规定的，从其规定。”其中的较高规定，比如2009年保险法第69条第1款。该款规定：“设立保险公司，其注册资本的最低限额为人民币二亿元。”

（3）发起人

所谓发起人，是指制定章程并作为发起人记载于章程者。[1]在有限责任公司的情况下，因公司章程由股东缔结，公司筹办事宜由股东负责，没有设置发起人的必要。在股份有限公司的情况下，因股东究竟是谁尚未确定，而公司设立事宜还得筹办，不得不借助于发起人。2005年公司法第79条要求，不仅得有发起人，并且人数得在2人至200人之间。[2]发起人之多寡，没有多大实际意义。既然公司法这么规定，如有不符，公司不能成立。[3]理论上，此系公司无效问题，得以诉讼主张。[4]

发起人如何筹办公司呢？首先，发起人应当签订发起人协议，明确公司设立过程中各自的权利和义务；其次，以上述协议方式，发起人担当公司筹办事宜。[5]所谓筹办事宜，是诸如申请名称预先核准、初选董事会成员和召开创立大会之类的事宜。

（4）设立中的公司

公司设立程序，开始于章程之制定，终止于公司之成立。处于设立程序当中的公司，理论上称为设立中的公司。在我国实务当中，又称为“筹”字公司。在上述设立程序期间，因发起人筹措公司筹办事宜而发生的法律关系，悉数由设立中的公司维系；在公司成立之后，上述法律关系自动转由成立后的公司维系。

3. 设立程序

（1）有限责任公司设立程序

就有限责任公司设立，2005年公司法第30条规定：“股东的首次出资经依法设立的验资机构验资后，由全体股东指定的代表或者共同委托的代理人向公司登记机关报送公司登记申请书、公司章程、验资证明等文件，申请设立登记。”从此可以推知，除行政特许或者许可外，设立程序包括制定章程、认购出资、委托验资和申请设立登记。

1 参见李哲松：《韩国公司法》，吴日焕译，中国政法大学出版社2000年版，第157页。

2 同时，发起人住所，其半数以上得在中国境内。参见公司法第79条。

3 参见2005年公司法第77条第1项。

4 参见李哲松：《韩国公司法》，吴日焕译，中国政法大学出版社2000年版，第158页。

5 参见2005年公司法第80条。

（2）股份有限公司发起设立程序

就股份有限公司发起设立，2005年公司法第84条第3款规定："发起人首次缴纳出资后，应当选举董事会和监事会，由董事会向公司登记机关报送公司章程、由依法设定的验资机构出具的验资证明以及法律、行政法规规定的其他文件，申请设立登记。"从此可以推知，除行政特许或者许可外，发起设立程序包括制定章程、认购股份、委托验资、选举董事和监事等和申请设立登记。

（3）股份有限公司募集设立程序

股份有限公司募集设立相对复杂。除行政特许或者许可外，募集设立程序包括：其一，制定章程。2005年公司法第77条第4项要求，发起人得制定章程并交由日后召开的公司创立大会通过。此系上述公司设立行为。[1]

其二，申请募集股份。2005年证券法第10条规定："公开发行证券，必须符合法律、行政法规规定的条件，并依法报经国务院证券监督管理机构或者国务院授权的部门核准。"同时，该法第238条规定："境内企业直接或者间接到境外发行证券……必须经国务院证券监督管理机构依照国务院的规定批准。"所谓国务院的规定，应该是1994年依照1993年公司法制定的股份有限公司境外募集股份及上市的特别规定。[2]此处的核准之说，就是核准募集股份之申请。

其三，募集股份。股份募集之细节，由2005年公司法第85~89条规定。如果相关股份未能如期足额募集，依照2005年公司法第90条第2款第1种情况规定，认购股份的人可以以股款并加计银行同期存款利息之数额，要求发起人返还。

其四，验资。股款是否足额缴纳，得由依法设立的验资机构验资并出具验资证明。[3]

其五，召开创立大会。依照2005年公司法第90条第1款第2句规定，自足额缴纳股款之日起30日内，发起人应当召集并主持创立大会。所涉创立大会，由发起人和认股人组成；所涉认股人，就是认购股份的人。如果创立大会未能如期召开，依照该法第90条第2款第2种情况规定，认股人可以以股款并加计银行同期存款利息之数额，要求发起人返还。

依照2005年公司法第91条规定，在距离创立大会召开之日前15天内，发起人应当将会议日期通知各认股人或者予以公告；出席的发起人或认股人持股过股份总额半数的，创

---

1 参见前文§1.3.2.0。

2 参见1993年公司法第85条和第155条。

3 参见2005年公司法第90条第1款第1句。

立大会方可举行。创立大会的职权包括：审议发起人关于公司筹办事宜的报告；通过公司章程；选举董事；选举监事；审核公司设立费用；审核发起人用于股款财产的作价事宜。就上述事项，创立大会以决议方式决定；相关决议，必须经出席会议表决权过半数通过。如果发生不可抗力或者经营条件严重变化直接影响公司设立的，创立大会可以做出不设立决议。

其六，申请设立登记。依照2005年公司法第93条规定，董事会应当在创立大会结束后30日内向工商行政管理局申请设立登记。如果符合要求，登记即可当场获得；[1]工商行政管理局另行签发企业法人营业执照。企业法人营业执照签发日期为公司成立日期。[2]至此，设立中的公司转变为已成立的公司。

4. 注册资本

在注册资本的问题上，有法定资本制和授权资本制之区别。1993年公司法采纳法定资本制。[3]尽管深圳市地方立法也采纳法定资本制，但有所变通。1993年深圳市有限责任公司条例第19条规定："出资人认缴的出资可依公司章程规定分期缴纳。""依前款规定分期缴纳出资的，首期缴纳的出资总额不得少于公司注册资本的百分之五十，并不得低于前条规定的最低限额，其余出资应在公司成立后二年内缴足；生产经营期长、投资规模大的公司，出资人首期缴纳的出资额和缴足出资的期限，由市政府另行规定。"同时，上述条例第20条规定："公司成立后，董事会或者执行董事会督促股东按期缴纳所认缴的出资。"或许参考上述地方立法经验，2005年公司法作出类似的修改。

（1）分期缴纳

针对有限责任公司，2005年公司法第26条规定，注册资本为工商行政管理局登记的全体股东认缴的出资额；全体股东首次缴纳的出资额，不得低于注册资本的20%，也不得低于法定注册资本最低限额；如果没有足额缴纳，首次缴纳出资额以外的部分由股东自公司成立之日起两年内足额缴纳；如果成立投资公司的，可以在五年内足额缴纳。上述注册资本最低限额，除非法律或者行政法规另有规定，为人民币3万元。

针对股份有限公司，2005年公司法第81条第1款规定，发起设立股份有限公司的，其

1 参见2005年公司登记管理条例第52条和第54条。
2 参见2005年公司法第7条第1款。
3 例见原公司法第79条、第78条第1款和第91条。

注册资本为工商行政管理局登记的全体发起人认购的股份总额；全体发起人首次缴纳的出资额，不得低于注册资本的20%；如果没有足额缴纳，首次缴纳出资额以外的部分由股东自公司成立之日起两年内足额缴纳；如果成立投资公司的，可以在5年内足额缴纳；在足额缴纳前，不得向他人另行募集股份。募集设立股份有限公司的，其注册资本为工商行政管理局登记的实际募集股份总额。[1]不管哪一种股份有限公司，除非法律或者行政法规另有规定，其注册资本最低限额为人民币500万元。[2]

（2）出资方式

在有限责任公司的情况下，股东可以用货币出资，是谓货币财产出资；也可以用诸如实物、知识产权、土地使用权之类可以用货币估价并可以依法转让的非货币财产作价出资，是谓非货币财产出资；就非货币财产出资，法律有所限制，以法律和行政法规没有排除者为限。[3]此处的排除，比如，2005年公司登记管理条例第14条第2款规定："股东不得以劳务、信用、自然人姓名、商誉、特许经营权或者设定担保的财产等作价出资。"[4]不过，2005年公司法第27条第3款特别要求："全体股东的货币出资金额不得低于有限责任公司注册资本的百分之三十。"

就非货币财产出资事宜，2005年公司法第27条第2款要求："对作为出资的非货币财产应当评估作价，核实财产，不得高估或者低估作价。法律、行政法规对评估作价有规定的，从其规定。"此次公司法修订前，有关政府规章曾倡导，兼并企业之资产评估作价可以采取三种办法：重置成本法，即按资产现价或重置成本减去折旧，确定评估资产价值；市场法，即按照市场上类似资产交易价来确定评估资产价值；收入法，即按预期利润率计算的现值来确定评估资产价值。上述三种办法可以互相检验，亦可单独使用。[5]

股份有限公司发起人的出资，按照上述规则办理。[6]

---

1 2005年公司法第85条规定，除非法律或者行政法规另有规定，股份有限公司发起人认购的股份不得少于公司股份总数的35%。

2 参见2005年公司法第81条第3款。

3 参见2005年公司法第27条第1款。

4 至于股东以货币、实物、知识产权和土地使用权以外的其他财产进行的出资，2005年公司登记管理条例第14条第1款特别规定："股东以货币、实物、知识产权、土地使用权以外的其他财产出资的，其登记办法由国家工商行政管理总局会同国务院有关部门规定。"

5 参见1989年2月19日（89）体改经38号国家体改委国家计委财政部国家国有资产管理关于企业兼并的暂行办法第6条。

6 参见2005年公司法第83条。

(3) 认购和认缴

认购股份和认缴出资之措辞，出自2005年公司法。在有限责任公司的情况下，股东出资数额是有限责任公司章程绝对记载事项。按照道理，有此章程记载，就无需股东另行认缴出资。[1]从有关规定来看，公司法将该种记载视为出资之认缴。[2]

在股份有限公司的情况下，发起人认购股份数额是股份有限公司章程绝对记载事项。发起人发起设立股份有限公司的，依照2005年公司法第84条第1款第1句规定，发起人应当以书面形式向设立中的公司足额认购股份。发起人募集设立股份有限公司的，发起人应当以书面形式向设立中的公司认购股份；认购数额，除非法律或者行政法规另有规定，不得少于股份总额的35%。[3]至于发起人之外的股份募集，则须另行讨论。[4]

(4) 出资义务

有限责任公司股东，应当按期足额缴纳公司章程约定的出资。股东以货币出资的，应当将货币出资足额存入设立中的公司在银行开设的账户；以非货币财产出资的，应当依法办理财产权转移手续。[5]相应财产权转移手续，似可理解为，动产情况下的交付和不动产情况下的登记等。此系股东出资义务。如未按期足额缴纳，股东有责任向公司足额缴纳，该种责任为连带责任；[6]若有限责任公司成立后，作为设立公司出资的非货币财产的实际价款显著低于公司章程记载价款的，情形亦同。[7]

至于发起人的出资义务事宜，另行讨论。[8]

(5) 募集股份

在募集设立情况下，除发起人出资外，尚有募集股东股份之募集事宜。股份募集，可以区别为公开募集和定向募集。[9]公开募集，除非法律或者行政法规另有规定，包括向不特定对象进行的募集和向特定对象但人数超过200人进行的募集；具体募集事宜，得适用2005

1 参见李哲松:《韩国公司法》，吴日焕译，中国政法大学出版社2000年版，第749页。

2 参见2005年公司法第25条和第28条。

3 参见2005年公司法第85条。

4 参见后文§1.3.4.5。

5 参见2005年公司法第28条第1款。

6 参见2005年公司法第31条。依照2005年公司法第28条第2款规定，相关股东应当向已按期足额缴纳出资的股东承担违约责任。此种违约责任，应该是股东内部诸如投资协议之类的合同上的违约责任。

7 参见2005年公司法第31条。

8 参见后文§1.3.7.1。

9 参见2005年公司法第78条第3款。

年证券法；[1]定向募集，是公开募集之外的募集；具体募集事宜，不适用2005年证券法。[2]

首先，发起人公开募集股份的，得制作认股书，并公告招股说明书。[3]这里的招股说明书必须记载：发起人认购的股份数，每股票面金额和每股发行价格，无记名股份发行总数，募集资金用途，认股人的权利和义务，募集起止期限以及逾期未足额募集时认股人可以撤回股份认购的说明；招股说明书还得附有，发起人制定的章程。[4]这里的认股书，还须记载招股说明书应记载的法定记载事项。[5]上述制度的设计目的，是确保募集股东知悉募集事宜。

其次，上述招股说明书和认股书，均非股份认购要约。如若认股人在认股书上填写认购股份数额、认购股份金额和认股人住所，并签名或者盖章的，则股份认购要约成立。不论要约认购的股份数额和实际分派的股份数额是否一致，如若发起人向认股人分派股份，则分派构成认购承诺。设立中的公司和认股人之间的股份认购合同成立。此合同为入社合同。[6]依据此种合同，认股人应该按照分派股份数额缴纳股款。[7]如若认股人违约，得负违约责任。具体处理事宜，通常由入社合同约定也就是由招股说明书和认股书的陈述明确。

最后，募集股份，得由证券公司承销；[8]相应股份认购款项，得由股份认购款项代收银行代收和保存；代收银行有义务向认股人出具收款单据，并向有关部门出具收款证明。[9]上述制度的设计目的，是确保股款足额缴纳。

至于定向募集，公司法没有明文规定，可以适用发起人出资的有关规定。[10]

5. 验资

（1）验证

不论是有限责任公司，还是股份有限公司，公司注册资本得足额缴纳；不论是分期缴

1 参见2005年证券法第10条第2款。

2 参见2005年证券法第10条第2款和第13条第2款。

3 参见2005年公司法第86条。

4 参见2005年公司法第87条。

5 参见2005年公司法第86条。

6 参见李哲松：《韩国公司法》，吴日焕译，中国政法大学出版社2000年版，第184页。

7 参见2005年公司法第86条。

8 参见2005年公司法第88条。具体细节，参见2005年证券法第28—36条。

9 参见2005年公司法第89条。

10 参见前文§1.3.4.4。

纳的，还是一次性足额缴纳的，公司注册资本最终得足额缴纳。[1]当事人是否足额缴纳，得以验证制度保证。[2]1988年企业法人登记管理条例施行细则[3]曾明确，验证制度有三：资金信用证明、验资证明和资金担保。所谓资金信用证明，是财政部门出具的证明全民所有制企业充用于注册资本的资金的文件；所谓验资证明，是会计师事务所、审计事务所以及其他有资格的验资机构出具的证明充用于注册资本的资金的文件；所谓资金担保，是法人企业出具的保证被担保人充用于注册资本的资金的文件。[4]2005年公司法要求，除非法律或者行政法规另有规定，是否足额缴纳事宜，得以验资机构出具的验资证明来证明。[5]

（2）验证不实

设若上述验资机构出具不实验资证明，除非提供验资行为没有过错之证明，以不实数额为限，相关验资机构得向公司债权人承担赔偿责任。法律上称为验资机构第三人责任。验资机构验资的基础之一是评估机构的评估，设若评估不实的，结果也一样；设若其他验证机构验证不实的，结果也一样。[6]上述结论，实乃有关司法实践[7]之总结。[8]

同时，验资和验证等业务系注册会计师法定审计业务。我国注册会计师法第42条规定："会计师事务所违反本法规定，给……其他利害关系人造成损失的，应当依法承担赔偿责任。"注册会计师法第21条第1款规定："注册会计师执行审计业务，必须按照执业准则、规则确定的工作程序出具报告。"此为审计业务一般要求。第2款明确："注册会计师执行审计业务出具报告时，不得有下列行为：（一）明知委托人对重要事项的财务会计处理与国家有关规定相抵触，而不予指明；（二）明知委托人的财务会计处理会直接损害报告使用人或者其他利害关系人的利益，而予以隐瞒或者作不实的报告；（三）明知委托人的财务会计处理

1 参见前文§1.3.4。

2 参见2005年公司法第29条和第90条第1款第1句。

3 1988年11月3日国家工商行政管理局令第1号。

4 申请登记没有相关主管部门的企业的，应提交资金担保。参见1988年的企业法人登记管理条例施行细则第32条第4款。

5 参见2005年公司登记管理条例第20条第2款第4项。

6 参见2005年公司法第208条第3款。

7 参见1996年6月1日最高人民法院法函〔1996〕56号关于会计师事务所为企业出具虚假验资证明应如何处理的复函、1997年12月5日最高人民法院法释〔1997〕10号关于验资单位对多个案件债权人损失应如何承担责任的批复、1998年6月19日最高人民法院法释〔1998〕13号关于会计师事务所为企业出具虚假验资证明应如何承担责任问题的批复和2002年最高人民法院法〔2002〕21号关于金融机构为企业出具不实或者虚假验资报告资金证明如何承担民事责任问题的通知。

8 参见2005年8月25日全国人大法律委员会关于公司法修改情况的汇报第14条。

会导致报告使用人或者其他利害关系人产生重大误解，而不予指明；（四）明知委托人的会计报表的重要事项有其他不实的内容，而不予指明。”此款规定的行为牵涉故意。第3款还规定：“对委托人有前款所列行为，注册会计师按照执业准则、规则应当知道的，适用前款规定。”此款规定的行为牵涉过失。违反第21条出具验资报告，则注册会计师法第42条规定的前提条件具备；如若给审计客户之外的可以合理预见的第三人造成损害的，也就是给其他利害关系人造成损害的，注册会计师得承担赔偿责任。此系会计师第三人责任。

（3）验证不实责任

验资制度等验证制度之目的，在于核实注册资本是否足额缴纳。如有不实，验证机构向已经注册的公司充实资本，则验证制度之目的已经达到。此系公司或成立中的公司与验证机构之间委托合同上的违约责任。在验证机构违约责任之外，创设诸如2005年公司法第208条第3款规定的责任，[1]并非有据，也非合理。如若确实需要保证注册资本已得足额缴纳，可以让发起人或者初选董事承担资本充实之担保责任。此乃合理控制之道。[2]

如果因验证不实牵涉第三人利益，比如，与公司做交易的债权人的利益，2005年公司法第208条第3款，仍非有据，也非合理。注册会计师法第42条，才是合理平衡设计。[3]

6. 设立无效或者撤销

（1）有限责任公司

因不同理由，有限责任公司设立登记或者无效，或者可撤销。比如，有限责任公司设立条件之一，是股东出资达到法定资本最低限额。如果有限责任公司已经登记，但上述条件并不具备的，结果如何呢？此系公司法上的设立登记无效问题。就上述问题，2005年公司法没有规定。不过，关于企业开办的企业被撤销后或者歇业后民事责任承担问题的批复[4]认为：“企业开办的其他企业虽然领取了企业法人营业执照，但实际没有投入自有资金，或者投入的自有资金达不到《中华人民共和国企业法人登记管理条例实施细则》第十五条第（七）项或其他有关法规规定的数额，或者不具备企业法人其他条件的，应当认定其不具备

1 参见前文§1.3.5.2。

2 例见韩国公司法第321条第2款、第323条和第551条第1款。

3 参见金勇军：《会计师第三人责任》，高等教育出版社2006年版，第130页以下；2007年6月11日最高人民法院法释〔2007〕12号关于审理涉及会计师事务所在审计业务活动中民事侵权赔偿案件的若干规定。

4 1994年3月30日最高人民法院法复第4号。

法人资格，其民事责任由开办该企业的企业法人承担。”“二、人民法院在审理案件中，对虽然领取了企业法人营业执照，但实际上并不具备企业法人资格的企业，应当依据已查明的事实，提请核准登记该企业为法人的工商行政管理部门吊销其企业法人营业执照。工商行政管理部门不予吊销的，人民法院对该企业的法人资格可不予认定。”上述最高人民法院司法解释，承认设立登记无效。

再比如，韩国公司法第552条第2款规定，明知可能损害债权人利益而设立公司的，债权人可以向法院提起诉讼，请求撤销公司。针对这一问题，2005年公司法没有明文规定。

（2）股份有限公司

依照2005年公司法第77条规定，股份有限公司的设立条件包括：第一，发起人符合法定人数；第二，发起人认购和募集的股本达到法定资本最低限额；第三，股份发行和筹办事项符合法律规定；第四，发起人制定公司章程，如果以募集方式设立的，公司章程经创立大会通过；第五，公司有名称并建立相应的组织机构；第六，公司有住所。如果已经登记，但上述条件并不具备的，结果如何呢？因此牵涉的，可能是公司法上的设立登记无效问题。就上述问题，2005年公司法没有规定。

（3）主张方式

设立登记无效或者可撤销，参照他国立法，仅得在成立之日起两年内以诉讼方式主张。被告原则上是已经成立的公司。相关裁判没有溯及既往的效力。[1]

7. 发起人责任

（1）发起人出资义务

在发起设立的情况下，发起人得全额认购注册资本；因为认购，发起人出资义务产生；发起人出资义务，可以分期履行。2005年公司法特别要求，首次缴纳的出资，不得低于注册资本的20%；除此之外，自公司成立之日起2年内缴足；设若设立的是投资公司的，可在5年内缴足。[2]在募集设立的情况下，除非法律或者行政法规另有规定，发起人得认购不少于注册资本35%的股份；因为认购，发起人出资义务同样产生；[3]发起人出资义务得一并履行。[4]

1 参见李哲松：《韩国公司法》，吴日焕译，中国政法大学出版社2000年版，第77—80页。

2 参见2005年公司法第81条第1款。

3 参见2005年公司法第85条。

4 参见2005年公司法第81条第2款。

（2）发起人担保义务

不论设立方式为何，公司设立之后，注册资本尚未足额认购的，发起人担保认购余额部分；注册资本未足额缴纳的，发起人担保缴纳余额部分。上述担保责任，皆为连带责任。合称充实资本责任。充实资本责任制度的目的，在于尽量维持已经设立的公司。[1]2005年公司法第84条第1款规定："以发起设立方式设立股份有限公司的，发起人应当书面认足公司章程规定其认购的股份；一次缴纳的，应即缴纳全部出资；分期缴纳的，应即缴纳首期出资。以非货币财产出资的，应当依法办理其财产权的转移手续。"此种规定，仅涉及认购方式和出资义务。同时，2005年公司法第94条规定："股份有限公司成立后，发起人未按照公司章程的规定缴足出资的，应当补缴；其他发起人承担连带责任。""股份有限公司成立后，发现作为设立公司出资的非货币财产的实际价额显著低于公司章程所定价额的，应当由交付该出资的发起人补足其差额；其他发起人承担连带责任。"此种规定，仅涉及缴纳担保。

（3）发起人损害赔偿责任

在公司设立过程中，因发起人过错招致公司损害的，发起人应向公司承担赔偿责任。[2]比如，因支付评估费用过高或者评估实物出资过高，给公司造成损害的，发起人应向公司承担相应的赔偿责任。此为法定赔偿责任。设若上述过错还招致发起人和公司之外的第三人损害的，发起人得承担第三人责任。比如，发起人贪污认股人的股票申购冻结资金的，发起人得向认股人承担相应的第三人责任。此种责任之目的，在于保护公司设立牵涉的第三人。[3]

（4）公司不成立之责任

首先，依照2005年公司法第95条规定，如果公司不能成立，因设立所产生的债务和费用，原则上由设立中的公司承担，但是发起人负连带责任；其次，依照2005年公司法第95条规定，如果公司不能成立，认股人已缴纳的股款，原则上由设立中的公司负责返还，但是发起人负返还股款并加计银行同期存款利息的连带责任。所谓不能成立，比如，创立大会通过不设立决议的，[4]募集股份发行失败的，[5]等等。

1 参见李哲松：《韩国公司法》，吴日焕译，中国政法大学出版社2000年版，第194—96页。

2 参见2005年公司法第95条第3项。

3 参见李哲松：《韩国公司法》，吴日焕译，中国政法大学出版社2000年版，第197—98页。

4 参见2005年公司法第91条第1款。

5 参见2005年证券法第35条。

(5) 董事或者监事责任

上述产生发起人责任的情形，如果董事或者监事亦有过错，并造成公司损害的，董事或者监事得负赔偿责任。如果发起人也负责任，则相互负连带责任。造成第三人损害的，以董事或者监事系有故意或者重大过失为限，得承担第三人责任。[1]对于这一问题，2005年公司法没有规定。

8. 行政司法审查程序

(1) 名称预先核准程序

在公司设立登记程序启动前，公司名称得预先获取核准。[2]相应程序是名称预先核准程序。通过核准程序的公司名称，享有期限为6个月的保留期。[3]设立有限责任公司的，由全体股东指定的代表或者共同委托的代理人，具备文件，[4]向工商行政管理局申请名称预先核准；[5]设立股份有限公司的，上述事宜由全体发起人指定的代表或者共同委托的代理人为之。[6]在存在行政特许或者许可的情况下，名称预先核准得在行政特许或者许可程序前为之，并且行政特许或者许可程序以预先核准的公司名称进行。就上述核准申请，工商行政管理局可以做出核准或者不予核准的决定；如果做出不予核准的决定，应当说明理由。[7]

(2) 行政特许或者许可程序

在目前法律状况下，行政特许或者许可项目，名目繁多。公司登记究竟牵涉何种行政特许或者许可，得看相关法律规定。尽管牵涉的程序均为行政特许或者许可程序，但其细节会有差别。行政特许或者许可项目目录，由国家工商行政管理总局编制并公布。[8]

(3) 募集股份申请程序

在募集设立情况下的股份募集，可以区别为公开募集和定向募集两种。公开募集，适

1 参见李哲松:《韩国公司法》，吴日焕译，中国政法大学出版社2000年版，第200页。
2 参见2005年公司登记管理条例第17条第1款。
3 参见2005年公司登记管理条例第19条。
4 参见2005年公司登记管理条例第18条第2款。
5 参见2005年公司登记管理条例第18条。
6 参见2005年公司登记管理条例第18条。
7 参见2005年公司登记管理条例第55条。
8 参见2005年公司登记管理条例第88条；2006年版北京市企业登记前置许可项目目录。

用证券法，涉及募集股份申请程序；定向募集，不适用证券法，不涉及募集股份申请程序。[1]

在公开募集的情况下，发起人应向中国证券监督管理委员会（中国证监会）报送下列文件提出申请：公司章程、发起人协议、发起人姓名或者名称，认购的股份数，出资种类和验资证明、招股说明书、代收股款银行的名称和地址、承销机构名称和有关协议；如果聘请保荐人的，应报送保荐人出具的发行保荐书；如有行政特许或者许可的情形的，还应报送相应的批准文件。[2]在业经申请文件预先披露后，[3]中国证监会应当依照法定条件做出核准或者不予核准的决定；如若不予核准，应当说明理由。上述核准审查期限为受理申请文件之日起3个月。如果申请人根据要求补充或者修改申请文件的，相关时间不计算在内。[4]

（4）设立登记程序

在有限责任公司的情况下，由全体股东指定的代表或者共同委托的代理人具备文件向工商行政管理局申请设立登记，启动设立登记程序。[5]申请人需要具备的文件包括：第一，公司法定代表人签署的登记申请书。需要说明的是，这是公司登记管理条例的要求，而不是公司法的要求。[6]按照要求，如果在申请登记前已经选举董事或者章程直接记载首任董事的，登记申请书可由法定代表人，也就是董事长签署；如若不然，则由全体股东指定代表或者共同委托代理人签署。第二，全体股东指定代表或者共同委托代理人的证明。如有首任董事的，无需此类证明。第三，公司章程。第四，验资机构出具的验资证明。第五，出资财产权转移手续证明。如果股东以非货币财产出资的，应提交出资财产权转移手续证明。因为验资证明，无需此类证明。第六，股东主体资格证明或者自然人身份证明。第七，载明公司董事、监事、经理姓名与住所的文件和有关委派、选举或者聘用的证明。第八，公司法定代表人任职文件和身份证明。第九，企业名称预先核准通知书。第十，公司住所证明。如果牵涉行政特许或者许可的，应提交有关批准文件；公司登记申请得在批准之日起90日内为之，否则申请人应报送批准机关确认原批准文件效力的文件或者另行报批获得的批准文件。如果国家工商行政管理总局另有要求的，还得提交要求的文件。[7]

1 参见前文§1.3.4.5。

2 参见2005年证券法第12条。

3 参见2005年证券法第21条。

4 参见2005年证券法第24条。

5 参见2005年公司登记管理条例第20条第1款。

6 参见2005年公司法第30条和2005年公司登记管理条例第20条第2款。

7 参见2005年公司登记管理条例第20条。

在股份有限公司的情况下，由董事会具备文件向工商行政管理局申请设立登记，启动设立登记程序。申请人需要具备的文件，和有限责任公司情形类似。[1]如属募集设立的，应提交创立大会会议记录；如属公开募集的，还应提交中国证监会做出的公开募集核准文件。[2]

针对上述申请，工商行政管理局应当依法审核并做出受理或者不予受理的决定；如果做出受理决定的，原则上当场予以登记，另行签发企业法人营业执照；如果做出不予登记决定的，应当说明理由。[3]

（5）行政控制程序

上述四种行政司法审查程序，实乃行政许可法上的行政许可程序。就相关程序产生的不予许可的决定，申请人均可启动行政复议程序或者行政诉讼程序，借以控制。此为行政控制程序。[4]

§1.4 公司存续

1. 新股发行

（1）概述

股份有限公司成立后仍然可以发行股份。具体方式包括：其一，公开发行股份，即股份有限公司公开发行股份；[5]其二，配股，即股份有限公司向原有股东配售股份；[6]其三，转增股份，即股份有限公司以公积金转增股份；[7]其四，红股发行，即股份有限公司向股东发行红股；[8]其五，转换，即股东将可转换公司债转换为股份有限公司股份；[9]其六，定向增发，即股

1 参见2005年公司登记管理条例第21条。

2 参见2005年公司登记管理条例第21条第3款。

3 参见2005年公司登记管理条例第52—54条。

4 参见2005年公司登记管理条例第53条和第55条第2款以及行政许可法第38条。

5 参见2006年5月6日中国证券监督管理委员会上市公司证券发行管理办法第13条。

6 参见2006年5月6日中国证券监督管理委员会上市公司证券发行管理办法第12条。

7 参见2005年公司法第169条。

8 参见2006年3月16日中国证券监督管理委员会证监公司字〔2006〕38号上市公司章程指引第21条。

9 参见2005年公司法第162条。

份有限公司于重组购并时定向增发股份，[1]等等。这里讨论的新股发行，仅限于公开发行股份和配股。

股份有限公司公开发行的股份，有A股和B股之说。如何区分呢？人民币普通股，即以人民币标明面额用人民币支付购买款项的股份，为A股，在沪深两地上市；[2]人民币特种股，即以人民币标明面额用外币支付购买款项的股份，为B股，也在沪深两地上市。[3]股份有限公司公开发行的股份，有内部职工股和公司职工股之说。如何区分呢？内部职工股，是由募集公司内部职工持有的股份；[4]公司职工股，是公开发行股份中向公司职工发行的股份。[5]股份有限公司公开发行的股份，还有境内募集股份和境外募集股份之说。如何区分呢？A股和B股，内部职工股和公司职工股，都是境内募集股份。如若在境外募集，比如，在香港联合交易所和纽约证券交易所，则为境外募集股份。[6]这里讨论的新股发行，仅限于在境内进行的新股发行。

(2) 授权资本制

新股发行通常和授权资本制相联结。原则上，股份有限公司章程仅仅记载预定发行股份数额和公司成立时已经募集股份数额；预定发行股份数额和已经募集股份数额之间的差额，可以不经修改章程的方式在合适的时候发行；除非章程特意为股东大会保留，决定新股发行事宜的职权，归属董事会。令人遗憾的是，到目前为止，2005年公司法仍然没有采纳授权资本制。

(3) 决定

依照2005年公司法第134条规定，新股发行事宜，由股东大会决定；股东大会以决议方式决定下列事项：新股种类及数额、新股发行价格、新股发行的起止日期、向原有股东发行新股的种类及数额。我国目前的实际情况是，其一，就上述表决事项，股东大会应该

1 例见2000年3月14日中国证券监督管理委员会关于沈阳惠天热电股份有限公司向沈阳房联股份有限公司换股增发股票的批复；参见2006年5月6日中国证券监督管理委员会上市公司证券发行管理办法第3章。

2 参见股票发行与交易管理暂行条例第6条。

3 参见1991年11月22日中国人民银行上海市人民政府银发〔1991〕315号上海市人民币特种股票管理办法、1991年12月5日中国人民银行深圳市人民政府深圳市人民币特种股票管理暂行办法和关于股份有限公司境内上市外资股的规定。

4 参见1993年7月30日国家经济体制改委员会定向募集股份有限公司内部职工持股管理规定第3条。

5 参见1998年11月25日中国证券监督管理委员会关于停止发行内部职工股的通知。

6 参见关于股份有限公司境外募集股份及上市的特别规定第2条。

逐项表决分别决定：[1]其一，股东大会，以普通决议决定；[2]其三，流通股股东，以普通决议决定。[3]此种决议，类似于类别决议。从逻辑上看，在上述决议之外，得另有特别决议，因为新股发行牵涉增资。[4]

（4）新股认购权

所谓新股认购权，是指在新股发行的时候，原有股东可以按照各自持股比例，认购新股。在新股发行决定做出前，股东享有的，只能是抽象的新股认购权；在新股发行决定做出后，股东享有的，是具体的新股认购权。设置此种权利的目的，在于保有原有股东利益。[5]依照2005年公司法第134条规定，如果股东大会决定向原有股东发行新股，并决定发行股份的种类及数额的，则新股认购权产生。这种新股认购权是具体的新股认购权。以此可以得出，在我国公司法下，新股认购权并不是法定的权利。[6]

（5）新股发行核准程序

发行人应向中国证监会报送下列文件提出申请：公司营业执照、公司章程、股东大会决议、招股说明书、财务会计报告、代收股款银行的名称及地址、承销机构名称及有关的协议。如果聘请保荐人保荐的，应报送保荐人出具的发行保荐书。[7]中国证监会应当依照法定条件做出核准或者不予核准的决定；如若不予核准，应当说明理由。上述核准审查期限为受理申请文件之日起3个月。如果申请人根据要求补充或者修改申请文件的，相关时间不计算在内。[8]

上述行政司法审查程序，实乃行政许可法上的行政许可程序。就相关程序产生的不予许可的决定，申请人可以启动行政复议程序和行政诉讼程序。[9]

---

1 参见2001年3月28日中国证券监督管理委员会令第1号上市公司新股发行管理办法13条。虽然2006年5月6日中国证券监督管理委员会令第30号上市公司证券发行管理办法废除上述文件，却未提出替代办法。

2 参见2004年12月7日中国证券监督管理委员会证监发〔2004〕118号关于加强社会公众股股东权益保护的若干规定第1条。有意思的是，中国证券监督管理委员会将其改成特别决议。参见2006年5月6日中国证券监督管理委员会令第30号上市公司证券发行管理办法第44条。

3 参见2004年12月7日中国证券监督管理委员会证监发〔2004〕118号关于加强社会公众股股东权益保护的若干规定第1条。

4 参见2005年公司法第104条第2款。

5 参见李哲松：《韩国公司法》，吴日焕译，中国政法大学出版社2000年版，第554—55页。

6 有限责任公司的情形，则相反。参见2005年公司法第35条。

7 参见2005年证券法第14条。

8 参见2005年证券法第24条。

9 参见行政许可法第38条。

(6) 新股募集

新股募集事宜，类似于募集设立情况下的募集股东股份之募集。[1]自然会伴随诸如新股发行无效、董事担保责任之类的问题。就上述问题，我国公司法或者证券法均没有明文规定。按理应该和募集设立的情形类似。[2]

如果新股发行核准决定做出后，中国证监会又发现不符合法定条件或者法定程序的情形，如何处理呢？依照2005年证券法第26条规定，如果新股尚未发行，中国证监会应当撤销核准决定，停止发行；如若新股已经发行但尚未上市，中国证监会应当撤销核准决定，发行人应当按照发行价并加计银行同期存款利息返还认购人。同时，除非提供没有过错的证明，保荐人应当与发行人承担连带责任；发行人的控股股东或者实际控制人有过错的，也应当与发行人承担连带责任。

(7) 变更登记程序

依照2005年公司法第137条规定，新股募集后，发行人必须向工商行政管理局办理变更登记。发行人应提交下列文件提出申请：其一，公司法定代表人签署的变更登记申请书；其二，股东大会增资决议；其三，由公司法定代表人签署的修改后的公司章程或者公司章程修正案；[3]其四，验资机构出具的验资证明；其五，中国证监会有关新股发行的核准文件。[4]针对上述申请，工商行政管理局应当依法审核并做出受理或者不予受理的决定；如果作出受理决定的，原则上当场予以登记，另行换发企业法人营业执照；如果做出不予登记决定的，应当说明理由。[5]上述行政司法审查程序，实乃行政许可法上的行政许可程序。就相关程序产生的不予许可的决定，申请人可以启动行政复议程序和行政诉讼程序。[6]

2. 公司增资和公司减资

(1) 公司增资

公司增加注册资本即为增资。上述新股发行是增资的特种情形。新股发行以外的增资事宜相对简略。依照2005年公司法第179条规定，有限责任公司增资的，新增出资事宜，适

1 参见前文§1.3.4.5；2005年公司法第135条。
2 参见前文§§1.3.4—7；李哲松：《韩国公司法》，吴日焕译，中国政法大学出版社2000年版，第565—85页。
3 参见2005年公司登记管理条例第27条。
4 参见2005年公司登记管理条例第31条。
5 参见2005年公司登记管理条例第52—54条。
6 参见2005年公司登记管理条例第55条第2款。

用有限责任公司出资的有关规定。[1]股份有限公司增资的，除新股发行外，股东认购新股事宜，适用股份有限公司股份认购的有关规定。[2]股份有限公司增资势必牵涉相关程序，[3]但2005年公司法没有设置条文规定。

（2）公司减资

与公司增资方向相反的是公司减资，即公司减少注册资本。以是否导致公司净资产减少为标准，减资可以区别为实质上的减资和名义上的减资。实质上的减资，不仅减少公司注册资本数额，而且减少公司净资产，比如，公司向股东回购股份并注销；名义上的减资，仅仅减少注册资本数额，但不减少公司净资产，比如，中国建设银行使用资本核销呆账。不管哪一种减资，可以以减少每股面额方式为之，也可以以减少股份总额的方式为之。同时，减少股份总额，可以以合并股份的方式为之，比如，5股合并为3股；也可以以注销股份的方式为之，比如，公司回购股份并注销。我国目前的实际情况是，减少每股面额方式尚未有人采纳，减少股份总额方式已经有人采纳。

公司减资与公司增资，属于方向相反的类似事件，因此公司减资也得面临类似的程序。[4]除此之外，2005年公司法第187条第1款要求，公司减资之时，必须编制资产负债表及财产清单。

（3）债权人保护程序

公司减资之时，公司或者知道债权人或者不知道债权人。如果公司知道债权人，自股东会或者股东大会减资决议做出之日起10日内，直接催告债权人；如果公司不知道债权人，自股东会或者股东大会减资决议做出之日起30日内，通过报纸公告催告债权人。告知债权人，如有异议，及时提出。[5]

如果债权人在相关期限内没有提出异议，则视为债权人认同公司减资。相关期限应该是，直接催告债权人的，自接到催告之日起30日内；公告催告债权人的，自公告之日起45日内。[6]如果公司债债权人提出异议的，应有债权人会议决议。在此情形下，法院可以应利

1 具体参见前文§§1.3.4—8。
2 具体参见前文§§1.3.4—8。
3 可以参见前文§1.4.1。
4 参见前文§1.4.2.1。
5 参见2005年公司法第178条第2款。
6 参见2005年公司法第178条第2款。

害关系人的请求，延长异议期限。[1]如果债权人在相关期限内提出异议，或者自接到催告之日起30日内为之，或者自公告之日起45日内为之，债权人有权要求公司清偿债务或者提供相应担保。[2]

上述程序设置目的，是债权人保护。原则上，公司减资将减少公司的净资产，也就是减少责任财产。

3. 公司债

公司债，即公司债务，化体为有价证券的公司债务。相应的有价证券是公司债券。[3]公司债券，可以是实物证券，也可以是非实物证券。[4]公司债券，可以是记名债券，也可以是无记名债券。[5]公司债券，可以转让，或者背书为之，或者交付为之。[6]公司债的特种情形是可转换公司债。如果公司发行可转换公司债，债权人享有转换股份或者不转换股份的选择权；如果债权人选择转换股份，公司应依约向债权人换发股份。[7]可转换公司债，可以依约由公司回赎，也可以依约由债权人售回。[8]可转换公司债，可以和选择权合体，也可以与选择权分离。[9]

公司债发行事宜，和公司新股发行类似，也有公司内部决定程序，审批机关审批程序和募集程序等。此处不重复。[10]

4. 证券上市

在原公司法管制框架下，股份上市事宜得经行政审批。[11]在2005年公司法框架下，股份

1 参见韩国公司法第439条第3款。
2 参见2005年公司法第178条第2款。
3 参见2005年公司法第154条第1款。
4 参见2005年公司法第156条。
5 参见2005年公司法第157条。
6 参见2005年公司法第160—61条。
7 参见2005年公司法第163条。
8 参见2006年5月6日中国证券监督管理委员会令第30号上市公司证券发行管理办法第23—24条。
9 参见2006年5月6日中国证券监督管理委员会令第30号上市公司证券发行管理办法第27条。
10 参见2005年证券法第16—18条；2006年5月6日中国证券监督管理委员会令第30号上市公司证券发行管理办法第14—35条。也可以比照参见§§1.3.1.3、5和6。
11 参见原公司法第153条第1、2款。

上市事宜无需行政审批。另外，依照2005年证券法第48条规定，包括股份上市的证券上市事宜，由证券交易所审核决定。[1]

5. 公司计算

（1）概说

依照2005年公司法第47条规定，董事会制订年度财务预算方案和年度财务决算方案；董事会制订利润分配方案和弥补亏损方案；董事会向股东会或者股东大会报告工作。[2]依照2005年公司法第38条规定，股东会或者股东大会批准年度财务预算方案和年度财务决算方案；股东会或者股东大会批准利润分配方案和弥补亏损方案；股东会或者股东大会批准董事会工作报告。[3]

依照2005年公司法第165条第1款规定，在每一会计年度终结时，公司应编制财务会计报告；公司编制的财务会计报告，得经会计师事务所审计。依照2005年公司法第166条规定，有限责任公司，应当依照章程约定将财务会计报告如期送交股东；股份有限公司，应当在召开股东大会年会前20日置备财务会计报告于公司，供股东查阅；公开发行股票者，必须公告其财务会计报告。上述财务会计报告编制机构应该是董事会。[4]

2005年证券法第65条明确，在每一会计年度上半年结束之日起2个月内，上市公司应当向中国证监会和证券交易所报送中期报告并公告；2005年证券法第66条明确，在每一会计年度结束之日起4个月内，上市公司应当向中国证监会和证券交易所报送年度报告并公告。2005年证券法第68条要求，董事和高级管理人员应当书面确认定期报告；监事会应当书面审核董事会编制的定期报告。[5]如果发行公司债的，情形亦同。[6]

---

1 具体情形，参见2005年证券法第48—62条。

2 参见2005年公司法第109条第3款。

3 参见2005年公司法第100条。

4 此处的财务会计报告，区别为年度、半年度、季度和月度财务会计报告；年度或者半年度财务会计报告包括会计报表、会计报表附注和财务情况说明书；会计报表包括资产负债表、利润表、现金流量表及相关附表。参见企业财务报告条例第6、7条。

5 其中的年度报告，其内容包括公司基本情况简介、董事、监事、高级管理人员和员工情况、公司治理结构、股东大会情况简介、董事会报告、监事会报告、重要事项、财务报告和备查文件目录等；其中的财务报告包括审计报告全文和会计报表及其附注；相应的会计报表包括资产负债表、利润表、利润分配表和现金流量表。参见2005年公开发行证券的公司信息披露内容与格式准则第2号年度报告的内容与格式目录第49—51条。

6 参见2005年证券法第65、66和68条。

在公司存续期间，公司遵从上述程序，定期计算公司现时财务状况、特定决算期期间损益和现金流量等事宜。此等作业为公司计算。

(2) 公司计算和会计

上述公司计算，借助会计核算完成。这里的会计核算，也就是德国商法规定的商事簿记。[1]除非公司法另有规定，[2]会计核算事宜，从会计法规定。[3]原则上，公司可以自由选择与自身相适应的会计制度。依照1999年会计法第8条第1款特别规定，我国实行统一会计制度；[4]依照1999年会计法第8条第2款特别规定，统一会计制度由财政部制定并公布。为此，财政部先后公布了企业会计制度、[5]金融企业会计制度[6]和小企业会计制度。[7]除会计法外，另有诸如企业财务会计报告条例、会计基础工作规范、[8]会计档案管理办法[9]之类的配套法规和规章制度。

除非公司法另有规定，会计核算应当遵守企业会计准则。在我国，企业会计准则包括基本准则和具体准则两部分。具体准则，包括存货、长期股权投资等38项。[10]基本准则和具体准则，均由财政部制订。在美国，相应文件通常称作公认的会计原则（Generally accepted accounting principles）；相应制定机构为美国注册会计师协会下属的财务会计准则委员会。[11]

(3) 公司利润

公司净利润，是包括营业利润在内的利润总额与企业所得税之间的差额。[12]公司法上的

---

1 参见范健:《德国商法：传统框架与新规则》，法律出版社2003年版，第264页以下。

2 比如，2005年公司法第172条规定:“公司除法定的会计账簿外，不得另立会计账簿。”“对公司资产，不得以任何个人名义开立账户存储。”

3 具体情况，可以例见会计法第2章。

4 统一会计制度，是指财政部根据会计法制定的有关会计核算、会计监督、会计机构和会计人员以及会计工作管理的制度。参见会计法第50条。

5 2000年12月29日财政部颁布（企业会计制度）。

6 2001年11月27日财政部财会〔2001〕49号。

7 2004年4月27号财政部财会〔2004〕2号。

8 1996年6月17日财政部财会字〔1996〕19号。

9 1998年8月21日财政部财会字〔1998〕32号。

10 2006年2月5日财政部财会〔2006〕3号。

11 See Black’s Law Dictionary 692(7th ed. 1999) (“The conventions, rules, and procedures that define approved accounting practices at a particular time. The principles are issued by the Financial Accounting Standards Board for use by accountants in preparing financial statements. The principles include not only broad guidelines of general application but also detailed practices and procedures.”).

12 参见2006年企业会计准则——基本准则第37条；企业会计制度第106条。

税后利润即公司净利润。依照2005年公司法第35条规定，除非全体股东约定不按照出资比例分配红利，有限责任公司净利润按照实缴的出资比例分配；依照2005年公司法第167条第4款规定，除非股份有限公司章程规定不按股东持股比例分配红利，股份有限公司净利润按照股东持股比例分配。

依照2005年公司法第167条第1款规定，公司净利润分配前，公司应当提取公司净利润的10%，充作公司法定公积金；法定公积金累计达注册资本的50%以上的，公司可以停止提取。

依照2005年公司法第167条第3款规定，公司提取法定公积金后，经股东会或者股东大会决定，公司还可以提取净利润充作公司任意公积金。

（4）分配顺序

就公司净利润分配，2005年公司法规定顺序如下：第一，如果公司法定公积金不足以弥补以前年度亏损的，在提取法定公积金前，先用公司净利润弥补亏损；[1]第二，如有要求，公司提取任意公积金；[2]第三，如果弥补亏损并提取公积金后公司净利润仍有余额的，公司可以分配红利。[3]

上述公司法规定，未得切实执行。企业会计制度第110条第1款规定："企业当期实现的净利润，加上年初未分配利润（或减去年初未弥补亏损）和其他转入后的余额，为可供分配的利润。可供分配的利润，按下列顺序分配：（一）提取法定盈余公积；（二）提取法定公益金。"其中的"法定盈余公积"，就是公司法上的法定公积金；其中的"法定公益金"，2005年公司法将其删除了。[4]

同时，企业会计制度第111条第1款规定："可供分配的利润减去提取的法定盈余公积……等后，为可供投资者分配的利润。可供投资者分配的利润，按下列顺序分配：（一）应付优先股股利，是指企业按照利润分配方案分配给优先股股东的现金股利。（二）提取任意盈余公积，是指企业按规定提取的任意盈余公积。（三）应付普通股股利，是指企业按照利润分配方案分配给普通股股东的现金股利……"

1 参见2005年公司法第167条第2款。需要说明的是，这种说法是不成立的。如果有净利润，说明亏损已得弥补。

2 参见2005年公司法第167条第3款。

3 参见2005年公司法第167条第4款。更确切的提法应该是，公司提取公积金后公司净利润仍有余额的，公司可以分配红利。

4 参见2004年公司法第177条和2005年公司法第167条。

至于用“盈余公积分派现金股利”，企业会计制度第83条提到：“符合规定条件的企业，也可以用盈余公积分派现金股利。”原工业企业财务制度第63条规定：“当年无利润时，不得分配股利，但在用盈余公积金弥补亏损后，经股东会特别决议，可以按照不超过股票面值6%的比率用盈余公积金分配股利，在分配股利后，企业法定盈余公积金不得低于注册资金的25%。”

如果弥补亏损和提取法定公积金前分配利润的，依照2005年公司法第167条第5款规定，股东必须将分配利润退还。如果公司持有本公司股份的，依照2005年公司法第167条第6款规定，该等股份不得分配红利。

（5）资本公积金

依照2005年公司法第168条规定，股份有限公司发行股份所得之溢价款，应当列为资本公积金；国务院财政部门规定列入资本公积金的其他收入，应当列为资本公积金。其他收入，包括他人捐赠资产、股权投资准备、拨款转入、外币资本折算差额，等等。[1]

（6）公积金使用

依照2005年公司法第169条规定，公积金可以充用于弥补亏损、扩大生产或者增加注册资本；资本公积金，不得充用于弥补亏损；法定公积金充用于增加注册资本的，留存的法定公积金不得少于增加注册资本前公司注册资本的25%。

（7）审计业务

依照2005年公司法第170条规定，聘用或者解聘承办审计业务的会计师事务所事宜，由股东会、股东大会或者董事会决定；具体决定机构，由章程约定；股东会、股东大会或者董事会决定解聘会计师事务所的，会计师事务所可以陈述意见。依照2005年公司法第170条规定，公司应当向承办公司审计业务的会计师事务所提供真实完整的会计凭证、会计账簿、财务会计报告和其他会计资料，不得拒绝、隐匿或者谎报。

6. 公司解散

依照2005年公司法第181条规定，因章程约定的营业期限届满或者其他章程约定事由出现的，公司解散。不过，依照2005年公司法第182条规定，修改上述章程约定，该类公司可以继续。相关章程修改，在有限责任公司的情况下，须由股东持有的2/3以上表决权通

1 参见企业会计制度第82条。

过；在股份有限公司的情况下，须由出席股东大会会议股东所持表决权2/3以上通过。也就是，相关章程修改得由特别决议决定。

依照2005年公司法第181条规定，股东会或者股东大会决议决定解散公司的，公司解散。依照2005年公司法第44条第2款和第104条第2款规定，股东会或者股东大会解散决议是特别决议。

依照2005年公司法第183条规定，公司发生严重经营管理困难，继续存续严重损害股东利益，通过其他途径又不能解决的，持有表决权10%以上股东可以请求人民法院解散公司。[1]依照2005年公司法第181条规定，因为该类申请，法院可以裁判解散公司。[2]

依照2005年公司法第181条规定，因吊销营业执照、责令关闭或者撤销，公司解散。比如，依照2005年公司法第199条规定，虚报注册资本情节严重的，撤销公司登记或者吊销营业执照；依照2005年公司法第211条规定，未依法登记却冒用有限责任公司或股份有限公司名义的，或者未依法登记却冒用有限责任公司或股份有限公司分公司名义的，予以取缔；依照2005年公司法第212条第1款规定，公司成立后无正当理由超过6个月尚未开业的，或者开业后自行停业超过6个月的，吊销营业执照；依照2005年公司法第213条规定，外国公司违反公司法规定擅自设立分支机构的，责令关闭；依照2005年公司法第214条规定，利用公司名义从事危害国家安全或者社会公共利益的严重违法行为的，吊销营业执照。再比如，依照产品质量法第56条规定，拒绝接受产品质量监督检查情节特别严重的，吊销营业执照；依照劳动法第94条规定，用人单位非法招收未满16周岁的未成年人情节严重的，吊销营业执照。

就上述四类解散，2005年公司法第184条规定，解散事由出现之日起15日内，公司应成立清算组清算。

依照2005年公司法第173条第2款规定，因公司吸收合并，被吸收公司解散；因公司新设合并，合并各公司解散。因此解散的公司，无需清算。按照道理，因此解散的公司应当注销。有意思的是，2005年公司登记管理条例并没有规定相应的行政司法审查程序。[3]

---

1 具体情形，参见2008年5月12日最高人民法院法释〔2008〕6号关于适用公司法若干问题的规定（二）（2008若干规定）第1条。

2 具体细节，参见2008若干规定第2—6条。

3 参见2005年公司登记管理条例第42—45条。

7. 公司清算

（1）清算组

依照2005年公司法第184条规定，有限责任公司清算组，由股东组成。股份有限公司清算组，由董事或者股东大会确定人员组成。此种说法，似应理解为，如果股东大会没有确定，当然由董事组成清算组；如果股东大会另有确定，由股东大会确定人员组成清算组。比如，因吊销营业执照而解散公司者，原则上应由股东大会确定人员组成清算组或者由人民法院指定人员组成清算组。依照2005年公司法第184条规定，解散事由出现之日起15日内不成立清算组清算的，[1]公司债权人可以申请人民法院指定有关人员组成清算组。[2]

（2）清算作业

依照2005年公司法第185条规定，清算组在清算期间行使下列职权：清理公司财产，编制资产负债表和财产清单；通知或者公告告知债权人；处理与清算有关的公司未了结业务；清缴欠税以及清算过程中产生的税款；清理其他债权和债务；处理公司清偿债务后的剩余财产；代表公司参与民事诉讼活动。尽管如此，清算作业原则上应限于了结公司业务、追偿债权和清偿债务、变现和分配公司财产等。

依照2005年公司登记管理条例第42条规定，清算组应当自成立之日起10日内将清算组成员和负责人名单向工商行政管理局备案。同时，清算组应当及时清理公司财产并编制资产负债表和财产清单。从内部控制考虑，上述事项应该报股东会、股东大会或者人民法院确认。[3]

依照2005年公司法第186条规定，清算组应当自成立之日起10日内通知债权人，并在60日内在报纸上公告。此种说法，似应理解为，如果知道具体债权人的，10日内通知债权人；如果不知道具体债权人的，60日内公告告知债权人。[4]依照2005年公司法第186条规定，债权人应当自接到通知书之日起30日内，或者自公告之日起45日内，向清算组申报其债权。[5]在申报债权期间，清算组不得对债权人清偿。按照道理，在通知告知具体债权人的情况下，即使债权人没有按期申报，债权仍然在清算范围之内；在公告告知债权人的情况下，

1 具体情形，参见2008若干规定第7条；违反此类规定的相应后果，参见2008若干规定第18条。

2 具体细节，参见2008若干规定第7—9条和第16—17条。

3 参见2005年公司法第187条。

4 违反此类规定的相应后果，参见2008若干规定第11条。

5 至于债权人提起异议，参见2008若干规定第12条。

如果债权人不申报，债权从清算中排除。[1]

依照2005年公司法第187条规定，清算组应当制订清算方案，报股东会、股东大会或者人民法院确认。确认做出后，清算组施行清算方案。[2]依照2005年公司法第187条规定，清偿之后的剩余财产，在有限责任公司的情况下，按照股东出资比例分配；在股份有限公司的情况下，按照股东持有股份比例分配。按照道理，因为未申报而排除的债权，仅能在股东财产分配的范围内请求；如果股东分配完毕，则相关债权了结。[3]同时，依照2005年公司法第187条规定，在清算期间，公司虽然存续，但不得从事与清算无关的业务；未依照清算方案清偿前，公司财产不得分配给股东。

依照2005年公司法第190条规定，清算组成员应当忠于职守，依法履行清算义务；清算组成员不得利用职权收受贿赂或者其他非法收入，不得侵占公司财产；清算组成员因故意或者重大过失给公司或者债权人造成损失的，应当承担赔偿责任。[4]

（3）申请破产

在清算过程中，清算组发现财产不足清偿债务的，清算组应当向人民法院申请破产。人民法院裁定宣告破产的，清算组应当将清算作业移交给人民法院。[5]公司破产的相关事宜，从2006年企业破产法规定。

（4）注销登记

公司清算作业了结的，清算组应当及时制作清算报告，报股东会、股东大会或者人民法院确认。[6]相关确认做出的，清算组成员原则上免于受托清算之责任。清算组适时具备清算组负责人签署的注销登记申请书、诸如人民法院解散裁判文书、股东会或者股东大会解散决议、公司关闭或者撤销行政决定之类解散事由文件、业经确认的清算报告和企业法人营业执照，向工商行政管理局申请注销公司登记。经工商行政管理局注销登记，公司终止。[7]

1 参见李哲松:《韩国公司法》，吴日焕译，中国政法大学出版社2000年版，第739页。可以参见2008若干规定第13—14条。

2 违反此类要求的相应后果，参见2008若干规定第15条。

3 参见李哲松:《韩国公司法》，吴日焕译，中国政法大学出版社2000年版，第740页。

4 具体细节，参见2008若干规定第23条。

5 参见2005年公司法第188条。

6 参见2005年公司法第189条。

7 参见2005年公司法第189条；2005年公司登记管理条例第44—45条。

8. 法律责任

（1）出资事宜

依照2005年公司法第199条规定，凡虚报注册资本取得公司登记的，由工商行政管理局责令改正；凡提交虚假申请材料取得公司登记的，由工商行政管理局责令改正；凡采取其他欺诈手段隐瞒重要事实取得公司登记的，由工商行政管理局责令改正。同时，对虚报注册资本的公司，处以虚报注册资本金额5%以上15%以下罚款；对提交虚假申请材料的公司，处以5万元以上50万元以下罚款；对采取其他欺诈手段隐瞒重要事实的公司，处以5万元以上50万元以下罚款。如果相关情节严重的，则可撤销公司登记或者吊销营业执照。

依照刑法第158条规定，凡使用虚假证明文件虚报注册资本取得公司登记，虚报注册资本数额巨大、后果严重或者有其他严重情节的，处3年以下有期徒刑或者拘役，并处或者单处虚报注册资本金额1%以上5%以下罚金；凡采取其他欺诈手段虚报注册资本，虚报注册资本数额巨大、后果严重或者有其他严重情节的，处3年以下有期徒刑或者拘役，并处或者单处虚报注册资本金额1%以上5%以下罚金。单位犯上述罪行的，对单位判处罚金，并对其直接负责的主管人员或其他直接责任人员，处3年以下有期徒刑或者拘役。

依照2005年公司法第200条规定，股东或者发起人虚假出资，未交付或者未按期交付作为出资的货币或者非货币财产的，由工商行政管理局责令改正，处以虚假出资金额5%以上15%以下罚款。依照2005年公司法第201条规定，在公司成立之后，股东或者发起人抽逃出资的，由工商行政管理局责令改正，处以抽逃出资金额5%以上15%以下罚款。

依照刑法第159条规定，股东或者发起人虚假出资，未交付或者未按期交付作为出资的货币或者非货币财产，数额巨大、后果严重或者有其他严重情节的，处5年以下有期徒刑或者拘役，并处或者单处虚假出资金额2%以上10%以下罚金；在公司成立之后，股东或者发起人抽逃出资，数额巨大、后果严重或者有其他严重情节的，处5年以下有期徒刑或者拘役，并处或者单处虚假出资金额或者抽逃出资金额2%以上10%以下罚金。单位犯上述罪行的，对单位判处罚金，并对其直接负责的主管人员或者其他直接责任人员，处5年以下有期徒刑或者拘役。

（2）公司计算

依照2005年公司法第202条规定，在法定会计账簿以外另立会计账簿的，由县级以上人民政府财政部门责令改正，处以5万元以上50万元以下罚款。依照2005年公司法第203条规定，公司在依法向有关主管部门提供的财务会计报告等材料上作虚假记载或者隐瞒重要事实的，由有关主管部门对直接负责的主管人员和其他直接责任人员处以3万元以上30万元以下罚款。依照2005年公司法第204条规定，公司没有依法提取法定公积金的，由县级以上人民政府财政部门责令如数补足应提取金额，对公司处以20万元以下罚款。

（3）公司清算

依照2005年公司法第205条规定，在合并、分立、减少注册资本或者清算时，公司未依法通知或者公告告知债权人的，由工商行政管理局责令改正，对公司处以1万元以上10万元以下罚款。在清算时，公司隐匿财产、对资产负债表或者财产清单作虚假记载的，由工商行政管理局责令改正，对公司处以隐匿财产金额5%以上10%以下罚款；对直接负责的主管人员和其他直接责任人员处以1万元以上10万元以下罚款。在清算时，未清偿债务前分配公司财产的，由工商行政管理局责令改正，对公司处以未清偿债务前分配公司财产金额5%以上10%以下罚款；对直接负责的主管人员或者其他直接责任人员处以1万元以上10万元以下罚款。依照2005年公司法第206条规定，在清算期间，公司从事与清算无关的经营活动的，由工商行政管理局予以警告，没收违法所得。依照2005年公司法第207条规定，清算组没有依法向工商行政管理局报送清算报告，或者报送清算报告隐瞒重要事实或者有重大遗漏的，由工商行政管理局责令改正。清算组成员利用职权徇私舞弊、谋取非法收入或者侵占公司财产的，由工商行政管理局责令退还公司财产，没收违法所得，并可以处以违法所得1倍以上5倍以下罚款。

依照刑法第162条规定，在清算时，公司隐匿财产，对资产负债表或者财产清单作虚伪记载，严重损害债权人或者其他人利益的，对其直接负责的主管人员或者其他直接责任人员，处5年以下有期徒刑或者拘役，并处或者单处2万元以上20万元以下罚金。在清算时，未清偿债务前分配公司财产，严重损害债权人或者其他人利益的，对其直接负责的主管人员或者其他直接责任人员，处5年以下有期徒刑或者拘役，并处或者单处2万元以上20万元以下罚金。依照刑法第162条之二规定，通过隐匿财产、承担虚构的债务或者以其他方法转移、处分财产，实施虚假破产，严重损害债权人或者其他人利益的，对其直接负责的主管人员或者其他直接责任人员，处5年以下有期徒刑或者拘役，并处或者单处2万元以上20万元以下罚金。

（4）验证

依照2005年公司法第208条规定，承担资产评估、验资或者验证的机构提供虚假材料的，由工商行政管理局没收违法所得，处以违法所得1倍以上5倍以下罚款，并由有关主管部门依法责令该机构停业、吊销直接责任人员资格证书或者吊销营业执照；承担资产评估、验资或者验证的机构因过失提供有重大遗漏的报告的，由工商行政管理局责令改正，情节较重的，处以所得收入1倍以上5倍以下罚款，并由有关主管部门依法责令该机构停业、吊销直接责任人员资格证书或者吊销营业执照；承担资产评估、验资或者验证的机构因其出具的评估结果、验资或者验证证明不实，给公司债权人造成损失的，除非提供没有过错的证明，在其评估或者证明不实的金额范围内承担赔偿责任。

依照刑法第229条规定，承担资产评估、验资、验证职责的中介组织人员故意提供虚假证明文件，情节严重的，处5年以下有期徒刑或者拘役，并处罚金。出于索取他人财物或者非法收受他人财物，上述人员犯上述罪行的，处5年以上10年以下有期徒刑，并处罚金。因严重不负责任，上述人员出具证明文件有重大失实，造成严重后果的，处3年以下有期徒刑或者拘役，并处或者单处罚金。

（5）公司登记

依照2005年公司法第209条规定，工商行政管理局对不符合公司法规定条件的登记申请予以登记，或者对符合公司法规定条件的登记申请不予登记的，对直接负责的主管人员或者其他直接责任人员，依法给予行政处分。依照2005年公司法第210条规定，工商行政管理局的上级部门强令工商行政管理局对不符合公司法规定条件的登记申请予以登记，或者对符合公司法规定条件的登记申请不予登记的，或者对违法登记进行包庇的，对直接负责的主管人员或者其他直接责任人员依法给予行政处分。

依照刑法第403条规定，国家有关主管部门的国家机关工作人员，徇私舞弊，滥用职权，对不符合公司法规定条件的公司设立登记申请予以批准，致使公共财产、国家和人民利益遭受重大损失的，处5年以下有期徒刑或者拘役；上级部门强令登记机关及其工作人员实施上述行为的，对其直接负责的主管人员，依照上述规定处罚。国家有关主管部门的国家机关工作人员，徇私舞弊，滥用职权，对不符合公司法规定条件的登记申请予以登记，致使公共财产、国家和人民利益遭受重大损失的，处5年以下有期徒刑或者拘役；上级部门强令登记机关及其工作人员实施前款行为的，对其直接负责的主管人员，依照上述规定处罚。

（6）公司类型

依照2005年公司法第211条规定，未依法登记却冒用有限责任公司或者股份有限公司名义的，或者未依法登记却冒用有限责任公司或者股份有限公司分公司名义的，由工商行政管理局责令改正或者予以取缔，可以并处10万元以下的罚款。依照2005年公司法第212条规定，公司成立后无正当理由超过6个月未开业的，或者开业后自行停业超过6个月的，可以由工商行政管理局吊销营业执照。公司登记事项发生变更却未依法办理有关变更登记的，由工商行政管理局责令限期登记；逾期不登记的，处以1万元以上10万元以下罚款。依照2005年公司法第213条规定，外国公司擅自在中国境内设立分支机构的，由工商行政管理局责令改正或者关闭，可以并处5万元以上20万元以下罚款。

（7）其他事项

依照2005年公司法第214条规定，利用公司名义从事危害国家安全或者社会公共利益的严重违法行为的，吊销营业执照。依照2005年公司法第215条规定，凡违反公司法规定，公司既要承担民事赔偿责任又要承担缴纳罚款或者罚金责任，而公司财产又不足以支付的，民事赔偿责任优先于其他责任。

§1.5 公司法适用

1. 一人有限责任公司

有限责任公司股东仅为一人的，不论是自然人，还是法人，则相应公司为一人有限责任公司。[1]针对一人有限责任公司，公司法多设限制。2005年公司法第59条要求，注册资本最低限额为人民币10万元；相关注册资本应一次性足额缴纳；一个自然人只能设立一个一人有限责任公司；一个自然人设立的一人有限责任公司不能再行设立一人有限责任公司。2005年公司法第60条要求，公司登记簿应当特别注明自然人独资或者法人独资；公司营业执照也应载明。2005年公司法第64条明确，股东不能证明公司财产独立于股东本人财产的，应当对一人有限责任公司债务承担连带责任。2005年公司法第62条要求，一人有限责任公司不设股东会；股东会决议，应以股东书面签名并置备于公司的方式代替。

依照2005年公司法第58条规定，就一人有限责任公司设立和组织机构，如果2005年公司法第2章有关一人有限责任公司的第3节没有规定的，适用2005年公司法第2章有关有限责任公司的第1节和第2节的规定。其实还可以进一步，就一人有限责任公司，如果2005年

1 参见2005年公司法第58条第2款。

公司法第2章第3节没有规定的，适用2005年公司法有关有限责任公司的规定。

2. 国有独资公司

国有独资公司，系有限责任公司。首先，它是国家单独出资设立的。其次，其出资人职责由各级政府国有资产监督管理机构履行。正因为国有资产监督管理机构履行出资人职责，2005年公司法第66条要求，国有独资公司章程由国有资产监督管理机构制定，或者由董事会制订但由国有资产监督管理机构批准。2005年公司法第70条要求，未经国有资产监督管理机构同意，国有独资公司董事长、副董事长、董事、高级管理人员不得在其他公司兼职。

依照2005年公司法第67条规定，国有独资公司不设股东会；国有资产监督管理机构行使股东会职权；国有资产监督管理机构可以授权董事会行使股东会部分职权。但合并、分立、解散、增加注册资本、减少注册资本和发行公司债券，只能由国有资产监督管理机构决定；重要国有独资公司合并、分立、解散、申请破产，由国有资产监督管理机构审核后，报同级人民政府批准；重要国有独资公司范围，由国务院确定。

依照2005年公司法第68条规定，国有独资公司设董事会，董事会成员中应有公司职工代表；董事会成员由国有资产监督管理机构委派，董事会成员中的职工代表由公司职工代表大会选举产生；董事会设董事长一人，也可以设置副董事长；董事长和副董事长由国有资产监督管理机构从董事会成员中指定；董事每届任期不得超过3年。依照2005年公司法第69条规定，国有独资公司设经理，由董事会聘任或者解聘；经国有资产监督管理机构同意，董事会成员可以兼任经理。

依照2005年公司法第71条规定，国有独资公司设监事会；监事会成员不得少于5人，职工代表的比例不得低于1/3，具体比例由公司章程约定；监事会成员由国有资产监督管理机构委派，监事会成员中职工代表由公司职工代表大会选举产生；监事会主席，由国有资产监督管理机构从监事会成员中指定。

依照2005年公司法第65条规定，就国有独资公司设立和组织机构，如果2005年公司法第2章有关国有独资公司的第4节没有规定的，适用2005年公司法第2章有关有限责任公司的第1节和第2节规定。其实还可以进一步，就国有独资公司，如果2005年公司法第2章第4节没有规定的，适用2005年公司法有关有限责任公司的规定。

3. 分公司和子公司

公司可以设立分公司；公司设立分公司，应申请登记，领取营业执照；分公司不具备法人资格，其民事责任由公司承担。公司可以设立子公司，子公司具备法人资格，依法独立承担民事责任。[1]

子公司法律事务，适用公司法规定。分公司和本公司之间关系，原则为代理关系；[2]分公司实体事务，应该比照适用2005年公司法；分公司程序事务，适用2005年公司登记管理条例。[3]

4. 外商投资公司

依照2001年中外合资经营企业法第4条规定，中外合资经营企业允许采纳有限责任公司形式；依照2000年外资企业法第8条规定，外资企业允许采纳有限责任公司形式；依照2000年中外合作经营企业法第2条规定，中外合作经营企业允许采纳有限责任公司形式。此外，自1995年开始，外商投资企业允许采纳股份有限公司形式；已经设立的中外合资经营企业、中外合作经营企业和外资企业可以转变为股份有限公司。[4]

外商投资设立的有限责任公司和股份有限公司，适用有关外商投资企业的法律；如果该类法律没有规定，适用2005年公司法和2005年公司登记管理条例。[5]比如，有关外商投资企业的法律规定，中外合资有限责任公司董事会是权力机构。就此问题，适用有关外商投资企业的法律。有关外商投资企业的法律并没有具体规定，中外合资有限责任公司董事会如何运作。就此问题，适用公司法。[6]

5. 特别公司

依照2003年商业银行法特许设立的商业银行，是特别公司。商业银行，适用2003年商

1 参见2005年公司法第14条。

2 例见2000年9月29日最高人民法院法释〔2000〕44号关于适用担保法若干问题的解释第17条。

3 具体见2005年公司登记管理条例第7章。

4 参见1995年1月10日对外贸易经济合作部令1995年第1号关于设立外商投资股份有限公司若干问题的暂行规定。

5 参见2005年公司法第218条和2005年公司登记管理条例第87条。具体见2006年4月24日国家工商行政管理总局工商外企字〔2006〕81号关于外商投资的公司审批登记管理法律适用若干问题的执行意见。

6 参见2006年4月24日国家工商行政管理总局工商外企字〔2006〕81号关于外商投资的公司审批登记管理法律适用若干问题的执行意见第3条。

业银行法；2003年商业银行法没有规定的，适用2005年公司法。比如，2003年商业银行法并没有规定商业银行组织形式和组织机构，相关事宜，适用2005年公司法。[1]2003年商业银行法并没有规定商业银行分立和合并，相关事宜，适用2005年公司法。[2]

依照2002年保险法特许设立的保险公司，是特别公司。保险公司适用2002年保险法；2002年保险法没有规定的，适用2005年公司法。比如，2002年保险法并没有规定保险公司组织机构，相关事宜，适用2005年公司法。[3]保险公司的设立、变更、解散和清算，2002年保险法略有规定；没有相应规定的，适用2005年公司法。[4]

依照2005年证券法特许设立的证券公司，是特别公司。证券公司，适用2005年证券法；2005年证券法没有规定的，适用2005年公司法。比如，证券法并没有规定证券公司董事任职资格这一专门问题，相关事宜，适用2005年公司法。[5]

依照证券投资基金法特许设立的基金管理公司，是特别公司。基金管理公司适用证券投资基金法；证券投资基金法没有规定的，适用2005年公司法。比如，证券投资基金法并没有规定基金管理公司章程，相关事宜，适用2005年公司法。[6]

当然，上述特别公司，仅仅是例子，不以提到者为限。

6. 特别法公司

1994年成立的国家开发银行和国家开发投资公司，可以算作特别法公司。有意思的是，其成立和存续依据是国务院国发〔1994〕22号关于组建国家开发银行的通知。通知没有规定的事项，原则上可以适用2005年公司法。

7. 外国公司分支机构

在中国境外根据外国法律设立的公司，为外国公司。[7]外国公司可以在中国境内从事生产经营活动。相应方式为：首先，外国公司可以派驻常驻代表机构，从事诸如信息沟通、

1 参见2003年商业银行法第17条。
2 参见2003年商业银行法第25条。
3 参见2002年保险法第83条。
4 参见2002年保险法第91条。
5 参见2005年证券法第131条。
6 参见证券投资基金法第13条。
7 参见2005年公司法第192条。

市场调查之类的非直接经营活动；常驻代表机构设立和存续依据是外国企业常驻代表机构的登记管理办法。[1]其次，业经登记注册，外国公司可以直接在中国境内从事生产经营活动；登记依据是关于外国（地区）企业在中国境内从事生产经营活动登记管理办法。[2]最后，外国公司可以在中国境内设立分支机构，直接从事生产经营活动；分支机构设立和存续依据是2005年公司法第11章。

外国公司本身，适用相应的外国法律；外国公司的对外关系，原则上适用国际私法；外国公司分支机构及其和外国公司的关系，适用2005年公司法第11章；如果第11章没有规定的，原则上适用公司法其他章节。

1 1983年3月5日由国务院批准并于1983年3月15日由国家工商行政管理局颁布。

2 1992年10月1日由国家工商行政管理局。

§ 2 重组购并

§ 2.0 我国法律现状

我国法律现状是这样的：第一，2005年公司法第173~177条，规定公司合并和公司分立；第二，2005年公司法第9条，规定公司组织变更；第三，2005年证券法第4章，规定上市公司股份收购；第四，有关政府规章，[1]特别处理外国投资者购并境内企业，包括股权购并和资产购并；第五，有关政府规章，[2]特别处理境内企业产权买卖，包括收购资产、收购出资或者股份等；第六，有关司法解释，[3]特别提到企业公司制改造，即国有企业整体改造为国有独资有限责任公司和企业整体改造为有限责任公司或者股份有限公司；第七，有关司法解释，[4]特别提到企业股份合作制改造，或者通过增资，或者通过购买资产，企业改造为股份合作制企业。[5]上述文件调整的交易，要么是收购，要么是合并，要么是重组，不妨合称重组购并。

---

1 2003年3月7日对外贸易经济合作部国家税务总局国家工商行政管理总局国家外汇管理局令2003年第3号外国投资者并购境内企业暂行规定；2006年8月8日商务部国务院国有资产监督管理委员会国家税务总局国家工商行政管理总局中国证券监督管理委员会国家外汇管理局令2006年第10号关于外国投资者并购境内企业的规定。

2 1989年2月19日国家体改委（89）体改经38号关于企业兼并的暂行办法。

3 2003年3月3日最高人民法院法释〔2003〕1号关于审理与企业改制相关的民事纠纷案件若干问题的规定（企业改制解释）第4—5条。

4 企业改制解释第8—11条。

5 除上述交易外，2005年4月11日国有资产监督管理委员会国资发产权〔2005〕78号关于印发企业国有产权向管理层转让暂行规定的通知，特意提到管理层收购，业界通常误传为“MBO”。

§2.1 公司法上的合并分立

1. 股份对股份式公司合并

（1）概述

何谓股份对股份式公司合并？首先，它是吸收式公司合并；其次，它是股份对股份式公司合并。A公司和B公司合并；因为合并，A公司继续存续；同样因为合并，B公司即刻消灭。此为吸收式公司合并。在上述合并当中，如果B公司股份因此转换成A公司股份，则为股份对股份式公司合并（stock-for-stock statutory mergers），又叫做换股式公司合并（stock swap statutory mergers）。问题是，"股份对股份式"之说，具体体现在哪里呢？

a. 交易进行之前，相应情况是这样的：

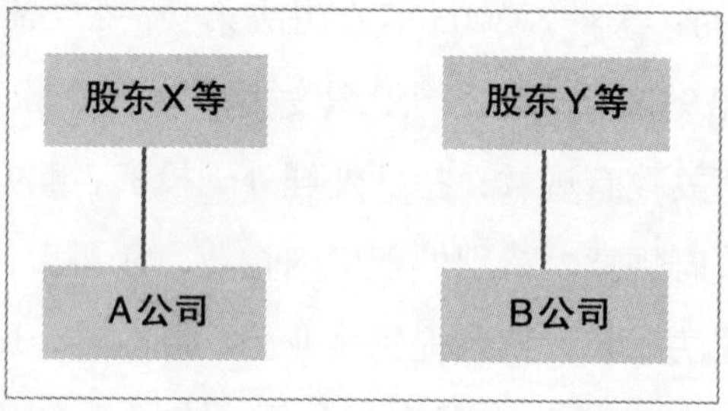

A公司和B公司，系各自独立的公司；拥有各自的资产，承担各自的负债。A公司的股东，是股东X等；B公司的股东，是股东Y等。

b. 交易进行之中，相应情况变化如下：

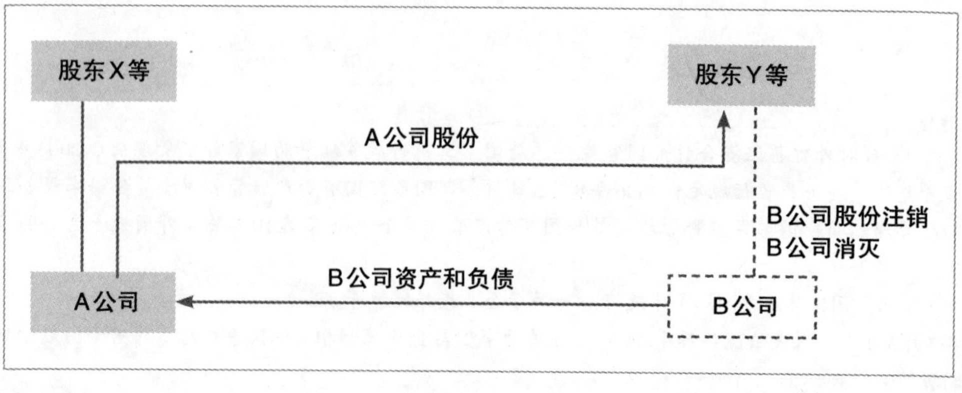

A公司股东X等，仍然持有A公司股份；B公司股东Y等持有的B公司股份，如数注销；作为交易代价，B公司股东Y等获得新近签发的A公司股份。是谓"换股"或者"股份对股份"。

因为合并，A公司继续存续；也因为合并，B公司即刻消灭。A公司的资产和负债，仍然在A公司名下；B公司名下的资产和负债，因合并这一法定原因，转移到A公司名下。

c. 交易完成之后，相应情况如下：

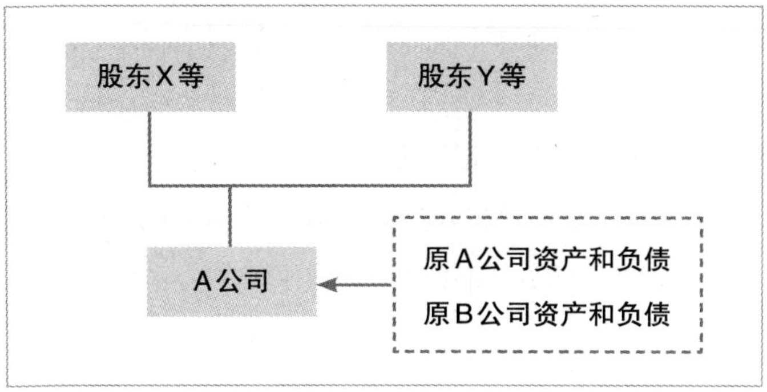

交易完成之后，原A公司和原B公司的资产与负债，都变成继续存续的A公司的资产与负债；原A公司和原B公司的股东X等和Y等，都变成继续存续的A公司的股东。

（2）公司内部程序

诸如公司合并之类的公司内部事务，受公司设立准据法调整。早自20世纪初，特拉华达州（Delaware）就已风行美国。以公司注册地为指标，目前500强中近60%，在特拉华达州；在纽约证券交易所上市的公司近50%，在特拉华达州。特拉华达州一般公司法（Delaware General Corporation Law, DGCL），为公司提供相对灵活的运营空间，特别在重组购并的问题上；特拉华达州各级法院，提供相对发达和精到的判例与先例；特拉华达州，自然也拥有具有相对高超技能的公司法法官。[1]

如果上述A公司和B公司都是特拉华达州公司，则相关合并适用DGCL。DGCL明确指明，A公司和B公司之间的合并，A公司和B公司有能力进行。[2]DGCL同时要求，A公司董事会和B公司董事会，均得决议批准合并协议（agreement of merger），并主张其可行性（declaring its advisability）。[3]DGCL还要求，A公司和B公司，均得将合并协议提交各自的

1 See Dale Arthur Oesterle, The Law of Mergers and Acquisitions 30—31(3rd Ed. 2005).

2 See 8 Del. C. §251 (a) (2006) (“Any 2 or more corporations existing under the laws of this State may merge into a single corporation, which may be any 1 of the constituent corporations ... pursuant to an agreement of merger ... as the case may be, complying and approved in accordance with this section.”).

3 See 8 Del. C. §251 (b) (2006) (“The board of directors of each corporation which desires to merge ... shall adopt a resolution approving an agreement of merger ... and declaring its advisability.”).

股东大会表决批准；享有表决权的现有股东的多数票即可产生决议；任何一家公司的股东，既不能自行启动批准表决程序，更不能修改决议案任何内容；只能通过股东大会做出批准或者不批准的选择。[1]

按照DGCL的要求，除非公司章程另有约定，参与上述表决的股东，只能是享有表决权的股东；产生决议的现有股份多数票，为享有表决权现有股份的多数。[2]

（3）例外情况

就上述内部程序要求，DGCL设置以下几种例外：

第一，小规模合并例外。A公司和B公司合并；合并后A公司存续B公司消灭；A公司股东X等持有股份本身没有变化；向B公司股东Y等签发的A公司普通股，没有超过合并前A公司普通股的20%。在上述前提下，合并协议无需A公司股东投票表决。[3]设置这一例外的考虑是，上述情况下的合并，与其说是A公司吸收B公司，不如说是规模大的A公司购买比自己规模小得多的B公司。就买卖这样的交易，规模大的A公司股东，没有必要

---

1 See 8 Del. C.§251(c)(2006)("The agreement required by subsection (b) of this section shall be submitted to the stockholders of each constituent corporation at an annual or special meeting for the purpose of acting on the agreement." "At the meeting, the agreement shall be considered and a vote taken for its adoption or rejection. If a majority of the outstanding stock of the corporation entitled to vote thereon shall be voted for the adoption of the agreement, that fact shall be certified on the agreement by the secretary or assistant secretary of the corporation.").

2 But see MBCA §11.04 (e) (1984) ("Unless the articles of incorporation, or the board of directors acting pursuant to subsection (c), requires a greater vote or a greater number of votes to be present, approval of the plan of merger or share exchange requires the approval of the shareholders at a meeting at which a quorum consisting of at least a majority of the votes entitled to be cast on the plan exists, and, if any class or series of shares is entitled to vote as a separate group on the plan of merger or share exchange, the approval of each such separate voting group at a meeting at which a quorum of the voting group consisting of at least a majority of the votes entitled to be cast on the merger or share exchange by that voting group is present.").

3 See 8 Del. C. §251(f) (2006) ("[U]nless required by its certificate of incorporation, no vote of stockholders of a constituent corporation surviving a merger shall be necessary to authorize a merger if (1) the agreement of merger does not amend in any respect the certificate of incorporation of such constituent corporation, (2) each share of stock of such constituent corporation outstanding immediately prior to the effective date of the merger is to be an identical outstanding or treasury share of the surviving corporation after the effective date of the merger, and (3) either no shares of common stock of the surviving corporation and no shares, securities or obligations convertible into such stock are to be issued or delivered under the plan of merger, or the authorized unissued shares or the treasury shares of common stock of the surviving corporation to be issued or delivered under the plan of merger plus those initially issuable upon conversion of any other shares, securities or obligations to be issued or delivered under such plan do not exceed 20% of the shares of common stock of such constituent corporation outstanding immediately prior to the effective date of the merger.").

做出批准决议。[1]

第二，母公司吸收子公司例外。A公司和B公司是两个独立的公司；A公司是B公司的母公司；B公司任何类别的股份，A公司的持有量均超过90%。如果A公司和B公司合并，或者A公司存续，或者B公司存续。如果A公司存续，则为上游合并（upstream mergers）；如果B公司存续，则为下游合并（downstream mergers）。就上述上游合并，A公司董事会决议足以批准，两公司股东无权投票。[2]

第三，控股公司例外。A公司是某实际运营公司，A公司股东皆为自然人。现A公司股东打算设立某控股公司B公司，借以控制A公司。也就是说，A公司的自然人股东，变成B公司的股东；B公司，则变成A公司唯一的股东。依照DGCL，可行的操作方式是这样：第一，A公司出资设立全资子公司B公司，B公司再行设立全资子公司C公司。B公司的章程、股份和董事，或者和A公司的一模一样，或者就是A公司的。第二，A公司和C公司合并，C公司存续，A公司消灭；C公司将其名字变更为A公司；原A公司的股份转换成B公司股份。最后的结果是，A公司是B公司的全资子公司，B公司的股东是原A公司自然人股东。上述合并，不需要合并双方任何一方的股东大会批准。[3]

---

1 See Dale Arthur Oesterle, The Law of Mergers and Acquisitions 38 (3rd Ed. 2005).

2 See 8 Del. C. § 253 (a) (2006) ("In any case in which at least 90% of the outstanding shares of each class of the stock of a corporation ... is owned by another corporation ... the corporation having such stock ownership may either merge the other corporation ... into itself and assume all of its or their obligations ... by executing, acknowledging and filing, in accordance with § 103 of this title, a certificate of such ownership and merger setting forth a copy of the resolution of its board of directors to so merge and the date of the adoption ... .").

3 See 8 Del. C. § 251 (g) (2006) ("[U]nless expressly required by its certificate of incorporation, no vote of stockholders of a constituent corporation shall be necessary to authorize a merger with or into a single direct or indirect wholly—owned subsidiary of such constituent corporation if: (1) such constituent corporation and the direct or indirect wholly—owned subsidiary of such constituent corporation are the only constituent entities to the merger; (2) each share or fraction of a share of the capital stock of the constituent corporation outstanding immediately prior to the effective time of the merger is converted in the merger into a share or equal fraction of share of capital stock of a holding company having the same designations, rights, powers and preferences, and the qualifications, limitations and restrictions thereof, as the share of stock of the constituent corporation being converted in the merger ... (4) the certificate of incorporation and by—laws of the holding company immediately following the effective time of the merger contain provisions identical to the certificate of incorporation and by—laws of the constituent corporation immediately prior to the effective time of the merger ... (5) as a result of the merger the constituent corporation or its successor becomes or remains a direct or indirect wholly—owned subsidiary of the holding company; (6) the directors of the constituent corporation become or remain the directors of the holding company upon the effective time of the merger ... .").

2. 现金对股份式公司合并

在股份对股份式公司合并的情况下，存续公司用其股份换取消灭公司股份。在现金对股份式公司合并的情况下，存续公司用其现金、无担保债券或者没有投票权的优先股换取消灭公司股份。除此之外，有关现金对股份式公司合并的情形，类似于股份对股份式公司合并。[1]比如，XYZ公司是有限责任公司，其股东分别为X、Y和Z。现X和Y两方与Z发生纠纷。为了让Z退出，X和Y注册有限责任公司XY公司。因为X和Y联手的绝对多数票，两公司决定合并；因为合并，XYZ公司消灭，XY公司存续。X和Y持有的XYZ公司股份，转换为XY公司股份；Z持有的XYZ公司股份，转换为现金；Z退出XY公司，也就是退出XYZ公司。[2]仅从合并的角度看，现金对股份式公司合并，是一种可行的买走（buy out）其他股东方式。

3. 新设合并

以上述XYZ公司和XY公司合并为例，不论是股份对股份式，还是现金对股份式，或者XYZ公司存续XY公司消灭，或者XY公司存续XYZ公司消灭。从逻辑上看，还有第三种选择，XYZ公司和XY公司一并消灭，重新设立Z公司。这叫新设合并（Statutory Consolidation）。除这一点外，有关新设合并的情形，类似于股份对股份式的合并。[3]

就新设合并，美国模范公司法（Model Business Corporation Act, MBCA）并未设置条文规定。从逻辑上看，在公司合并的情况下，当事人可以决定，谁存续谁消灭；如果当事人不想让任何一方当事人存续，可以另行设立第三家公司，让第三家公司与当事人合并，并让第三家公司存续。为此新设合并多为现实废弃。[4]

4. 我国公司法上的公司合并

我国公司法上的公司合并，区别为吸收合并和新设合并；一个公司吸收另一个公司，另一个公司消灭的，为吸收合并；两个公司合并，设立第三个公司，合并各公司消灭的，

1 参见前文§2.1.1。

2 See Robert W. Hamilton, Corporations 559 (4th Ed. 1997).

3 参见前文§2.1.1。

4 See Robert W. Hamilton, Corporations 556 (4th Ed. 1997).

为新设合并。[1]我国公司法既承认新设合并，也承认吸收合并。吸收合并可以区别为现金对股份式和股份对股份式，但我国公司法没有明确。

为合并事宜，合并当事人应当签订合并协议；[2]包括合并协议在内的合并方案应当由合并当事人各自的董事会制定，[3]并由其股东会或者股东大会决议批准；[4]相关批准决议应该是特别决议。[5]

为合并事宜，合并当事人应当编制资产负债表和财产清单。如果合并当事人知悉债权人的，应当自股东会或者股东大会做出合并决议之日起10日内催告相关债权人；如果合并当事人并不知悉债权人的，应当自股东会或者股东大会作出合并决议之日起30日内在报纸上公告催告。合并当事人知悉的债权人，自接到通知书之日起30日内，可以要求合并当事人清偿债务或者提供相应担保。合并当事人并不知悉的债权人，自公告之日起45日内，可以要求合并当事人清偿债务或者提供相应担保。[6]

合并完成后，合并当事人的债权和债务，由存续公司或者新设公司承继。[7]

5. 公司法上的公司分立

（1）概述

假设ABC电器公司股东是A、B和C三人。ABC电器公司下辖电视机、洗衣机和空调器事业部。现ABC电器公司欲行分立，相应方式包括：

第一种，消灭分立。以ABC电器公司电视机、洗衣机和空调器事业部相应资产和负债为出资，分别成立ABC电视机公司、ABC洗衣机公司和ABC空调器公司。三公司成立之日，ABC电器公司自行消灭。上述三公司股东，均为A、B和C。因为消灭分立这一法定原因，ABC电器公司电视机、洗衣机和空调器事业部的相应资产和负债，分别成为ABC电视机公司、ABC洗衣机公司和ABC空调器公司的相应资产和负债。

第二种，存续分立。在上述前提下，以ABC电器公司电视机事业部相应资产和负债为

---

1 参见2005年公司法第173条。

2 参见2005年公司法第174条。

3 参见2005年公司法第109条第3款和第47条。

4 参见2005年公司法第100条和第38条第1款。

5 参见2005年公司法第104条第2款和第44条第2款。

6 参见2005年公司法第174条。

7 参见2005年公司法第175条。

出资，成立ABC电视机公司。ABC电器公司仍然存续，下辖洗衣机和空调器事业部。ABC电视机公司和ABC电器公司股东，均为A、B和C。[1]

在上述两种分立的基础上，还可以同时进行合并。相应方式包括：

第一种，消灭分立合并。和消灭分立的差别仅仅在于：在消灭分立的情况下，ABC电器公司分立为ABC电视机公司、ABC洗衣机公司和ABC空调器公司；在消灭分立合并的情况下，ABC电器公司电视机、洗衣机和空调器事业部分别由已经存在的其他公司合并。比如，DEF电视机公司、DEF洗衣机公司和DEF空调器公司分别吸收ABC电器公司电视机、洗衣机和空调器事业部。

第二种，存续分立合并。和存续分立的差别仅仅在于：在存续分立的情况下，ABC电器公司分立出ABC电视机公司；在存续分立合并的情况下，ABC电器公司电视机事业部由已经存在的其他公司合并。比如，DEF电视机公司吸收ABC电器公司电视机事业部。[2]

同时，上述合并又可以区别为：

第一种，吸收分立合并。比如，DEF电视机公司吸收ABC电器公司电视机事业部。

第二种，新设分立合并。在吸收分立合并的情况下，DEF电视机公司吸收ABC电器公司电视机事业部；在新设分立合并的情况下，已经存在的DEF电视机公司，和ABC电器公司电视机事业部进行新设合并，设立G电视机公司。[3]

不论是消灭分立，还是存续分立，新设公司股东或者存续公司股东，清一色是原公司股东，而且相应持股比例也和原来的一致。不过，除上述情形外，尚有其他情形。假设ABC电器公司股东是A、B和C。ABC电器公司下辖电视机、洗衣机和空调器事业部。第一种，ABC电器公司，以电视机、洗衣机和空调器事业部相应资产和负债为出资，成立全资子公司：ABC电视机公司、ABC洗衣机公司和ABC空调器公司；三公司唯一股东，都是ABC电器公司；ABC电器公司股东，仍然是A、B和C。第二种，ABC电器公司，以电视机、洗衣机和空调器事业部相应资产和负债为出资，分别成立A电视机公司、B洗衣机公司和C空调器公司；ABC电器公司消灭；A电视机公司股东是A；B洗衣机公司股东是B；C空调器公司股东是C。[4]

---

1 参见李哲松：《韩国公司法》，吴日焕译，中国政法大学出版社2000年版，第707—08页。

2 参见李哲松：《韩国公司法》，吴日焕译，中国政法大学出版社2000年版，第708—11页。

3 参见李哲松：《韩国公司法》，吴日焕译，中国政法大学出版社2000年版，第711—12页。

4 参见李哲松：《韩国公司法》，吴日焕译，中国政法大学出版社2000年版，第712页。

（2）各国立法态度

在美国各州，特别是特拉华达州，没有公司分立这一说；[1]在英国，在1986年破产法（Insolvency Act）框架下，有公司分立这一说；[2]在欧盟，因为1982年欧盟股份有限公司合并指令，[3]欧盟成员国不得不立法执行公司分立这一说。[4]

（3）公司内部程序

与合并程序相比，分立程序相对复杂一点。就分立本身，存在分立程序；分立与合并同时进行者，还存在相应的合并程序。不管哪一种程序，都和股份对股份式公司合并情况下的程序类似。[5]

（4）我国公司法上的分立

公司分立远比公司合并复杂。[6]2005年公司法第176条第1款提到："公司分立，其财产作相应的分割。"除此之外的分立细节，2005年公司法只字未提。

公司分立牵涉债权人保护。此等事宜原则上和合并情况下类似。[7]尽管如此，我国公司法第176条第1款仅仅提到："公司分立，应当编制资产负债表及财产清单。公司应当自做出分立决议之日起十日内通知债权人，并于三十日内在报纸上公告。"

公司分立牵涉公司分立前的债务。我国合同法第84条规定："债务人将合同的义务全部或者部分转移给第三人的，应当经债权人同意。"如果做反对解释，在公司分立的情况下，公司分立前的债务因公司分立这一法定原因，由分立后的公司承继，自然无需债权人同意。

公司分立前的债务由分立后的公司承继。分立计划书可以约定变更承继细节。不论约定情形为何，就上述债务，分立后的公司承担连带责任。[8]此种规定的立法理由，是债权人保护。

上述连带责任原则容许例外。比如，ABC电器公司分立为ABC电视机公司、ABC洗衣

---

1 See 8 Del. C. (2006) (Subchapter IX).

2 See Geoffrey Morse, Company Law Ch.30 (6th Ed. 2001).

3 See 1982 O.J. (L 378) 47.

4 See The Sixth Council Directive 82/891/EEC of 17 December 1982 based on Article 54 (3) (g) of the Treaty, concerning the division of public limited liability companies Art.1, 1982 O.J. (L 378) 47.

5 参见李哲松:《韩国公司法》，吴日焕译，中国政法大学出版社2000年版，第715页以下；前文§2.1.1.2。

6 参见前文§2.1.5.1和§§2.1.1—3。

7 参见前文§2.1.4。

8 参见合同法第90条第2句和2005年公司法第177条。

机公司和ABC空调器公司；依照财产债务配比原则，将ABC电器公司债务在ABC电视机公司、ABC洗衣机公司和ABC空调器公司之间分配；ABC电器公司分立计划书约定相应分配细节。在上述前提下，ABC电视机公司、ABC洗衣机公司和ABC空调器公司各自承担各自的分配债务。理由似是，上述安排无损于债权人保护。[1]

我国合同法第90条第2句提到："当事人订立合同后分立的，除债权人和债务人另有约定的以外，由分立的法人……对合同……义务……承担连带债务。"同时，2005年公司法第177条提到："公司分立前的债务由分立后的公司承担连带责任。但是，公司在分立前与债权人就债务清偿达成的书面协议另有约定的除外。"合同法上的但书，从合同法的角度考虑，是可行的，因为牵涉的仅仅是一笔交易；2005年公司法上的但书，从公司法的角度考虑，是不可行的，因为牵涉的是千千万万笔债务。比如，中国人寿保险（集团）公司，将4 457万份保单牵涉的资产和负债作为出资，分立中国人寿保险股份有限公司。这自然意味着4 457万份保单债务得由中国人寿保险股份有限公司承继。如果中国人寿保险股份有限公司打算获取连带责任原则例外，依照公司法第177条，中国人寿保险（集团）公司得和4 457万份保单保户缔结足以产生例外的协议。[2]这样一种缔约方式，是可行的吗？在重组收购的情况下，中国人寿保险（集团）公司的情况是常态。

§ 2.2 证券法上的收购

1. 现金对资产收购

（1）概述

何谓现金对资产收购（cash-for-assets acquisition）？顾名思义，以现金为代价，一个公司收购另一公司资产。具体细节可以说明如下：

a. 交易进行之前，相应情况是这样的：

---

1 参见韩国商法第530条之9第2、3款；李哲松:《韩国公司法》，吴日焕译，中国政法大学出版社2000年版，第732—34页。

2 参见中国人寿保险股份有限公司招股章程。http://www.hkex.com.hk（2006年7月28日访问）。

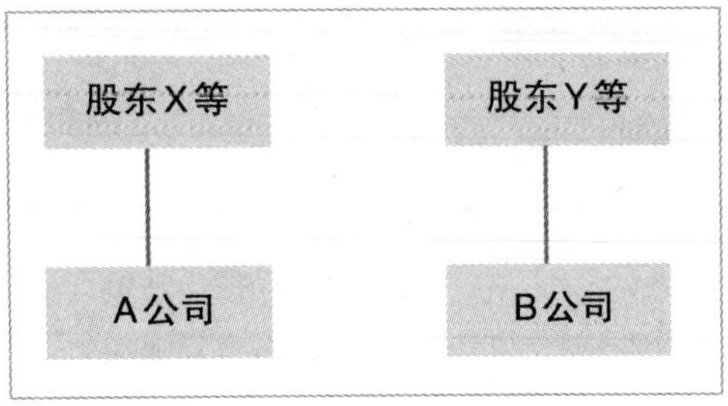

A公司和B公司，系各自独立的公司；拥有各自的资产，承担各自的负债。A公司的股东，是股东X等；B公司的股东，是股东Y等。

b. 交易可以分两步进行。

第一步：收购资产。

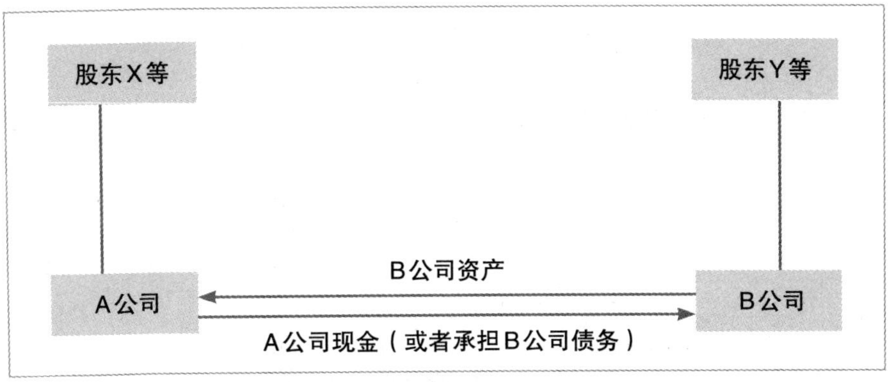

作为收购B公司资产的代价，A公司支付现金给B公司。在此之后，有两种选择：其一，A公司承担B公司负债，相应数额在应该支付的现金中扣除；其二，A公司不承担B公司负债。上述两种选择，A公司可以自行决定。此时，A公司仍然是A公司，B公司仍然是B公司；A公司股东X等，仍然是A公司股东；B公司股东Y等，仍然是B公司股东。

第二步：B公司消灭[1]。

1 这一步是选择性的。可以进行，也可以不进行。出于避税考虑，B公司通常选择这一步。See Dale Arthur Oesterle, The Law of Mergers and Acquisitions 40—41 (3rd Ed. 2005).

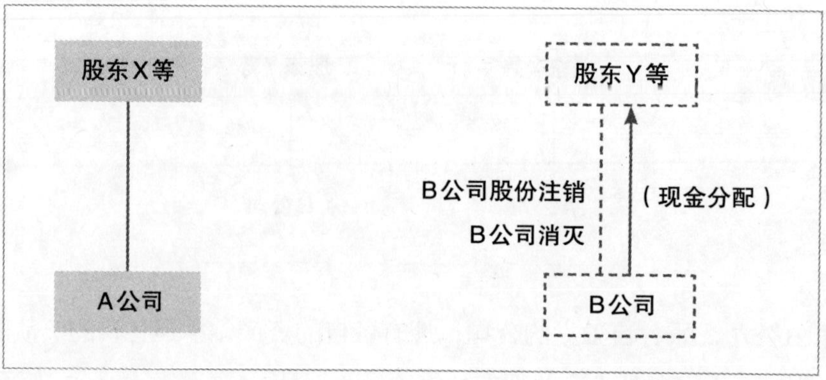

B公司将其资产出让给A公司之后，[1]将其自身解散清算并注销。此时，A公司仍然是A公司，A公司股东X等仍然是A公司股东。

c. 交易完成之后，相应情况是这样的：

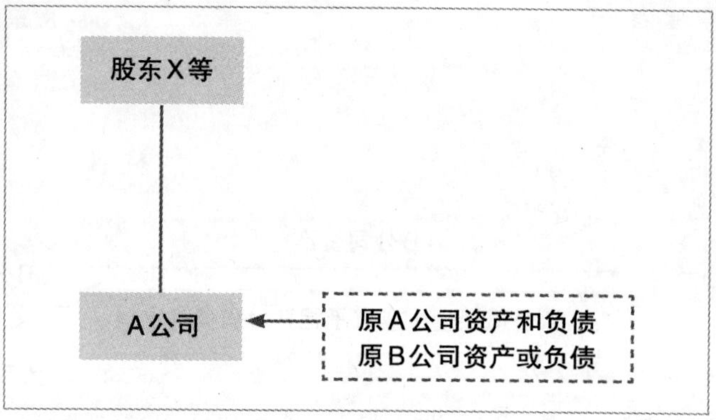

交易完成之后，除现金之外，原A公司和原B公司资产，都变成继续存续的A公司的资产；如果原A公司做出选择，原B公司负债也由A公司承担。原A公司股东X等，是继续存续的A公司的股东。B公司消灭，原B公司股东Y等退出。

（2）公司内部程序

如果上述A公司和B公司，都是特拉华达州公司，则上述交易适用DGCL。DGCL指明，A公司和B公司之间收购，A公司和B公司有能力进行；[2]A公司也有能力承担B公司负

1 如果A公司决定承担B公司的负债，B公司一并出让负债之后。

2 See 8 Del. C. §122 (4) (2006) (the powers of purchasing or selling assets).

债。[1]DGCL要求，就收购事宜，B公司董事会得决议批准；B公司得将收购事宜提交股东大会决议批准；享有表决权的现有股东的多数票即可产生决议。[2]B公司股东，既不能自行启动批准表决程序，更不能修改决议案任何内容，只能通过股东大会作出批准或者不批准的选择。A公司股东，没有权力投票决定收购，更不能启动资产收购交易。[3]

（3）收购门槛

就上述收购，DGCL设置相应门槛，称为所有资产或者实质上的所有资产（all or substantially all assets）门槛。首先，当事人收购的资产系被收购公司所有资产。其次，如果当事人收购的资产不是被收购公司所有资产，则当事人收购的资产应该是实质上的所有资产。[4]问题是，何谓实质上的所有资产？就公司运营而言，收购资产的数量是生死攸关的，资产收购本身并不是通常交易，足以影响到公司的存续和目的，则收购资产是实质上的所有资产。[5]如果没有迈过上述门槛，资产收购无需股东大会批准。

2. 股份对资产收购

在现金对资产收购的情况下，作为收购代价，A公司支付现金给B公司。在股份对资产收购的情况下，作为收购代价，A公司将新近签发的A公司普通股交给B公司。除这一点之外，其他细节类似于现金对资产的收购。[6]

---

1 See 8 Del. C. §122 (13) (2006) (the powers of incurring liabilities).

2 See 8 Del. C. §271 (a) (2006) ("Every corporation may at any meeting of its board of directors ... sell ... all or substantially all of its property and assets, including its goodwill and its corporate franchises, upon such terms and conditions and for such consideration, which may consist in whole or in part of money ... as its board of directors ... deems expedient and for the best interests of the corporation, when and as authorized by a resolution adopted by the holders of a majority of the outstanding stock of the corporation entitled to vote thereon ... .").

3 See Dale Arthur Oesterle, The Law of Mergers and Acquisitions 40 (3rd Ed. 2005).

4 See 8 Del. C. §271 (a) (2006) ("Every corporation may at any meeting of its board of directors ... sell ... all or substantially all of its property and assets, including its goodwill and its corporate franchises, upon such terms and conditions and for such consideration, which may consist in whole or in part of money ... as its board of directors ... deems expedient and for the best interests of the corporation, when and as authorized by a resolution adopted by the holders of a majority of the outstanding stock of the corporation entitled to vote thereon ... .").

5 See Gimbel v. Signal Companies, Inc., 316 A.2d 599,606 (Del. Ch. 1974) ("If the sale is of assets quantitatively vital to the operation of the corporation and is out of the ordinary and substantially affects the existence and purpose of the corporation, then it is beyond the power of the Board of Directors.").

6 参见前文§2.2.1。

3. 关于企业兼并的暂行办法

关于企业兼并的暂行办法[1]第4条提倡的企业兼并形式包括：其一，承担债务式，即在资产与债务等价的情况下，兼并方以承担被兼并方债务为条件接收其资产，也就是，零收购；其二，购买式，即兼并方出资购买被兼并方企业的资产；其三，吸收股份式，即被兼并企业的所有者将被兼并企业的净资产作为股金投入兼并方，成为兼并方企业的一个股东。上述方式名为兼并，实为收购。承担债务式和购买式，为现金对资产收购；吸收股份式，为股份对资产收购。

如果上市公司进行上述收购，2005年公司法第122条明确提到："上市公司在一年内购买、出售重大资产……超过公司资产总额百分之三十的，应当由股东大会作出决议，并经出席会议的股东所持表决权的三分之二以上通过。"

除上述要求外，就收购程序以及其他事项，关于企业兼并的暂行办法、2005年证券法和2005年公司法未置一词予以规定。

4. 股份收购

（1）现金对股份收购

现金对股份收购的具体细节可以说明如下：

a. 交易进行之前，相应情况是这样的：

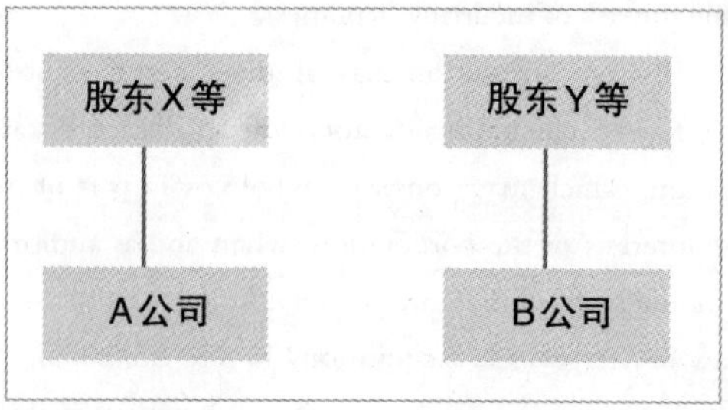

A公司和B公司，系各自独立的公司；拥有各自的资产，承担各自的负债。A公司的股东，是股东X等；B公司的股东，是股东Y等。

b. 交易进行之中，相应的情况变化如下：

1 1989年2月19日国家体改委国家计委财政部国家国有资产管理局（89）体改经38号。

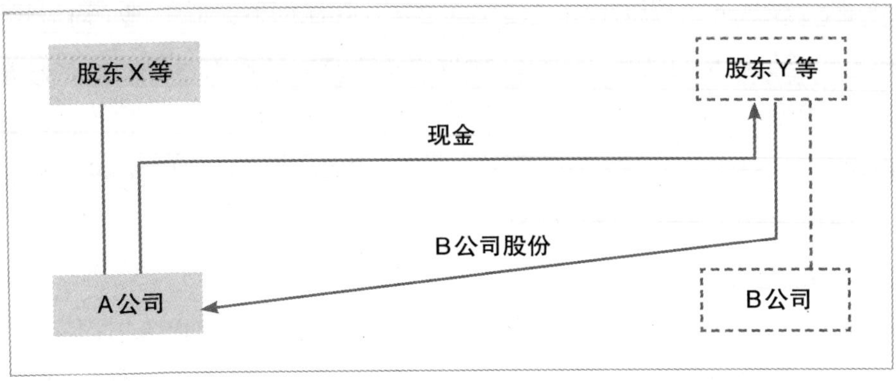

作为收购B公司股份的代价，A公司支付现金给B公司股东Y等，B公司股东Y等将其持有的B公司股份如数交给A公司。

A公司仍然是A公司，B公司仍然是B公司；A公司股东X等，仍然是A公司股东；原B公司股东，转变为A公司。

c. 交易完成之后，相应的情况如下：

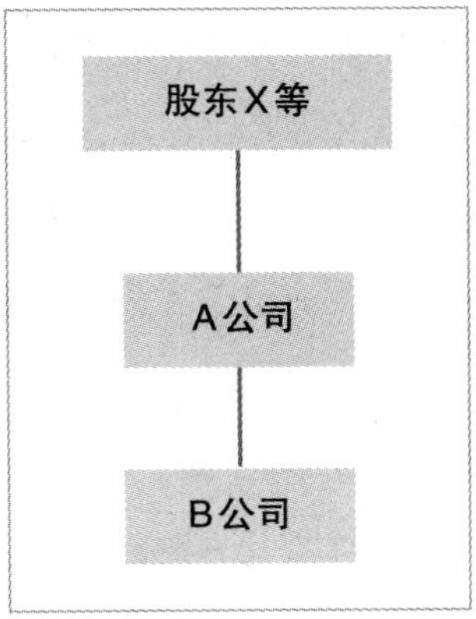

交易完成之后，A公司和B公司的资产与负债，仍然在A公司和B公司名下；A公司股东是股东X等；B公司股东是A公司。

（2）股份对股份收购

在现金对股份收购的情况下，A公司支付现金给B公司股东，B公司股东将其持有的B公司股份交给A公司，因此A公司变成B公司股东。在股份对股份收购的情况下，A公司用新近签发的A公司普通股，换取B公司股东持有的B公司股份，因此A公司变成B公司股东，原B公司股东变成A公司股东。除这一点之外，其他细节类似于现金对股份收购。[1]比如，ABC公司的股东是A、B和C，XYZ公司的股东是X、Y和Z。以股份对股份收购方式，ABC公司收购XYZ公司股份。ABC公司股东变成了A、B、C、X、Y和Z。XYZ公司股东变成了ABC公司。继续保留XYZ公司的好处，在于ABC公司的有限责任；如果不需要考虑这一点，则ABC公司可以合并XYZ公司。

（3）公司内部程序

如果上述A公司和B公司，都是特拉华达州公司，则上述收购适用DGCL。DGCL指明，A公司和B公司之间收购，A公司和B公司有能力进行。[2]就收购事宜，A公司股东大会无权批准，因为这是一笔通常交易；B公司股东大会无权批准，因为B公司股份是股东个人财产，股东本人可以决定股份出卖事宜。[3]

（4）无权表决原则例外

和DGCL不同的是，MBCA设置无权表决原则例外，可以称作强制收购股份（statutory share exchange or compulsory share exchange）例外。在上述股份收购中，由A公司提议收购B公司股份，B公司股东可以接受，也可以拒绝；在强制收购股份的情况下，B公司股东大会做出B公司股份强制收购普通决议，据此，A公司收购B公司所有股份。首先，就B公司股份强制收购计划，B公司股东大会得做出普通决议批准；其次，如果A公司为强制收购股份目的签发的股份超过收购前股份额的20%的，A公司股东大会得做出类似批准。在做出上述批准的前提下，不论股东赞成与否，其股份得由A公司收购。[4]

（5）我国证券法的规定

2005年证券法第4章专门规定上市公司收购。证券法上的上市公司收购，实乃上市公司股份收购。2002年上市公司收购管理办法[5]第6条提到，上市公司收购可以以现金、证券以及法律行政法规规定的其他支付方式支付。至于有关股份收购的其他法律状况，类同于财产收购的情形。[6]

1 参见前文§2.2.4.1。

2 See 8 Del. C. § §122 (4)−(11) (2006).

3 See Dale Arthur Oesterle, The Law of Mergers and Acquisitions 49 (3rd Ed. 2005).

4 See MBCA §11.03 (1984)；Dale Arthur Oesterle, The Law of Mergers and Acquisitions 49—55 (3rd Ed. 2005).

5 2002年9月18日中国证券监督管理委员会令第10号。

6 参见前文§2.2.3。

§ 2.3 重组购并特别适用法

1. 三人合并法

(1) 正三人合并法

正三人合并法（forward triangular mergers）为特别公司合并法。其细节说明如下：

a. 交易准备阶段，相应情况是这样的：

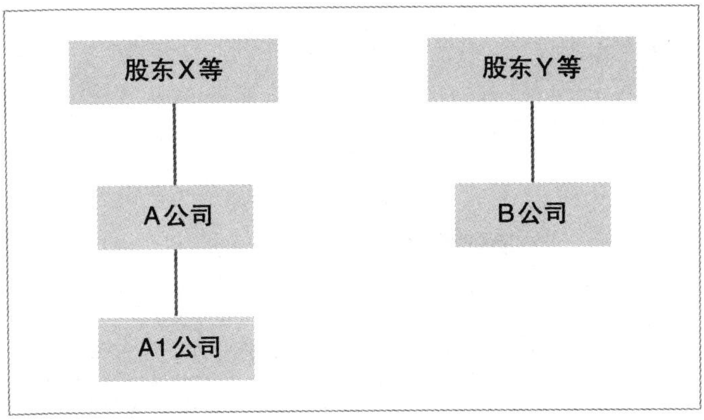

A公司和B公司，系各自独立的公司；拥有各自的资产，承担各自的负债。A公司的股东，是股东X等；B公司的股东，是股东Y等。

出于合并目的，以名义资产，A公司成立全资子公司A1公司。该公司实际上是一个壳公司。

b. 交易进行阶段，相应的情况变化如下：

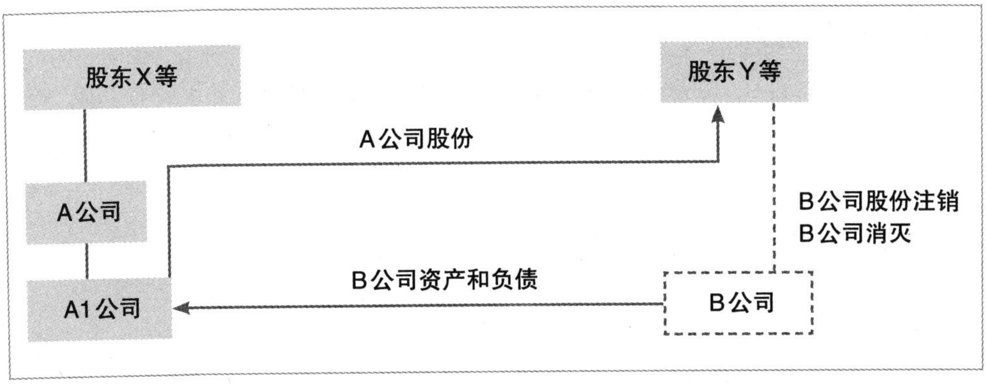

A公司股东X等，仍然持有A公司股份；B公司股东Y等持有的B公司股份，如数注销；作为交易代价，B公司股东Y等从A1公司手里，获得新近签发的A公司股份。[1]

因为合并，A1公司继续存续；也因为合并，B公司即刻消灭。A公司和A1公司的资产和负债，仍然在A公司和A1公司名下；B公司名下的资产和负债，因合并这一法定原因，转移到A1公司名下。

c. 交易完成之后，相应的情况如下：

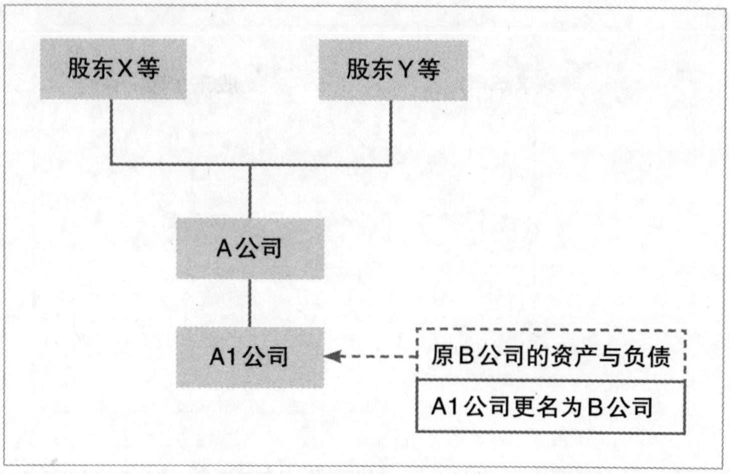

交易完成之后，原B公司的资产与负债，都变成继续存续的A1公司的资产与负债；将A1公司更名为B公司；原A公司和原B公司的股东X等和Y等，都变成A公司的股东。

（2）反三人合并法

在正三人合并法的情况下，由A1公司而不是A公司，吸收合并B公司；在反三人合并法（reverse triangular mergers）的情况下，由B公司吸收合并A1公司。有关其他细节，反三人合并法类似于正三人合并法。[2]

在吸收合并时，A1公司股份，转换成B公司股份；B公司股东Y等持有的股份转换成A公司股份。

（3）理由

三人合并法之所以存在并风行的理由是：第一，上述合并得经两公司董事会和股东大

1 当然，也可以用现金等。

2 参见前文§2.3.1.1。

会批准。[1]在三人合并法的情况下，合并当事人是B公司和A1公司，而A1公司是A公司全资子公司。就A1公司而言，该类公司内部程序显得相对简略。第二，因为股东有限责任原理，A1公司的存在，将原B公司运营责任锁在A1公司范围之内，不会蔓延到A公司本身。[2]第三，假设A公司是电子综合制造商，B公司是家财险公司，A公司打算吸收合并B公司。在这种条件下，保留B公司是必要的，因为B公司持有保险许可证。在这样的情况下，借助反三人合并法，完全可以满足保留许可证的要求。[3]

2. 股份收购两步法

（1）概述

股份收购两步法（two-stage stock acquisition）为特别股份收购法。其具体细节可以说明如下：

a. 第一步：收购股份。

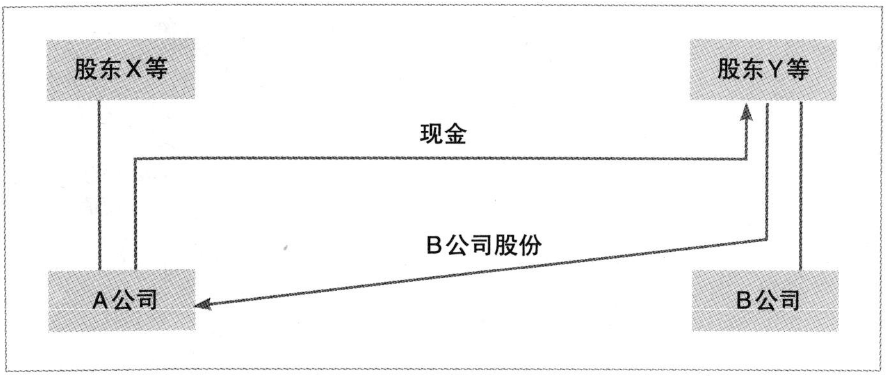

作为收购B公司部分股份的代价，A公司支付现金给B公司股东Y等，B公司股东Y等将其持有的B公司相应股份交给A公司。

b. 第一步完成后的情况是这样的：

1 参见前文§2.1.1.2。

2 See Dale Arthur Oesterle, The Law of Mergers and Acquisitions 74 (3rd Ed. 2005).

3 See Robert W. Hamilton, Corporations 561—62 (4th Ed. 1997).

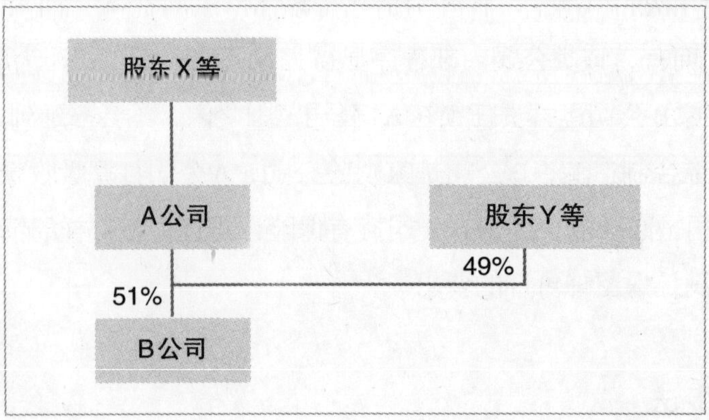

A公司持有B公司股份超过51%；B公司股东Y等仍然持有49%以下的股份。

c. 第二步：吸收合并。

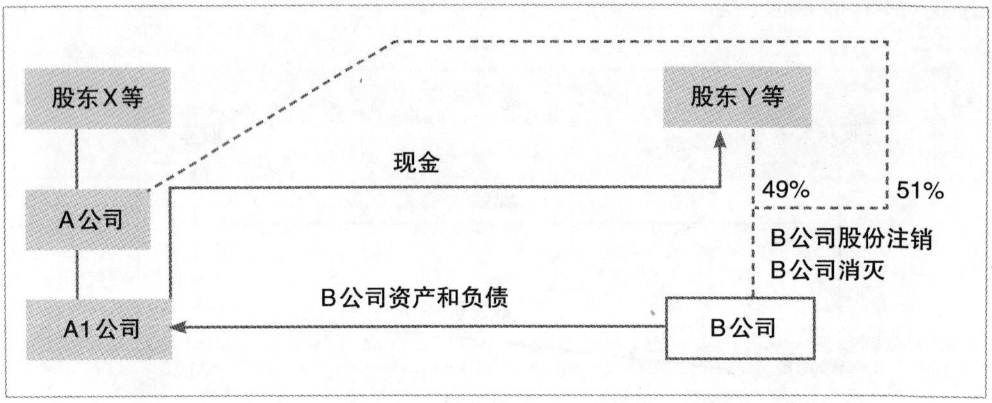

出于收购考虑，A公司成立壳公司A1公司，A1公司是A公司全资子公司。

A1公司以现金对股份合并方式吸收合并B公司。

d. 第二步完成后情况是这样的：

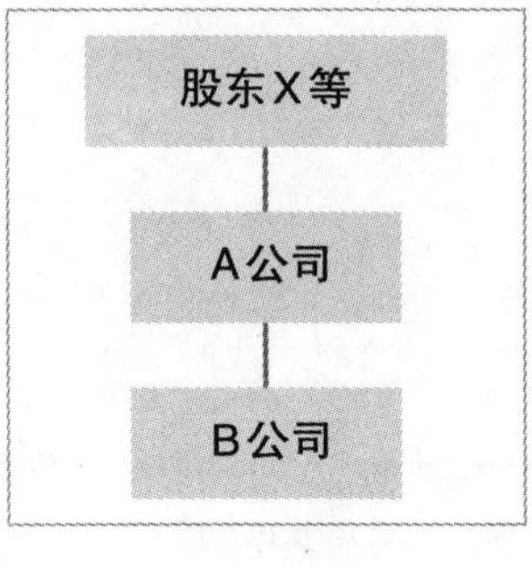

A1公司以现金对股份合并方式吸收合并B公司后，再将A1公司更名为B公司；B公司是A公司的全资子公司。

（2）设计目的

股份收购两步法的设计目的在于速度。在第一步中，与通常股份收购相比，收购并控制目标公司B公司的速度相对会快一些；在第二步中，因为已经控制目标公司B公司，合并速度会快一些，并且无需担心竞争者的竞争报价。[1]

3. 杠杆收购

（1）概述

杠杆收购（leveraged buy-out）为特别股份收购法。包括以下三步：

a. 第一步：成立壳公司。

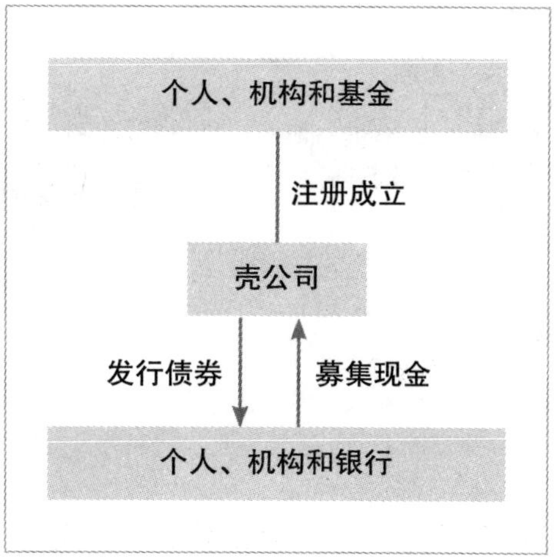

由一家通常为有限合伙的杠杆收购基金（leveraged buy-out fund）做主导，联合个人投资者和机构投资者，成立壳公司。壳公司是收购工具。壳公司以发行债券的方式，向银行、个人投资者或者机构投资者等募集资金。此等资金是收购资金。

b. 第二步：收购股份。

1 See Dale Arthur Oesterle, The Law of Mergers and Acquisitions 81 (3rd Ed. 2005).

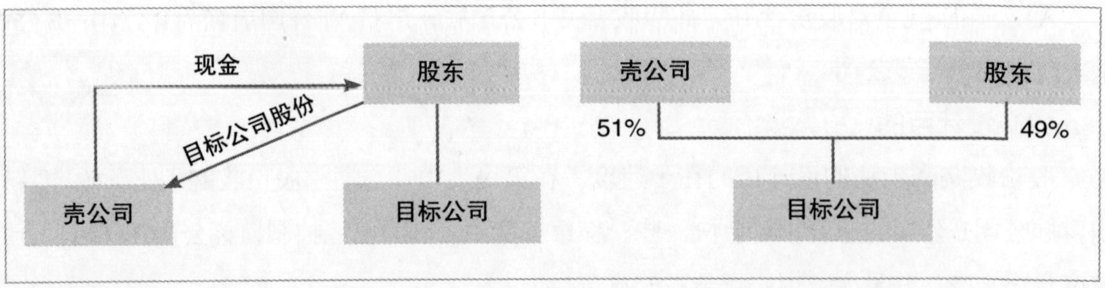

壳公司，以上述方式募集的现金，收购通常为上市公司的目标公司普通股；收购数额通常过51%，目的在于控制。

c. 第三步：吸收合并。

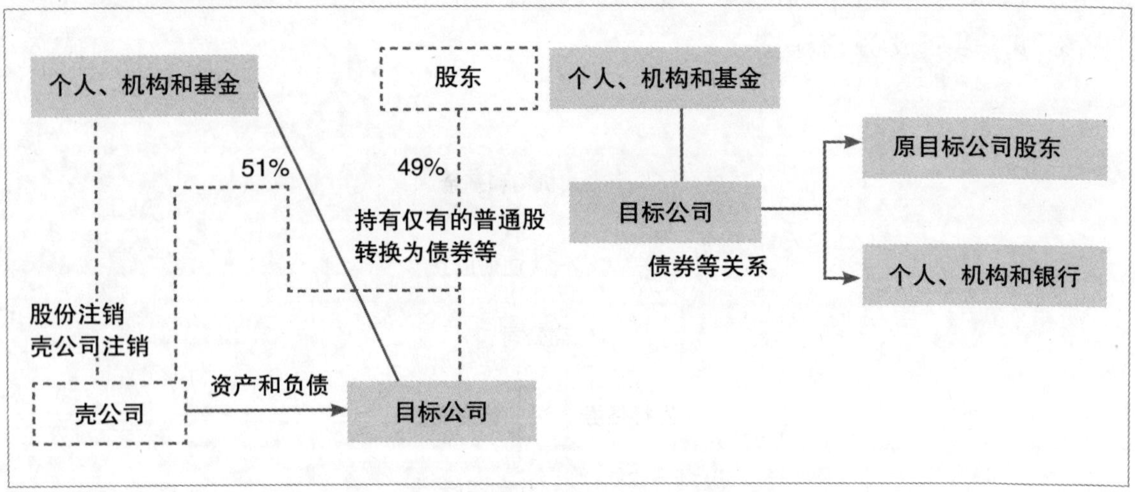

上述目标公司，以吸收合并方式，合并壳公司。因为合并，目标公司原有51%以外的股份，转换为目标公司债券、优先股等有价证券；因为合并，壳公司股东仅取得目标公司普通股。因为合并这一法定原因，在第一步中发行的债券，由目标公司承担。最终目标公司私有化，目标公司每股负债率（debt-to-equity ratio）大大增加。目标公司，或者处置相应的资产或者以其他方式增加现金流，用以偿还相应的债务。如果相应的负债实在太高，可能面临的局面是破产保护。[1]

在合并中，相应的资金融通通常是隔离的，上层融资，是传统放贷人或者银行提供的有担保贷款；中间层融资（mezzanine financing），是没有担保的债券，通常称作垃圾债券

1 See Dale Arthur Oesterle, Mergers and Acquisitions 26 (2001).

(junk bond)；下层融资，是股权融资。[1]

(2) 管理层收购

杠杆收购第一步中与杠杆收购基金联手的投资者包括目标公司管理层的，则为管理层收购(management buy-out)。[2]

(3) 我国上市公司收购管理办法

杠杆收购也好，管理层收购也好，都是特别股份收购法。包括收购股份和合并。就收购而言，没有董事会或者股东大会批准这一说。[3]有意思的是，我国上市公司收购管理办法[4]第51条第1款规定："上市公司董事、监事、高级管理人员、员工或者其所控制或者委托的法人或者其他组织，拟对本公司进行收购……本次收购应当经董事会非关联董事作出决议，且取得三分之二以上的独立董事同意后，提交公司股东大会审议，经出席股东大会的非关联股东所持表决权过半数通过。"

4. 自我重组

(1) 概述

自我重组(single-firm recapitalizations)，即重组公司股份。相关公司成立全资子公司，子公司吸收合并相关公司，借此达到重组相关公司股份的目的。具体细节说明如下：

a. 交易准备阶段，相应情况是这样的：

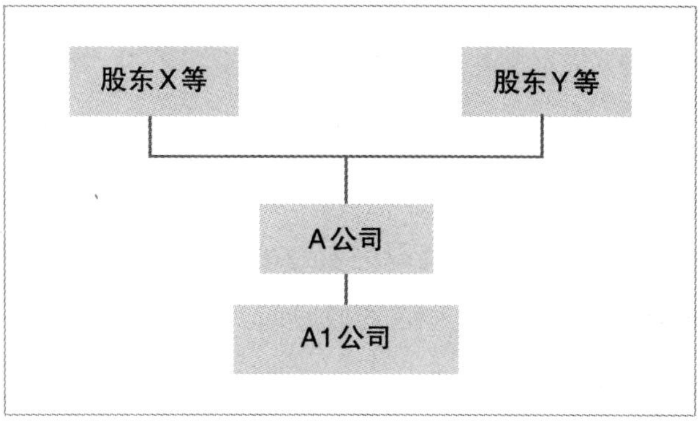

1 See Dale Arthur Oesterle, The Law of Mergers and Acquisitions 5 n.3 (3rd Ed. 2005).

2 See Robert W. Hamilton, Corporations 573(4th Ed. 1997).

3 参见前文 § §2.2.4.3—5。

4 2008年8月27日中国证券监督管理委员会令第56号。

A公司股东可以区分为两类：普通股，为股东X等持有；优先股，为股东Y等持有。出于合并目的，A公司成立全资子公司A1公司。

b. 交易进行阶段，相应情况变化如下：

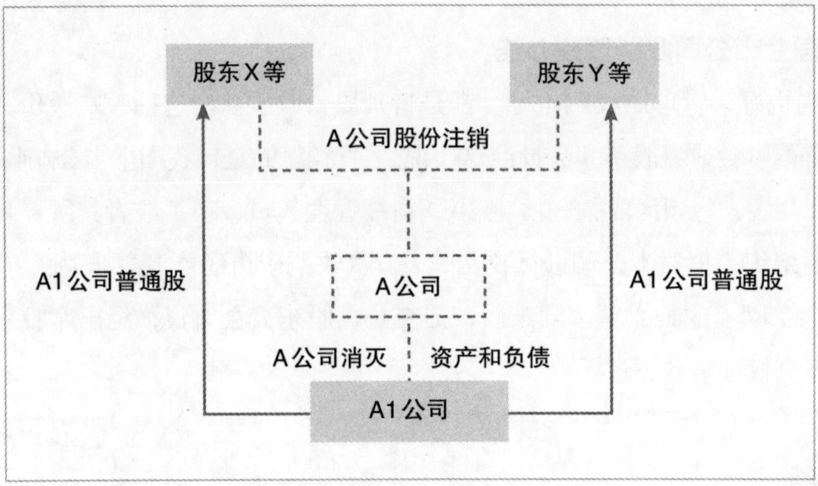

A1公司以股份对股份式公司合并，吸收合并A公司。

c. 交易完成之后，相应情况是这样的：

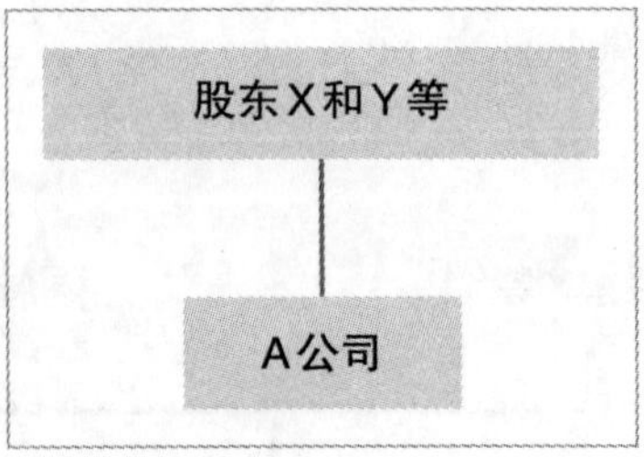

A1公司吸收合并A公司后，将A1公司更名为A公司。原A公司普通股股东X等和优先股股东Y等，都转变为继续存续的A公司普通股股东。

（2）典型适用例

假设，A公司股东为X等和Y等，股东X等持有普通股，股东Y等持有累积优先股；现股东Y等享有相当数额的尚未分配的累积红利。在这样一种利害关系面前，第一，A公司董事不愿意将公司现金充用于累积红利分配；如果分配，公司现金流可能耗尽，但普通股股东X等却得不到分配。利害关系在于，董事由普通股股东X等选举产生。甚至董事会会借助尚未分配事实，迫使优先股股东Y等接受自我重组。第二，如果尚未分配的优先股累积红利存在，其他人就不会再投资A公司普通股。第三，优先股股东Y等也会接受自我重组，允许A公司以普通股换取优先股，并放弃尚未分配的累积红利。利害关系在于，在过去没有得到任何累积红利分配。[1]

（3）理由

原则上，重组公司股份可以通过修改章程方式达到。在这样的情况下，存在股东大会批准环节。[2]以自我重组方式达到重组公司股份目的，可以绕过上述环节。[3]

5. 组织变更

（1）特拉华达州

因合伙和公司等多种企业形式并存，自有企业形式变更事宜，此系组织变更。在特拉华达州，原有组织变更形式是合并。比如，某有限责任公司（LLC），意欲转变为特拉华达州公司，并施行IPO。可行的方式是这样：当事人在特拉华达州成立壳公司；壳公司吸收合并有限责任公司；壳公司进行IPO。[4]其他组织之间的组织变更情形亦类似。[5]

1999年特拉华达州修改公司法，增设简易组织变更程序。以某有限责任公司（LLC）为例，历经有限责任公司内部程序之后，[6]有限责任公司可以直接变更为特拉华达州公司。[7]组织变更之后，特拉华达州公司视为有限责任公司成立时成立；[8]特拉华达州公司视同有限责

---

1 See Robert W. Hamilton, Corporations 570 (4th Ed. 1997).

2 See 8 Del. C. §242 (b) (2006) ("If a majority of the outstanding stock entitled to vote thereon, and a majority of the outstanding stock of each class entitled to vote thereon as a class has been voted in favor of the amendment, a certificate setting forth the amendment and certifying that such amendment has been duly adopted ...").

3 See 8 Del. C. §253 (a) (2006).

4 See 8 Del. C. §264 (2006).

5 See 8 Del. C. § §254, 256, 257 and 263 (2006).

6 See 8 Del. C. §265 (h) (2006) ("[T]he conversion shall be approved in the manner provided for by the document, instrument, agreement or other writing, as the case may be, governing the internal affairs of the other entity and the conduct of its business or by applicable law, as appropriate, and a certificate of incorporation shall be approved by the same authorization required to approve the conversion.").

7 See 8 Del. C. §265 (b) (2006).

8 See 8 Del. C. §265 (d) (2006) ("[T]he existence of the corporation shall be deemed to have commenced on the date the other entity commenced its existence in the jurisdiction in which the other entity was first created, formed, incorporated or otherwise came into being.").

任公司；[1]组织变更前的资产和负债不受组织变更的影响；[2]某有限责任公司视同以特拉华州公司方式存续，不清算，不解散。[3]

（2）我国的情况

2005年公司法第9条规定，凡符合公司法规定的股份有限公司条件，有限责任公司可以变更为股份有限公司；凡符合公司法规定的有限责任公司条件，股份有限公司可以变更为有限责任公司。组织变更前的债权和债务由组织变更后的公司承继。上述变更本应设计为简易组织变更。但除上述细节之外的内容，2005年公司法没有规定。[4]

在我国，除公司之外，尚有国有企业和集体企业等种种企业形式。其他企业形式转变为公司，在我国称作企业公司制改造。包括国有企业整体改造为国有独资有限责任公司；企业整体改造为有限责任公司或者股份有限公司。最高人民法院的有关司法解释明确，改造之前原企业债务，由改造后的公司承担。[5]与上述情形类似，尚有企业股份合作制改造，或者通过增资，或者通过购买资产，企业改造为股份合作制企业。[6]上述情形本应设计为简易组织变更。

§2.4 重组购并程序

公司合并或者公司分立也好，收购资产或者收购股份也好，公司法上的组织变更或者

1 See 8 Del. C. §265 (f) (2006) ("When an other entity has been converted to a corporation of this State pursuant to this section, the corporation of this State shall, for all purposes of the laws of the State of Delaware, be deemed to be the same entity as the converting other entity.").

2 See 8 Del. C. §265 (e) (2006) ("The conversion of any other entity to a corporation of this State shall not be deemed to affect any obligations or liabilities of the other entity incurred prior to its conversion to a corporation of this State or the personal liability of any person incurred prior to such conversion.").

3 See 8 Del. C. §265 (g) (2006) ("Unless otherwise agreed for all purposes of the laws of the State of Delaware or as required under applicable non—Delaware law, the converting other entity shall not be required to wind up its affairs or pay its liabilities and distribute its assets, and the conversion shall not be deemed to constitute a dissolution of such other entity and shall constitute a continuation of the existence of the converting other entity in the form of a corporation of this State.").

4 参见前文§2.3.5.1。

5 参见企业改制解释第4和5条。

6 参见企业改制解释第8—11条。

公司法外的组织变更也好，不管哪一种形式的重组购并交易，亦需面临下列程序：

第一，协议缔结程序。除组织变更之类组织内部行为外，重组购并是一种交易，自得历经协议缔结程序。[1]

第二，批准程序。交易协议的缔结或者内部行为的做出，自然需要经过董事会批准程序和股东会或者股东大会批准程序。[2]

第三，股东评估权。如果交易协议或者内部行为需要股东大会批准，而相关股东不投赞成票的，则股东评估权自会启动。[3]

第四，审批程序。交易协议或者内部行为历经公司内部批准程序后，在必要的时候，势必面临政府审批程序，比如国务院国有资产监督管理委员会国有股转让审批等。[4]

第五，政府管制。交易协议或者内部行为历经公司内部批准程序后，在必要的时候，得面临政府管制，比如反垄断管制，特别行业管制等。[5]

除上述程序和环节外，重组购并交易或多或少牵涉下列程序：

第一，公司法上的程序。比如，在资产收购和股份收购情况下，如果交易事项牵涉公司章程修改的，得面临公司章程修改程序等。[6]

第二，商事登记行政司法审查程序。比如，在新设合并的情况下，得面临新设公司名称预先核准程序和设立登记程序等；在资产收购和股份收购情况下，如果收购公司选择注销被收购的公司的，得面临注销登记程序等。[7]

第三，证券法上的相关程序。比如，在收购上市公司股份或者资产的情况下，得面临信息披露，授权委托书征集程序等；如果使用股份作为收购代价的，得面临新股发行核准程序和上市核准程序等。[8]

1 参见下文§3。
2 参见下文§§5—6。
3 参见下文§6.4.3。
4 参见下文§9.3.4。
5 参见下文§§8—9。
6 参见下文§4。
7 参见上文§§1.3—4。
8 参见下文§8。

§ 3 重组购并协议

§ 3.0 缔结程序

1. 先契约阶段

缔结程序第一阶段为先契约阶段。以美国特拉华达州A公司合并同州B公司为例，通常A公司CEO和B公司CEO相互面见，或者双方预约将来缔结合并协议并事先预定合并协议大致的财务条件约款，或者就上述事宜双方虽没有身受约束但心存默契。上述面见，可以由双方当事人自行启动，也可以由中介机构推介启动。在面见之前，当事人有可能通过保密协议（confidentiality agreement），预先设置保密措施；为面见事宜，CEO通常获取公司内部财务专家的意见，比如财务总监的意见；有时也会获取外部财务专家的意见，比如与其事先就有长期往来的投资银行或者会计师事务所的。如果先契约阶段产生成果，则通常是意向书（letter of intent）或者条款单（term sheet）。上述意向书，或者有约束力，或者没有约束力；在通常情况下，上述意向书不具有约束力。

上述意向书缔结后，双方当事人分别聘请一系列专家。如果事先没有聘请，此时得聘请律师商谈重组购并协议；聘请投资银行或者会计师事务所为评估作价或者提供财务顾问意见。上述专业人员之一，通常是合并主策划人。在缔结上述意向书之时，典型的操作安排是，给与买方一定期限的独占性协商权。在上述期间，买方可以边“做尽职调查”（does due diligence）边与对方商谈。

尽职调查，多是买方查卖方；必要的情况下，也可以是卖方查买方，比如股份对资产收购。所谓尽职调查，就是律师或者会计师翻阅对方的账册和记录，核实事实陈述并发现可疑之点。在做尽职调查的时候，律师或者会计师也会延请诸如环保工程师或者地产评估师之类的专家帮忙，处理诸如环保之类的特别事宜。尽职调查产生的结果，是尽职调查报告。[1]

2. 缔约阶段

意向书缔结后，就诸如交易价格、交易结构或者交易文件之类的细节，双方当事人展开谈判。原则上律师会参与上述各个环节，交易文件草拟和备置通常是律师的专利。如果所有细节都已谈妥，则A公司CEO和B公司CEO相互面见并缔结协议。如果是合并，为合并协议（agreement of merger）；如果是收购资产，则是资产收购协议（assets purchase agreement）；如果是收购股份，则是股份收购协议（stocks purchase agreement）。

协议缔结后，如果有必要，A公司CEO和B公司CEO分别将协议提交各自公司董事会批准；如果有必要，交各自公司股东大会批准；如果还有必要，交各自政府部门批准。在缔结协议和批准协议之间，存在或长或短的期限。在上述期限内，律师或者会计师仍然可以做尽职调查，保证交割与约定相符。[2]

3. 交割阶段

协议缔结并获相关批准后，合并协议生效。A公司CEO和B公司CEO面见并交割；上述交割通常由律师一并参与，交割地通常是其中一家律师事务所，交割通常也就是相互交换文件。最后双方签署交割手续。[3]

4. 交割后阶段

交割完成后，律师通常还进行诸如公司登记变更之类的事宜。最后A公司和B公司相关人员交换交易手册（deal cubes）并共同参加交割晚宴，于此合并交易正式完成。[4]

5. 变通情形

协议缔结程序包括上述四个阶段。尽管如此，视当事人需要，有变通的余地。比如，尽职调查，可以在协议缔结前为之；也可以在协议缔结后为之。只是前后尽职调查

1 See Dale Arthur Oesterle, The Law of Mergers and Acquisitions 10−11 (3rd Ed. 2005).

2 See Dale Arthur Oesterle, The Law of Mergers and Acquisitions 11−12 (3rd Ed. 2005).

3 See Dale Arthur Oesterle, The Law of Mergers and Acquisitions 12−13 (3rd Ed. 2005).

4 See Dale Arthur Oesterle, The Law of Mergers and Acquisitions 13 (3rd Ed. 2005).

有所差别，后一种尽职调查仅仅限于陈述与担保条款涵盖事项和被合并营业本身是否发生重大变化。[1]

再比如，上述情形下的交割，为递延交割（deferred closing），先缔约后交割。这是一般情形。例外情形下缔约和交割可以同步进行。有的时候也有充分的理由。比如，如果合并双方缔结意向书，意向书插入"no-shop"条款，[2]并授权买方做尽职调查，在此情形下，买方非到尽职调查完毕并愿意接受交割的时候，不愿意缔结协议。[3]

上述合并协议通过一对一谈判缔结。除此之外，尚可借助拍卖。以拍卖方式缔结合并协议，相应程序有所变化：第一步，卖方约见数家有潜力的当事人，分别交付"teaser"一份，借以简单推介；第二步，如果当事人感兴趣，则和卖方缔结保密协议；因此该等当事人获得一份"book"，也就是，报盘备忘录，向对方介绍卖方及其所属行业、具体营业和公司管理层；第三步，感兴趣的当事人，可以以不具约束力的方式，向卖方表达购买意愿；第四步，卖方从中挑选最有潜力的当事人，向其发出正式竞拍邀请函，准其做尽职调查；作为竞拍邀请函附件，卖方一并交付协议草案；第五步，出于应对竞拍邀请函目的，感兴趣的当事人向卖方发出正式竞拍书；第六步，卖方从中挑出拍中者，给与独占性协商权，与其展开协议缔结谈判。[4]

6. 我国的情形

业经业务经验积累和法律规范，重组购并协议缔结程序始得完善。就实务经验而言，因为相关数据不轻易披露，不好评判。但从相关实践来看，或许过于简单划一。比如，重组购并可以借助各地产权交易所拍卖来完成。产权交易协议，经买卖双方签字或者盖章后，由产权交易机构审核并出具产权交易凭证即可。[5]实际上产权交易协议缔结尚有许多功课要

1 See Dale Arthur Oesterle, The Law of Mergers and Acquisitions 12 n.19 (3rd Ed. 2005).

2 For example, a model clause reads like follows: "Seller agrees that the fact and contents of this Letter of Intent is to be kept confidential, and not to be shared with any other party; Seller agrees that, if such disclosure is made and a transaction is not consummated between Buyer and Seller, Seller will pay Buyer's legal and other fees, not to exceed $20 000.00 USD.; The parties also incorporate by reference the Agreement of Nondisclosure signed herewith. Nothing in this clause shall prevent Buyer from seeking specific performance."

3 See Dale Arthur Oesterle, The Law of Mergers and Acquisitions 12 n.22 (3rd Ed. 2005).

4 See Dale Arthur Oesterle, The Law of Mergers and Acquisitions 12 nn.9，13–14 (3rd Ed. 2005).

5 例见2005年6月15日北京市人民政府令第159号北京市产权交易管理规定第22条。

做。[1]就法律规定而言，2001年中外合资经营企业法第2、3条提到，合营企业协议和合营企业合同。2001年中外合资经营企业法实施条例第10条解释："本条例所称合营企业协议，是指合营各方对设立合营企业的某些要点和原则达成一致意见而订立的文件；所称合营企业合同，是指合营各方为设立合营企业就相互权利、义务关系达成一致意见而订立的文件。""合营企业协议与合营企业合同有抵触时，以合营企业合同为准。""经合营各方同意，也可以不订立合营企业协议而只订立合营企业合同。"这里的合营企业协议，似是意向书；这里的合营企业合同，是正式合同。重组购并可以采纳举办中外合资经营企业形式，上述规定自然有适用的余地。其他法律政策文件，或许还有类似的规定。[2]

§3.1 价值评估和谈判策略

协议谈判的核心问题是，如何评估目标公司价值？目标公司本身值多少？目标公司重组购并后价值额外提升多少？前者为原值(as-is valuation)，后者为协同值（synergy valuation）。以上市公司为例，谈判当日上市公司股份市值，可以认定为上市公司原值；收购方愿意支付的一般不超过20%的溢价，则可认定为协同值。上述价值评估是一个仁者见仁智者见智的问题，并非精确科学上的计算问题。这也为协议谈判提供了相当广阔的空间。

1. 目标公司价值评估

（1）概述

目标公司价值评估事宜，我国法律政策多有倡导。相关法律政策主要是：1989年关于企业兼并的暂行办法（1989年兼并办法）、[3]1991年国有资产评估管理办法（1991年评估办法）[4]和1994年乡镇企业资产评估管理办法（1994年评估办法）。[5]1989年兼并办法倡导，兼并企业价值评估办法有三：重置成本法、市场法和收入法；三种办法可以互相检验，亦可单

1 参见前文§3.0.5。
2 例见2004年10月9日国家发展和改革委员会令第21号境外投资项目核准暂行管理办法第17条。
3 1989年2月19日国家体改委国家计委财政部国家国有资产管理局（89）体改经38号。
4 1991年11月16日国务院令第91号。
5 1994年9月6日由农业部乡镇企业局发布。

独适用。[1]1991年评估办法倡导，国有资产评估方法包括：收益现值法、重置成本法、现行市价法、清算价格法和国务院国有资产管理行政主管部门规定的其他评估方法。[2]1994年评估办法倡导，乡镇企业资产评估方法包括：收益现值法、重置成本法、现行市价法、清算价格法和乡镇企业行政主管部门认可的其他评估方法；以上评估方法，可以综合适用。[3]上述法律政策倡导的方法，大同小异，下文仅谈1991年评估办法。由于上述法律政策倡导的方法，既可以适用于重组购并时的资产评估，也可以适用于一般情况下的资产评估，因此仅谈1991年评估办法也无妨碍。

（2）收益现值法

1991年评估办法第24条定义："用收益现值法进行资产评估的，应当根据被评估资产合理的预期获利能力和适当的折现率，计算出资产的现值，并以此评定重估价值。"比如，A公司打算合并B公司，B公司往年营业利润是1.2亿元。现假设，B公司将来仍然可以获得相当的利润，适用的折现率也就是资金收益率是12%，则B公司价值是10亿元。需要澄清的是，营业利润只是一种计算基数，计算基数还可以是"营业利润+所得税"、"营业利润+所得税+融资利息"（EBIT）或者"营业利润+所得税+融资利息+折旧+摊销"（EBITDA）。在非正式的谈判中，通常使用EBITDA。[4]

（3）重置成本法

1991年评估办法第25条定义："用重置成本法进行资产评估的，应当根据该项资产在全新情况下的重置成本，减去按重置成本计算的已使用年限的累积折旧额，考虑资产功能变化、成新率等因素，评定重估价值；或者根据资产的使用期限，考虑资产功能变化等因素重新确定成新率，评定重估价值。"如果仅仅考虑有形损耗，评估价值为"重置成本减去按重置成本计算的已使用年限的累积折旧额"或者"重置成本乘以根据资产的使用期限考虑资产功能变化等因素重新确定的成新率"。如果尚需考虑无形损耗，则评估价值为上述数额乘以一个考虑资产功能变化成新率等因素确定的调整系数。[5]

---

1 参见1989年关于企业兼并的暂行办法第6条。

2 参见1991年国有资产评估管理办法第23条。

3 参见1994年乡镇企业资产评估管理办法第17条。

4 See Dale Arthur Oesterle, The Law of Mergers and Acquisitions 15 (3rd Ed. 2005).

5 参见刘付商、彭建国:《企业资产评估》，宇航出版社1993年版，第25页以下。

(4) 现行市价法

1991年评估办法第26条定义:“用现行市价法进行资产评估的，应当参照相同或者类似资产的市场价格，评定重估价值。”比如，A公司打算合并B公司，B公司系非上市公司。B公司往年净利润是1.2亿元。现假设，B公司将来仍然可以获得相当的利润，与B公司极其类似的上市公司C公司每股市盈率为20，则评估价值为6亿元。

(5) 其他方法

清算价格法，1991年评估办法第27条定义:“用清算价格法进行资产评估的，应当根据企业清算时其资产可变现的价值，评定重估价值。”净资产法，1994年评估办法第22条提到:“对递延资产的评估，一般以账面价值作为重估价值。”除上述方法外，尚有其他方法。[1]

2. 价值谈判策略

以换股式合并或者换股式收购为例，协议缔结后交易交割前，或者因为整个证券市场发生变化（证券市场风险），或者因为某行业市场发生变化（行业风险），或者因为合并收购当事人本身发生变化（公司风险），换股股份价格发生波动，合并收购前景变得复杂。当事人该如何应对这一类情势?

(1) 固定式换股比例

假设，A公司以换股式合并吸收合并B公司。合并协议约定换股比例为5:1。诸如5:1之类的明确的或者固定的换股比例，则为固定式换股比例（fixed exchange ratio）。因为证券市场风险、行业风险或者公司风险，A公司股价下跌。这意味着，B公司股东获得的对价缩水。在这种情况下，B公司董事会仍会批准合并?如果会，股东大会仍会批准合并?如果会，C公司提出更高的价格与A公司竞争呢?[2]

(2) 撤回权条款

应对上述难题的方式之一是设定撤回权（walk-away right）条款。在上述固定式换股比例5:1的前提下，当事人可以约定，如果A公司股价下跌额超过协议缔结日股价的10%的，B公司可以在交割前撤回合并协议。此类条款即撤回权条款。这是单击启动条款。如果当事人约定，A公司股价下跌额超过协议缔结日股价的10%，同时A公司股价下跌额超过选定同

---

1 参见刘付商、彭建国:《企业资产评估》，宇航出版社1993年版，第31页以下；See Dale Arthur Oesterle, The Law of Mergers and Acquisitions 15 (3rd Ed. 2005)；1994年乡镇企业资产评估管理办法第4章。

2 See Dale Arthur Oesterle, The Law of Mergers and Acquisitions 20 (3rd Ed. 2005).

行公司股份均价的10%的，B公司可以在交割前撤回合并协议。此类条款也是撤回权条款。为双击启动条款。固定式换股比例条款，加上撤回权条款，使得合并协议具有一定的弹性，当事人可以借此应对情势变化。[1]

（3）浮动式换股比例

与固定式换股比例相对的，是浮动式换股比例。假设，A公司以换股式合并吸收合并B公司。合并交割前30日A公司股份均价是X，B公司股份现价是Y。合并当事人约定，合并换股比例为X∶Y。此类换股比例是浮动式换股比例。为了防止过分稀释，A公司可以要求约定，依照浮动式换股比例可以换得股份数额的上限。相应而言，B公司可以要求约定，依照浮动式换股比例可以换得股份数额的下限。同时，B公司可以要求约定，如果A公司股价下降以至于超越上限，则B公司可以在交割之前撤回合并协议。相应而言，A公司可以要求约定，如果A公司股价下降以至于超越上限，B公司可以在交割之前撤回合并协议的，则A公司可放弃上限约定。[2]

约定浮动式换股比例，但没有约定上限的，A公司往往要求约定撤回权条款，即约定A公司签发用来换取B公司股份的股份超过一定数额或者一定比例的，A公司可以在交割之前撤回合并协议。相应而言，B公司则会要求约定放弃浮动式换股比例条款，即约定A公司签发用来换取B公司股份的股份超过一定数额或者一定比例，A公司可以在交割之前撤回合并协议的，则B公司可以放弃额外股份。[3]

（4）混合式

同样在A公司以换股式合并吸收合并B公司的情况下，合并协议约定固定式换股比例为5∶1。同时，合并协议约定换股数额上限；如果超过上限，合并协议自动中止；或者如果超过上限，A公司可以撤回合并协议。固定式换股比例附加上限约定，实际上能够起到调节股价的作用，不妨称作混合式。[4]

---

1 See Dale Arthur Oesterle, The Law of Mergers and Acquisitions 21 (3rd Ed. 2005).

2 See Dale Arthur Oesterle, The Law of Mergers and Acquisitions 21–22 (3rd Ed. 2005).

3 See Dale Arthur Oesterle, The Law of Mergers and Acquisitions 22 (3rd Ed. 2005).

4 See Dale Arthur Oesterle, The Law of Mergers and Acquisitions 22 (3rd Ed. 2005).

§3.2 先契约阶段的文件

在先契约阶段，先后出现的文件为保密协议和意向书；如果重组购并当事人之一系上市公司的，则尚有重组购并信息披露公告；如果重组购并当事人做尽职调查的，还有在此阶段以及交割阶段都使用的尽职调查事项单（acquisition review check list）。下文仅谈保密协议和意向书。

1. 保密协议

（1）概述

在先契约阶段，保密协议可以缔结，也可以不缔结。但从程序的角度看，在缔结保密协议之前，卖方不应向买方披露秘密信息。如果缔结保密协议，则保密协议是先契约阶段出现的第一份文件或者合同。保密协议可以和后续阶段出现的意向书合并。从法律的角度看，合并并不是一个好决策。理由在于：保密协议系有约束力的合同，但意向书不一定是；如果两相合并，特别是在意向书吞并保密协议时，意向书中的保密条款就不一定具有约束力了。后续阶段出现的重组购并协议，通常通过整体契约条款（entire agreement clause），吸收替代保密协议。吸收替代原则上是一个好决策。[1]

（2）内容

视情况不同，保密协议内容有所差别。尽管如此，保密协议主要包括：首先，约定秘密信息范围以及认定措施的约款。这是保密协议可执行性的保证。其次，信息保密义务约款。其通常是这样约定的，卖方向买方提供的信息，仅充用于重组购并之评估；卖方向买方提供的信息，买方得保守秘密；除出于上述目的的使用外，买方不得进行目的外的使用；在买方控制下的秘密信息，买方不能泄露给他人，等等。最后，行为保密义务约款。这是有关重组购并本身的保密义务的。约定买方不得向他人泄露，卖方曾向买方提供相关秘密信息；买方也不得泄露，卖方曾和买方谈判接触。[2]

（3）其他保护

缔结保密协议的目的在于卖方自我保护。在先契约阶段，即使卖方未同买方缔结保密

1 See Dale Arthur Oesterle, The Law of Mergers and Acquisitions 305 (3rd Ed. 2005).

2 See Dale Arthur Oesterle, The Law of Mergers and Acquisitions 305—06 (3rd Ed. 2005).

协议，卖方同样享受类似的保护。合同法第43条规定："当事人在订立合同过程中知悉的商业秘密，无论合同是否成立，不得泄露或者不正当地使用。泄露或者不正当地使用该商业秘密给对方造成损失的，应当承担损害赔偿责任。"这是法定义务保护。

2. 意向书

（1）概述

如果先契约阶段有成果，则相应成果是意向书。意向书，可以由当事人草拟，也可以由律师代劳，但通常由律师准备。借助意向书，当事人为将来的交易定性并列明大致的交易条件约款。比如支付条款和交割条件条款等。意向书通常会提到交易审批、第三人同意、买方融资和目标公司营业结果等事项。意向书通常也倡议，意向书缔结后，为执行意向书目的，当事人双方尽力协商缔结明确的交易协议。[1]

（2）约束力

意向书是否具有约束力，当事人可以自行约定。当事人通常不愿受意向书约束。如果当事人特意约定意向书具有约束力，则该种意向书的约束力，因为个案情势不同，多有舒展空间。如果意向书约定重组购并协议主要条款，其他未约定条款可由惯例或者习惯补充的，则意向书本身就是重组购并协议；[2]如果意向书仅倡议意向书缔结后，为执行意向书目的，当事人双方尽力协商缔结明确的交易协议，则意向书最多不过是预约。[3]如果当事人没有约定意向书是否具有约束力这一情节，则约束力事宜是一个事实判断问题。[4]

（3）区别处理

出于法律明晰性和风险控制考虑，意向书通常区别处理各个条款。即，既约定有的条款是有约束力的，也约定有的条款是没有约束力的。具体而言，有关交易本身的实体条款是没有约束力的，比如价格条款和协议附件条款等；有关交易协商程序本身的条款，是有

---

1 See Dale Arthur Oesterle, The Law of Mergers and Acquisitions 307 (3rd Ed. 2005).

2 See e.g., Teachers Ins. & Annuity Ass'n of Am. v. Tribune Co., 670 F. Supp. 491 (S.D.N.Y. 1987).

3 See e.g., Itek Corp. v. Chicago Aerial Indus., 248 A.2d 625 (Del. 1968).

4 See e.g., R.G. Group, Inc. v. Horn & Hardart Co, 751 F.2d 69 (2d Cir. 1984)(citing four considering factors for determination whether a letter of intent is binding).

约束力的，[1]比如独占协商权条款和免责条款等。[2]

（4）先契约

美国法上的意向书，大致相当于大陆法上的先契约。比如，当事人意欲购买7日后的机票，可行的办法之一是网上预订机票，此种预订即为先契约。与此相对应，将来的机票买卖是本约。因为先契约，当事人之间产生于将来缔结本约的义务。[3]先契约为缔结本约的预备。设若在缔结本约抑或缔结先契约这个问题上有疑问，一般的解释原则是推定缔结本约。[4]上述精神和美国法大致一致。[5]

§ 3.3 协议和辅助文件

1. 协议

（1）概述

以2004年亚信控股有限公司收购联想集团有限公司下属IT服务事业群为例，相关资产收购协议条款[6]包括：

ARTICLE Ⅰ DEFINITIONS[7]

1 For example, a model clause reads like follows: "The following ... Part One constitute a general outline of the proposed transaction, the purchase price, key ancillary agreements and important conditions. The provisions shall be included in the Definitive Agreements, but in all instances shall be subject to and contingent upon the parties reaching agreement on the Definitive Agreements and the terms and conditions set forth in the Definitive Agreements. The parties' expressly state their intention that this Letter as a whole, and ... Part One in particular, do not and shall not constitute a legal and binding obligation, contract or agreement between any of the parties, are not intended to be an extensive summary of all of the terms and conditions of the proposed acquisition or the Definitive Agreements, and are subject to the approval of Acquirer's primary lender. The parties do, however, expressly intend that ... Part Two of this Letter, upon acceptance by [list names of shareholders], Target and Acquirer, shall constitute the parties' agreements with respect to the procedures for negotiation and preparation of the Definitive Agreements."

2 See Dale Arthur Oesterle, The Law of Mergers and Acquisitions 312—14 (3rd Ed. 2005).

3 Siehe Hans Brox, Allgermeines Schuldrecht, 24.A, 1997, S.40.

4 BGH NJW 80, 1578.

5 参见前文§§3.2.2.1—3。

6 See http://contracts.onecle.com/asiainfo/lenovo.apa.2004.07.27.shtml (Aug. 29, 2006).

7 这是术语定义条款。定义本协议使用的术语。

ARTICLE Ⅱ PURCHASE AND SALE; CLOSING[1]

ARTICLE Ⅲ REPRESENTATIONS AND WARRANTIES OF SELLER[2]

ARTICLE Ⅳ REPRESENTATIONS AND WARRANTIES OF PURCHASER[3]

ARTICLE Ⅴ COVENANTS[4]

ARTICLE Ⅵ CONDITIONS[5]

ARTICLE Ⅶ SURVIVAL; INDEMNIFICATION[6]

ARTICLE Ⅷ TERMINATION OF AGREEMENT[7]

ARTICLE Ⅸ MISCELLANEOUS[8]

实际上，诸如上述协议之类资产收购协议，多有类似的条款并具有类似的结构。[9]

（2）陈述和保证条款

陈述和保证条款，原本为两种条款。陈述条款，针对现状；保证条款，意在将来。现今律师多将其合并为陈述和保证条款。此种条款，陈述交割前已经存在的事实或者将存在的事实。卖方陈述和保证条款，详尽描述出售资产情况，不仅包括对任何交易来说都是例行公事类事项，比如“good standing representations”[10]陈述的，也包括诸如知识产权、环保责任和产品责任之类的繁琐复杂事项。买方陈述和保证条款，则相对简单得多，主要交代买方的缔约能力和资格事宜。[11]

---

1 这是交易条款。详尽约定资产收购及其交割事宜。

2 这是卖方陈述和担保条款。

3 这是买方陈述和担保条款。

4 这是买方和卖方附随义务条款。这一条也可以分成两条，即买方附随义务条款和卖方附随义务条款。

5 这是买方和卖方交割条件条款。这一条也可以分成两条，即买方交割条件条款和卖方交割条件条款。

6 这是后契约效力和赔偿条款。

7 这是解除条款。

8 这是其他事项条款。

9 See Dale Arthur Oesterle, The Law of Mergers and Acquisitions 326 (3rd Ed. 2005).

10 See Acquisition Agreement by and between AsiaInfo Holdings, Inc. and Lenovo Group Limited, Section 3.1(a) [Hereinafter Acquisition Agreement] (“Each of Seller, the Selling Subsidiaries and the Transferred Companies is a corporation duly organized, validly existing and in good standing under the laws of the jurisdiction of its incorporation and has all requisite corporate power and authority to own, license, use, lease and operate its assets and properties (including the Assets) and to carry on its business (including the Business) as it is now being conducted. Except for the equity capital of the Transferred Companies, neither the Assets nor the Assumed Liabilities include any securities or ownership interests of any Person.”).

11 See Dale Arthur Oesterle, Mergers and Acquisitions 43(2001)；Acquisition Agreement, Section 3 and 4.

（3）附随义务条款

附随义务条款，有两种写法：其一，积极附随义务条款。约定当事人应当做什么事情；[1]其二，消极附随义务条款，约定当事人不得做什么事情。[2]上述义务如有违反并导致收购失败的，相应当事人得承担民事赔偿责任。

（4）交割条件条款

交割条件条款约定收购双方得满足的交割先决条件。如果约定条件得不到满足，则对方可以拒绝交割。形象称作“walk-away rights”。违反陈述和保证条款或者附随义务条款，相应的是违约责任；违反交割条件条款，相应的结果是拒绝交割。不过，通常协议明确约定，多数陈述和保证条款之执行是交割条件；多数附随义务条款之执行，也是交割条件；有的时候，以“重大性”或者“重大不利后果”等作为上述两者的限制。比如，卖方陈述和保证条款约定，除已经披露者外卖方并未面临其他诉讼；[3]如果确有该类诉讼发生，则卖方违反卖方陈述和保证条款。同时，买方交割条件条款约定，卖方陈述和保证条款之执行是交割条件之一；此种条件，以“重大性”和“重大不利后果”为限制。[4]言下之意，不符合“重大性”和“重大不利后果”要求者，纵使卖方违反卖方陈述和保证条款，买方不得拒绝交割。在上述情况下，买方可以拒绝交割。

1 See e.g., Acquisition Agreement, Section 5.1 (“During the period from the date of this Agreement to the Closing, except as otherwise expressly provided in this Agreement, Seller shall operate the Business only in the ordinary course.”).

2 See e.g., Acquisition Agreement, Section 5.8(a) (“From the Closing and for five years thereafter, Seller will not, and will cause its Subsidiaries not to, directly or indirectly anywhere in China, (i) engage in, own any equity interest in or invest in any business, part or all of the principal activities of which compete with the Business as conducted on the Closing Date, directly or indirectly in any manner ...”).

3 See e.g., Acquisition Agreement, Section 3.11 (“Except as set forth in Section 3.11 of the Seller Disclosure Schedule, there are no ... suits ... pending ... , if adversely determined, would reasonably be expected to result in a Business Material Adverse Effect or Seller Material Adverse Effect. There are no ... judgments ... that restrict the Business, the Assets or the Assumed Liabilities in any material respect.”).

4 See e.g., Acquisition Agreement, Section 6.2(a) (“Each of the representations and warranties made by Seller in this Agreement that is qualified by reference to materiality or Business Material Adverse Effect shall be true and correct, and each of the other representations and warranties made by Seller in this Agreement shall by true and correct in all material respects, in each case as of the date of this Agreement... .”).

再比如，卖方附随义务条款约定,事后了解相关信息情况下的通知义务；[1]如果卖方没有通知，则为违反附随义务条款。同时，买方交割条件条款约定，卖方附随义务条款之执行是交割条件之一；此种条件，以“重大性”为限制。[2]在上述情况下，买方可以拒绝交割。

多数陈述和保证条款之执行和附随义务条款之执行，分别是交割条件。除此之外，尚有其他交割条件。[3]简单一点，陈述和保证条款或者附随义务条款，可以是交割条件；但交割条件，并不一定等同于陈述和保证条款或者附随义务条款。

（5）后契约效力和赔偿条款

所谓赔偿条款,是约定当事人违反协议义务之赔偿的条款。主要是卖方违反陈述和保证条款或者违反附随义务条款等。多数情况下，赔偿条款是对赔偿做出限制的约定，比如约定卖方的赔偿限额；赔偿条款既泛泛约定上述赔偿事宜，也额外特别约定税收和环保责任等特别赔偿事宜。[4]

赔偿条款牵涉的两个很有意思的问题是，其一，就本交易而言，约定赔偿是否是所有也是仅有的救济。买方主张不是，卖方主张是。其二，就本交易而言，赔偿条款是否具有后契约效力？卖方主张不是，买方主张是。协议通常约定，赔偿条款具有后契约效力。[5]

---

1 See e.g., Acquisition Agreement, Section 5.5 (“(a) From time to time prior to the Closing, Seller shall notify Purchaser in writing with respect to ... any information obtained after the date hereof that, if ... known at or prior to the date of this Agreement, would have been required to be set forth or described in the Seller Disclosure Schedule ... .(c) No notice given pursuant to this Section 5.5 shall have any effect on ... covenants ... contained in this Agreement for purposes of determining satisfaction of any condition contained herein ... .”).

2 See e.g., Acquisition Agreement, Section 6.2(b) (“Seller shall have performed ... in all material respects ... covenant ... required by this Agreement to be so performed ... by Seller at or before the Closing.”) .

3 See e.g., Acquisition Agreement, Section 6.2(g) (“Purchaser shall have received a legal opinion of Tian Yuan Law Firm, PRC counsel to Seller, substantially in the form and substance as set forth in Exhibit D.”).

4 See Dale Arthur Oesterle, Mergers and Acquisitions 46(2001); Acquisition Agreement, Section 7.

5 See e.g., Acquisition Agreement, Section 7.1 (“(a) The representations and warranties of Seller ... will survive the Closing ... . Except as otherwise expressly provided in this Agreement, each covenant hereunder shall survive without limit. (b) For purposes of this Agreement, a party’s representations and warranties shall be deemed to include, with respect to Seller, the Seller Disclosure Schedule, and all other documents or certificates delivered by or on behalf of such party in connection with this Agreement. No party’s rights hereunder (including rights under this Article VII) shall be affected by any investigation conducted by or any knowledge acquired (or capable of being acquired) by such party at any time, whether before or after the execution or delivery of this Agreement or the Closing, or by the waiver of any condition to Closing.”).

(6) 解除条款和其他条款

解除条款约定当事人解除权事宜和双方协议解除事宜。当事人行使解除权或者缔结解除协议的，协议自始无效。[1]

其他条款，约定上述条款之外的样板式条款。所谓样板式条款，差不多在所有的合同里面都有此类条款。它们包括但是不限于：通知条款、整体契约条款、费用分担条款、弃权条款、标题条款、准据法条款、仲裁条款，等等。[2]

(7) 股份收购协议

资产收购协议和股份收购协议相比，主要差别在于，前者的对象，是纷繁复杂的资产和负债；后者的对象，是标准化的股份。正因为如此，股份收购协议和资产收购协议相比，股份收购协议显得简略得多，特别是在收购上市公司股份的情况下，如，陈述和保证条款相对简略，股东索赔权条款通常没有等。[3]

在收购上市公司股份的情况下，因为买方可以接触相当数量已经公开的信息，因此不需要烦冗复杂的陈述和保证条款。卖方通常陈述，卖方已向证监会提交所有需要提交的文件，所有文件在所有重大方面都符合证券法的要求；文件中的财务报告，依据公认的会计原则制作，在所有重大方面公允地反映了卖方的财务状况。[4]就财务报告，买方典型的要求是，提供交割前数年业经审计的财务报告和未经审计的过渡阶段的财务报告。买方要求卖方保证财务报告的质量，甚至保证财务账册的质量。不过这是双方谈判的问题。因为审计师和买方之间没有直接的合同关系，容易导致索赔上的落空，买方可以要求审计师向买方出具信赖函（a reliance letter），但现今审计师多不愿意出具。[5]

在目标公司是上市公司的情况下，收购对价在收购后分发给众多股东。在收购协议里面为买方约定向众多股东求偿条款之类的救济条款，多不实际。因此，协议多不做约定。[6]

1 See e.g., Acquisition Agreement, Section 8.

2 See e.g., Acquisition Agreement, Section 9.

3 See Dale Arthur Oesterle, The Law of Mergers and Acquisitions 326—27 (3rd Ed. 2005); See e.g., Stock Purchase Agreement between Yahoo! Inc. and SOFTBANK America Inc. of August 28, 2002 [Hereinafter Purchase Agreement]. http://contracts.onecle.com/yahoo/softbank.spa.2002.08.28.shtml (visited Sep.1, 2006).

4 See Dale Arthur Oesterle, Mergers and Acquisitions 51(2001); Purchase Agreement, Section 2.3.

5 See Dale Arthur Oesterle, The Law of Mergers and Acquisitions 329(3rd Ed. 2005).

6 See Dale Arthur Oesterle, Mergers and Acquisitions 52(2001).

(8) 合并协议

合并协议大致处于资产收购协议和股份收购协议之间。比如，合并协议的陈述和保证条款，虽然三人合并法情况下额外多出第三人陈述和保证条款，但该类陈述和保证条款类似于股份收购协议下陈述和保证条款，远没有资产收购协议下的那么繁琐复杂；[1]特别是三人合并法情况下，合并协议框架结构要比股份收购协议的复杂一些，但也未像资产收购协议那样复杂。[2]

2. 辅助文件

(1) 附件和披露函

以某资产收购为例，[3]资产收购协议第1条，以排除法明确定义收购资产范围。问题是，以排除法排除的资产包括哪些？排除的资产详尽罗列为"Exhibit A"，充作协议附件。[4]作为卖方陈述和保证条款的第3条第h项，提到过往三年和过渡阶段的财务报告，上述财务报告详尽罗列为"Exhibit E"，充作协议附件。[5]诸如上述文件的文件为协议附件。

卖方向买方签发披露函（disclosure Schedules），披露资产收购的详尽细节。比如,作为卖方陈述和保证条款的第3条第n项提到租赁财产，租赁财产的具体范围由披露函披露；该项规定保证，除披露函特别披露者外，相关租赁合同是有效的。[6]再比如，作为卖方陈述和保证条款的第3条第w项提到诉讼，诉讼的具体范围由披露函披露；该项规定保证，披露函特别披露的诉讼不会产生重大不利后果。[7]披露函或者补充陈述和保证条款，或者限制陈述

---

1 See e.g., Acquisition Agreement Section 3 and 4, Purchase Agreement Section 2.3, and Agreement and Plan of Merger among Procter & Gamble Company, Aquarium Acquisition Corp. and Gillette Company, dated as of January 27, 2005, Section 3 [Hereinafter Merger Agreement].http://contracts.onecle.com/gillette/procter.mer.2005.01.27.shtml(visited Sep., 2006).

2 See e.g., Acquisition Agreement, Purchase Agreement and Merger Agreement.

3 See Asset Purchase Agreement between Sonic Solutions and Roxio, Inc, dated as of August 9, 2004[Hereinafter Asset Purchase].http://contracts.onecle.com/roxio/sonic.apa.2004.08.09.shtml (visited Sep.1, 2006).

4 See Asset Purchase, Section 2(a).

5 See Asset Purchase, Section 3(h).

6 See Asset Purchase, Section 3(h) (ii) (A) ("Except as set forth in Section 3(n) (ii) of the Disclosure Schedule, with respect to each of the Leases ... [t]o Seller's Knowledge, such Lease is legal, valid, binding, enforceable and in full force and effect.").

7 See Asset Purchase, Section 3(w) ("To Seller's Knowledge, none of the actions, suits, proceedings, hearings, and investigations set forth in Section 3(w) of the Disclosure Schedule could reasonably be expected to result in a Material Adverse Effect.").

和保证条款。因此陈述和保证条款通常援引披露函做出保证。[1]上述披露函为另一种附件。

（2）其他辅助文件

以资产收购为例，如果买方打算慰留卖方的相关人员，买方可以和卖方的相关人员缔结劳动合同；如果买方无意慰留卖方的相关人员，买方可以和卖方的相关人员缔结反竞争协议。收购的资产需要继续使用卖方的专利的，买方可以和卖方缔结专利许可合同；买方需要卖方提供过渡时期的相关服务的，买方可以和卖方缔结服务合同。凡此种种事项，视情况不同，另行缔结协议。上述协议是收购协议之外的辅助协议。有时收购协议甚至约定，上述辅助协议之缔结是交割的条件之一。[2]

收购惯例之一是签发第三人法律意见书。就收购事宜，特别是陈述和保证条款约定事项，买方请求卖方延请律师出具法律意见书，接受意见书的人是买方；卖方请求买方延请律师出具法律意见书，接受意见书的人是卖方。上述意见书就是第三人法律意见书。目的在于合理的保证。[3]

3. 我国的情况

就上述协议和文件，我国法律和政策很少涉及。其中的协议，相关的法律和政策仅仅简略提到协议应该包括的内容。[4]

§ 3.4 其他问题

1. 终止协议

哪怕股东大会已经做出批准决议，在重组购并协议缔结之后交割之前，任何一方的董事会皆得以不具理由方式单方终止协议。协议终止之后，对方当事人享有因终止协议而产生的合同法上的权利。特拉华达州DGCL规定，当事人可以在重组购并协议中做出具备上

1 See Dale Arthur Oesterle, The Law of Mergers and Acquisitions 341 (3rd Ed. 2005).

2 See e.g., Acquisition Agreement, Section 6.2.

3 See Dale Arthur Oesterle, The Law of Mergers and Acquisitions 361 (3rd Ed. 2005).

4 参见2006年8月8日商务部国务院国有资产监督管理委员会国家税务总局国家工商行政管理总局中国证券监督管理委员会和国家外汇管理局2006年第10号令关于外国投资者并购境内企业的规定第22条和第24条。

述内容的约定。此谓约定选进条款“opt-in provision”。[1]美国MBCA规定，除非另有约定，上述内容为重组购并协议法定条款。此处的另有约定为约定选出条款“opt-out provision”。[2]

2. 法律救济

（1）索赔

依照上节所述约定或者规定，卖方董事会可以终止重组购并协议。如果重组购并协议约定，卖方董事会不得终止协议，甚至卖方董事会得尽最大努力获取股东大会的批准，此种约定是否具有约束力？如果具有约束力，设若卖方董事会终止协议，则买方可以以违约为由索赔。此种约定原则上具有约束力。[3]

（2）加价竞标

上述尽最大努力条款约定的努力程度自得宽松有间。最为苛刻的约定可以是：纵使另有更高竞价报出，董事会得向股东大会推荐本协议安排的交易；董事会不得同其他投标者谈判，更不得缔结与本协议竞争的协议。最为宽松的约定可以是：如果没有其他更高竞价报出，董事会得向股东大会推荐本协议安排的交易；董事会既不能劝诱其他潜在投标者竞价，更不能向其他潜在投标者提供秘密信息。当事人通常约定后一种“no-shop”条款。[4]如果重组购并协议采纳上述最为苛刻的约定，同时另有更高竞价报出，则董事会势必陷于两难的境地：如果接受更高竞价，不向股东大会推荐原定交易，则为违约；如果不接受更高竞价，向股东大会推荐原定交易，则为违反谨慎义务。[5]可行的解决办法是，在原定条款基础上，约定谨慎义务之例外。即，纵使另有更高竞价报出，董事会得向股东大会推荐本协议安排的交易；董事会不得同其他投标者谈判，更不得缔结与本协议竞争的协议，除非董事谨慎义务另有要求。

1 See 8 Del. C. §251(d) and §271(b) (2006).

2 See MBCA §11.08 (1984).

3 See Dale Arthur Oesterle, Mergers and Acquisitions 54 (2001).

4 参见前文 §3.0.5。

5 See Dale Arthur Oesterle, Mergers and Acquisitions 56–57 (2006).

§ 4 章　程

章程系股东结社纲领。股东缔结章程，则相关公司设立。结社事项变化，则章程相关记载更新。

§ 4.1 章程内容

1. 绝对记载事项之一

(1) 相关条文

原公司法第22条规定:“有限责任公司章程应当载明下列事项:(一)公司名称和住所;(二)公司经营范围;(三)公司注册资本;(四)股东的姓名或者名称;(五)股东的权利和义务;(六)股东的出资方式和出资额;(七)股东转让出资的条件;(八)公司的机构及其产生办法、职权、议事规则;(九)公司的法定代表人;(十)公司的解散事由与清算办法;(十一)股东认为需要规定的其他事项。”“股东应当在公司章程上签名、盖章。”2005年公司法第25条规定:“有限责任公司章程应当载明下列事项:(一)公司名称和住所;(二)公司经营范围;(三)公司注册资本;(四)股东的姓名或者名称;(五)股东的出资方式、出资额和出资时间;(六)公司的机构及其产生办法、职权、议事规则;(七)公司法定代表人;(八)股东会会议认为需要规定的其他事项。”“股东应当在公司章程上签名、盖章。”上述条款，事关有限责任公司章程；虽然有些差别，但差别不是太远。

原公司法第79条规定:“股份有限公司章程应当载明下列事项:(一)公司名称和住所;(二)公司经营范围;(三)公司设立方式;(四)公司股份总数、每股金额和注册资本;(五)发起人的姓名或者名称、认购的股份数;(六)股东的权利和义务;(七)董事会的组成、职权、任期和议事规则；（八）公司法定代表人；（九）监事会的组成、职权、任期和议事规则；（十）公司利润分配办法；（十一）公司的解散事由与清算办法；（十二）公司的通知和公告办法；（十三）股东大会认为需要规定的其他事项。”2005年公司法第82条规定：“股份有限公司章程应当载明下列事项：（一）公司名称和住所；（二）公司经营范围；（三）公司设立方式；（四）公司股份总数、每股金额和注册资本；（五）发起人的姓名或者名称、认购的股份数、出资方式和出资时间；（六）董事会的组成、职权和议事规则；（七）公司法定代表人；（八）监事会的组成、职权和议事规则；（九）公司利润分配办法；（十）公司的解散事由与清算办法；（十一）公司的通知和公告办法；（十二）股东大会会议认为需要规定的其他事项。”上述两条，事关股份有限公司章程；虽然有所差别，但差别不是太远。与事关有限责任公司章程的两条相比，虽然简繁错落有别，但差别也不是太远。

在法律上，诸如第82条提到的记载事项，称为绝对记载事项。该类事项如有遗漏，相关章程无效。[1]下文主要以第82条为例，参考其他规定，分别说明绝对记载事项。

（2）第1项

公司名称和住所。比如，中国石油化工股份有限公司，其名称，为“中国石油化工股份有限公司”；其住所，在“中国北京市朝阳区惠新东街甲6号”[2]。像自然人使用笔名一样，公司可以使用别名。比如，在重组购并的情况下，仍然使用被收购公司享有商誉的名称。[3]从这一点考虑出发，中国石油化工股份有限公司章程第2条记载其简称“中国石化”，也是合适的。

（3）第2项

公司经营范围。记载经营范围的条款叫做经营范围条款或者目的条款。比如，原北京用友软件股份有限公司章程第13条约定：“经公司登记机关核准，公司经营范围是：电子计算机软件、硬件及外部设备的技术开发、技术服务、技术咨询、技术转让；企业管理咨询；数据库服务；销售电子计算机软硬件及外部设备。”上述记载，对公司来说，交代了营业目的；对股东来说，交代了出资目的；对董事来说，对其做出了经营指示；对第三人来说，是交易风险评估的一个考虑要素。[4]

1 参见李哲松：《韩国公司法》，吴日焕译，中国政法大学出版社2000年版，第166页。

2 参见中国石油化工股份有限公司章程第5条和第6条。www.sse.com.cn（2003年3月18日访问）。

3 See Gower's Principles of modern Company Law 105 (6th ed. 1997).

4 参见李哲松：《韩国公司法》，吴日焕译，中国政法大学出版社2000年版，第166—67页。

废弃章程限制法人权利能力之说前，经营范围条款至关重要；废弃章程限制法人权利能力之说后，经营范围条款并非那么至关紧要了。在北京中关村科技园区，依照2000年中关村科技园区条例第9条第3款，[1]章程可忽略公司经营范围条款。

（4）第3项

公司设立方式。依照2005年公司法第78条第1款规定，设立方式区别为发起设立和募集设立。[2]比如，中国石油化工股份有限公司章程第4条记载："公司系依照……公司法……成立的股份有限公司。""公司经国家经济贸易委员会国经贸企政〔2000〕154号文件批准，以发起方式设立，于2000年2月25日在中华人民共和国……国家工商行政管理局注册登记……""公司的发起人为：中国石油化工集团公司。"而大唐电信科技股份有限公司章程第2条第2款记载："公司经国家经贸委国经贸体改〔1998〕543'关于同意设立大唐电信科技股份有限公司的复函'号文批准，由邮电部电信科学技术研究院、邮电部第十研究所、国际电话数据传输公司、西安高科（集团）公司、北京凯腾飞信息技术有限公司、陕西省国际信托投资股份有限公司、湖南南天集团有限公司、广东益源通信技术有限公司、陕西顺达通信公司、山东邮电实业总公司、山西鸿飞通信实业总公司、河北通信发展股份有限公司、邮电部北京设计院共同发起，以社会募集方式设立。"

（5）第4项

公司股份总数、每股金额和注册资本。[3]

（6）第5项

发起人姓名或者名称、认购股份数、出资方式和出资时间。如果发起人是自然人，记载其姓名；如果发起人是法人等，记载其名称。按照常理，在自然人的情况下，应该记载

---

1 该款规定："在中关村科技园区设立企业、办理工商登记时，除法律、法规规定限制经营的项目外，工商行政管理机关对经营范围不作具体核定。"

2 1994年公司法施行前尚有所谓定向募集之说。参见1992年5月15日国家体改委体改生〔1992〕31号股份有限公司规范意见第7条第3款。

3 在授权资本制的情况下，不记载该种注册资本，仅仅记载设立时的发行总额。See e.g., General Motors' certificate of incorporation Article 4（"The total authorized capital stock of the Corporation is as follows: 5 706 000 000 shares, of which 6 000 000 shares shall be Preferred Stock, without par value（'Preferred Stock'）, 100 000 000 shares shall be Preference Stock, $0.10 par value（'Preference Stock'）, and 5 600 000 000 shares shall be Common Stock, of which 2 000 000 000 shares shall be Common Stock, $1 2/3 par value（'Common Stock'）, and 3 600 000 000 shares shall be Class H Common Stock, $0.10 par value（'Class H Common Stock'）."）.

自然人的身份证号码和住所。[1]

在英美法系，以上绝对记载事项，稍作增减，独立成文。在英国，叫做Memorandum of Association；[2]在美国，叫做Article of Incorporation或者Certificate of Incorporation。[3]在大陆法系，相关记载，要么是共同投资协议或者发起人协议的复述或者记载，要么是共同投资协议或者发起人协议的履行结果。[4]

2. 绝对记载事项之二

2005年公司法第82条第6~12项提到的绝对记载事项，牵涉公司组织机构和公司成立存续之方方面面。比如，第6项提到董事会组成；第10项提到公司解散。尽管第82条要求章程记载上述事项，但第82条并未明确，究竟如何记载上述事项。因此当事人仍然享有充分的自由决定空间。

在英美法系，上述记载事项独立成文。在英国，叫做Article of Association；[5]在美国，叫做Bylaw。[6]凭内容判断，为公司内部规章。[7]

3. 相对记载事项

相对记载事项，如果章程未予记载，章程效力不受影响；如果予以记载，章程相关记载发生效力，并修改公司法的相应规定。比如，2005年公司法第72条第1款规定："有限责任公司的股东之间可以相互转让其全部或者部分股权。"此系自由转让条款。第2款规定："股东向股东以外的人转让股权，应当经其他股东过半数同意。股东应就其股权转让事项书面通知其他股东征求同意，其他股东自接到书面通知之日起满三十日未答复的，视为同意转让。其他股东半数以上不同意转让的，不同意的股东应当购买该转让的股权；不购买的，

1 参见李哲松：《韩国公司法》，吴日焕译，中国政法大学出版社2000年版，第169页。2005年公司登记管理条例第21条要求，在登记时提交发起人法人资格证明或者自然人身份证明。此种要求，异曲同工。

2 See Gower's Principles of modern Company Law 14 (6th ed. 1997); See e.g., BP's Memorandum of Association.

3 See Robert W. Hamilton, The Law of Corporations 82–84 (2000); See e.g., General Motors' certificate of incorporation.

4 比照参见罗伯特·W.汉密尔顿：《公司法》，法律出版社1999年版，第42页以下；Cf. Janet Dine, Company Law 19–20 (4th ed. 2001).

5 See Gower's Principles of modern Company Law 14 (6th ed. 1997); See e.g., BP's Article of Association.

6 See Robert W. Hamilton, The Law of Corporations 82–84 (2000); See e.g., General Motors' By laws.

7 See Robert W. Hamilton, The Law of Corporations 105–06 (2000).

视为同意转让。”此系股东同意条款。第3款规定：“经股东同意转让的股权，在同等条件下，其他股东有优先购买权。两个以上股东主张行使优先购买权的，协商确定各自的购买比例；协商不成的，按照转让时各自的出资比例行使优先购买权。”此系优先购买权条款。第72条第4款规定：“公司章程对股权转让另有规定的，从其规定。”此款意味着，如果章程另有约定，上述自由转让条款、股东同意条款和优先购买权条款可以废弃。该类约定为相对记载。

再比如，2005年公司法第43条规定：“股东会会议由股东按照出资比例行使表决权；但是，公司章程另有规定的除外。”第43条但书意味着，如果章程另有约定，出资决定表决权之规则废弃。该类约定为相对记载。

4. 任意记载事项

绝对记载事项和相对记载事项之外的事项为任意记载事项。比如，中国石油化工股份有限公司章程提到，股东与公司之间的纠纷，或者在深圳仲裁，或者在香港仲裁。[1]原北京用友软件股份有限公司章程记载：“公司章程由董事会负责解释。”[2]该类条款记载的，都是任意记载事项。

§ 4.2 章程性质

1. 章程性质

就其性质而言，章程系自治规章。[3]这一结论，不妨以中国证券监督管理委员会上市公司章程指引[4]第10条为例说明。该条规定：“本公司章程自生效之日起，即成为规范公司的组织与行为、公司与股东、股东与股东之间权利义务关系的，具有法律约束力的文件。股东可以依据公司章程起诉公司；公司可以依据公司章程起诉股东、董事、监事、经理和其他高级管理人员；股东可以依据公司章程起诉股东；股东可以依据公司章程起诉公司的董事、

1 参见中国石油化工股份有限公司章程第188条。

2 见原北京用友软件股份有限公司章程第203条。

3 特别是“Bylaw”部分。参见前文§4.1.2。

4 1997年12月16日中国证券监督管理委员会证监〔1997〕16号。

监事、经理和其他高级管理人员。”其中第一句指明，章程是公司成员也就是股东的自治规章；其中第二句特意解释，章程具体约束对象为哪些人。

既然章程是股东的自治规章，章程当然规范股东之间的结社关系，也规范股东和公司之间的结社关系。问题是，章程是否直接约束董事、监事、经理和其他高级管理人员呢？董事、监事、经理和其他高级管理人员并非公司成员，章程没有直接效力。[1]上述规定中的第二句解释，不尽合适。[2]

2. 规范文件

1997年颁布2006年修订的中国证监会上市公司章程指引，要求发行A股或者B股的上市公司，按照上市公司章程指引注释部分解释和说明，参考正文部分规定，在章程中载明上市公司章程指引正文部分包含的内容（正文内容）。

在不改变正文内容含义的前提下，可以对正文内容做文字和顺序上的调整或变动。上市公司根据需要对正文内容进行删除或者修改的，应当在股票发行、上市以及其他有关报批事项的申请材料中做出说明。无正当理由擅自修改或者删除正文内容必备部分的，中国证监会不受理相关报批事项申请。

另外，对于境外上市公司，1994年国务院证券委员会和国家体制改革委员会关于到境外上市公司章程必备条款[3]和到香港上市公司章程必备条款，[4]也有类似要求。1995年中国证监会和国家体制改革委员会在关于到香港上市公司对公司章程作补充修改的意见函[5]和1999年境外上市公司董事会秘书工作指引中[6]也有所要求。

---

1 See Janet Dine, Company Law 62–70 (4th ed. 2001).

2 有意思的是，2006年3月16日中国证券监督管理委员会证监公司字[2006]38号上市公司章程指引第10条变本加厉："本公司章程自生效之日起，即成为规范公司的组织与行为、公司与股东、股东与股东之间权利义务关系的具有法律约束力的文件，对公司、股东、董事、监事、高级管理人员具有法律约束力的文件。依据本章程，股东可以起诉股东，股东可以起诉公司董事、监事、经理和其他高级管理人员，股东可以起诉公司，公司可以起诉股东、董事、监事、经理和其他高级管理人员。"

3 1994年8月27日国务院证券委员会国家经济体制改革委员会证委发〔1994〕21号。

4 1993年6月10日国家体改委以体改生〔1993〕92号。

5 1995年4月3日中国证券监督管理委员会海外上市部国家体改委生产体制司证监海函〔1995〕1号。

6 1999年4月8日中国证券监督管理委员会证监发行字〔1999〕39号。

§ 4.3 修改章程

1. 概说

章程系由章程记载事项组成。凡章程记载事项皆可增减变更。法律上称为修改章程。因为事实变迁或者法律更替，章程自动变更者，并不是这里讨论的由公司进行的修改章程。除非另有理由，凡章程记载事项皆可修改。上述反对理由，可以是法律上的，也可以是事实上的。比如，是否可以将章程上的注册资本加以修改，使其数额减少到法定最低限额之下？此种修改不可行。2005年公司法第187条第3款要求，公司减资后的注册资本不得低于法定最低限额。再比如，是否可以将公司原始住所加以修改？此种修改不可行。原始住所系历史事件，不可以修改。

2. 修改程序

修改章程牵涉下列程序：第一，股东会或者股东大会以特别决议决定修改章程。[1]第二，如有类别股东会或者股东大会，类别股东会或者股东大会通过相应决议。[2]第三，如果相关修改并未牵涉公司登记事项，修改后的章程或者章程修正案应向公司登记机关备案。[3]如果相关修改牵涉公司登记事项，章程修改之后，应进行相应的工商变更登记。[4]何种修改牵涉公司登记事项呢？诸如经营范围变更、[5]新股发行和增减资本之类[6]事件，势必牵涉修改章程，而相应修改牵涉公司登记事项。

章程记载诸如公司名称与住所、公司设立方式、公司股份总数、每股金额与注册资本和发起人的姓名或者名称、认购的股份数、出资方式与出资时间之类简单事项。如若记载

1 参见2005年公司法第44条第2款和第104条第2款。
2 参见李哲松:《韩国公司法》，吴日焕译，中国政法大学出版社2000年版，第596页。
3 参见2005年公司登记管理条例第37条。
4 参见2005年公司登记管理条例第28—39条。
5 参见2005年公司法第12条第1款。
6 参见2005年公司法第7、12、25条和第82条以及2005年公司登记管理条例第9条和第27条。

上述事项的条款变更也得经过上述程序，显得很不经济。[1]2005年公司法第74条[2]免除相应程序之做法，完全可以在更大的范围内适用。

3. 重组购并事宜

重组购并可能牵涉章程修改甚至是缔结章程。因重组购并导致的章程修改，和其他原因导致的修改没有多大差别。此处不重复。

§4.4 重组购并与章程

在重组购并的情形下，司法机关多得面对章程条款效力审查，下文讨论两种情况。

1. 反收购条款

(1) 章程第67条

上海爱使股份有限公司（爱使股份，600652）章程第67条第1款约定："董事会在听取股东意见的基础上提出董事……候选人名单。董事……候选人名单以提案的方式提请股东大会决议。"单论此款约定，并无多大妨碍。第2款约定："单独或者合并持有公司有表决权股份总数百分之十（不含投票代理权）以上，持有时间半年以上的股东，如要推派代表进入董事会……的，应当在股东大会召开前二十日，书面向董事会提出，并提供有关材料。"

1 But see MBCA (1984)§ 10.05("Unless the articles of incorporation provide otherwise, a corporation's board of directors may adopt amendments to the corporation's articles of incorporation without shareholder approval:(1) to extend the duration of the corporation if it was incorporated at a time when limited duration was required by law;(2) to delete the names and addresses of the initial directors;(3) to delete the name and address of the initial registered agent or registered office, if a statement of change is on file with the secretary of state;(4) if the corporation has only one class of shares outstanding:(a) to change each issued and unissued authorized share of the class into a greater number of whole shares of that class; or(b) to increase the number of authorized shares of the class to the extent necessary to permit the issuance of shares as a share dividend;(5) to change the corporate name by substituting the word corporation, incorporated, company, limited, or the abbreviation corp., inc., co., or ltd., for a similar word or abbreviation in the name, or by adding, deleting, or changing a geographical attribution for the name ...").

2 2005年公司法第74条规定："转让股权后，公司应当注销原股东的出资证明书，向新股东签发出资证明书，并相应修改公司章程和股东名册中有关股东及其出资额的记载。对公司章程的该项修改不需再由股东会表决。"

此款约定对股东提案权加以持股时间限制。第3款约定："董事会……任期届满需要换届时，新的董事……人数不超过董事会……组成人数的二分之一。"此款约定约定稍有修正的交错董事会（staggered board）。第4款约定："董事……候选人产生程序：（一）董事会负责召开股东座谈会，听取股东意见；（二）董事会召开会议，审查候选人任职资料，讨论、确定候选人名单；（三）董事会向股东大会提交董事……候选人名单，提供董事……候选人的简历和基本情况。"此款约定约定人事提案皆由董事会定夺。上述约定如若组合执行，可能导致的结果是，收购人是否获取控制权取决于原董事会。就因为上述可能变成现实，1998年大港油田收购爱使股份引发控制权之争。[1]

（2）条款效力

如若上述约定组合执行导致所述结果，相关约定无效。人事提案皆由董事会定夺，差不多剥夺了少数股东提案权。1994年公司法第104条规定："有下列情形之一的，应当在两个月内召开临时股东大会……持有公司股份百分之十以上的股东请求时……"既然少数股东可以提议召集股东大会，自然应享有相应的提案权，包括人事提案权。2005年公司法第103条第2款加以明确："单独或者合计持有公司百分之三以上股份的股东，可以在股东大会召开十日前提出临时提案并书面提交董事会；董事会应当在收到提案后二日内通知其他股东，并将该临时提案提交股东大会审议。"1998年大港油田收购爱使股份案最终结果是，中国证监会介入，爱使股份修改章程第67条，放行大港油田。[2]

2. 交错董事会条款

（1）章程第96条

爱使股份章程第67条第3款约定："董事会……任期届满需要换届时，新的董事……人数不超过董事会……组成人数的二分之一。"此款系属稍有修正的交错董事会条款，仅仅约定换届情形。相反，锦州港股份有限公司（600190，锦州港）章程第96条约定："除独立董事因连任时间限制需更换外，董事会每年更换和改选的董事不超过《章程》规定的董事人数的三分之一。"实属交错董事会条款。[3]如果面临类似于1998年大港油田收购爱使股份情形，上述条款是否有效?

---

1 http://202.99.23.246/ssgs/199908/19990801009028.html（2003年3月20访问）。

2 参见吕红兵、徐晨：《大港油田收购爱使股份的操作实录与法理探析》，载《中国律师》1996年第6期。

3 参见锦州港股份有限公司2006年11月7日公告。

（2）条款效力

如果面临类似于1998年大港油田收购爱使股份情形，相应条款无效。如果执行上述条款，实乃剥夺少数股东表决权。2006年上市公司收购管理办法[1]第80条第2款倡导：“上市公司章程中涉及公司控制权的条款违反法律、行政法规和本办法规定的，中国证监会责令改正。”

1 2008年8月27日中国证监会令第56号。

§ 5 董事和董事会

§ 5.0 董事和董事会概述

1. 董事概述

董事会是会议体机构，其成员为董事。

（1）董事资格

首先，在公司法领域，法律关系主体至少包括自然人和法人。董事应以自然人为限。[1]这一种限制的根源在于董事会职权。[2]

其次，依照2005年公司法规定，无民事行为能力者，不得担任董事；限制民事行为能力者，也不得担任董事。犯有贪污罪并受刑罚且执行期满未逾5年者，不得担任董事；犯有贿赂、侵占财产、挪用财产或者破坏社会经济秩序罪者，在上述同等情形下，也不得担任董事；因犯罪剥夺政治权利且执行期满未逾5年者，不得担任董事。企业破产且未逾3年的，对破产负有个人责任的董事、厂长或者经理，不得担任董事。公司吊销营业执照且未逾3年的，对吊销营业执照负有个人责任的法定代表人，不得担任董事。个人负有数额较大的债务且到期尚未清偿的，不得担任董事。[3]此系消极资格。[4]

最后，依照2005年公司法规定，两个以上国有企业投资设立的有限责任公司，得有公司

---

1 See MBCA §8.03 (a) (1984) ("A board of directors must consist of one or more individuals, with the number specified in or fixed in accordance with the articles of incorporation or bylaws."); 参见1997年12月16日中国证券监督管理委员会证监［1997］16号上市公司章程指引第77条。

2 参见后文§5.0.2.1。

3 参见2005年公司法第147条第1款。

4 除公司法外，诸如2006年6月7日中国证券监督管理委员会令第33号证券市场禁入规定之类的文件也设置消极资格。

职工代表充任的董事；两个以上其他国有投资主体投资设立的有限责任公司，得有公司职工代表充任的董事；上述情形之外的有限责任公司和股份有限公司，可以有公司职工代表充任的董事。职工代表，由职工代表大会、职工大会或者其他形式民主选举产生。[1]此系积极资格。

除上述消极资格和积极资格外，公司章程尚可约定其他资格要求。[2]

（2）董事定员

依照2005年公司法规定，股份有限公司董事可在5人至19人之间；有限责任公司董事可在3人至13人之间；股东人数较少且规模较小的有限责任公司，可以以一名执行董事代替董事会。[3]具体数额由章程约定。[4]

（3）其他

董事既为会议体机构成员，自然有诸如选任、退任、解任、任期、报酬之类程序问题和实体问题，[5]此处从略。

2. 董事会概述

由董事组成董事会，为公司业务执行机构。

（1）董事会职权

依照2005年公司法规定，董事会行使下列职权：召集股东会或者股东大会；决定公司经营计划和投资方案；制订公司年度财务预算方案和决算方案；制订公司利润分配方案和弥补亏损方案；制订公司增加或者减少注册资本方案以及发行公司债券方案；制订公司合并、分立、解散或者变更公司组织形式方案；决定公司内部管理机构设置；决定聘任或者解聘公司经理及其报酬，并根据经理提名决定聘任或者解聘公司副经理、财务负责人及其报酬；制定公司基本管理制度；章程约定的其他职权。[6]

---

1 参见2005年公司法第45条第2款；第109条第2款。

2 See, e.g., MBCA §8.02（1984）（“The articles of incorporation or bylaws may prescribe qualifications for directors. A director need not be a resident of this state or a shareholder of the corporation unless the articles of incorporation or bylaws so prescribe.”）.

3 参见2005年公司法第109条第1款、第45条第1款和第51条。

4 See MBCA § 8.03 (a)（1984）（“A board of directors must consist of one or more individuals, with the number specified in or fixed in accordance with the articles of incorporation or bylaws.”）.

5 参见李哲松：《韩国公司法》，吴日焕译，中国政法大学出版社2000年版，第436页以下。

6 参见2005年公司法第109条第4款和第47条。

上述董事会职权不必深究。股东会或者股东大会职权以法律明文规定章程明文约定者为限，此外职权悉数归属董事会。[1]董事会的职权是自足的独立的，董事会并无义务听命于股东会或股东大会指令，甚至是股东的指令。[2]

（2）董事长

依照2005年公司法规定，股份有限公司董事会设董事长一人，可以设置副董事长若干。董事长和副董事长由董事会以全体董事过半数方式选举产生。董事长负责召集和主持董事会会议，检查董事会决议实施情况。副董事长协助董事长履行职务；董事长不能履行职务或者不履行职务的，由副董事长履行职务。副董事长不能履行职务或者不履行职务的，由半数以上董事共同推举一名董事履行职务。[3]有限责任公司董事会设董事长一人，可以设置副董事长若干。董事长和副董事长的产生办法由公司章程规定。董事长负责召集和主持董事会会议。董事长不能履行职务或者不履行职务的，由副董事长召集和主持；副董事长不能履行职务或者不履行职务的，由半数以上董事共同推举一名董事召集和主持。[4]

（3）董事会会议

以股份有限公司为例，和股东大会一样，[5]董事会会议区别为定期会议和临时会议。[6]只不过董事会是公司业务执行机构，相关决策程序需要相当的灵活性。比如，董事会会议召集通知，可适当灵活处理；经董事会全体董事同意，可以不经通知，随时召集。[7]

董事有义务出席董事会会议，并且得亲自出席。理由是，董事会经过集体商讨才足以产生决议。[8]2005年公司法第113条第1款规定，董事因故不能出席，可以书面委托其他董事代为出席。上述规定并非妥当。

依照2005年公司法第112条规定，过半数董事出席的，董事会会议可以举行。董事会

1 参见末永敏和：《现代日本公司法》，金洪玉译，人民法院出版社2000年版，第106页。

2 See Robert W. Hamilton, The Law of Corporations 232–235(2000); MBCA§ 8.01(b)（1984）（“All corporate powers shall be exercised by or under the authority of, and the business and affairs of the corporation managed by or under the direction of, its board of directors, subject to any limitation set forth in the articles of incorporation ....”）.

3 参见2005年公司法第110条。

4 参见2005年公司法第45条第3款和第48条。

5 参见下文§6.2.3。

6 参见2005年公司法第111条第1、2款。

7 See Robert W. Hamilton, The Law of Corporations 206—10 (2000); 2005年公司法第111条第3款。

8 See Robert Charles Clark, Corporate Law 110—13 (1986).

决议之表决，实行一人一票。董事会决议，必须经董事会全体董事[1]过半数通过。[2]问题是，董事是否可以委托其他董事投票？结论应为否。[3]但2005年公司法第113条第1款规定，董事因故不能出席，可以书面委托其他董事代为出席，委托书中应载明授权范围。相关授权范围，包括投票权。此亦非属妥当的规定。

依照2005年公司法第113条第2款规定，董事会应当就会议议决事项决定做成会议记录，出席会议的董事在会议记录上签名。[4]

（4）董事会决议瑕疵

董事会决议瑕疵类型类似于股东大会的，[5]但相应后果截然有别。有瑕疵的董事会决议原则上从行为无效原理处理。[6]2005年公司法第20条第1、2款却规定："公司……董事会的决议内容违反法律、行政法规的无效。""董事会的会议召集程序、表决方式违反法律、行政法规或者公司章程，或者决议内容违反公司章程的，股东可以自决议做出之日起六十日内，请求人民法院撤销。"前者，是当然无效；后者，为可以撤销。

§ 5.1 董事和公司之间的关系

1. 概说

董事和公司之间的关系，通常定性为委任合同关系；[7]系有偿的合同关系。[8]我国合同法第21章采纳的术语是委托。在法律实务中，称为聘任合同。[9]在这种合同关系中，委托人是公司而不是股东，受托人是董事。董事受公司之托，为公司经营。既然公司是委托人，公

1 这是我国公司法的特别要求。通常仅要求出席董事的半数。See MBCA § 8.24(c) (1984) ("If a quorum is present when a vote is taken, the affirmative vote of a majority of directors present is the act of the board of directors unless the articles of incorporation or bylaws require the vote of a greater number of directors.").

2 决议产生定足数原则上可以提高。参见中国石油化工股份有限公司的董事会议事规则第33条。

3 参见前文§5.0.2.3。

4 具体要求，可以例见中国石油化工股份有限公司的董事会议事规则第36条。

5 参见下文§6.2.7。

6 参见李哲松:《韩国公司法》，吴日焕译，中国政法大学出版社2000年版，第455—56页。

7 例见韩国商法第382条第2款。

8 See Robert W. Hamilton, The Law of Corporations 310—11 (2000).

9 例见2002年1月7日中国证券监督管理委员会国家经济贸易委员会证监发〔2002〕1号上市公司治理准则第32条。

司享有指示权，[1]指示的方式之一是章程，比如章程中的经营范围条款；借助经营范围条款，公司明确指示董事，在任期间的经营空间。

2. 董事职权

（1）业务执行决定权

董事既受委任，依照法律规定或者章程约定，自应享有职权。行使职权的方式是董事会会议。但董事会是会议体机构，仅能行使业务执行决定权。[2]比如，董事会以会议方式，决定召开某次临时股东大会。即便如此，该次大会涉及的诸如召集之类具体执行类事务，董事会难有作为。

（2）业务执行权（狭义）

依照2005年公司法第13条规定，董事长可以是公司法定代表人。诸如上述召集之类的具体执行类事务，得由其以公司名义为之。即，董事长享有业务执行权（狭义）。这一种权力和前文的业务执行决定权，合称业务执行权（广义）。2005年公司法第110条第2款规定，董事长负责召集和主持董事会会议，检查董事会决议实施情况。这是对内的职权，是业务执行权（狭义）的一个方面。依照2005年公司法第129条规定，董事长签发公司发行的股票。这是对外的职权，是业务执行权（狭义）的另一方面，即代表权。

需要特别指明的是，从法人权利能力的角度看，董事长作为法定代表人，其代表权自得涵盖裁判和裁判外一切业务。[3]如若因执行业务而加害他人者，董事长和公司负连带赔偿责任。[4]此种责任的目的，在于保护公众享有的私法权利。

（3）授权问题

依照1994年公司法第120条第1款规定，如有需要，董事会可以授权董事长在董事会闭会期间，行使董事会部分职权。此处的职权应该是业务执行决定权。2002年上市公司治理准则[5]第48条主张，董事会授权董事长在董事会闭会期间行使董事会部分职权的，上市公司应在公司章程中明确规定授权原则和授权内容，授权内容应当明确具体。凡涉及公司重大

1 参见合同法第399条第1句。

2 参见前文§5.0.2。

3 参见李哲松：《韩国公司法》，吴日焕译，中国政法大学出版社2000年版，第459页。

4 例见韩国商法第389条第3款。

5 2002年1月7日中国证券监督管理委员会国家经济贸易委员会证监发〔2002〕1号。

利益的事项应由董事会集体决定。2005年公司法删除原公司法第120条第1款规定。

（4）代表董事

在国外，相当于我国公司法上董事长的角色是代表董事。但通常设置共同代表制度，即对外做出意思表示，由两名以上代表董事共同代表，也就是主动代表；从外面接受意思表示，由一名代表董事代表即可，也就是被动代表。以此来应对公司规模扩大和防止违法或者不法代表行为等问题。[1]

§5.2 董事义务

1. 概说

董事和公司之间的委任合同关系，自会产生权利和义务。产生依据，可以是合同约定，也可以是法律规定。法律规定，可以是合同法第21章，也可以是公司法或者证券法特别规定，比如提到董事报酬的2005年公司法第38条，提到内幕交易的2005年证券法第47条，等等。上述权利和义务均可从义务的角度讨论。为此以下讨论的董事义务，主要是公司法和证券法规定的义务：忠实和谨慎义务。

2. 忠实义务概说

1994年公司法第59条第1款[2]规定："董事……应当……忠实履行职务，维护公司利益，不得利用在公司的地位和职权为自己谋取私利。"上述规定前半句，从正面指明；上述规定后半句，从反面解释。从前半句还可以得知，董事不得利用在公司的地位和职权为他人谋取利益。概括起来，董事履行职责，得为公司的利益，不得为个人一己私利，更不得为第三人利益。这是一般的忠实义务。[3]

3. 具体忠实义务

上述忠实义务具化为具体忠实义务。比如，依照1994年公司法第59条第2款规定，董

1 参见李哲松：《韩国公司法》，吴日焕译，中国政法大学出版社2000年版，第464页以下。

2 参见1994年公司法第123条第2款。本节援引1994年公司法其他条文时，除非另有说明，亦同。

3 See Gower's Principles of modern Company Law 601—05 (6th ed. 1997).

事不得利用职权收受贿赂，即不为个人一己私利；收受其他非法收入者，亦同；侵占公司财产者，亦同。[1]依照1994年公司法第60条第1款规定，董事不得挪用公司资金，如果让他人使用，即为第三人利益；如果自己使用，即为个人一己私利；将公司资金借贷给他人者，亦同。借贷给他人使用，如果以营业方式为之，自然没有法律障碍；并非以营业方式为之，则为第三人利益。[2]依照1994年公司法第60条第2款规定，董事不得将公司资产以个人名义开立账户存储，即不为个人一己私利；董事不得将公司资产以其他个人名义开立账户存储，即不为第三人利益。[3]此外尚有其他具体忠实义务，下面将其独立，专门讨论。

4. 不提供担保义务

作为法人的公司，能否为他人提供担保？除非法律另有禁止，公司能提供。[4]问题是，作为公司受托人的董事，能否以公司资产提供担保？

（1）1994年公司法第60条第3款

1994年公司法第60条第3款规定："董事……不得以公司资产为本公司的股东或者其他个人债务提供担保。"此款规定董事具体忠实义务。

上述规定的要点包括：第一，行为人是董事，是否以董事本人名义为之，在所不问。比如，由董事长以公司的名义为之，可以；不以公司的名义而以董事本人的名义为之，也无不可。因为董事肩负公司经营大任，自然有机会，以自身名义处分公司财产，担保是方式之一。第二，不得以公司资产为本公司的股东或者其他个人债务提供担保。首先，不得以公司资产为本公司的股东[5]提供担保；其次，不得以公司资产为个人债务提供担保。

---

1 就违反忠实义务的相应后果，1994年公司法第214条第1款规定："董事……利用职权收受贿赂、其他非法收入或者侵占公司财产的，没收违法所得，责令退还公司财产，由公司给予处分。构成犯罪的，依法追究刑事责任。"

2 就违反忠实义务的相应后果，1994年公司法第214条第2款规定："董事……挪用公司资金或者将公司资金借贷给他人的，责令退还公司的资金，由公司给予处分，将其所得收入归公司所有。构成犯罪的，依法追究刑事责任。"

3 就后果问题，1994年公司法没有规定。从道理上说，应该和前者相似。参见前文§5.2.3。

4 参见1997年12月16日中国证券监督管理委员会证监〔1997〕16号上市公司章程指引第94条第8项规定。

5 从1994年公司法第60条第3款文义来看，股东应该是个人股东。但从司法实务来看，股东是指所有类型的股东；而且是否以股东的名义进行，在所不问。2000年6月6日中国证券监督管理委员会关于上市公司为他人提供担保有关问题的通知第2条规定："上市公司不得以公司资产为本公司的股东、股东的控股子公司、股东的附属企业或者个人债务提供担保。"

（2）法律后果

如果董事违反忠实义务提供担保，相应法律后果是什么？1994年公司法第214条第3款规定：“董事……违反本法规定，以公司资产为本公司的股东或者其他个人债务提供担保的，责令取消担保，并依法承担赔偿责任，将违法提供担保取得的收入归公司所有。情节严重的，由公司给予处分。”上述规定的逻辑层次关系是这样：第一，揣摩“责令”之措辞，可以得出，担保有效，[1]但公司可以请董事取消，即请董事向他人解除该种担保合同。至于能否和如何解除，那是董事和他人之间的关系了。[2]第二，如果给公司造成损失的，公司可以请求赔偿。第三，如果有收入的，相应收入归公司所有。

（3）营业方式

既然董事提供担保的法律障碍是董事忠实义务，如果董事长以营业的方式并以公司的名义提供，比如签订互保协议，原则上不会牵涉忠实义务。因为相应担保，不是为第三人利益，而是为公司利益的。

5. 保密义务

因董事职权，董事自可知悉公司的商业秘密。反不正当竞争法第10条第3款规定，商业秘密，是指不为公众所知悉的、能为权利人带来经济利益、具有实用性并经权利人采取保密措施的技术信息和经营信息。其中的技术信息，诸如技术诀窍、产品配方、工艺流程之类的属之；其中的经营信息，诸如客户名单、营销技巧之类的属之。[3]就公司而言，未公开的年报和交易记录等属之。

依照1994年公司法第62条规定，除非法律另有规定或者经股东大会[4]同意，董事不得泄露公司秘密。其中的法律规定，比如刑法和证券法有关信息披露的规定；其中的股东大会同意，比如，在股东质询董事时也许会涉及公司秘密，董事可以拒绝回答；此时股东大会可以免除其保密义务，要求回答。

1 2000年12月8日最高人民法院法释〔2000〕44号关于适用担保法若干问题的解释第4条第1句却认为，违反规定的担保合同无效。

2 取消担保之说，过分简化了。其实涉及无权处分、无权代理等问题，不仅是取消担保问题。

3 参见金勇军：《知识产权法原理》，中国政法大学出版社2002年版，第419页。

4 参见1994年公司法第123条第2款。下同。

6. 竞业禁止义务

(1) 1994年公司法第61条第1款第1句第1种情况

1994年公司法第61条第1款第1句第1种情况规定:“董事……不得自营或者为他人经营与其所任职公司同类的营业。”上述条款规定的具体忠实义务是竞业禁止义务。其要点包括:其一,自营,即自己经营,是否以其个人名义,在所不问。比如某董事在某电脑公司做董事,自己家又开电脑专卖店的。其二,为他人经营,是否以其个人名义,在所不问。比如电脑销售公司的董事,又做其他电脑的代理商的。其三,同类营业,并不以章程记载者为限;是否属之,从产品或者服务的可替代性判断。具体交易的一次性或者连续性,以营业的方式进行或者非营业的方式进行,在所不问。[1]

(2) 立法理由

上述义务的设置基础是避免利益冲突。正从此点出发,一般国家公司法规定,如果经过董事会同意,可以进行该种行为;如果没有,则董事违反忠实义务。[2]相应结果是:其一,该类交易本身有效;其二,依照1994年公司法第61条第1款第2句规定,从事营业所得收入应当归公司所有。可以区别两种情形讨论。如果是自营的,董事的位置以公司来代替;如果为他人经营的,从他人处取得的利益归公司所有。以上内容,叫做公司的介入权。就其性质而言,介入权是形成权。[3]

除上述介入权外,是否还有其他赔偿问题呢?原则上有。

7. 兼职禁止义务

出于同样理由,董事不能在同类营业兼任董事。此种义务,类似于竞业禁止义务。尽管1994年公司法没有规定,但从1994年公司法第61条第1款第1句第2种情况至少可以推知。该种情况规定:“董事……不得从事损害本公司利益的活动。”[4]

1 参见李哲松:《韩国公司法》,吴日焕译,中国政法大学出版社2000年版,第502—03页。

2 参见李哲松:《韩国公司法》,吴日焕译,中国政法大学出版社2000年版,第502页。

3 参见李哲松:《韩国公司法》,吴日焕译,中国政法大学出版社2000年版,第504—05页。

4 此类问题,也可以从竞争法的角度考虑。参见反不正当竞争法第2条。因此涉及的诉因是侵权。

8. 自己交易禁止义务

（1）1994年公司法第61条第2款

依照1994年公司法第61条第2款规定，除非公司章程另有约定或者经股东大会同意，董事不得同本公司订立合同或者进行其他交易。其中要点有二：其一，董事不得与本公司订立合同或者进行交易。该交易以谁的名义和为谁谋利，在所不问。其二，公司章程另有约定或者经股东大会同意的，属于例外。所谓股东大会同意，比如，股东大会就董事聘任做出决议并决定其报酬，借此消除利益冲突的，聘任合同可以由董事自己和公司缔结。

其中的章程约定，比如1997年的上市公司章程指引第83条规定："董事个人或者其所任职的其他企业直接或者间接与公司已有的或者计划中的合同、交易、安排有关联关系时（聘任合同除外），不论有关事项在一般情况下是否需要董事会批准同意，均应当尽快向董事会披露其关联关系的性质和程度。""除非有关联关系的董事按照本条前款的要求向董事会作了披露，并且董事会在不将其计入法定人数，该董事亦未参加表决的会议上批准了该事项，公司有权撤销该合同、交易或者安排，但在对方是善意第三人的情况下除外。"

其中直接的交易，比如，某公司董事长甲，以公司名义，出借人民币150万元给自己，供其购房；其中的间接交易，比如，某公司董事长甲，以公司名义，为自己和中国工商银行之间150万元购房款提供担保。按照章程约定，如果经过披露和相关批准，自己交易有效；如果未经披露或者披露后未获相关批准，自己交易可以撤销；如有善意第三人保护事宜，则属于例外。比如，在间接交易的情况下。

（2）一般立法

大陆法系一般立法规定，除非董事会同意，董事不得为自己交易。[1]如获董事会同意，该种交易可行；如果未获同意，在存在善意第三人的情况下，交易有效，否则无效。[2]1994年公司法第61条第2款规定有失妥当。[3]

9. 2005年公司法

2005年公司法将上述具体忠实义务规定合并，增设第149条加以规定。至于董事谨慎义务，放到下一节中讨论。

---

1 例见韩国公司法398条。

2 参见李哲松:《韩国公司法》，吴日焕译，中国政法大学出版社2000年版，第505—11页。

3 除上述具体忠实义务外，尚有其他具体忠实义务。比如2005年证券法第75—76条规定的义务。本节不再细述。

§ 5.3 董事责任

1. 谨慎义务

德国民法典第276条第2款规定："行为人未尽交易中必要的谨慎的，行为人的行为系有过失。"在德国民法典中，上述规定系债务履行过失的规定。设若略作不是很合适的推导，则可得出，上述行为人负有谨慎义务。[1]故谨慎义务实乃债务履行过失事宜。[2]2005年公司法第148条提到的勤勉义务，也就是这里的谨慎义务。问题是，何谓"尽交易中必要谨慎"？

2. 必要谨慎

首先，行为人应尽到交易中一般人的谨慎。这里的"交易中一般人"，具体是指"一般的董事"。其次，行为人应尽到的谨慎以必要者为限。不妨举例说明，设若作弊行为流行于交易界，行为人同流合污，自是尽到交易中一般人的谨慎。尽管如此，行为人没有尽到一个理性人可以合理期待的谨慎，也就是，行为人没有尽到必要的谨慎。[3]

依照合同法原理，[4]一般情况下，凡出差错，得推定董事没有尽到谨慎义务；董事如有不同主张，得举证推翻。比如，在诸如董事长改选后印信交接之类的日常事件中，董事是否尽到谨慎义务，从上述原则处理。如果原董事长没有交接，推定原董事长未尽谨慎义务；如果原董事长主张尽到谨慎义务了，原董事长得举证证明。

在董事管理决策事件中，董事是否尽到谨慎义务，如果从上述原则处理，显然不合理，得采纳其他规则。[5]

---

1 在英美法上，有"duty of care"之说，情形与此类似。See Robert Charles Clark, Corporate Law 123(1986).

2 正因为如此，将谨慎义务放在本节讨论。

3 Cf, e.g, ALI Principles of Corporate Governance: Analysis and Recommendations § 4.01(a) ("(Duty of Care of Directors) A director ... has a duty to his corporation to perform the director's functions ... with the care that an ordinarily prudent person would reasonably be expected to exercise in a like position and under similar circumstances.").

4 例见德国民法典第280条第1款。该款规定："债务人有违因债而产生的义务的，债权人可以请求赔偿因此造成的损害。如果义务之违反不可归责于债务人的，前句不适用。"

5 See ALI Principles of Corporate Governance: Analysis and Recommendations § 4.01. (a) ("This Subsection (a) is subject to the provisions of Subsection (c) (the business judgment rule) where applicable.").

3. 商业决策原则

（1）何谓商业决策原则

商业决策原则（Business Judgment Rule）[1]推定，就已经做出的决策而言，不论结果如何，董事已经尽到谨慎义务；如果有不同主张，主张者得举证。商业决策原则是董事会职权的逻辑结果。[2]既然董事会享有自足的独立的职权，特别是决策权，[3]董事做出的决策不受司法审查；在决策是否合适的问题上，非属经理人员的法官并不见得比董事高明，反而会低劣得多。[4]况且，股东做出投资，任命董事，就是希望董事利用商业风险；如果没有商业决策原则，董事就不敢利用风险了。[5]

比如，就某笔贷款，某商业银行董事会需要做出一个决策。在决策之前，商业银行会收取有关客户的资信信息，比如过往信用记录和财务报告，等等；收集之后，会做出相应的分析判断并做成报告；报告做成之后，会提交董事会成员阅读讨论；自然也向董事会报告，决策时间的紧迫性，比如只有两个小时时间讨论；相关法律规定，比如过桥贷款的特别规定；业务大体要求，比如对老客户的关照，等等。简而言之，决策是一个过程，不是简单的一个行为。在决策程序中，比如信息收集、分析和决议环节，董事尽到必要谨慎的，即受商业决策原则保护，哪怕该笔贷款导致银行破产。如果股东主张董事没有尽到必要谨慎，股东得举证证明。比如证明，该次董事会是通讯会议，除了两名内部董事可以看到信息文件外，其余占多数的独立董事没有看信息文件就签字同意，若看了信息文件，董事原则上不会同意的。董事没有尽到必要谨慎。在此情况下，又得由董事证明，采取那样一种通讯会议方式决策是合理的，否则董事有责任。

---

1 See, e.g, ALI Principles of Corporate Governance: Analysis and Recommendations § 4.01. (c) ("A director who makes a business judgment in good faith fulfills his duty under this Section if: (1) he is not interested in the subject of his business judgment, (2) he is informed with respect to the subject of his business judgment to the extent he reasonably believes to be appropriate under the circumstances,(3)he rationally believes that his business judgment is in the best interests of the corporation.") and (d) ("A person challenging the conduct of a director under this Section has the burden of proving a breach of duty of care, and the burden of proving that the breach was the legal cause of damage suffered by the corporation.").

2 See Smith v. Van Gorkom, 488 A.2d 858, 872 (Del.1985).

3 参见前文§5.0.2.1。

4 See Robert W. Hamilton, The Law of Corporations 454 (2000).

5 参见艾伦·R.帕尔米特：《公司法》，中信出版社2003年版，第198页。

商业决策原则突出的特点是，法院仅仅审查决策程序，并不介入决策实质问题。[1]

（2）运作

细加区分，商业决策原则可在两种意义上运作：其一，商业决策原则保证董事不受责任追究，比如上文例子提到的情况。其二，商业决策原则保证相应决策不受股东等挑战或废弃。上文的例子中，事后股东不能废止该贷款决策。[2]

4. 董事责任

（1）董事责任

首先需要讨论的董事责任，是委任合同责任。既然是合同上的责任，如果合同有约定，从约定处理；如果合同没有约定，从法律规定处理。相关法律规定包括2005年公司法第150条，该条规定："董事……执行公司职务时违反法律、行政法规或者公司章程的规定，给公司造成损失的，应当承担赔偿责任。"其中的违反法律规定，比如，董事违反2005年公司法第149条第1款规定的自营禁止义务；违反章程约定，比如，违反章程的目的条款。第一个例子涉及董事个人责任；第二个例子涉及董事集体责任，因为董事以会议的方式决定相应事项。在后一种情况下，应如何区分各个董事的责任？

2005年公司法第113条第2款和3款规定："董事会应当对会议所议事项的决定作成会议记录，出席会议的董事应当在会议记录上签名。""董事应当对董事会的决议承担责任。董事会的决议违反法律、行政法规或者公司章程、股东大会决议，致使公司遭受严重损失的，参与决议的董事对公司负赔偿责任。但经证明在表决时曾表明异议并记载于会议记录的，该董事可以免除责任。"要点包括，其一，负有责任的董事，仅仅限于参与决议的董事；其二，可以免除责任的董事，仅仅限于在表决时曾表明异议并记载于会议记录的；其三，表

1 See, e.g, ALI Principles of Corporate Governance: Analysis and Recommendations § 4.01. (c) ("A director who makes a business judgment in good faith fulfills his duty under this Section if: (1) he is not interested in the subject of his business judgment, (2) he is informed with respect to the subject of his business judgment to the extent he reasonably believes to be appropriate under the circumstances, (3) he rationally believes that his business judgment is in the best interests of the corporation.") and (d) ("A person challenging the conduct of a director under this Section has the burden of proving a breach of duty of care, and the burden of proving that the breach was the legal cause of damage suffered by the corporation.").

2 See Robert W. Hamilton, The Law of Corporations 453 (2000).

明的异议，应从决议内容决定。[1]

如果责任人为多人的，一般公司法特别规定，董事之间，相互负连带责任。[2]

（2）董事保证责任

除上述合同责任外，各国公司法通常特别规定，在若干场合，董事负有保证责任。比如，资本充实责任的保证责任。[3]对于此类责任，2005年公司法没有明文规定。

（3）董事第三人责任

董事第三人责任事宜不妨从案例谈起。1996年，出于上市目的，大庆联谊石化总厂用其部分下属企业组建大庆联谊股份有限公司。1997年3月20日，黑龙江省体改委以黑体改复〔1993〕495号文批复同意大庆市体改委的请示，批复的落款时间为1993年10月8日。1997年1月，大庆市工商管理局为大庆联谊股份有限公司出具签发时间为1993年12月20日的工商营业执照。1997年3月，黑龙江证券登记有限公司为大庆联谊股份有限公司提供虚假股权托管证明，将时间提前到1994年1月。大庆联谊股份有限公司编制股份公司1994、1995年和1996年的会计记录；实际上，大庆联谊股份有限公司三年利润比相应企业同期利润多出16 176万元。此外，大庆联谊股份有限公司将大庆市国税局一张400余万元的缓交税款批准书涂改为4 400余万元。以上事实，谓欺诈上市。在招股说明书上签字的全体董事，分别是张大生、孙承绪、徐永海、张学、李秀军、王加富、王振富、王景龙、张树堂。[4]现在的问题是，该类董事对信赖招股说明书的股东是否负有赔偿责任？如果有，即董事第三人责任。

可以考虑的诉讼理由包括：其一，2001年3月15日公开发行证券的公司信息披露内容与格式准则第1号——招股说明书第26条第1款要求："招股说明书扉页应刊登发行人董事会的如下声明：'发行人董事会已批准本招股说明书及其摘要，全体董事承诺其中不存在虚假记载、误导性陈述或重大遗漏，并对其真实性、准确性、完整性承担个别和连带的法律责

---

1 相反，1999年4月7日国家经济贸易委员会国经贸企改〔1999〕230号关于进一步促进境外上市公司规范运作和深化改革的意见提到："董事会的决议违反法律、行政法规和公司章程，投赞成票的董事应承担直接责任；对经证明在表决时曾表明异议并记载于会议记录的投反对票的董事，可以免除责任；对在表决中投弃权票或未出席也未委托他人出席的董事不得免除责任；对在讨论中明确提出异议但在表决中未明确投反对票的董事，也不得免除责任。董事会要对会议所议事项及决议进行完整记录。董事会秘书要认真组织记录和整理会议所议事项，并在决议上签字，承担准确记录的责任。"此种说法并非有据。

2 例见韩国公司法第399条第1款。

3 例见韩国公司法第428条。

4 参见2000年3月31日中国证券监督管理委员会证监罚字〔2000〕16号关于大庆联谊石化股份有限公司违反证券法规行为的处罚决定。

任。'"同时，第168条要求："发行人全体董事应在招股说明书正文的尾页声明：'本公司全体董事承诺本招股说明书及其摘要不存在虚假记载、误导性陈述或重大遗漏，并对其真实性、准确性、完整性承担个别和连带的法律责任。'""声明应由全体董事签名，并由发行人加盖公章。"此类声明，足使董事向股东负第三人责任。其二，1998年证券法第63条规定："发行人……公告招股说明书、公司债券募集办法、财务会计报告、上市报告文件、年度报告、中期报告、临时报告，存在虚假记载、误导性陈述或者有重大遗漏，致使投资者在证券交易中遭受损失的……发行人……负有责任的董事……应当承担连带赔偿责任。"上述规定足已产生董事第三人责任。

5. 董事赔偿责任的化解

在美国，有所谓董事第三人责任险（"D & O" insurance）之说。如果公司为董事投保，董事赔偿责任可得到部分化解。[1]自Smith v. Van Gorkom[2]之后，董事责任风险增大，保险费相应上涨，董事辞职或者拒绝出任董事也时有发生。出于矫正上述情形考虑，美国各州相继修改公司法，接纳董事责任豁免[3]的做法。[4]加上美国公司法上的董事费用偿还制度[5]和费用代垫制度，[6]董事责任压力相对减缓。政策上的考虑是，延揽合适的人员出任董事。[7]对此问

1 See, e.g., MBCA§ 8.57 (1984).

2 Smith v. Van Gorkom, 488 A.2d 858 (Del.1985).

3 See, e.g., MBCA§ 2.02 (b)（1984）(4)（"[A] provision eliminating or limiting the liability of a director to the corporation or its shareholders for money damages for any action taken, or any failure to take any action, as a director, except liability for (A) the amount of a financial benefit received by a director to which he is not entitled; (B) an intentional infliction of harm on the corporation or the shareholders; (C) a violation of section 8.33; or (D) an intentional violation of criminal law."）.

4 参见艾伦·R.帕尔米特:《公司法》，中信出版社2003年版，第209—210页。

5 See, e.g., MBCA§ 8.52（1984）（"A corporation shall indemnify a director who was wholly successful, on the merits or otherwise, in the defense of any proceeding to which he was a party because he was a director of the corporation against reasonable expenses incurred by him in connection with the proceeding."）.

6 See, e.g., MBCA§ 8.53(a)（1984）（"A corporation may, before final disposition of a proceeding, advance funds to pay for or reimburse the reasonable expenses incurred by a director who is a party to a proceeding because he is a director if he delivers to the corporation: (1) a written affirmation of his good faith belief that he has met the relevant standard of conduct described in section 8.51 or that the proceeding involves conduct for which liability has been eliminated under a provision of the articles of incorporation as authorized by section 2.02(b) (4); and (2) his written undertaking to repay any funds advanced if he is not entitled to mandatory indemnification under section 8.52 and it is ultimately determined under section 8.54 or section 8.55 that he has not met the relevant standard of conduct described in section 8.51."）.

7 See Robert W. Hamilton, The Law of Corporations 525 (2000).

题，2005年公司法没有明文规定。

6. 董事责任的追究

足资追究董事责任的途径至少包括：

（1）解除职务

1994年公司法第115条规定："董事任期由公司章程规定，但每届任期不得超过三年。董事任期届满，连选可以连任。""董事在任期届满前，股东大会不得无故解除其职务。"似可推断，如果有理由，董事职务可以于任期届满前解除。比如，连续不出席董事会会议即为理由。[1]

（2）赔偿责任

董事对公司的赔偿责任，多借助于监事会监察[2]和派生诉权[3]实现。

（3）停止请求权

2005年公司法第119条援引的第54条规定："监事会行使下列职权：……（二）对董事……执行公司职务的行为进行监督，对违反法律、行政法规、公司章程或者股东会决议的董事……提出罢免的建议；（三）当董事……的行为损害公司的利益时，要求董事……予以纠正……"董事执行公司职务时违反法律、法规或者章程，并损害公司利益的，监事会可以要求董事纠正；尚未发生损害的，监事会可以监督，比如请求停止该行为或者建议罢免相关董事。除此之外，有的公司法还规定，如果上述行为有致害公司的危险的，可以事先请求停止；监事会可以请求，股东也可以请求。[4]

1 参见1997年12月16日中国证券监督管理委员会证监〔1997〕16号上市公司章程指引第85条；2006年3月16日中国证券监督管理委员会证监公司字〔2006〕38号上市公司章程指引第99条。

2 参见下文§7.4.1。

3 参见下文§6.1.5。

4 例见韩国公司法第402条。

§ 5.4 重组购并和董事责任

1. 谨慎义务：商业决策原则

（1）案件事实

本案系团体诉讼上诉案。原告为Alden Smith 和John W. Gosselin，被告包括：Trans Union Corporation（Trans Union）、Marmon Group, Inc.（Marmon）、Marmon全资子公司New T Company（NT）、Trans Union董事、NT董事和Marmon控制人Jay A. Pritzker。就本案详尽事实，上诉审法院特拉华达州最高法院特别认定如下：

Trans Union系多元化控股上市公司。主要营业为有轨车辆租赁。在案发之初，Trans Union能产生充裕的现金流，但不足以执行投资税收抵扣计划（investment tax credits, ITCs）。[1]Trans Union执行加速折旧会计政策，折旧费用差不多吞没了当时有轨车辆租赁行业营业收入。自20世纪60年代末，Trans Union屡屡游说国会，建议以现金返还尚未抵扣的税收抵扣的抵扣额。无奈国会没有采纳。故自20世纪60年代末开始直至70年末，Trans Union反复采纳收购小公司策略，意欲达到执行ITCs目的，但后果始终不佳。

1980年8月27日，在管理层会议上，董事会主席兼CEO Van Gorkom,[2]向管理层成员汇报上述游说结果。也就在这一次会议上，管理层曾初步讨论，解决ITCs的替代途径，包括向有能力执行ITCs的公司出售Trans Union。管理层成员CFO Donald Romans披露，他主管的部门曾简略测算相应现金流，借以核实MBO的可能性。Romans之所以测算，是因为他曾经瞄到一眼一篇有关MBO的媒体文章。

1980年9月5日，在管理层会议上，Romans再次提出，MBO是收购战略的替代选择之一。实际上，Romans已在会前联手总裁兼COO Bruce S. Chelberg，稍作相应准备。据Romans称，上限取每股60美元，下限取每股50美元，以当时粗估的现金数额，略作测算；测算结果，每股50美元非常可行，每股60美元并非易事；上述测算，并非就公司或者股份

---

1 In U.S., a tax credit is an amount subtracted directly from one's total tax liability, dollar for dollar, as opposed to a deduction from gross income. And an investment tax credit is to simulate business investment in capital goods by allowing a percentage of the purchase price as a credit against the taxpayer's income taxes. See Black's Law Dictionary 1473 (6th ed. 1990).

2 A certified public accountant and lawyer, had been an officer of Trans Union for 24 years, its Chief Executive Officer for more than 17 years, and Chairman of its Board for 2 years. It is noteworthy in this connection that he was then approaching 65 years of age and mandatory retirement. See Smith v. Van Gorkom, 488 A.2d 858, 865–66 (Del.1985).

做出合理的定价，仅属简略计算。也就在这一次会议上，Gorkom说，他愿意以每股55美元价格出卖他持有的75 000股。考虑利益冲突事宜，Gorkom否决MBO替代选择提议。

由于经常操盘收购之故，Gorkom熟知收购程序、收购估价和收购谈判。故此次会议后，Gorkom私自考虑出卖Trans Union事宜。他指示Trans Union的司库Carl Peterson，测算杠杆收购的可行性；他给出的假设条件，是收购价每股55美元。就每股55美元这一数据而言，除了公司历史价格[1]和Gorkom对Trans Union了然于胸这一事实外，案件档案中没有任何证据，足资证明它反映了公司内在价值。如果测算结论是可行的，则Gorkom可以估算公司价值为6.9亿美元。基于上述估算，外加2亿美元来自将来收购者的出资款，Gorkom指示Peterson计算，如果杠杆收购以Trans Union将来5年计划预期可得的现金流融资，外加出售公司相关薄弱事业部所得，杠杆收购产生的负债是否可以在5年内付清。具体出售的事业部，由受聘于Trans Union的 Boston Consulting Group研究报告指定。Peterson告知Gorkom，期后尚余5 000万~8 000万美元负债。Gorkom略觉失望，但决定面见Pritzker——一位业内周知的购并专家和Gorkom的老熟人。远非仅为获取Pritzker收购兴趣目的，Gorkom设定公司收购价为每股55美元，并设计出相应的财务计划。上述事项，Gorkom既没有和董事会协商，也没有知会管理层，他仅告知Peterson。他告知Peterson，他不想让其他同事知悉相关事宜，但没有说明理由。Gorkom和Pritzker的具体见面日期是9月13日。一两回合之后，Pritzker答应Gorkom，在不长时间内做出明确回复。

1980年9月15日，Pritzker回复Gorkom，属意定价为每股55美元的现金对股份合并，更乐意了解有关Trans Union诸多信息。在9月16日和17日，由Peterson、Chelberg和Michael Capenter[2]陪伴，Gorkom私下约见Pritzker。9月18日，Gorkom再次约见Pritzker。在这一次面谈中，Gorkom知悉，Pritzker有意以每股55美元报实盘。Pritzker指示他的律师——一位重组购并专家，起草合并协议。故此双方不复讨论每股55美元的报价。只是Pritzker要求Trans Union一并出卖库藏股。双方谈下来的结果是，数额为100万股，价格为每股38美元。该等价格高出9月19日收盘价75美分。Pritzker要求，Trans Union应于3天内答复合并要约。Pritzker的律师受命起草协议，供Gorkom的律师过目，其间或有讨论，目的是为了早

1 Over the five year period from 1975 through 1979, Trans Union's stock had traded within a range of a high of $39 1/2 and a low of $24 1/4. Its high and low range for 1980 through September 19, the last trading day before announcement of the merger, was $38 1/4 — $29 1/2. See Smith v. Van Gorkom, 488 A.2d 858, 865 (Del.1985).

2 Trans Union's consultant from the Boston Consulting Group.

日了结合并案。

1980年9月19日，在明确可以获取融资之后，在未知会内部法律人员的情况下，Gorkom 召集于次日午后召开的董事会；同时一并召集在董事会前，也就是当日11时，进行的管理层会议。除Peterson和Chelberg外，没有人得知会议目的。Gorkom甚至没有邀请Trans Union的投行Salomon Brothers 或者Salomon Brothers在芝加哥的合伙人。在20日的管理层会议上，只有Peterson和Chelberg知悉Pritzker的合并要约。Gorkom向管理层公开Pritzker合并要约并转述要约条件，但没有提供合并协议文本。与会的Romans宣布，他主管的部门已经完成第二次测算，杠杆收购价应在每股55~65美元之间。Gorkom既没有请求阅读测算报告，也没有要求向董事会成员披露。除Peterson和Chelberg外，管理层成员的态度是否定的。Romans以太低为由否定收购价格，[1]且不认同时间安排和库藏股出售。尽管如此，Gorkom仍然如期召开董事会。

Trans Union董事会由10席董事组成，分别是Bonser、O'Boyle、Browder、Chelberg、Gorkom、Wallis、Johnson、Lanterman、Morgan 和 Reneker。前五名是内部董事，后五名是外部董事。其中O'Boyley因病缺席。外部董事当中，其中四席是其他公司CEO，其中一席是原芝加哥商学院院长。没有一席董事系投资银行家或者财务分析人员出身。当然，所有董事都熟知公司并了解公司持续运营情况，熟悉公司最近的财务状况，也了解将来5年运营预期。董事会成员手握详尽的定期报告，也知道累计ITCs和加速折旧会计政策。

上述董事会特别会议以Gorkom 20分钟的口头陈述开场。他简略回顾，ITCs和加速折旧事宜以及公司为之进行的努力，也谈到了他和Priztker初次会谈以及会谈的动机。但他并没有向董事会披露，得出每股55美元这一数据的具体方法或者他初次以此价格和Pritzker谈判这一事实。

据说，会议期间已向董事提供合并协议文本。[2]Gorkom概括转述Pritzker的要约：为了

1 Van Gorkom asked Romans to express his opinion as to the $55 price. Romans stated that he "thought the price was too low in relation to what he could derive for the company in a cash sale, particularly one which enabled us to realize the values of certain subsidiaries and independent entities." See Smith v. Van Gorkom, 488 A.2d 858, 867 (Del.1985).

2 The record is not clear as to the terms of the Merger Agreement. The Agreement, as originally presented to the Board on September 20, was never produced by defendants despite demands by the plaintiffs. Nor is it clear that the directors were given an opportunity to study the Merger Agreement before voting on it. All that can be said is that Brennan, who is the retained lawyer for Trans Union by Gorkom, had the Agreement before him during the meeting. See Smith v. Van Gorkom, 488 A.2d 858, 868 (Del.1985).

合并目的，Pritzker注册全资子公司NT；NT吸收合并Trans Union；合并后，Pritzker以每股55美元价格如数收购Trans Union现有流通股；在90天期限内，Trans Union可以接受但不能主动劝诱竞争要约；针对要约，须在9月21日前做出应对；Trans Union只能向竞争者提供公开信息，不能提供秘密信息；要约以10月10日前Pritzker可以获取必要融资为前提；如果融资成功或者Pritzker放弃融资，则Trans Union出售100万新发普通股给Pritzker，发行价为每股38美元。

Gorkom主张90天的市场测试期，足以保证董事会接纳每股55美元这一合理价格的决定是有效的。Gorkom的具体表述是，每股55美元是否是股东拒绝或者接受的合理价格；[1]没有表述成每股55美元是否是可以拿到的最高价。律师Brennan告知董事会，如果董事会不接受上述要约，公司可能遭诉；获取核定合理价格的意见书并非法律所要求的。

Romans以CFO身份列席会议。他告诉董事会，他没有参与谈判。会前不知道合并要约之说。他的测算，只是演算，不是评估。[2]以他的测算意见，每股55美元在合理价格范围之内，不过是合理价格起算点上的合理价格。Chelberg则支持Von Gorkom的陈述。[3]

上述董事会会议持续两个小时。以上述Gorkom的陈述、Chelberg的支持、Romans的口头陈述、Brennan的律师意见和董事知悉的公司历年市场价格[4]为基础，董事会批准合并协

---

1 In Van Gorkom's words: The "real decision" is whether to "let the stockholders decide it" which is "all you are being asked to decide today." See Smith v. Van Gorkom, 488 A.2d 858, 868 (Del.1985).

2 Romans testified: I told the Board that the study ran the numbers at 50 and 60, and then the subsequent study at 55 and 65, and that was not the same thing as saying that I have a valuation of the company at X dollars. But it was a way — a first step towards reaching that conclusion. See Smith v. Van Gorkom, 488 A.2d 858, 868 (Del.1985).

3 He testified that "participated in the discussion with Mr. Brennan, inquiring of him about the necessity for valuation opinions in spite of the way in which this particular offer was couched;" and that he was otherwise actively involved in supporting the positions being taken by Van Gorkom before the Board about "the necessity to act immediately on this offer," and about "the adequacy of the $55 and the question of how that would be tested." See Smith v. Van Gorkom, 488 A.2d 858, 869 (Del.1985).

4 The Trial Court stated the premium relationship of the $55 price to the market history of the Company's stock as follows: ... the merger price offered to the stockholders of Trans Union represented a premium of 62% over the average of the high and low prices at which Trans Union stock had traded in 1980, a premium of 48% over the last closing price, and a premium of 39% over the highest price at which the stock of Trans Union had traded any time during the prior six years. See Smith v. Van Gorkom, 488 A.2d 858, 869 (Del.1985).

议。有意思的是，事后董事会主张，批准决议附有两个前提条件。[1]为此Gorkom于当日晚上缔结上述合并协议。在缔结并交与Pritzker之前，没有一位董事曾阅读合并协议。

1980年9月22日，Trans Union发布新闻披露，Trans Union已经和Pritzker缔结合并协议。合同对方当事人是Pritzker控制的Marmon的子公司。新闻发布后10日内，高级管理团队中的不和谐声四处蔓延。考虑核心管理人员的辞职事宜，Gorkom约见Pritzker，约定若干修订。Pritzker接受修订的条件是，Gorkom得成功慰留相关核心管理人员，至少在合并启动之日起6个月内不会辞职。Gorkom于10月8日再次召集董事会，据说获得董事会相关批准。董事会同时授权，聘任Salomon Brothers在市场测试期内劝诱其他要约。

1980年10月9日，Trans Union再度发布新闻，第一，Pritzker已经获得合并所需的融资；第二，Pritzker已经以每股38美元获得100万Trans Union普通股；第三，Trans Union获许主动劝诱其他要约并聘请Salomon Brothers协助；第四，如果1981年2月1日前没有获得任何更为有利的要约，届时Trans Union股东大会开会表决支持Pritzker要约。

实际情况是，至1980年10月10日，合并协议才作出相应修订，并交由Gorkom签署。相关修订和Gorkom于10月8日董事会上报告的内容截然不同。该类修订对Trans Union主动劝诱能力和撤回承诺设有相当限制。Gorkom签署上述协议，并未就此告知董事会成员，显然也没有理解相应修订的含义。

历经3个月的努力，也就是从10月21日至次年1月21日，Salomon Brothers仅仅劝诱到一名购买人，就是General Electric Credit Corporation（GE Credit），GE的子公司。如果Trans Union不事先了断和Pritzker的关系，GE Credit不愿意接手。因为Pritzker拒绝，GE Credit于次年1月初退出谈判。同年12月初，Kohlberg Kravis, Roberts & Co.（KKR）曾有意报盘，因为日后的诉讼，所以退出谈判。

1980年12月19日，诉讼开始。4个月内，原告录取了Trans Union八位董事的口供，包括Gorkom、Chelberg和Romans。1981年1月21日，2月10日股东大会管理层征集代理权陈述书邮寄给Trans Union股东。1月26日，Trans Union董事会再度开会，历经长时间辩论，

---

1 Two conditions to acceptance are: (1) that Trans Union reserved the right to accept any better offer that was made during the market test period; and (2) that Trans Union could share its proprietary information with any other potential bidders. While the Board now claims to have reserved the right to accept any better offer received after the announcement of the Pritzker agreement (even though the minutes of the meeting do not reflect this), it is undisputed that the Board did not reserve the right to actively solicit alternate offers. See Smith v. Van Gorkom, 488 A.2d 858, 869 (Del.1985).

决定继续合并。董事会也同意，在27日前后向Trans Union股东邮寄管理层征集代理权陈述书修订本。修订本详尽披露原本没有披露的Pritzker提供的合并协议的有关信息。1981年2月10日，Trans Union股东大会批准合并协议。现有股份的69.9%投赞成票，7.25%投反对票，22.85%没有投票。[1]

（2）裁判结论

本案牵涉三次董事会会议：1980年9月20日董事会会议、1980年10月8日董事会会议和1981年1月26日董事会会议。

1980年9月20日董事会决议批准Trans Union和NT之间的合并协议。合并系现金对股份合并。股份收购价是现金每股55美元。董事会批准决议是否享受商业决策原则保护？针对本案口径，批准决议是否是一个董事历尽信息收集的决策？案卷证据认为不是。可以简略概括为三点：第一，在公司合并和股份价格这两点上，Gorkom究竟扮演何种角色？董事没有充分了解；第二，Trans Union股份内在价值究竟几何？董事没有历尽信息收集；第三，以上述两点为背景，未尽事先通知，也没有考虑紧急需求，历经两小时简短讨论，董事会就做出批准决议。仅就最低限度而言，董事系有重大过失。

在会前，除Gorkom和Chelberg外，没有董事知悉此次会议目的是批准合并协议；在会上，除Chelberg、Peterson和Romans，没有其他管理层成员出席或者列席董事会；列席会议的Peterson和Romans，仅在会前1小时才知悉合并事宜。

董事会做出决策的主要依据是Gorkom的口头陈述。没有任何有关合并的书面文件，董事只能完全信赖Gorkom 20分钟的口头陈述；没有合并协议的书面简述；没有每股55美元的任何书面支持文件。Gorkom本人没有阅读合并协议，也没有让其他董事看到该种协议。Romans口头汇报的相关测算，也仅仅是一种测算而不是价值评估，并且没有一位董事继续追问Romans的测算。[2]

在上述背景下，未尽事先通知，也没有考虑紧急需求，历经两个小时简短讨论，董事会就做出批准决议。在此种情形下，董事应该也可以合理方式质询Gorkom和Romans。因

---

1 See Smith v. Van Gorkom, 488 A.2d 858, 864—71 (Del.1985).

2 Romans' department study was not made available to the Board until circulation of Trans Union's Supplementary Proxy Statement and the Board's meeting of January 26, 1981, on the eve of the shareholder meeting; and the study has never been produced for inclusion in the record in this case. See Smith v. Van Gorkom, 488 A.2d 858, 874—78 (Del.1985).

此，据以决策的信息之不充分性是显然的。[1]

1980年10月8日董事会和1981年1月26日董事会做出的决策本身均非董事历尽信息收集后的决策，也未能补救1980年9月20日董事会做出的批准决策。[2]尽管1981年2月10日Trans Union股东大会批准合并协议，但董事会并未向股东大会披露应该披露的信息，股东大会决议未能补救1980年9月20日董事会做出的批准决策。[3]

（3）诉讼程序

在美国特拉华达州，上述裁判是一般原则。诸如上述案例的卖方董事会重组购并决策，适用上述裁判；买方董事会重组购并决策，也适用上述裁判。[4]如果适用商业决策原则，被告可以请求简易裁判（summery judgment）。

2. 忠实义务：内在公平原则

（1）案件事实

Signal和UOP系美国上市公司。Signal和UOP以及各自的董事，均为本案被告。原告则为UOP的少数股东，持有UOP49.5%股份。诉讼为集团诉讼。此案发生之前，Signal曾要约收购UOP，为此其持股比例达到50.5%。于1975年完成的要约收购价格是21美元/股。也就是1975年，UOP总裁兼CEO退休，Signal老资格员工和高级副总裁James V. Crawford接任。

1978年2月，经Signal董事长William W. Walkup和总裁Forrest N. Shumway提议，负责计划的董事兼副总裁 Charles S. Arledge和副总裁兼CFOAndrew J. Chitiea,出手研究再行收购UOP49.5%股份的可行性。除Signal董事职位外，上述4人均为UOP董事。事后Arledge和Chitiea提出研究报告，以不高于24美元/股的价格收购UOP49.5%股份，是一项很好的投资。上述报告，曾在上述四人以及Signal内部法律顾问Brewster L. Arms之间讨论。上述人员构成Signal高级管理层。他们特意关注收购价格，同时决定召集管理委员会会议，商讨以20~21美元/股价格收购UOP49.5%股份事宜。

1978年2月28日，Signal管理委员会开会。出于礼貌考虑，邀请并非管理委员会成员的

1 See Smith v. Van Gorkom, 488 A.2d 858, 874—76 (Del.1985).

2 See Smith v. Van Gorkom, 488 A.2d 858, 882—89 (Del.1985).

3 See Smith v. Van Gorkom, 488 A.2d 858, 889—94 (Del.1985).

4 See e.g. Ash v. McCall, LEXIS 144 (Del. Ch. 2000).

UOP董事长Crawford出席。管理委员会建议以20~21美元/股价格收购UOP49.5%的股份；授权管理层商谈此次现金收购事宜，并要求于1978年3月6日将相应结果上交Signal董事会表决。会后Signal发布新闻稿，披露现金收购事宜。新闻稿提到UOP当日收盘价是14.50美元/股。3月2日，Signal发布新闻稿，披露现金收购价格是20~21美元/股。

在2月28日至3月6日间，整整4个工作日，Crawford通过电话和UOP外部董事沟通。与此同时，聘任长期投资银行顾问Lehman Brothers，就现金收购价格20~21美元/股出具公允意见。Lehman Brothers的合伙人James W. Glanville，兼任UOP董事多年。在Glanville保证Lehman Brothers并没有利益冲突情节后，Crawford将上述任务交由Lehman Brothers。做完时间紧迫的尽职调查后，Lehman Brothers出具公允意见，20~21美元/股是公允的价格。

在上述期间，Crawford和Signal依然保持联络。其中有一次联络谈到价格。Crawford告知Walkup，如欲获取外部董事同意，收购价格应该是上限价格21美元/股。他并未提出更高的价格。

3月6日，Signal和UOP董事会分别开会，两董事会保持电话沟通。Signal董事长Walkup，同时兼任UOP董事。Walkup参加UOP董事会，以便向UOP董事表明立场和回答询问。Arledge和Chitiea以电话会议方式参加UOP董事会，因为多席Signal董事尚且兼任UOP董事。UOP全体外部董事或者以电话会议方式出席，或者亲自出席。

当日，Signal董事会全票批准21美元/股现金收购。在Crawford和Walkup离席并且Signal指派的董事不参与表决的情况下，UOP董事会批准21美元/股现金收购。事后，UOP股东大会批准上述收购。3月26日，上述现金收购生效。[1]

（2）法院裁判

特拉华达州最高法院裁判认为：首先，Signal董事长Walkup、总裁Shumway、董事兼副总裁Arledge和副总裁兼CFO Chitiea，一并兼任UOP董事。Arledge和Chitiea提出的可行性研究报告认为，以不高于24美元/股的价格收购UOP49.5%股份不失为一项很好的投资。上述四席董事曾在Signal内部讨论上述报告，但没有向UOP提交。上述四席董事身处利益冲突，违反忠实义务，除非上述四席董事能够证明，此次现金收购是完全公平的。[2]

其次，完全公平或者内在公平，系指公平交易和公平价格。前者牵涉诸如收购谈判时

1 See Weinberger v. UOP, Inc., 457 A.2d 701, 704—08 (Del. 1983).

2 See Weinberger v. UOP, Inc., 457 A.2d 701, 708—09 (Del. 1983).

间、地点、结构和信息之类流程细节，后者牵涉诸如收购资产、市场价值、将来预期之类的估价细节。第一，仅从信息披露的角度看，Arledge和Chitica兼任UOP董事，Arledge和Chitiea提出可行性研究报告，Arledge或者Chitiea均未向UOP董事披露上述报告，这足以说明，Arledge或Chitiea没有达到公平交易的要求。第二，至于公平价格，法院裁定，让下级法院另行评估。[1]

（3）诉讼程序

诸如上述这样的案件，首先，原告得证明，被告有违忠实义务；其次，如果原告证明了，则得由被告证明相关交易是完全公平的；最后，如果被告证明了，则被告胜诉。证明完全公平的方式，比如，相关交易决策由独立委员会做出或者独立董事组成的委员会做出，因此消除了利益冲突情形。

3. 特别审查规则

（1）UNOCAL规则之一

Unocal系美国上市公司。Mesa总共持有13% Unocal股份。1985年4月8日，Mesa开始两步现金要约收购。第一步，Mesa收购近37% Unocal股份，计6 400万股，收购价是54美元/股。第二步，Mesa以互易方式以垃圾债券换取其余Unocal股份，价格也是近54美元/股，借此Mesa系成员之一合并Unocal。

1985年4月13日，Unocal董事会开会讨论Mesa两步现金要约收购事宜；董事会由8席独立董事和6席内部董事组成，其中13席出席此次会议。经过9个半小时的讨论，在投资银行顾问意见和8席独立董事单独面见投资银行与律师并因此建议否决的基础上，董事会一致决议，否决Mesa的要约收购，理由是收购价格不充分。

1985年4月15日，上述董事会继续开会。经过两个小时的讨论，在投资银行和律师顾问意见的基础上，董事会一致决议，自我换股。上述决议决定，如果Mesa收购37% Unocal股份，则Unocal以换股方式收购其余49% Unocal股份；收购价格是近72美元/股；上述换股计划，Mesa成员不得参与。

1985年4月17日，Unocal换股计划实施，Mesa立即提起诉讼。[2]

---

1 See Weinberger v. UOP, Inc., 457 A.2d 701,710—13 (Del. 1983).

2 See Unocal Corp. v. Mesa Petroleum Co.， 493 A.2d 946, 949—53 (Del. 1983).

(2) UNOCAL规则之二

本案的核心问题是，如果上述收购害及Unocal或者Mesa之外的其他股东，Unocal董事会是否可以决议抵制？如果可以，则上述抵制方案是否享受商业决策原则保护？法院裁判认为，首先，基于股东保护考虑，也出于善意，在历尽合理调查后，Unocal董事会采纳换股计划，借以抵制Mesa两步现金要约收购。Unocal董事会可以作出上述决策。第二，就上述两步现金要约收购，Unocal董事会可以合理相信，其收购价格过低，其两步收购实乃强迫售股；两相合并，足以构成对Unocal或者Mesa之外的其他股东的伤害。与两步现金要约收购相应的Unocal换股计划，特别是排除Mesa成员参与细节，相较于Unocal或者Mesa之外的其他股东的伤害，是一种合理的应对措施。第三，在上述情形下，Unocal董事会的决策享受商业决策原则保护。[1]上述商业决策原则适用前提条件，可以概括为：其一，合理基准（reasonableness test）：董事会合理相信危险存在；其二，平衡基准（proportionality test）：措施系排除危险的适当措施。[2]

(3) UNOCAL规则之三

在诸如上述重组购并案中，如果目标公司的董事会决策，将目标公司出卖给自己愿意出卖的当事人，从而避开已经面临的敌意收购，则董事会决策适用UNOCAL规则的变种，也就是，REVLON规则。REVLON规则要求，董事会应当以最好的价格出卖目标公司。[3]

4. 我国的情形

就重组购并牵涉的董事责任而言，2005年公司法没有规定，也未曾出现相应的法院判例。甚至仅就董事责任牵涉的商业决策原则而言，2005年公司法只字未提。某些行业监管部门的政府规章，大致承认商业决策原则，比如，商业银行授信工作尽职指引[4]第52条提到："对于严格按照授信业务流程及有关法规，在客户调查和业务受理、授信分析与评价、授信决策与实施、授信后管理和问题授信管理等环节都勤勉尽职地履行职责的授信工作人员，授信一旦出现问题，可视情况免除相关责任。"如果"可视情况免除相关责任"理解为，如果牵涉忠实义务，不能免责；如果没有牵涉忠实义务，可以免责，则上述条款倡导的就是

1 See Unocal Corp. v. Mesa Petroleum Co., 493 A.2d 946, 959—60 (Del. 1983).

2 See Unitrin, Inc. v. American Gen. Corp., 651 A.2d 1361,1373 (Del. 1995).

3 See Revlon, Inc. v. MacAndrews & Forbes Holdings, Inc., 506 A.2d 173,182 (Del. 1995).

4 2004年7月16日中国银行监督管理委员会银监发〔2004〕51号。

商业决策原则。

此外，2008年上市公司收购管理办法[1]第8条提到：“被收购公司的董事……对公司负有忠实义务和勤勉义务，应当公平对待收购本公司的所有收购人。”“被收购公司董事会针对收购所做出的决策及采取的措施，应当有利于维护公司及其股东的利益，不得滥用职权对收购设置不适当的障碍，不得利用公司资源向收购人提供任何形式的财务资助，不得损害公司及其股东的合法权益。”同时，第80条第1款规定：“上市公司董事未履行忠实义务和勤勉义务，利用收购谋取不当利益的，中国证监会采取监管谈话、出具警示函等监管措施，可以认定为不适当人选。”

1 2008年8月27日中国银行监督管理委员会令第56号。

§ 6 股东和股东大会[1]

§ 6.0 股东

1. 资本

（1）何谓资本

资本即公司注册资本。投资人或者以货币或者以货币之外的财产，出资设立公司；不论以何种货币或者财产出资，注册时一律核定为相应数额的人民币，此即注册资本。在公司资产负债表中，在股东权益项下，记为股本。

就公司而言，资本额度是公司设立的财产基础，比如2005年公司法第81条第3款规定："股份有限公司注册资本的最低限额为人民币五百万元。法律、行政法规对股份有限公司注册资本的最低限额有较高规定的，从其规定。"此款提到的最低资本额，足以说明。资本额度也是公司营业的财产基础。2005年公司法第3条第1款规定："公司是企业法人，有独立的法人财产，享有法人财产权。公司以其全部财产对公司的债务承担责任。"公司全部资产，并非全部但首先来源于股东出资。

就股东而言，资本额度是出资和责任的衡量标准。2005年公司法第3条第2款规定："股份有限公司的股东以其认购的股份为限对公司承担责任。"股东以股份为衡量单位，向公司出资；股东以股份为衡量单位，对公司经营负债承担责任。

就与公司进行交易的相对人而言，资本额度是评估公司信用的指标之一。

1 如无特别说明，本章以股份有限公司为例讨论。

（2）资本三原则

传统公司法奉行资本三原则：资本确定原则、资本维持原则和资本不变原则。[1]所谓资本确定原则，即资本及其出资人应记载于章程。比如，2005年公司法第82条第4项规定："股份有限公司章程应当载明……公司股份总数、每股金额和注册资本。"目的在于公示。不过，公司授权资本和增资之类的制度，实际上废弃了该种原则。[2]所谓资本维持原则，即维持资本。其具体体现包括：2005年公司法第81条第1款第1句规定："股份有限公司采取发起设立方式设立的，注册资本为在公司登记机关登记的全体发起人认购的股本总额。"2005年公司法第81条第2款规定："股份有限公司采取募集方式设立的，注册资本为在公司登记机关登记的实收股本总额。"2005年公司法第92条规定："发起人、认股人缴纳股款或者交付抵作股款的出资后，除未按期募足股份、发起人未按期召开创立大会或者创立大会决议不设立公司的情形外，不得抽回其股本。"很大程度上，这一原则是公司和股东之间出资股本回流的防火墙。[3]所谓资本不变原则，即非经法定程序，资本不得减少。这是前一规则的特种情况。

2. 股份

从2005年公司法第126条第1款[4]可以得知，股份是股份有限公司注册资本的单位份额。联系他国立法实践，股份可以区别为：

（1）面额股份和无面额股份

2005年公司法第82条第4项规定："股份有限公司章程应当载明……公司股份总数、每股金额和注册资本。"章程应当记载股份金额。2005年公司法第129条第2款第3项规定："股票应当载明……股票种类、票面金额及代表的股份数。"股票应当载明票面金额。此类规定意味着，任何股份都是有面额的，此即面额股份（par value）。在历史上，股份面额是股份发行价，现在多为发行价的底线。[5]2005年公司法第128条规定："股票发行价格可以按票面金额，也可以超过票面金额，但不得低于票面金额。"[6]

---

1 参见李哲松：《韩国公司法》，吴日焕译，中国政法大学出版社2000年版，第149—150页。

2 参见李哲松：《韩国公司法》，吴日焕译，中国政法大学出版社2000年版，第149页。

3 参见李哲松：《韩国公司法》，吴日焕译，中国政法大学出版社2000年版，第150页。

4 该款规定的文句是："股份有限公司的资本划分为股份，每一股的金额相等。"

5 See Robert W. Hamilton, The Law of Corporations 169 (2000).

6 如若低于票面金额发行了呢？那是资本充实责任问题。参见上文§1.3.7。

与此相应的是无面额股份（no par value）。即便是无面额股份，也多在面额股份的法律环境下发行，比如依据相应的比例，分别将发行价款记入股本和资本公积金，等等。[1]

我国现行公司法不允许发行无面额股份。

（2）类别普通股份之一

在美国，股份有限公司多可设置类别普通股（common share classes）。比如，有的普通股享有投票权，有的普通股不享有投票权，所谓投票权是选举董事的投票权。在非上市公司的情况下，让创始人或者经理人等持有享有投票权的普通股，让不参与经营的创始人家族成员持有不享有投票权的普通股；在上市公司的情况下，让公众持有不享有投票权的普通股，让创始人或者控制家族持有享有投票权的普通股。在非上市公司情况下，此类设置，原则上没有法律上的疑问；在上市公司的情况下，多有疑问。[2]

2005年公司法第127条第1款规定："股份的发行，实行公平、公正的原则，同种类的每一股份应当具有同等权利。"同时，有关有限责任公司的第43条规定："股东会会议由股东按照出资比例行使表决权；但是，公司章程另有规定的除外。"两相参照，我国公司法为该类股份留有相当的余地。

（3）类别普通股份之二

在美国，股份有限公司还可以设置其他类别普通股，灵活处理诸如投票权、控制或者经济利益之类事宜。比如，在非上市公司的情况下，设置普通股A和B类，前者的分红是后者的两倍，但在其他事项上两者一致；设置普通股A和B类，前者的投票权是后者的两倍，但在其他事项上两者一致；设置普通股A和B类，前者投票选举董事长，后者任命财务总监，但在其他事项上两者一致，等等。在上市公司的情况下，创始人家族持有的普通股享有10倍于其他普通股的投票权，等等。原则上，上述设置不存在质疑的空间。[3]

因为同样的理由，我国公司法为该类股份留有相当的空间。[4]

（4）库藏股

美国公司的库藏股（treasure shares）是指已经发行但由发行公司回购的普通股。仅仅放在"仓库"里面，故而得名为库藏股。从逻辑上看，它不是股份，已经回购的普通股是得

1 See Robert W. Hamilton, The Law of Corporations 176—77 (2000).

2 See Robert W. Hamilton, The Law of Corporations 188—89 (2000).

3 See Robert W. Hamilton, The Law of Corporations 193 (2000).

4 参见前文§6.0.2.2。

注销的。尽管如此，股份有限公司还是有动力将其保留为库藏股。保留的方式是在股东名册上另立名目，设为库藏股。原则上，就投票权、定足数和分红而言，它不是股份；就重新发行或者新发而言，它和已经发行的股份没有区别，不受发行管制限制。库藏股可以充用于期权激励和重组购并等方面。[1]

2005年公司法第143条[2]为库藏股预留相当的空间。

（5）优先股

所谓优先股(preferred shares)，是指在分红或者剩余财产分配方面优先于普通股的股份。就分红优先股而言，在通常情况下，优先股是不享有投票权的股份；不论公司是否盈利，均享有确定数额的分红。在美国，各州公司法无不给与公司设置类别优先股的自由。在债券和股份这两极之间，可以设计出形形色色的优先股。[3]

2005年公司法第167条第4款规定："公司弥补亏损和提取公积金后所余税后利润……股份有限公司按照股东持有的股份比例分配，但股份有限公司章程规定不按持股比例分配的除外。"同时，有关有限责任公司的第43条规定："股东会会议由股东按照出资比例行使表决权；但是，公司章程另有规定的除外。"两相参照，2005年公司法为该类股份留有相当的余地。

（6）分红优先股

分红优先股，即在分红方面享有优先权的股份。确切地说，此种优先权是指，如果公司决定分红，在优先权没有实现之前，不得向普通股派发红利；如果公司决定不分红，自然谈不上优先权的问题。该种权利可以表现为每一股份确定数额的分红，也可以表现为每一股份面额一定比例的分红。[4]

依照优先权是否可以累积，分红优先股又可以区别为：累积分红优先股、非累积分红优先股和部分累积分红优先股。如果公司不分红或者盈余不足以分配的，分红优先权可以累积并在来年普通股分配之前优先实现的，为累积分红优先股；如果当年优先权因此消灭

---

1 See Robert W. Hamilton, The Law of Corporations 190—91(2000).

2 该条规定："公司不得收购本公司股份。但是，有下列情形之一的除外……（三）将股份奖励给本公司职工……""公司因前款……第（三）项的原因收购本公司股份的，应当经股东大会决议。""公司依照第一款第（三）项规定收购的本公司股份，不得超过本公司已发行股份总额的百分之五；用于收购的资金应当从公司的税后利润中支出；所收购的股份应当在一年内转让给职工。"

3 See Robert W. Hamilton, The Law of Corporations 204—05 (2000).

4 See Robert W. Hamilton, The Law of Corporations 205 (2000).

的，则为非累积分红优先股；如果该种累积仅以盈余足以分配为限的，为部分累积分红优先股。[1]

(7) 其他优先股

在通常情况下，分红优先股优先获取分红之后，不论公司的盈利为多少，不再参与其他任何形式的分配。此为非参与优先股。如果还可以参与分配，则为参与优先股。参与方式，因情况差别，各有不同。[2]

不论何种优先股，如果公司可以回赎，为可回赎优先股（redeemable Preferred shares）。回赎的价格事先在章程中约定或者由董事会决定。最终是否回赎，得由董事会决定；董事会一经决定，公司即可回赎。比较典型的情形是，经过一定期限后，公司可以回赎；回赎价格，一般高于剩余财产分配优先权。[3]

优先股也可以以章程约定的比例或者价格转换成普通股。此种股份为可转换股份。转换的比例或者价格，通常在创设该种优先股时于章程中约定。转换的选择权归属于股东。其典型情况是，转换的价格或者比例之基准，在普通股有所增值后才能满足。在通常情况下，可转换股份同时是可回赎优先股，董事会决定回赎之后一定期限内，转换选择权仍然存在。[4]

(8) 记名股份和无记名股份

2005年公司法第130条规定："公司发行的股票，可以为记名股票，也可以为无记名股票。""公司向发起人、法人发行的股票，应当为记名股票，并应当记载该发起人、法人的名称或者姓名，不得另立户名或者以代表人姓名记名。"从此可以推知，股份包括记名股份和无记名股份。

3. 股东和股东权

股份有限公司的成员是股东。取得股份有限公司的股份，则股东身份确立。因为股东身份，股东享有公司法规定和章程约定的一系列权利。可以简称为股东权或者股权。原则上，不存在取得股东主体资格的限制条件。[5]

---

1 See Robert W. Hamilton, The Law of Corporations 205—06 (2000).

2 See Robert W. Hamilton, The Law of Corporations 206 (2000).

3 See Robert W. Hamilton, Corporations 303 (6th ed. 1998).

4 See Robert W. Hamilton, Corporations 303 (6th ed. 1998).

5 至于股东出资义务的提法，仅仅是表达方式的问题。从2005年公司法第84条和第90条，可以推导出来，出资义务是股份认购人的义务。在出资之前，该人还不是股东。自然谈不上股东义务。参见上文§1.3.4.4。

4. 股票和股东名册

(1) 股票

股份证券化体是股票。它是有价证券。[1]与票据不同，股票并非设权证券。它仅仅是股份证券化体，没有股份，就没有股票。

2005年公司法第130条规定："公司发行的股票，可以为记名股票，也可以为无记名股票。""公司向发起人、法人发行的股票，应当为记名股票，并应当记载该发起人、法人的名称或者姓名，不得另立户名或者以代表人姓名记名。"即股票可以区别为记名股票和无记名股票。就我国上市公司而言，相应股票都在中国证券登记结算有限公司上海分公司和深圳分公司托管，[2]是谓簿记券式股票。[3]股票发行与交易管理暂行条例第53条要求股票采取记名式。

(2) 股东名册

依照2005年公司法第131条规定，其一，如果发行记名股票的，应当置备股东名册。其二，股东名册应当记载下列事项：a. 股东的姓名或者名称及住所；b. 股东所持股份数；c. 股东所持股票的编号；d. 股东取得其股份的日期。其三，如果发行无记名股票的，股份有限公司应当记载股票数量、编号及发行日期。因上文提到的托管问题，[4]一般上市公司章程约定，股份有限公司依据证券登记机构提供的凭证建立股东名册。[5]该名册实际上是国外的实际股东名册。效力和股东名册一致。[6]

问题是，股东名册记载的效力为何？其效力包括：其一，如果是记名股票，已经转让但未做过户记载的，其受让人不得向股份有限公司主张股东权；如果是无记名股票，占有股票即可向股份有限公司主张股东权。其二，如果是记名股票，股东名册上的记载足资主张股东权，无需提供其他证明包括提示股票；如果他人有其他主张，得举证证明。其三，

---

1 既然为有价证券，相应就有诸如股票丧失占有、公示催告和除权判决等证券法律制度。这是投资证券法的内容。

2 例见原北京用友软件股份有限公司章程第18条。

3 参见股票发行与交易管理暂行条例第81条第1项第2目。

4 参见前文§6.0.4.1。

5 参见1997年12月16日中国证券监督管理委员会证监〔1997〕16号上市公司章程指引（1997章程指引）第33条。

6 参见李哲松:《韩国公司法》，吴日焕译，中国政法大学出版社2000年版，第248、323页。在英美国家，相应为record owner and beneficial owner, share register and street name registration system. See Robert W. Hamilton, The Law of Corporations 258—59, 399—400 (2000). See also, e.g., 2003 ANNUAL MEETING OF SHAREOWNERS NOTICE OF ANNUAL MEETING AND PROXY STATEMENT. http://www.hp.com/hpinfo/investor/financials/annual/ (visited April 10, 2003).

股份有限公司向股东名册记载的股东分红、确认表决权等，公司即免除责任，哪怕股份已经转让。诸如股东住所之类记载事项的效力，亦同。[1]

§ 6.1 股东权

1. 股东权之一：自益权

2005年公司法第167条第4款规定："公司弥补亏损和提取公积金后所余税后利润……股份有限公司按照股东持有的股份比例分配……"首先，股份有限公司可以决定是否分配；其次，如果决定分配，股东有权请求。此即股东利润或者盈余分配请求权。

依照2005年公司法第100条援引的第38条第6项第1种情况规定，股东大会决定是否分配利润。决定分配的，则股东利润分配请求权产生。当然，不一定分配现金，也可以分配股份，即发行新股作为利润分配。[2]

2005年公司法第187条第2款规定："公司财产在分别支付清算费用、职工的工资、社会保险费用和法定补偿金，缴纳所欠税款，清偿公司债务后的剩余财产……股份有限公司按照股东持有的股份比例分配。"此即股东剩余财产分配请求权。

依照2005年公司法第133条规定，股份有限公司成立后，应该向股东交付股票；股份有限公司成立前，不得向股东交付股票。从此可以得出，股东享有股票交付请求权。按照同样道理，在发行新股的情况下，应当在缴纳股款之后交付股票；在可转换公司债的情况下，如果股东决定转换，情况亦同。

依照2005年公司法第134条第4项规定，股东配股事宜由股东大会决定。如果股东大会决定配股的，股东享有新股认购优先权。

依照2005年公司法第163条规定，发行可转换公司债的，债券持有人对转换股票与否享有选择权。此即股东选择权。

以上这些权利，法律将其定性为自益权。自益权不以上文所述为限。[3]

---

1 参见李哲松：《韩国公司法》，吴日焕译，中国政法大学出版社2000年版，第243—244页。我国公司法上的情况，参见2005年公司法第33条第2、3款、第74、140、141条。

2 参见1997章程指引第151条。

3 参见末永敏和：《现代日本公司法》，金洪玉译，人民法院出版社2000年版，第68页。

2. 股东权之二：共益权

依照2005年公司法第104条第1款规定，股东出席股东大会，凡持有一个单位股份，就有一个单位表决权。是谓表决权。

依照2005年公司法第98条规定，股东有权查阅公司章程、股东名册、公司债券存根、股东大会会议记录、董事会会议决议、监事会会议决议和财务会计报告，对公司经营提出建议或者质询。可以称为知情权。

依照2005年公司法第22条第2款规定，股东大会或者董事会会议召集程序或表决方式违反法律、行政法规或章程，或者决议内容违反章程的，股东可以自决议做出之日起60日内，请求人民法院撤销。此即废罢诉权。

以上这些权利，法律将其定性为共益权。共益权不以上文所述为限。[1]

3. 股东权之三：少数股东权

依照2005年公司法第101条第3项规定，单独或者合计持股10%以上的股东，有权请求召开临时股东大会。是谓股东大会召集请求权。

如果章程特别约定，通常持股5%以上的股东，有权提出新的提案，是谓提案权。[2]

以上这些权利是共益权。只有持股达一定数额的少数股东才能享有，是谓少数股东权。目的在于，一方面，防止多数决议情况下的大股东专横；另一方面，防止少数股东滥用股东权。少数股东权不以上文所述为限。[3]

4. 累积投票权

就累积投票权，2002年上市公司治理准则第31条倡导，在上市公司董事选举中，可以采取累积投票权制。如果控股股东持股比例达30%以上的，应当采取累积投票权制。如果上市公司按照上述倡导，于章程中约定累积投票权事宜，则股东享有累积投票权。系共益权。

问题是，何谓累积投票权？股东可以将所有票数累积，或分散或合并投到候选人名下，以得票数额决定当选与否。该种投票权为累积投票权。比如，某上市公司的股东为甲

---

1 参见末永敏和：《现代日本公司法》，金洪玉译，人民法院出版社2000年版，第68页。

2 参见2006年3月16日中国证券监督管理委员会证监公司字〔2006〕38号2006年版上市公司章程指引（2006章程指引）第53条。

3 参见李哲松：《韩国公司法》，吴日焕译，中国政法大学出版社2000年版，第219页。

和乙，分别持股2 600万和7 400万。现在要选举3名董事组成董事会。如果以直接投票法投票，可能的结果是，甲的候选人（a、b和c）分别得2 600票，乙的候选人（d、e和f）分别得7 400票。乙的候选人（d、e和f）当选。如果可以累计投票，则，甲可以将其票数累积（3×2 600），投到其中一个候选人(a)身上，此时甲可以得到一席。[1]

凭借累积投票权，持股处于劣势的股东，也有派人进入董事会的机会。当然，此种制度本身也有这样或者那样的利弊。[2]

累积投票的基础，是董事会成员实行全额年度选举。如果这一基础不存在，或者有所变更，累积投票的作用将有所限制。比如，随时可以改选董事，进行此类改选时，累积投票权之行使，就有困难；董事会成员分成类别，每一届任期3年，每年改选1/3，不得无故改选，就此类选举，累积投票权之行使，也有困难。[3]

2005年公司法第106条规定："股东大会选举董事……可以依照公司章程的规定或者股东大会的决议，实行累积投票制。""本法所称累积投票制，是指股东大会选举董事……时，每一股份拥有与应选董事……人数相同的表决权，股东拥有的表决权可以集中使用。"

5. 派生诉权

（1）问题由来

某股份有限公司违反1994年公司法第11条第3款第1句规定，超越经营范围生产植物生长调节剂，被工商行政管理局罚款1万元。假设该项目是董事会9名董事一致决议决定的，相关罚款最终该由谁负担？

针对上述问题，适用关于股份有限公司的1994年公司法第123条第2款，[4]援引适用于有限公司的第63条[5]规定。依照该条规定，董事以违反法律方式司职，给公司造成损害的，董事应当承担赔偿责任。因此，上述罚款应由董事赔偿。问题是，得由谁以公司的名义向董事索赔呢？ 1994年公司法第126条规定："监事会行使下列职权：……（二）对董事、经理

1 See Robert W. Hamilton, The Law of Corporations 266 (2000).

2 See Robert W. Hamilton, The Law of Corporations 269 (2000).

3 See Robert W. Hamilton, The Law of Corporations 270—72 (2000).

4 该款规定："本法第五十七条至第六十三条有关……董事……义务、责任的规定，适用于股份有限公司的董事……"。

5 该款规定："董事……执行公司职务时违反法律、行政法规或者公司章程的规定，给公司造成损害的，应当承担赔偿责任。"

执行公司职务时违反法律、法规或者公司章程的行为进行监督；（三）当董事和经理的行为损害公司的利益时，要求董事和经理予以纠正。”从此可以推断，由监事会为之。[1]如果监事会不为呢？此时公司人格虚化了。

针对上述情况，大陆法系公司法仿照英美法上派生诉讼（derivative suit），[2]规定派生诉讼制度，[3]赋予股东派生诉权。股东可以以公司的名义起诉该类董事。派生诉权系共益权。

（2）派生诉讼条件

上述事实，用法律术语概括，即因董事违反法律规定，给公司造成损害，而公司懈怠追究董事责任的。要点如下：其一，因董事违反法律规定，给公司造成损害的。简明一点，董事对公司负有责任的。但此种责任不应限于董事违反法律规定产生的责任。其二，公司懈怠追究董事责任的。比如，股东请求监事会起诉，而监事会没有起诉的。在例外的情况下，股东得不为请求，径行起诉。在以上情况下，股东可以公司的名义起诉该类董事。是谓派生诉讼。[4]

（3）派生诉讼性质

上述诉讼由股东以公司的名义提起，真正的诉因是董事对公司的责任。也就是说，派生诉讼仅为执行董事责任的一种法律机制。[5]在这一点上，和我国的代位权诉讼类似。[6]该种诉讼，只要是股东，即可提起。通常以多人提起诉讼的方式出现，使人误解为代表诉讼[7]或者集团诉讼（class action）。[8]其实不然，多人诉讼，是由共益权的特点决定的。

（4）派生诉讼的例外

在诉讼之前，如果监事会做出决议，不追究董事责任；或者股东请求监事会起诉，而监事会做出决议，不追究董事责任。在诉讼之后，如果董事会请求监事会就是否起诉董事

1 许多上市公司通过章程明确约定这一点。参见1994年8月27日国务院证券委员会国家经济体制改革委员会证委发（1994）21号关于到境外上市公司章程必备条款第108条第6项。

2 See generally Robert Charles Clark, Corporate Law 639—74 (1986).

3 See e.g., Shiro Kawashima & Susumu Sakurai, Shareholder Derivative Litigation in Japan: Law, Practice, and Suggested Reforms, 33 Stan. J Int'l L. 9, 14-18 (1999).

4 See Shiro Kawashima & Susumu Sakurai, Shareholder Derivative Litigation in Japan: Law, Practice, and Suggested Reforms, 33 Stan. J Int'l L. 9, 17 (1999).

5 See Robert Charles Clark, Corporate Law 639—40 (1986).

6 参见合同法第73条。

7 参见民事诉讼法第54条。

8 See Robert W. Hamilton, The Law of Corporations 555 (2000).

做出决议，监事会做出不起诉决议。在以上情况下，因商业决策原则，[1]股东无权起诉或者得撤回诉讼。[2]

（5）诉讼费用

派生诉讼性质决定了，诉讼结果归于公司。但这仅仅执行了董事对公司的责任。股东诉讼费用由谁负担呢？该种费用，包括律师费在内，由公司负担。[3]

（6）2005年公司法

2005年公司法第150条规定："董事、监事、高级管理人员执行公司职务时违反法律、行政法规或者公司章程的规定，给公司造成损失的，应当承担赔偿责任。"同时，第152条规定："董事、高级管理人员有本法第一百五十条规定的情形的……股份有限公司连续一百八十日以上单独或者合计持有公司百分之一以上股份的股东，可以书面请求监事会……向人民法院提起诉讼；监事有本法第一百五十条规定的情形的，前述股东可以书面请求董事会……向人民法院提起诉讼。""监事会……，或者董事会……收到前款规定的股东书面请求后拒绝提起诉讼，或者自收到请求之日起三十日内未提起诉讼，或者情况紧急、不立即提起诉讼将会使公司利益受到难以弥补的损害的，前款规定的股东有权为了公司的利益以自己的名义直接向人民法院提起诉讼。""他人侵犯公司合法权益，给公司造成损失的，本条第一款规定的股东可以依照前两款的规定向人民法院提起诉讼。"此类条款规定者为股东派生诉权。

6. 其他权利

（1）直接诉权

如果董事、监事或者高级管理人员以违反法律或者章程方式司职，给公司造成损失的，纵使公司人格虚化，派生诉权起而代替。但2005年公司法第153条规定："董事、高级管理人员违反法律、行政法规或者公司章程的规定，损害股东利益的，股东可以向人民法院提起诉讼。"上述规定颇多费解。其一，如果上述高级管理人员系于履行职责中为之，责任人应该是公司，至多相应人员负连带责任。最高人民法院司法解释曾明确类似的处理精神：

---

1 参见上文§5.3.3。

2 See Shiro Kawashima & Susumu Sakurai, Shareholder Derivative Litigation in Japan: Law, Practice, and Suggested Reforms, 33 Stan. J Int'l L. 9, 50–53 (1999).

3 See Robert W. Hamilton, The Law of Corporations 541—42 (2000).

"雇员在从事雇佣活动中致人损害的，雇主应当承担赔偿责任；雇员因故意或者重大过失致人损害的，应当与雇主承担连带赔偿责任。"[1]其二，如果上述高级管理人员系于履行职责之外为之，则属个人行为，无需公司法规定。就是规定了，也不具有公司法上的意义。

（2）滥用权利

2005年公司法第20条第1款明确要求，股东不得滥用股权损害公司或者其他股东的利益。如若滥用，依照2005年公司法第20条第2款规定，股东应向公司或者其他股东赔偿因此造成的损失。问题是，何谓滥用？2005年公司法第34条第2款第1句规定："股东可以要求查阅公司会计账簿。"此股东为有限责任公司股东。但第34条第2款第2~4句又规定："股东要求查阅公司会计账簿的，应当向公司提出书面请求，说明目的。公司有合理根据认为股东查阅会计账簿有不正当目的，可能损害公司合法利益的，可以拒绝提供查阅，并应当自股东提出书面请求之日起十五日内书面答复股东并说明理由。公司拒绝提供查阅的，股东可以请求人民法院要求公司提供查阅。"从此规定来看，如果理由正当，则为股东行使股权；如果理由不正当，则为滥用股权。在司法裁判未作类型化处理之前，上述思路可供参考。

§6.2 股东大会职权和程序

1. 组成

依照2005年公司法第99条第1句规定，股份有限公司股东大会由股东组成。此种规定意味着，纵使诸如董事之类的高级管理人员非以公司成员身份出席的，非为股东大会组成成员。[2]依照2005年公司法第99条第2句规定，股东大会是权力机构。何谓权力机构？此点应从股东大会职权的角度理解。[3]

1 参见2003年12月4日最高人民法院法释〔2003〕20号关于审理人身损害赔偿案件适用法律若干问题的解释第9条第1款。

2 参见李哲松：《韩国公司法》，吴日焕译，中国政法大学出版社2000年版，第347页。

3 参见后文§6.2.2。

2. 职权

（1）法定职权

依照2005年公司法第99条第2句规定，股东大会依照公司法规定行使职权。此处的公司法规定系指第100条援引的第38条第1款。[1]上述规定列示的职权大致可以区别为：[2]其一，应由股东决定的事项，比如，决定经营方针或者投资计划、选举董事或者选举或更换监事、批准董事会报告或者监事会报告、批准年度财务预算方案或者决算方案、批准年度利润分配方案或者弥补亏损方案。其二，出于"监守自盗"考虑转由股东决定的事项，比如，决定董事报酬或者监事报酬。其三，足以影响公司营业基础的事项，比如，决定增减资本、决定发行债券、决定修改章程、决定公司合并、决定公司分立、决定公司解散、决定公司清算。

此外，依照2005年公司法第16条第2款规定，如果股份有限公司为其股东或者实际控制人提供担保的，相应事项须由股东大会决议决定；参照2005年公司法第75条规定，如果股份有限公司转让主要财产的，相应事项须由股东大会决议决定；依照2005年公司法第104条第2款规定，如果股份有限公司施行组织变更的，相应事项须由股东大会决议决定；依照2005年公司法第106条规定，如果股份有限公司考虑累积投票权制的，相应事项得由股东大会决议决定；依照2005年公司法第122条规定，在期限为1年的限度内，如果上市公司买卖重大资产或者对外提供担保，并且相应交易额超过资产总额30%的，上述交易应由股东大会决议决定；依照2005年公司法第134条规定，如果股份有限公司决定发行新股，相应事项须由股东大会决议决定；依照2005年公司法第143条规定，如果股份有限公司考虑减少资本、合并或者员工激励而回购股份的，相应事项须由股东大会决议决定；依照2005年公司法第149条第4项和第5项规定，如果董事从事有违忠实义务的交易或者营业的，股东大会可以决议批准该类交易或者营业。

上述法定职权包括修改章程。我国公司法上的章程，不同于英美法上的章程，尚且记载诸如公司名称、住所和发起人之类的简单事项。[3]变更此类事项，势必得修改章程，而修

---

1 该款规定的具体文句是："股东会行使下列职权：（一）决定公司的经营方针和投资计划；（二）选举和更换非由职工代表担任的董事、监事，决定有关董事、监事的报酬事项；（三）审议批准董事会的报告；（四）审议批准监事会或者监事的报告；（五）审议批准公司的年度财务预算方案、决算方案；（六）审议批准公司的利润分配方案和弥补亏损方案；（七）对公司增加或者减少注册资本作出决议；（八）对发行公司债券作出决议；（九）对公司合并、分立、解散、清算或者变更公司形式作出决议；（十）修改公司章程；（十一）公司章程规定的其他职权。"

2 参见李哲松：《韩国公司法》，吴日焕译，中国政法大学出版社2000年版，第349-350页。

3 参见上文§§4.1.1.2、6。

改章程又得召开股东大会。从效率的角度看，此种规定不是很灵活。[1]

就上述决定事项，股东大会以决议方式决定。相应决议，有的不需要董事会执行，有的仍然需要董事会或者相关人员执行。

（2）约定职权

股东大会尚可行使章程约定职权。原属董事会职权，可以特留股东大会手中，途径是章程约定。章程约定职权以此等情形为限。[2]比如，2006年上市公司章程指引[3]第40条第11项倡导，股东大会得就聘用或者解聘会计师事务所做出决议。其中理由，聘用或者解聘会计师事务所当属董事会职权，因利益冲突，特留股东大会手中。第107条第8项倡导，董事会在股东大会授权范围内，决定对外投资、收购出售资产、资产抵押、对外担保和委托理财事项。言外之意，出于风险控制考虑，将一定范围内事项的决定权，保留为股东大会职权。这些都是股东大会的约定职权。

（3）性质

股东大会职权，有法定的，也有约定的。仅以法律规定或者章程约定者为限。股东大会职权不得授权他人行使，否则无效。[4]此为职权的固有性。[5]

3. 会议

股东大会系常设机构。以会议方式运作。[6]会议形式有两种：其一，依照2005年公司法第101条第1句规定，股东大会应当每年召开年会。[7]其二，股东大会可以随时举行临时会

---

1 参见上文§4.3.2。

2 参见李哲松：《韩国公司法》，吴日焕译，中国政法大学出版社2000年版，第350—351页。2005年公司法第38条第1款第11项。

3 2006年3月16日中国证券监督管理委员会证监公司字〔2006〕38号。

4 2006章程指引第40条注释。

5 参见李哲松：《韩国公司法》，吴日焕译，中国政法大学出版社2000年版，第352页。

6 如果没有特别说明，下文互换使用股东大会和股东大会会议。

7 2006年3月16日中国证券监督管理委员会证监发〔2006〕21号上市公司股东大会规则（股东大会规则）第4条进一步明确规定："股东大会分为年度股东大会和临时股东大会。年度股东大会每年召开一次，应当于上一会计年度结束后的6个月内举行。临时股东大会不定期召开，出现一百零一条规定的应当召开临时股东大会的情形时，临时股东大会应当在2个月内召开。""上市公司在上述期限内不能召开股东大会的，应当报告公司所在地中国证监会派出机构和公司股票挂牌交易的证券交易所，说明原因并公告。"其中的年度股东大会，即年会。

议。[1]年会可以审议或者决定股东大会职权范围内的任何事宜；临时股东大会仅能审议或者决定召集通知列明的事项。2005年公司法第103条第3款要求，股东大会一律不得决定召集通知上没有列明的事项。[2]

4. 召集

（1）董事会召集

依照2005年公司法第102条第1款第1句规定，股东大会由董事会负责召集；依照2005年公司法第109条援引的第47条规定，董事会以决议方式决定。

（2）自行召集

依照2005年公司法第101条[3]规定，监事会提议召集或者持股10%以上股东请求召集的，董事会应当及时召集。监事会提议但董事会不召集的，监事会可以自行召集。持股10%以上股东请求但董事会不召集，转请求监事会但监事会也不召集的，相关股东可以自行召集。[4]

（3）召集通知

依照2005年公司法第103条第1款规定，如若召开年会，应将召开时间、召开地点和审议事项于年会召开前20日通知股东；如若召开临时股东大会，应于临时股东大会召开前15日通知；如若发行无记名股票的，应于股东大会召开前30日公告通知。召集通知的具体内容，2006年上市公司章程指引特别明确："股东大会的通知包括以下内容：（一）会议的时间、地点和会议期限；（二）提交会议审议的事项和提案；（三）以明显的文字说明：全体股东均有权出席股东大会，并可以书面委托代理人出席会议和参加表决，该股东代理人不必是公

1 2005年公司法101条也明确规定："有下列情形之一的，应当在二个月内召开临时股东大会：（一）董事人数不足本法规定人数或者公司章程所定人数的三分之二时；（二）公司未弥补的亏损达实收股本总额三分之一时；（三）单独或者合计持有公司百分之十以上股份的股东请求时；（四）董事会认为必要时；（五）监事会提议召开时；（六）公司章程规定的其他情形。"

2 股东大会规则第14条明确规定，单独或者合计持有公司3%以上股份的股东，可以在股东大会召开10日前提出临时提案并书面提交召集人。召集人应当在收到提案后2日内发出股东大会补充通知，公告临时提案的内容。除上述情形外，召集人在发出股东大会通知后，不得修改股东大会通知中已列明的提案或增加新的提案。股东大会通知中未列明的提案，股东大会不得进行表决并做出决议。

3 相应文句为："有下列情形之一的，应当在二个月内召开临时股东大会：（一）董事人数不足本法规定人数或者公司章程所定人数的三分之二时；（二）公司未弥补的亏损达实收股本总额三分之一时；（三）单独或者合计持有公司百分之十以上股份的股东请求时；（四）董事会认为必要时；（五）监事会提议召开时；（六）公司章程规定的其他情形。"

4 参见2006章程指引第47—51条；股东大会规则第8—12条。

司的股东；（四）有权出席股东大会股东的股权登记日；（五）会务常设联系人姓名，电话号码。”[1]上述通知内容之外的事项，可以通过章程明确。[2]

5. 主持

依照2005年公司法第102条第1款规定，股东大会由董事长主持；董事长不能履行职务或者不履行职务的，由副董事长主持；副董事长不能履行职务或者不履行职务的，由半数以上董事共同推举一名董事主持。[3]

6. 决议

股东大会以决议的方式做出决定。决议通过表决产生。依照2005年公司法第104条规定，股东出席股东大会，按照持有股份比例计算表决权；股东大会做出决议，必须经出席股东大会股东所持表决权过半数通过。股东大会对合并、分立、解散、组织变更、修改章程或者增减资本做出决议的，必须经出席股东大会股东所持表决权过2/3通过。前者为普通决议，后者为特别决议。[4]

7. 瑕疵

就召集程序而言，股东大会之召开须有董事会召集决定；[5]如果没有召集决定，后果是什么？依照公司法原理，即使全体股东出席会议，召集决议之欠缺，仍然无法补救，即召集

---

1 参见2006章程指引第55条；参见股东大会规则第13—19条。

2 参见2006章程指引第55条注释。

3 2006章程指引第67条将其具体化为：“股东大会由董事长主持。董事长不能履行职务或不履行职务时，由副董事长（公司有两位或两位以上副董事长的，由半数以上董事共同推举的副董事长）主持，副董事长不能履行职务或者不履行职务时，由半数以上董事共同推举的一名董事主持。”“监事会自行召集的股东大会，由监事会主席主持。监事会主席不能履行职务或不履行职务时，由监事会副主席主持，监事会副主席不能履行职务或者不履行职务时，由半数以上监事共同推举的一名监事主持。”“股东自行召集的股东大会，由召集人推举代表主持。”“召开股东大会时，会议主持人违反议事规则使股东大会无法继续进行的，经现场出席股东大会有表决权过半数的股东同意，股东大会可推举一人担任会议主持人，继续开会。”

4 当然，已经通知的会议，可能延长；已经通知的会议，可能变更或者延期；已经通知的会议，也可能取消。参见李哲松：《韩国公司法》，吴日焕译，中国政法大学出版社2000年版，第365页。

5 参见前文§6.2.4.1。

决议不能省略。[1]因为召集是董事会的职权。[2]就通知程序而言，应在股东大会会前通知。如果未行通知，结果是什么？依照公司法原理，如果相关股东同意或者弃权等，通知之欠缺，可得补救。[3]2005年公司法第22条第2款规定："股东大会……会议召集程序……违反法律、行政法规或者公司章程……股东可以自决议作出之日起六十日内，请求人民法院撤销。"

上述程序涉及的具体情节，均可通过章程具体化和明确化。

§ 6.3 股东大会决议和股权

1. 股东提案权

（1）概说

股东大会可以审议某些事项；如果需要，股东大会可以通过决议，决定某些事项。前者为会议议题，后者为会议议案。[4]比如，某次股东大会审议议题之一是盈余分配。就盈余分配，提出的议案有两种：其一，是分配现金红利；其二，是配股。问题是，在既定议题的情况下，提出议案的权力归谁？议题不定或者不一的情况下，提出议题的权力归谁？此即提案权问题。2004年公司法第103条提到，股东大会可以批准董事会报告或者监事会报告，说明董事会或者监事会享有提案权；2004年公司法第104条提到，股东或者监事会可以提议召集股东大会，这意味着，股东或者监事会享有提案权。原则上，董事会、监事会或者股东均享有提案权。[5]

（2）股东提案权

公司法并未一体规定提案权事宜，但从2005年公司法第103条第2款推导可得，股东享

1 参见李哲松：《韩国公司法》，吴日焕译，中国政法大学出版社2000年版，第364—365页。

2 参见前文§6.2.4.1。

3 参见李哲松：《韩国公司法》，吴日焕译，中国政法大学出版社2000年版，第363页。

4 参见2006章程指引第52条和股东大会规则第13条。

5 2005年公司法第103条第2款规定："单独或者合计持有公司百分之三以上股份的股东，可以在股东大会召开十日前提出临时提案并书面提交董事会；董事会应当在收到提案后二日内通知其他股东，并将该临时提案提交股东大会审议。临时提案的内容应当属于股东大会职权范围，并有明确议题和具体决议事项。"

有提案权。[1]提案权属少数股东权。股东提案权既然是向股东大会提出议案或者议题的提案权，股东提案权应受股东大会职权范围的限制。[2]

（3）行使程序

公司法没有设置股东提案权行使程序。2006年上市公司股东大会规则有所倡导。就年会而言，召集通知应当充分完整披露提案具体内容。[3]从此似可得出，股东提出的议题和议案，应同样对待。股东可以在股东大会召开前追加议题或者提出临时议案。[4]就2005年公司法第101条涉及的股东提案权而言，股东提议董事会召开临时股东大会的，应以书面形式向董事会甚至是监事会提出，并报所在地中国证监会派出机构和证券交易所备案；[5]董事会应当依据法律、法规和章程规定审查股东提案并做出相应决定。[6]该种审查应该是股东大会职权范围关联性的审查。[7]

（4）无视股东提案权的后果

董事会无视股东提案权的，比如未作为提案提出，法律上的结果是什么？国外学说认为，应该区别事项处理：如果无视议案的，比如，议案提到选任张某为董事，结果该候选人未列入召集通知的，此种无视，是取消相应决议的理由。如果无视议题的，因为不存在

---

1 2005年公司法第103条第2款规定："单独或者合计持有公司百分之三以上股份的股东，可以在股东大会召开十日前提出临时提案并书面提交董事会；董事会应当在收到提案后二日内通知其他股东，并将该临时提案提交股东大会审议。临时提案的内容应当属于股东大会职权范围，并有明确议题和具体决议事项。"

2 参见2006章程指引第52条和股东大会规则第13条；See also generally 17 C.F.R. § 240.14a−8 (i) (2003).

3 股东大会规则第10条规定："股东大会通知和补充通知中应当充分、完整披露所有提案的具体内容，以及为使股东对拟讨论的事项作出合理判断所需的全部资料或解释。拟讨论的事项需要独立董事发表意见的，发出股东大会通知或补充通知时应当同时披露独立董事的意见及理由。"

4 股东大会规则第14条明确规定，单独或者合计持有公司3%以上股份的股东，可以在股东大会召开10日前提出临时提案并书面提交召集人。召集人应当在收到提案后2日内发出股东大会补充通知，公告临时提案的内容。除上述情形外，召集人在发出股东大会通知后，不得修改股东大会通知中已列明的提案或增加新的提案。股东大会通知中未列明的提案，股东大会不得进行表决并做出决议。2005年公司法第103条第2款规定："单独或者合计持有公司百分之三以上股份的股东，可以在股东大会召开十日前提出临时提案并书面提交董事会；董事会应当在收到提案后二日内通知其他股东，并将该临时提案提交股东大会审议。临时提案的内容应当属于股东大会职权范围，并有明确议题和具体决议事项。"

5 参见股东大会规则第9和10条。

6 参见股东大会规则第9条。

7 股东大会规则第13条规定："提案的内容应当属于股东大会职权范围，有明确议题和具体决议事项，并且符合法律、行政法规和公司章程的有关规定。"

相应的决议，其他决议仍然有效。[1]

2. 股东表决权

（1）概说

股东大会以决议方式做出决定，相关决议通过表决产生。问题是，谁有权参与表决？如何表决呢？这是表决权问题。就表决权归属而言，我国的情况相对简单。依照2005年公司法第104条第1款规定，凡持有一个单位的股份，就有一个单位的表决权。[2]上述规定系属强行法规定。[3]

（2）权利登记日

出于管理方便考虑，2006年上市公司章程指引第31条规定："公司召开股东大会……时，由董事会或股东大会召集人确定股权登记日，股权登记日收市后登记在册的股东为享有相关权益的股东。"[4]同时第30条规定："公司依据证券登记机构提供的凭证建立股东名册，股东名册是证明股东持有公司股份的充分证据。"即该类股东享有表决权。

（3）表决权限制

表决权限制情形包括：其一，自我持股。依照2005年公司法第104条第1款规定，如果股份有限公司持有的自己的股份，相应股份不享有表决权。其二，相互持股。依照日本商法第241条第3款规定，如果股份有限公司持有其他股份有限公司已发行股份总数1/4以上的，后者持有的前者的股份不享有表决权。针对这一点，我国公司法未设明文规定。其三，利害关系股份。依照2005年公司法第16条第2、3款规定，如果股份有限公司为其股东或者实际控制人提供担保的，须由股东大会决议决定；相应股东或者受实际控制人支配的股东，不得参加表决；上述表决由其他出席股东大会股东所持表决权过半数通过。2006年上市公司章程指引第79条规定："股东大会审议有关关联交易事项时，关联股东不应当参与投票表决，其所代表的有表决权的股份数不计入有效表决总数……"上述所涉系关联股份，在国外，是包括关联股份在内的利害关系股份，其表决权受限制。比如，罢免董事决议涉及股

---

1 参见李哲松：《韩国公司法》，吴日焕译，中国政法大学出版社2000年版，第362页。

2 累积投票系属例外。

3 参见李哲松：《韩国公司法》，吴日焕译，中国政法大学出版社2000年版，第366—367页。

4 See Robert W. Hamilton, The Law of Corporations 260(2000).

东投票，而该董事又是股东的。[1]如果参与投票了，结果又如何呢？在国外，投票产生的决议可以取消。[2]

3. 代理

依照2005年公司法第107条规定，股东可以委托代理人出席股东大会；在此情况下，代理人应当向股份有限公司出示股东授权委托书，并在授权范围内行使表决权。[3]需要特别点明的是，股东和代理人之间的关系是代理关系；代理人享有的代理权由授权委托书记载；代理权范围是如何行使表决权。[4]就上市公司股东大会，股东可以委任代理人，与会参与投票；股东之外的任何人，也可以主动请求上市公司股东委任其为代理人，与会参与投票；其中典型情形为征集投票代理权（solicitation of proxies）。[5]

4. 表决权交易

（1）买卖

表决权脱离股份而买卖可否？如果可以，相应买卖合同是否有效？此为表决权交易问题之一。在美国，多数法院认为，此种买卖有违公共政策，本质上（perse）是无效的。也有法院认为，是可撤销的；是否撤销，取决于该种交易内在公平性（intrinsic fairness）。[6]在我国，公司法没有明文规定。2002年上市公司治理准则倡导，表决权征集应采取无偿方式。[7]

（2）表决权协议

股东就表决权缔结协议，约定就某些事项当事人应当采取相应投票方式。此为表决权协议（voting agreement），通常又叫做“pooling agreement”。借助此等协议，相应股份可

1 参见李哲松:《韩国公司法》，吴日焕译，中国政法大学出版社2000年版，第370页。

2 参见李哲松:《韩国公司法》，吴日焕译，中国政法大学出版社2000年版，第371页。

3 具体细节，参见2006章程指引第60—63条。

4 See 17 C.F.R. § 240.14a−1(f) (2003) (a “proxy” being defined to include “every proxy, consent or authorization within the meaning of Section 14(a) of the [1934] Act”).

5 征集投票代理权具体情形，参见下文§8.4。

6 See Robert W. Hamilton, The Law of Corporations 277 (2000).

7 2002年1月7日中国证券监督管理委员会证监发〔2002〕1号上市公司治理准则第10条规定：“上市公司董事会、独立董事和符合有关条件的股东可向上市公司股东征集其在股东大会上的投票权。投票权征集应采取无偿的方式进行，并应向被征集人充分披露信息。”

以合并或者分散投票，借以达到当事人约定目的。[1]在美国，这是一般意义的合同，适用一般合同的有关规定。[2]在我国，2008年上市公司收购管理办法[3]第83条第1款规定："一致行动，是指投资者通过协议……共同扩大其所能够支配的一个上市公司股份表决权数量的行为……"从此点推断，我国容许表决权协议。

（3）表决权信托

表决权信托即股份信托。因为信托合同，相应股份在股东名册上从信托人变更到受托人名下；信托人指定为受益人，即股份分红派息等收入，均归属于信托人。信托合同同时约定，受托人享有的表决权范围和处分股份权利的限制。[4]在美国，这种合同是有效的。[5]依照2001年信托法，表决权信托，也是可行的。[6]其实契约型基金契约就是表决权信托的特殊情形。[7]在此种合同下，表决权归属于受托人。

5. 定足数

（1）股东大会成立定足数

出席股东大会股东持有的表决权数额，不应低于表决权总额的一定比例，否则股东大会无法做出决议。此种比例为股东大会成立定足数。[8]就上述定足数之计算，不享有表决权的股份不在考虑之列。我国公司法没有明确规定成立定足数事宜。1994年关于到境外上市公司章程必备条款[9]第55条第1款明确，股份有限公司根据股东大会召开前20日收到的股东

1 See Robert W. Hamilton, The Law of Corporations 278(2000).

2 See MBCA§ 7.31(a) (1984) ("Two or more shareholders may provide for the manner in which they will vote their shares by signing an agreement for that purpose. A voting agreement created under this section is not subject to the provisions of section 7.30. (b) A voting agreement created under this section is specifically enforceable.").

3 2008年8月27日中国证券监督管理委员会令第56号。

4 See Robert W. Hamilton, The Law of Corporations 281 (2000).

5 See MBCA§ 7.30(a) (1984) "One or more shareholders may create a voting trust, conferring on a trustee the right to vote or otherwise act for them, by signing an agreement setting out the provisions of the trust (which may include anything consistent with its purpose) and transferring their shares to the trustee.").

6 信托法第2条规定："本法所称信托，是指委托人基于对受托人的信任，将其财产权委托给受托人，由受托人按委托人的意愿以自己的名义，为受益人的利益或者特定目的，进行管理或者处分的行为。"

7 例见大成价值增长证券投资基金公开说明书。http://202.84.17.28/csnews/20030610/375077.asp（2003年6月20日访问）。

8 例见李哲松:《韩国公司法》，吴日焕译，中国政法大学出版社2000年版，第390—91页。

9 1994年8月27日国务院证券委员会国家经济体制改革委员会证委发〔1994〕21号。

书面回复，计算出席股东大会股东持有表决权数额；出席股东大会股东持有表决权数额达到表决权总额1/2以上的，可以召开股东大会；如若达不到，应当在5日内将会议审议事项、开会日期和地点以公告形式再次通知股东；历经公告通知，股东大会可以召开。此为变通处理方式。

在美国，旧版模范公司法规定的定足数为1/3；新版模范公司法取消该类规定。[1]

（2）股东大会决议定足数

依照2005年公司法第104条规定，股东大会做出普通决议，必须经出席股东持有表决权过半数通过；做出特别决议，必须经出席股东持有表决权过2/3通过。此类比例是决议定足数。[2]

（3）特别问题

假设某上市公司实行三票制，即赞成票、反对票和弃权票，再假设该上市公司表决权总额是10 000万，若某次股东大会共有6 000万表决权出席，此次股东大会成立定足数满足。就此次股东大会某项议案，2 800万投赞成票，2 250万投反对票，950万投弃权票。此等表决是否足以产生决议？在美国，过去的法律原则认为，赞成票应当占出席股东大会表决权过半数，故不足以产生决议；[3]现在的法律原则是，赞成票应当超过反对票，故足以产生决议。[4]

在上文例子的前提下，如果投2 250万反对票的股东出席股东大会，一看势头不妙，不再参与投票，并且立即离席，此情形下是否足以产生决议？按照道理，股东大会成立定足数不满足，不足以产生决议。上述结论实际上意味着，少数表决权即可否决股东大会提案。为避免此种情形，股东一旦出席股东大会，不管后续如何变化，视为开完股东大会。[5]

---

1 See Robert W. Hamilton, The Law of Corporations 255 (2000).

2 原则上，此类定足数，可以通过约定扩大，但是不能缩小。

3 See Robert W. Hamilton, The Law of Corporations 256 (2000).

4 See MBCA § 7.25(c) (1984) (“If a quorum exists, action on a matter (other than the election of directors) by a voting group is approved if the votes cast within the voting group favoring the action exceed the votes cast opposing the action, unless the articles of incorporation or this Act require a greater number of affirmative votes.”).

5 See MBCA § 7.25(c) (1984) (“Once a share is represented for any purpose at a meeting, it is deemed present for quorum purposes for the remainder of the meeting and for any adjournment of that meeting unless a new record date is or must be set for that adjourned meeting.”).

6. 决议与会议记录

从上节例子可知，股东大会可以实行三票制：赞成票、反对票和弃权票，相应的是通过决议、否决决议和搁置决议。[1]就通过决议而言，依照2005年公司法第104条规定，普通决议，其定足数，是出席股东持有表决权过半数；特别决议，其定足数，是出席股东持有表决权过2/3。其中特别决议，依照2005年公司法第104条规定，适用于修改章程、增减资本、公司合并、公司分立、公司解散或者组织变更事宜；[2]依照2005年公司法第122条规定，在期限为1年的限度内，如果上市公司买卖重大资产或者对外提供担保，并且相应交易额超过资产总额30%的，股东大会应以特别决议决定。

依照2005年公司法第108条规定，股东大会应当对所议事项的决定做成会议记录，主持人、出席会议的董事应当在会议记录上签名。会议记录应当与出席股东大会股东签名册以及代理出席委托书一并保存。

7. 决议瑕疵

股东大会决议，在形式上或者实质上存在瑕疵的，相应法律后果是什么？股东大会决议类似于国家立法行为，不可适用有关法律行为规定处理。依照公司法原理，应区别类型以诉讼的方式处理。[3]

(1) 决议取消之诉

在韩国公司法下，召集程序或者决议方式违反法令或者章程的，股份有限公司股东、董事或者监事可以自决议做出之日起两个月内提起决议取消之诉；[4]决议内容违反章程约定的，亦同。[5]所谓召集程序瑕疵，比如，有董事会召集决议，但该决议是否有效尚有争议的；他人不享有召集权，却召集会议的，等等；所谓决议方式瑕疵，比如，不是股东却参加投票的、无表决权股东却行使表决权的，等等。[6]相应诉讼为形成之诉。相应裁判，除了约束

---

1 章程可以另行约定，比如约定弃权票的归属计算问题。See e.g., 2003 ANNUAL MEETING OF SHAREOWNERS NOTICE OF ANNUAL MEETING AND PROXY STATEMENT. http://www.hp.com/hpinfo/investor/financials/annual/ (visited April 10, 2003).

2 特别决议适用范围可以通过章程扩大。参见1997章程指引第64—66条。

3 参见李哲松：《韩国公司法》，吴日焕译，中国政法大学出版社2000年版，第412页。

4 参见韩国商法第376条第1款。

5 参见韩国商法第376条第1款。

6 参见李哲松：《韩国公司法》，吴日焕译，中国政法大学出版社2000年版，第414—15页。

当事人外，还约束第三人，并且溯及既往。[1]

（2）决议无效之诉

在韩国公司法下，如果股东大会决议内容违反法令，相关决议无效。股份有限公司股东、董事或者监事可以提起决议无效确认之诉。相应裁判，除了约束当事人外，还约束第三人，并且溯及既往。[2]

（3）决议不存在之诉

在韩国公司法下，如果召集程序中存在可以视为股东大会决议不存在的严重瑕疵的，可提起决议不存在确认之诉；如果决议程序中存在可以视为股东大会决议不存在的严重瑕疵的，亦同。[3]相应瑕疵，比如，没有董事会召集决议而召集会议的，没有开会却制作会议记录的，等等。[4]

（4）反悔决议和追认决议

纵使股东大会决议含有瑕疵，股东大会不得于事后通过反悔决议以资补救，除非相应瑕疵决议的法律效果延及未来，[5]相应理由是不能违反诉讼处理原则。[6]如果决议是可以取消的决议，事后可以通过追认决议以资补救。[7]

（5）我国法律的态度

2005年公司法第22条规定："股东大会……决议内容违反法律、行政法规的无效。""股东大会……会议召集程序、表决方式违反法律、行政法规或者公司章程，或者决议内容违反公司章程的，股东可以自决议作出之日起六十日内，请求人民法院撤销。"

8. 特别会议

（1）通讯会议

股东大会有现场会议和通讯会议之分。其中通讯会议，即股东不出席大会现场，也不参与现场表决，通过诸如电话或者互联网络投票之类的方式与会，甚至以各个股东签字同

1 参见韩国商法第190条。

2 参见韩国商法第380条。

3 参见韩国商法第380条。

4 参见李哲松:《韩国公司法》，吴日焕译，中国政法大学出版社2000年版，第425页。

5 参见李哲松:《韩国公司法》，吴日焕译，中国政法大学出版社2000年版，第433页。

6 参见前文 §6.3.7.1。

7 参见李哲松:《韩国公司法》，吴日焕译，中国政法大学出版社2000年版，第433页。

意代替与会和表决。[1]问题是，纯粹以通讯会议方式召开股东大会是否可以？原则上可以。全体股东签署的一致的书面同意（writing consent of shareholders），可以代替股东大会，甚至全体股东签署的多数的书面同意也可以。[2]尽管我国公司法没有明文规定通讯会议事宜，但司法实务有所倡导。[3]

（2）类别股东大会

股份有限公司可以发行不同类别的股份，以处理类别股东之间不同的利害关系。如果股东大会决议可能害及某类类别股东利益，则股东大会决议生效的额外条件是，可能遭受利益危害的该类类别股东另行召开类别股东大会，并通过相应决议。[4]类别股东大会的决议，是股东大会决议生效的额外条件。类别股东大会本身并不是股东大会，更不是权力机构。[5]类别股东大会的具体运作程序，类似于股东大会程序。[6]

§ 6.4 重组购并和股东大会

1. 概说

重组购并中的组织变更，由股东大会决议决定，适用特别决议。[7]重组购并中的合并与分立，由股东大会决议决定，适用特别决议。[8]重组购并中的收购，除例外情形外悉由董事会决定。[9]如果股东不服上述决定，股东可以行使评估权。

---

1 See e.g., 2003 ANNUAL MEETING OF SHAREOWNERS NOTICE OF ANNUAL MEETING AND PROXY STATEMENT. http://www.hp.com/hpinfo/investor/financials/annual/ (visited April 10, 2003).

2 See generally Daniel J. Defrancheschi, Note, Written Consent—A Powerful Tool in Hostile Battles for Corporal Control,14 Del. J. Corp. L. 967, 968—75(1989).

3 参见股东大会规则第20—21条。

4 例见中国石油化工股份有限公司章程第9章。

5 参见李哲松:《韩国公司法》，吴日焕译，中国政法大学出版社2000年版，第434页。

6 参见1994年8月27日国务院证券委员会国家经济体制改革委员会证委发〔1994〕21号关于到境外上市公司章程必备条款第9章。

7 参见前文§6.2.6。

8 参见前文§6.2.6。

9 参见前文§6.2.2和上文§5.0.2.1。

2. 例外情形

（1）2005年公司法第75条

依照2005年公司法第75条规定，有限公司转让主要财产的，相应事项须由股东会决议决定。所谓转让主要财产，系与公司合并和公司分立相当的情形。公司法没有设置类似条文规定股份有限公司事宜。上述规定属于一般法，可以适用于股份有限公司。实际上，江苏琼花高科技股份有限公司（江苏琼花，002002）通过类似章程的文件将资产处置设置为：单项金额在20万以下或者20万的资产处置，由总经理决定；单项金额在20万以上但是不超过公司最近审计净资产的5%或者5%的资产处置，由董事会决议决定；单项金额超过公司最近审计净资产的5%的资产处置，由股东大会决议决定。[1]

（2）2005年公司法第16条

依照2005年公司法第16条规定，股份有限公司投资其他企业的，由董事会或者股东大会从章程约定决议决定；章程约定投资总额之限额或者单项投资数额之限额的，不得超过约定限额。比如，江苏琼花高科技股份有限公司通过类似章程的文件将对外投资设置为：单项金额在20万以下或者20万的对外投资，由公司总经理决定；单项金额在20万以上但是不超过公司最近审计净资产的10%或者10%的对外投资，由董事会决议决定；单项金额超过公司最近审计净资产的10%的对外投资，由股东大会决议决定。[2]

（3）2005年公司法第122条

依照2005年公司法第122条规定，在期限为1年的限度内，如果上市公司买卖重大资产，并且相应交易额超过资产总额30%的，上述交易应由股东大会以特别决议决定。

（4）小结

就公司法上的股份对股份式合并，DGCL要求合并双方股东大会以普通决议决定，但容许三种例外；[3]就公司法上的现金对股份式合并，DGCL仅要求目标公司股东大会以普通决议决定。[4]2005年公司法一律要求，股东大会以特别决议决定，不容任何例外；就2005年公司法承认的分立，相应情形也一样。

---

1 参见江苏琼花高科技股份有限公司首次公开发行股票招股说明书。

2 参见江苏琼花高科技股份有限公司首次公开发行股票招股说明书。

3 参见上文§2.1.1.2。

4 See 8 Del. C. §251(f) (2006) (“[N]o vote of stockholders of a constituent corporation surviving a merger shall be necessary to authorize a merger if ... (3) either no shares of common stock of the surviving corporation and no shares, securities or obligations convertible into such stock are to be issued or delivered under the plan of merger ... .”).

就证券法上的现金对资产收购，DGCL仅要求目标公司股东大会以普通决议决定；[1]就证券法上的股份对资产收购，相应情形也一样。[2]2005年公司法奉行董事会决定原则，但设置诸多例外，不仅要求股东大会或者以普通决议或者以特别决议决定，而且要求收购双方为之。相应执行结果，相较于DGCL，要苛刻得多。

就证券法上的现金对股份收购和股份对股份收购，依照DGCL要求，收购双方股东大会无权决定。[3]2005年公司法奉行董事会决定原则，但设置诸多例外，不仅要求股东大会或者以普通决议或者以特别决议决定，而且要求收购双方为之。相应执行结果，相较于DGCL，要苛刻得多。

就组织变更，DGCL仅要求依照公司内部程序批准。[4]2005年公司法一律要求股东大会以特别决议决定。

3. 股东评估权

（1）概说

2005年公司法第75条规定："有下列情形之一的，对股东会该项决议投反对票的股东可以请求公司按照合理的价格收购其股权：（一）公司连续五年不向股东分配利润，而公司该五年连续盈利，并且符合本法规定的分配利润条件的；（二）公司合并、分立、转让主要财产的；（三）公司章程规定的营业期限届满或者章程规定的其他解散事由出现，股东会会议通过决议修改章程使公司存续的。""自股东会会议决议通过之日起六十日内，股东与公司不能达成股权收购协议的，股东可以自股东会会议决议通过之日起九十日内向人民法院提起诉讼。"尽管上述条文规定的是有限责任公司，但可以适用于股份有限公司。[5]上述条文规定的权利系股东评估权（appraisal rights），又称股东回购请求权（buy-out rights）。

股东评估权制度发源于美国，嗣后为各国效仿。[6]以公司法上的股份对股份式合并为例，DGCL要求目标公司股东大会以普通决议决定。此等会议上投反对票的股东（dissenting shareholder，异议股东），可以请求法院裁判，公司以公平合理价格回购异议股东持有的股

1 参见上文§2.2.1.2。
2 参见上文§2.2.1.2。
3 参见上文§2.2.4.3。
4 参见上文§2.3.5.1。
5 参见2005年公司法第143条第1款。
6 参见李哲松：《韩国公司法》，吴日焕译，中国政法大学出版社2000年版，第404—405页。

份。也就是，在条件成就时异议股东享有一个卖的选择权。设置此种权利的考虑主要有：其一，投资预期失落，比如原来是图书发行公司的股东，现在因为合并成为媒体公司股东了。其二，受到不公对待的风险，因为合并，股东可能遭受不公对待。[1]

（2）适用范围

公司未向股东分配利润连续达5年，相应年度连续盈利且符合公司法规定的利润分配条件的，依照2005年公司法第75条规定，股东大会异议股东可以主张股东评估权；公司合并由股东大会以特别决议决定，依照2005年公司法第75条规定，异议股东可以主张股东评估权；公司分立由股东大会以特别决议决定，依照2005年公司法第75条规定，异议股东可以主张股东评估权；公司转让即出让主要财产的，相应事项须由股东大会决议决定，依照2005年公司法第75条规定，异议股东可以主张股东评估权；[2]章程约定营业期限届满或者章程约定其他解散事由出现，股东大会修改章程使公司存续的，依照2005年公司法第75条规定，异议股东可以主张股东评估权。

就公司法上的公司合并而言，如果相应公司为上市公司，则存在市场回购之例外（market-out exception）。比如，甲公司主动合并乙公司，即甲公司为买受方，乙公司为出卖方。如果乙公司为上市公司，乙公司股东获得甲公司股份，乙公司股东不享有股东评估权；如果甲公司为上市公司，合并后甲公司股东的股份并未发生变化，甲公司股东不享有股东评估权。[3]相应理由是证券市场就是最好的评估。

（3）程序

依照2005年公司法第75条第2款规定，其一，自股东大会决议通过之日起，若有股东行使股东评估权，股东和股份有限公司可以协商股份回购事宜；其二，自股东大会决议通过之日起60日内，股东未与公司达成股权收购协议的，股东可以自股东大会决议通过之日

---

1 See Robert Charles Clark, Corporate Law 443—44 (1986).

2 See MBCA§ 13.02(a) (3) (1984).

3 See 8 Del. C. §262 (b) (2006) (“Appraisal rights shall be available for the shares of any class or series of stock of a constituent corporation in a merger or consolidation to be effected pursuant to § 251... (1) Provided, however, that no appraisal rights under this section shall be available for the shares of any class or series of stock, which stock, or depository receipts in respect thereof, at the record date fixed to determine the stockholders entitled to receive notice of and to vote at the meeting of stockholders to act upon the agreement of merger or consolidation, were either (i) listed on a national securities exchange or designated as a national market system security on an interdealer quotation system by the National Association of Securities Dealers, Inc. or (ii) held of record by more than 2,000 holders.”).

起90日内向人民法院提起诉讼。此等程序相对简略，目前亦无相应司法实践增补明确。

依照DGCL，重组购并势必启动股东评估权，将重组购并案提交股东大会表决前20日，公司应当向股东通知股东评估权事宜；主张股东评估权的股东，应当在投票前书面通知公司主张股东评估权；如果股东大会批准重组购并，公司应在重组购并生效之日起10日内通知相应股东，股东评估权可以行使；相应股东应在上述通知之日起20日内书面要求公司评估其股票；如果股东不满意公司的评估，应在重组购并生效之日起120日内向大法官庭（court of chancery）请求评估。[1]相应律师费和专家费用，由当事人各自负担。[2]

依照MBCA，公司应当通过召集通知告知股东评估权事宜；异议股东应在股东大会前以书面形式告知公司行使股东评估权意愿；如果股东大会批准重组购并，公司应在重组购并生效之日起10日内向股东发送股东评估权通知并附送一张特制表格；如果异议股东在40日内回寄上述表格并主张股东评估权，公司应当在30日内向股东支付以公司估算价格计算的现金；如果异议股东不满意上述现金数额，在付款之日起30日内通知公司告知股东的相应评估数额；如果公司不能消除上述数额之间的差额，公司应在股东主张股东评估权之日起60日内启动诉讼程序；如果公司未成功处理上述差额或者起诉的，必须向股东支付上述数额之差额；就相应律师费和专家费用，法院可以裁判由公司负担。[3]

上述DGCL和MBCA的程序相对细致周到。两种程序的重大差别在于：在公司和股东之间权衡，DGCL偏向于公司，MBCA偏向于股东，比如，在律师费和专家费用处理方面，在现金及早支付方面，等等。尽管如此，两种程序制衡设计，可供我国司法实务参考。

（4）评估

法院如何评估股份有限公司价值，中国尚无司法案例足以说明。[4]依照DGCL，首先，法院需要评估的是股份有限公司整体价值，是为异议股东股份价值计算基数。在评估时，商界流行或者法院接受的所有方法和技巧都可以考虑。尽管法官通常借助于专家证人，但法官应当做出评估。[5]其次，异议股东是否得介入因重组购并产生的收益，比如收购溢价？如果可以，如何评估？DGCL的态度是，法院应当考虑所有相关要素公平评估公司价值，

1 See 8 Del. C. § §262(d) and (e) (2006).

2 See 8 Del. C.§ 262(j) (2006).

3 See MBCA§ § 13.21–31 (1984).

4 可以比照参见上文§3.1。

5 See Weinberger v. UOP, Inc., 457 A.2d 701,713 (Del. 1983).

但应排除合并完成或者期许产生的价值。[1]依照MBCA，目标公司可以在市场上卖出的价值，应在评估考虑之列；目标公司可以以更高的价格卖给合并对方当事人，不在评估考虑之列。[2]

（5）排他性

如果异议股东已经主张股东评估权，这是否足以排除其他司法救济？2005年公司法第75条并没有明确表态。在特拉华达州，如果尚且存在诸如欺诈、不实陈述和自我交易之类的诉因，则股东评估权诉讼并不排除依据上述诉因提起的诉讼。[3]1999年修正后的MBCA追随上述原则。[4]

4. 行政管制

（1）上市公司收购管理办法第51条

依照2008年上市公司收购管理办法[5]第51条规定，或者以本人名义，或者非以本人名义，诸如董事之类的管理人员（收购人）或者直接或者间接收购所属上市公司（目标公司）并取得控制权的，为管理层收购。依照2008年上市公司收购管理办法第51条要求，目标公司应当具备健全运行良好的组织机构以及有效的内部控制制度；董事会成员中独立董事的比例应当达到或者超过1/2；目标公司应当聘请具有证券或者期货从业资格的资产评估机构提供资产评估报告；经董事会非关联董事做出决议，并取得2/3以上独立董事同意后，管理层收购案应当提交股东大会审议；独立董事发表意见前，应当聘请独立财务顾问就管理层收购出具专业意见，独立董事和独立财务顾问的意见应一并予以公告；经出席股东大会非关联股东所持表决权过半数通过。[6]

依照2008年上市公司收购管理办法第84条解释，收购人取得控制权的情形包括：第一，收购人成为持股50%以上的控股股东；第二，收购人实际可支配的表决权超过30%；第

1 See 8 Del. C. §262(h) (2006) ("[T]he Court shall appraise the shares, determining their fair value exclusive of any element of value arising from the accomplishment or expectation of the merger or consolidation ... . In determining such fair value, the Court shall take into account all relevant factors.").

2 See Dale Arthur Oesterle, Mergers and Acquisitions 76 (2006).

3 See Weinberger v. UOP, Inc., 457 A.2d 701,714(Del. 1983).

4 See MBCA§ 13.02(1984) ("A shareholder may not challenge a completed corporate action ... unless such corporate action ... was procured as a result of fraud or material misrepresentation.").

5 2008年8月27日中国证券监督管理委员会令第63号。

6 具体参见下文§7.1.2。

三，收购人通过实际可支配表决权，能够决定董事会半数以上成员选任；第四，收购人通过实际可支配表决权，足以严重影响股东大会决议的；第五，中国证监会认定的其他情形。

（2）问题

上节结论可以简单概括为，目标公司得就管理层收购案以股东大会决议决定。且不说中国证监会是否有权发布诸如2008年上市公司收购管理办法之类的文件，[1]上述结论并无公司法上的依据。[2]法律上的可行做法是，上述文件内容可以写进上市规则，上市规则可以变成上市公司和交易所之间上市协议的内容，由上市公司具体履行。

类似情形尚且包括：2005年上市公司回购社会公众股份管理办法[3]第17条："上市公司股东大会对回购股份做出决议，须经出席会议的股东所持表决权的三分之二以上通过。"2005年上市公司股权分置改革管理办法[4]第16条："相关股东会议投票表决改革方案，须经参加表决的股东所持表决权的三分之二以上通过，并经参加表决的流通股股东所持表决权的三分之二以上通过。"2005年上市公司股权激励管理办法[5]第37条第2款："股东大会就上述事项作出决议，必须经出席会议的股东所持表决权的2/3以上通过。"2006年上市公司证券发行管理办法[6]第44条第1款规定："股东大会就发行证券事项作出决议，必须经出席会议的股东所持表决权的三分之二以上通过。"2008年上市公司重大资产重组管理办法[7]第22条第1款："上市公司股东大会就重大资产重组事项作出决议，必须经出席会议的股东所持表决权的2/3以上通过。"

5. 董事会和股东大会

（1）问题

股东大会职权范围，以法律明文规定章程明文约定者为限；此范围之外，皆为董事会职权范围。[8]比如，依照公司法规定，重组购并中的合并，由股东大会决议决定，适用特别

1 参见下文§8.3.1.1。
2 参见前文§§6.4.1—2。
3 2005年6月16日中国证券监督管理委员会证监发〔2005〕51号。
4 2005年9月4日中国证券监督管理委员会证监发〔2005〕86号。
5 2005年12月31日中国证券监督管理委员会证监公司字〔2005〕151号。
6 2006年5月6日中国证券监督管理委员会令第30号。
7 2008年4月16日中国证券监督管理委员会令第53号。
8 参见上文§5.0.2.1。

决议；[1]具体合并方案由董事会决定，适用普通决议。[2]既然股东大会职权仅限于合并之决定，具体合并方案则由董事会制定。问题是，如果董事会合并决定获得股东大会批准，董事会合并决定是否得以“消毒”？反之，如果股东大会做出决定，执行上述决议是否是董事会职责所在？

（2）法律态度之一

董事会合并决定获得股东大会批准的，董事会合并决定是否得以“消毒”？董事会决定具体合并方案，这是董事会职责所在；股东大会批准具体合并方案，那是股东大会职责所在。两者互不相干。如果董事会合并决定牵涉忠实义务事宜，尚有例外可谈。2005年公司法第125条规定：“上市公司董事与董事会会议决议事项所涉及的企业有关联关系的，不得对该项决议行使表决权，也不得代理其他董事行使表决权。该董事会会议由过半数的无关联关系董事出席即可举行，董事会会议所作决议须经无关联关系董事过半数通过。出席董事会的无关联关系董事人数不足三人的，应将该事项提交上市公司股东大会审议。”在个别情况下，股东大会决议代替董事会决议，借以消除利益冲突的情形。此种原则可以扩大适用，借以“消毒”。[3]

（3）法律态度之二

如果股东大会做出决定，执行上述决议是否是董事会职责所在？2005年公司法第47条第2项规定“董事会……行使下列职权……执行股东会的决议……”，此款规定，非属妥当的规定。董事会职权是自足的独立的，董事会并无义务听命于股东大会的指令。[4]

6. 股东大会和效率

股东大会法定职权之一为修改章程。章程尚且记载诸如公司名称和住所之类简单事项。变更此类事项，势必得修改章程，而修改章程又得召开股东大会。从效率的角度看，此种规定不是很灵活。[5]而且更有甚者。以股票期权激励为例，股票期权激励计划原则上应由股东大会特别决议决定；[6]为股票期权激励进行的股份回购应由股东大会普通决议决定；股票期

---

1 参见前文§6.4.1。

2 参见上文§5.0.2.1。

3 See e.g., Solomon v. Armstrong, 747 A.2d 1098 (Del.1999).

4 参见上文§5.0.2.1。

5 参见前文§6.2.2.1。

6 参见2006章程指引第77条。

权激励具体分配应由股东大会普通决议决定。[1]再以减资为例，公司减资应由股东大会特别决议决定；为减资进行的修改章程应由股东大会特别决议决定；为减资进行的股份回购由股东大会普通决议决定。[2]原为简单事宜，程序不尽繁琐。从效率的角度看，此等立法值得立法者深思。

1 参见前文§6.2.2.1。

2 参见前文§6.2.2.1。

§ 7 公司治理

§ 7.0 上市公司概述

1. 上市公司

依照2005年公司法第121条规定，股票在证券交易所上市交易的股份有限公司是上市公司。和其他股份有限公司相比，其差别在于，股票在证券交易所上市交易。

尽管存在法定下限，[1]该类公司规模可大可小。规模大的如原宝山钢铁股份有限公司，光注册资本就有125亿余元，毋庸讨论其净资产、收入总额和雇员等情况。规模小的如原北京用友软件股份有限公司，IPO时注册资本才1亿元，其净资产、收入总额和雇员等情况，也相对弱得多。和美国上市公司相比，最大差别在于，股权分置改革前的上市公司中，存在大量非流通股占多数的上市公司。比如，刚才提到的那两个公司，上市流通股份分别为股份总额的15%和25%。在极其个别的情况下，股份是全额流通的，比如，原上海方正延中科技集团股份有限公司和原上海爱使股份有限公司等。就大型上市公司而言，其突出的特点是：

（1）影响力

大型上市公司，其经济和社会等方面的影响力，出乎寻常的巨大。比如，中国石油化工股份有限公司，其注册资本为867.02439亿元；截至2002年12月31日，其总资产为3 683.75亿元，净资产为1 544.85亿元。[2]该公司共有13家已上市的子公司或者参股公司，包括2家油田子公司或者参股公司（中原油气和石油大明），9家炼化子公司（上海石化、北京燕化、齐鲁石化、扬子石化、镇海炼化、仪征化纤、石炼化、湖北兴化和中国凤凰），

1　参见2005年证券法第50条。

2　参见2002年年报。http://www.sse.com.cn（2003年8月21日访问）。

2家销售子公司或者参股公司（武汉石油和泰山石油）。其中上海石化和仪征化纤，既是A股上市公司，又是H股上市公司；北京燕化和镇海炼化，为H股上市公司；其余公司，为A股上市公司。截至2000年12月31日公司共有正式职工508 168人。[1]像这样一家公司，公司做出某一项决策，比如有关裁员、环保或者开发新项目的决策，其影响力之大，可能出乎想象。

（2）股份分散

就大型上市公司而言，在流通股份持有方面，从绝对数额来看，是很分散的。比如，中国石油化工股份有限公司，其注册资本为人民币867.02439亿元，已经流通的股份为195.80亿股，分别在上海、香港、纽约和伦敦四地上市交易，分散于52万多股东手中。[2]在美国，投资者之一是机构投资者，比如养老基金、保险基金、投资基金等。从相对数额来看，机构投资者持股相对集中，比如，至1999年8月，美国排行在前的1 000家上市公司流通股份，近60%为机构投资者持有。[3]

（3）职业经理人管理

在大型上市公司中，管理者多为职业经理人。职业经理人，可以是上市公司股东，也可以不是；出于激励等因素考虑，上市公司通常提倡经理人持股。不过，不是因为股东身份，成为管理者；相反，成为管理者之后，也许成为股东。即使原系家族公司，公司大型化之后，管理控制权并不见得来自股份。极个别例外是，因高科技快速成长的公司，其股东仍然保留管理控制权，比如，Bill Gates和Michael Dell。[4]

2. 上市公司内部结构

由于所在行业不同，大型上市公司内部结构多有差别。出于简要说明目的，下文挑选一家业务相对单一的上市公司——招商银行为例加以说明。[5]

（1）概况

招商银行，实行一级法人体制，也就是说，总行具有法人资格，分行和支行不具有法

1 参见中国石油化工股份有限公司公开发行A股股票招股说明书。http://www.sse.com.cn（2003年8月21日访问）。

2 参见2002年年报。http://www.sse.com.cn（2003年8月21日访问）。

3 See Robert W. Hamilton, The Law of Corporations 397 (2000).

4 See Robert W. Hamilton, The Law of Corporations 383 (2000).

5 以下内容，均参见招商银行股份有限公司首次发行股票招股意向书。http://www.sse.com.cn（2003年8月21日访问）。

人资格；[1]实行总行、分行和支行三级机构管理体制，分行受总行授权进行经营管理，分行所属分支机构受分行转授权而为经营管理；[2]实行统一核算、资金统一调度和分级管理的财务制度；分行及其所属分支机构单独核算，会计相对独立。

截至2001年12月31日，该行在全国14个省、4个直辖市、1个自治区和1个特别行政区31个大中城市设有机构；拥有分行19家、支行3家、代表处2家，营业机构网点280家；营业机构网点覆盖了东南沿海、珠江三角洲、沿长江经济开发带、直辖市、内陆省会城市和中心城市等经济较发达地区，包括北京、上海、天津、重庆、广州和深圳。该行在香港和北京设有代表处。同时，准备将香港代表处升格为香港分行和设立美国代表处；该行与境外62个国家和地区的896家银行建立了代理业务关系。

（2）利润中心

该行总行设置公司银行部、个人银行部、同业银行部、离岸业务部、商人银行部负责业务。公司银行部，负责该行对公业务，包括国际业务开发和管理；个人银行部，负责该行个人银行资产和负债业务开发和管理；同业银行部，负责该行系统对境内和境外同业业务营销及其他业务往来；离岸业务部，负责该行离岸业务经营和管理；商人银行部，经营与资本市场相关的业务。除了商人银行部、同业银行部、离岸业务部外，该行分行内部机构原则上参照总行设置；支行原则上只设会计出纳部、个人银行部、业务部和办公室。这样，从支行分理处一线营业员，依次向上行走，可以上升到负责诸如总行公司银行部、个人银行部部长。管理级别越高，其相应的责任和决策权限也在上升。其中的部长，也许全权负责相应部门的全部业务。

在美国，这些相对独立的业务部门，可以组建成相应的利润中心（profit center）或者事业部。这些事业部，也许是独立的公司，也许是不独立的分公司，甚至是一个业务部门。独立不独立成法人，关系不大，相对独立就可以了，比如在产品生产、广告、销售等方面。如有重组购并发生，相应事业部可以如数出卖，原则上不会涉及其他事业部的资产和人员等事项的重组。[3]在我国，中国石油化工股份有限公司，就组建为四事业部：油田勘探开发

1 其他类型上市公司，不见得是这样的，比如，除了设立分公司之外，还设立全资子公司的苏宁电器股份有限公司。

2 其他类型上市公司，不见得是这样的，比如，通过代理商或者经销商等运作，而不是自设分支机构运作的中国动向（集团）有限公司。

3 See Robert W. Hamilton, The Law of Corporations 387—88 (2000).

事业部、炼油事业部、化工事业部和销售公司。[1]

(3) 总部

该行总行在深圳。[2]除上述业务部门外，还设置办公室、人力资源部、研究部、计划资金部、风险控制部、会计部、稽核监督部、法律事务部、资产保全部、监察保卫部、机构管理部、信息技术部、ISO9000推行工作办公室、培训中心、行政部和单证处理中心等。

其上设置专门委员会。其一，风险控制委员会，负责研究该行资产经营业务政策及其风险控制规章制度，审议和决策各类大额资产经营业务。风险控制委员会委员包括行长、副行长、行长助理、风险控制部总经理和副总经理、计划资金部、同业银行部和法律事务部第一负责人。其二，资产负债管理委员会，负责该行资产负债比例管理和流动性风险管理。资产负债管理委员会委员包括行长、副行长、行长助理、计划资金部、风险控制部、会计部、同业银行部、公司银行部、个人银行部、资产保全部第一负责人。其三，信息管理委员会，负责该行信息规划和管理。信息管理委员会委员包括行长、副行长、行长助理、信息技术部、研究部、办公室、计划资金部、风险控制部、会计部、稽核监督部第一负责人。其四，稽核监督管理委员会，负责该行内部控制和稽核监督。稽核监督管理委员会由行长、副行长、行长助理和稽核监督部总经理组成。

当然，各委员会之上，是行长、副行长和行长助理。在其他公司，类似的人员通常组成总裁办公会议之类的机构。[3]

在美国，在事业部之上，组建相应的部门，集中提供相应的公共服务，比如人力资源、审计财务、法律、融资等。相应的部门负责人是首席财务官、首席运营官、首席法务官、首席审计官等，简称“CFO”、“COO”、“CAO”、“CLO”等。在他们之上，并向其报告的管理人员是首席执行官，简称“CEO”。[4]

(4) 行长

该行实行董事会领导下的行长负责制。行长对银行资本和资产行使充分的经营管理权。

在美国，相当人员是首席执行官，通常称为“CEO”。和行长一样，他为公司运营最终负责。在理论上，就公司运营事务，他有最后的发言权。不过，他不可能事无巨细，事必

---

1 参见中国石油化工股份有限公司公开发行A股股票招股说明书。http://www.sse.com.cn(2003年8月21日访问)。
2 原则上，总部所在地和公司住所可以分离。参见金勇军:《公司法总论》，高等教育出版社2004年版，第23页。
3 例见中国石油化工股份有限公司公开发行A股股票招股说明书。http://www.sse.com.cn(2003年8月21日访问)。
4 See Robert W. Hamilton, The Law of Corporations 389 (2000).

躬亲。通常通过授权，将日常事务，让他人为之。通常情况下他是职业经理人。在过去他的权力被视为是绝对的；在今天他的权力，比过去的要少多了。[1]

3. 上市公司董事会

（1）概述

美国上市公司董事会，由内部董事和外部董事或者独立董事组成。如果上市公司董事，在上市公司兼任高级管理职位，比如兼任CEO，或者和上市公司之间存在具有重要意义的经济关系，比如兼任公司法律顾问，该董事为内部董事。如果上市公司董事，既不在上市公司兼任高级管理职位，与上市公司之间也不存在具有重要意义的经济关系，该董事为外部董事。[2]我国上市公司董事会组成情况于近些年发生了类似的变化。

美国大型上市公司董事会流行两种形式：多数董事会和超多数董事会。多数董事会（A "majority independent" board of directors），由内部董事和外部董事组成，但外部董事占多数，内部董事占少数。一个平均水平的多数董事会，包括CEO、3~4席内部董事和7席外部董事。超多数董事会（A "supermajority independent" board of directors），其组成成员，除CEO外，均系外部董事。前一种形式的董事会最为流行，后一种形式的董事会也有采用的余地。之所以在董事会中保留一定席次的内部董事，比较多的考虑是，其一，外部董事有机会面见高级管理人员，而该类人员也许是CEO的继承人或者替换者；其二，在董事会中保留了解公司运营详情的董事。[3]我国上市公司董事会组成情形还没有到这样的地步。

（2）专门委员会

许多大型上市公司董事会设置专门委员会，让其处理专门的技术性问题，比如做出董事自己交易批准，或者让其在董事会闭会期间履行董事会相应职责。[4]

在董事会闭会期间，董事会职权如何行使呢？比较理想的解决途径是设置执行委员会（executive committee）。在董事会闭会期间授权行使董事会职权。该委员会委员，通常由内

---

1 See Robert W. Hamilton, The Law of Corporations 391—92 (2000).

2 参见后文§7.1.2.1。

3 See Robert W. Hamilton, Corporate Governance in America 1950—2000: Major Changes But Uncertain Benefits, 25 Iowa J. Corp. L. 349, 361 (2000).

4 这里的专门委员会是董事会专门委员会，其成员是董事。公司尚可组建其他委员会，作为董事会咨询机构，但这些委员会不是这里讨论的专门委员会；同时，公司管理层可以设置为其服务的委员会，它们也不是这里讨论的委员会。参见前文§7.0.2.3。

部董事充任。因此牵涉董事会对执行委员会的授权问题。在美国，就此类问题，法律有所限制，[1]目的是避免借助专门委员会架空董事会。[2]我国招商银行就设有4名董事组成的执行委员会。[3]

由于美国证监会推荐，比较流行的执行委员会之外的三个委员会，是审计委员会、薪酬委员会和提名委员会。[4]每一个委员会，主要或者全部由独立董事组成。审计委员会，审核公司内部财务控制的充分性，审核审计会计准则和制度的变更等事项；审核递交给美国证监会的年报和投票代理权征集陈述书等；负责联络外部审计事务所，并充当董事会、事务所和公司管理层的沟通中介；监督公司是否遵纪守法，等等。薪酬委员会，决定董事、CEO和其他管理人员的薪酬计划。提名委员会，提名董事、CEO和专门委员会委员及其召集人人选。[5]我国上市公司治理准则有所倡导。[6]

在上述专门委员会之外，还可以设置其他专门委员会，比如，战略、计划或者技术委员会等。原则上，其成员主要是外部董事。还可以设置一些临时委员会，比如，处理派生诉讼的专门委员会或者批准董事自己交易的专门委员会。[7]我国上市公司治理准则对此也有所倡导。[8]

(3) 理论和现实

首先，在理论上，董事会是公司业务执行机构，CEO仅仅是个差使。但在现实中，情况相反，特别是大型上市公司。董事会无法管理公司，CEO及其管理团队管理公司。董事会功能，与其说是管理公司，不如说是监察，CEO和管理层的业务监察。比如，就CEO的经营业绩，董事会行使监察权。如果有必要，替换之。就公司的财务控制问题，董事会设置相应系统以保证信息记录的准确，等等。因为董事会成员多为外部董事，董事会的会议

---

1 See e.g., MBCA §8.25(e) (1984) (A committee may not, however: (1) authorize or approve distributions, except according to a formula or method, or within limits, prescribed by the board of directors; (2) approve or propose to shareholders action that this Act requires be approved by shareholders; (3) fill vacancies on the board of directors or, subject to subsection (g), on any of its committees; or (4) adopt, amend, or repeal bylaws.).

2 See Robert W. Hamilton, The Law of Corporations 320 (2000).

3 参见招商银行股份有限公司首次发行股票招股意向书。http://www.sse.com.cn（2003年8月21日访问）。

4 See Robert W. Hamilton, The Law of Corporations 319 (2000).

5 See Robert W. Hamilton, Corporate Governance in America 1950–2000: Major Changes But Uncertain Benefits, 25 Iowa J. Corp. L. 349, 362—63 (2000).

6 参见2002年1月7日中国证券监督管理委员会国家经济贸易委员会证监发〔2002〕1号上市公司治理准则（以下简称上市公司治理准则）第54—56条。

7 See Robert W. Hamilton, The Law of Corporations 319 (2000).

8 参见上市公司治理准则第52条。

次数很有限，会议持续时间也不过是几小时。[1]

其次，在理论上，董事由股东选举。但实际上，这一点落差太大了。比如，中国石油化工股份有限公司，有超过52万个股东，如果其董事由股东选举产生，有可行的操作方法吗？比如，全部股东出席会议的话，在哪个地方开会并投票呢？在美国，董事选举通常借助征集投票代理权[2]的方式进行；原则上，投票代理权征集陈述书由公司做出，而公司在投票代理权征集陈述书中仅仅推荐自己选定的候选人；股东要么投票同意，要么不投票；在授权他人投票时，不可能指示受授权人投公司推荐候选人之外的人；除非特别指明，哪怕股东没有做出选择，仅仅回寄投票卡（proxy card）或者指示卡（voting instruction），既为投了公司指定的候选人的票。[3]而公司选定候选人，过去由CEO决定，现在多由董事会提名委员会决定。[4]

（4）CEO和董事会

在过去，CEO通常是董事会主席，他控制董事会一切事宜。现在情况不一样了。因为董事会是多数董事会，独立董事多是CEO和退休的CEO。

在多数大型上市公司中，尽管CEO仍然是董事会主席，但独立董事可以脱离内部董事和CEO单独开会，而且至少每年召开一次，讨论管理层业绩问题。在有些大型上市公司，甚至由外部董事担任董事会主席。在过去，这是不可想象的。[5]

在过去，CEO决定董事人选提名事宜。因此董事会董事都是好人董事，凭CEO的暗示，他们知道说同意还是反对。[6]现在由董事会提名委员会提名董事、CEO和董事会专门委员会委员及其召集人人选。通常情况下，CEO不是这个委员会的委员，该委员会委员全部是独立董事；该委员会在提名时，原则上会考虑CEO的意见或者事先咨询CEO；该委员会做出的提名，最终由董事会决定；不过，就内部董事和外部董事比例与具体候选人而言，该委员会的决定是终局的。[7]

---

1 See Robert W. Hamilton, The Law of Corporations 402—03 (2000).

2 参见下文§8.4。

3 See e.g., 2003 ANNUAL MEETING OF SHAREOWNERS NOTICE OF ANNUAL MEETING AND PROXY STATEMENT. http://www.hp.com/hpinfo/investor/financials/annual/ (visited April 10, 2003).

4 See Robert W. Hamilton, The Law of Corporations 404—05 (2000).

5 See Robert W. Hamilton, The Law of Corporations 410 (2000).

6 See Robert W. Hamilton, The Law of Corporations 406 (2000).

7 See Robert W. Hamilton, Corporate Governance in America 1950-2000: Major Changes But Uncertain Benefits，25 Iowa J. Corp. L. 349, 363 (2000).

董事会薪酬委员会，决定董事、CEO和其他管理人员的薪酬计划。在涉及CEO本人时，CEO没有发言权；在涉及其他人时，CEO仅能推荐。[1]

在通常情况下，撤换CEO不在委员会审核之列。尽管如此，上市公司的CEO，要想任内无恙，原则上要取得全体董事的信任，特别是独立董事的信任，否则就得离职。CEO通常被视为一名雇员，只不过是一名高级雇员。[2]

§7.1 独立董事制度

1. 我国独立董事制度的由来

1997年上市公司章程指引第112条规定："公司根据需要，可以设独立董事。"[3]通过章程约定，境内上市公司可以接纳独立董事制度。此系中国证监会不明粗细的倡导。

1999年关于进一步促进境外上市公司规范运作和深化改革的意见[4]第6条提到："公司应增加外部董事的比重。董事会换届时，外部董事应占董事会人数的1/2以上，并应有2名以上的独立董事……外部董事应有足够的时间和必要的知识能力以履行其职责。外部董事履行职责时，公司必须提供必要的信息资料。独立董事所发表的意见应在董事会决议中列明。公司的关联交易必须由独立董事签字后方能生效。2名以上的独立董事可提议召开临时股东大会。独立董事可直接向股东大会、中国证监会和其他有关部门报告情况。"[5]境外上市公司应建立健全独立董事制度。

1 See Robert W. Hamilton, Corporate Governance in America 1950–2000: Major Changes But Uncertain Benefits, 25 Iowa J. Corp. L. 349, 363 (2000).

2 See Robert W. Hamilton, The Law of Corporations 411—12 (2000).

3 第112条相关注释提到，第112条为选择性条款。

4 1999年3月26日国家经济贸易委员会国经贸企改〔1999〕230号。

5 有意思的是，同文件第7条尚且倡导独立监事制度。第7条提到："公司要不断强化监事会的功能，明确监事会的职责和权限，制定监事会的具体工作规则和议事程序，避免监事会流于形式。公司监事会的首要职责是检查公司财务，有了解和查询公司经营情况的权利，可按规定程序向董事会秘书及财务部门索要有关材料，并承担相应的保密义务。监事会可以对公司聘用会计师事务所发表建议，可在必要时以公司名义另行委托会计师事务所独立审查公司财务，可直接向中国证监会及其他有关部门报告情况。国家有关部门可委托公司监事会对特定的事项进行调查。公司应增加外部监事……的比重。如果公司监事会换届，外部监事应占监事会人数的1/2以上，并应有2名以上的独立监事……公司外部监事应向股东大会独立报告公司高级管理人员的诚信及勤勉尽责表现。"

2001年关于在上市公司建立独立董事制度的指导意见（2001指导意见），[1]明确为上市公司独立董事制度提供颇为详细的指引；2002年上市公司治理准则[2]设置第3章第5节，专门处理独立董事事宜。上述两种文件相继倡导相对完整的独立董事制度。

2005年公司法第123条规定："上市公司设立独立董事，具体办法由国务院规定。"截至日前，国务院尚未颁布具体办法。

问题是，究竟何为独立董事制度?

2. 何为独立董事制度

（1）何谓独立董事

美国上市公司董事会成员区别为内部董事（Inside directors）和外部董事（Outside directors）或者独立董事（Independent directors）。在所属上市公司兼任高级管理职位，比如兼任CEO，或者和所属上市公司之间存在具有重要意义的经济关系，比如兼任公司法律顾问或者公司外部审计师等，相应董事为内部董事。既不在上市公司兼任高级管理职位，和上市公司之间也不存在具有重要意义的经济关系，相应董事为外部董事或者独立董事。[3]此外尚有关联外部董事（affiliated outside directors）之说。关联外部董事非属公司雇员，但和上市公司之间存在具有重要意义的经济关系或者家事关系。[4]关联外部董事实乃内部董事。

从逻辑的角度看，凡判断董事是否是独立董事，雇佣要素也好，股东要素也好，经济关系或者家事关系也好，它们仅仅是考虑要素之一，判断基准应该是董事独立性，董事独立于上市公司管理层。[5]否则，独立董事制度因极易规避而没有多大意义。

（2）独立董事候选人

2001指导意见第2条要求，具有5年以上法律工作经验、经济工作经验或者其他必要工作经验者，始得充任独立董事。上述要求是否有所依据？在美国，独立董事候选人，首先是，其他上市公司的CEO或者退休的CEO。理由很简单，他们懂董事会运作方式，也懂如何处理董事和CEO之间的关系。其次是，和上市公司主业有关联的大学校长、科学家或者

1 2001年8月16日中国证券监督管理委员会证监发〔2001〕102号。

2 2002年1月7日中国证券监督管理委员会国家经济贸易委员会证监发〔2002〕1号。

3 See Robert W. Hamilton, The Law of Corporations 405—06 (2000).

4 See Robert W. Hamilton, The Law of Corporations 406 (2000).

5 参见2001年中国证券监督管理委员会证监发〔2001〕102号关于在上市公司建立独立董事制度的指导意见（以下简称2001指导意见）第1条第1项和第3条。

专家名流，等等。[1]故上述要求多少有所依据。仅就这一点而言，与其说是一个法律问题，不如说是一个管理问题。

（3）特别的职权

2001指导意见第5条第1款规定："独立董事除应当具有公司法和其他相关法律、法规赋予董事的职权外，上市公司还应当赋予独立董事以下特别职权：（1）重大关联交易[2]……应由独立董事认可后，提交董事会讨论；独立董事作出判断前，可以聘请中介机构出具独立财务顾问报告，作为其判断的依据；（2）向董事会提议聘用或解聘会计师事务所；（3）向董事会提请召开临时股东大会；（4）提议召开董事会；（5）独立聘请外部审计机构和咨询机构；（6）可以在股东大会召开前公开向股东征集投票权。"[3]独立董事尚且享有董事职权[4]之外的特别职权。

2001指导意见第6条第1款提到："独立董事……还应当对以下事项向董事会或股东大会发表独立意见：（1）提名、任免董事；（2）聘任或解聘高级管理人员；（3）公司董事、高级管理人员的薪酬；（4）上市公司的股东、实际控制人及其关联企业对上市公司现有或新发生的总额高于300万元或高于上市公司最近经审计净资产值的5%的借款或其他资金往来，以及公司是否采取有效措施回收欠款；（5）独立董事认为可能损害中小股东权益的事项；（6）公司章程规定的其他事项。"[5]独立董事尚且享有特别职权之外发表特别意见的权利。

以上种种特别职权和权利的细节问题，上市公司可以通过章程具体化和明确化。[6]

以管理层收购为例，管理层收购为关联交易，经1/2以上独立董事认可后，管理层收购案方能交由董事会表决，同时独立董事可以就此独立发表意见；此前目标公司应当聘请

---

1 See Robert W. Hamilton, Corporate Governance in America 1950–2000: Major Changes But Uncertain Benefits, 25 Iowa J. Corp. L. 349, 362 (2000).

2 系指交易总额高于300万元或高于上市公司最近经审计净资产值5%的关联交易。参见2001指导意见第5条第1款。

3 2001指导意见第5条其他款项规定："（二）独立董事行使上述职权应当取得全体独立董事的二分之一以上同意。（三）如上述提议未被采纳或上述职权不能正常行使，上市公司应将有关情况予以披露。（四）如果上市公司董事会下设薪酬、审计、提名等委员会的，独立董事应当在委员会成员中占有二分之一以上的比例。"

4 参见上文§5.0.2.1和§5.1.2。

5 2001指导意见第6条其他款项规定："（二）独立董事应当就上述事项发表以下几类意见之一：同意；保留意见及其理由；反对意见及其理由；无法发表意见及其障碍。（三）如有关事项属于需要披露的事项，上市公司应当将独立董事的意见予以公告，独立董事出现意见分歧无法达成一致时，董事会应将各独立董事的意见分别披露。"

6 可以例见上市公司治理准则第3章第6节。

具有证券或者期货从业资格的资产评估机构提供资产评估报告。董事会做出决议并取得2/3以上独立董事同意后，管理层收购案应当提交股东大会表决，同时独立董事可以就此独立发表意见；独立董事发表意见前，目标公司应当聘请独立财务顾问就管理层收购出具专业意见。[1]

（4）报酬

2001指导意见第7条第5项和6项规定："上市公司应当给予独立董事适当的津贴……除上述津贴外，独立董事不应从该上市公司及其主要股东或有利害关系的机构和人员取得额外的、未予披露的其他利益。""上市公司可以建立必要的独立董事责任保险制度，以降低独立董事正常履行职责可能引致的风险。"[2]

3. 独立董事制度产生的动力

独立董事制度来源于美国，它是公司治理的重要一环。独立董事制度产生的动力，主要包括以下几种，依照其主次顺序分述如下：

（1）机构投资者的发展

美国证券市场的突出特点是，机构投资者特别发达。所谓机构投资者，是指养老基金、保险公司、投资公司和基金会，等等。其特点是，首先，它们不是个人而是机构；其次，它们由职业经理人管理。[3]其发达程度，可以用数字说明。从相对数额看，机构投资者持股相对集中，比如，截至1999年8月，美国排行在前的1 000家上市公司流通股份，近60%为机构投资者持有。[4]从绝对数额看，比如杜邦公司（E.I. DuPont de Nemours），截至1997年底，前5家机构投资者持有流通股的14.3%；前10家，是21.3%；前20家，是30.6%；前25家，是33.3%；所有机构投资者，是55.6%。[5]

美国机构投资者，将自己定位为投资者，而不是控股人。除了经纪公司等少数例外以

---

1 参见上文§6.4.4.1。

2 在美国，报酬方式多种多样；报酬本身也相当优渥。See Robert W. Hamilton, Corporate Governance in America 1950–2000: Major Changes But Uncertain Benefits, 25 Iowa J. Corp. L. 349, 364 (2000).

3 See Robert W. Hamilton, Corporate Governance in America 1950–2000: Major Changes But Uncertain Benefits, 25 Iowa J. Corp. L. 349, 355 (2000).

4 参见前文§7.0.1.2。

5 See Robert W. Hamilton, Corporate Governance in America 1950–2000: Major Changes But Uncertain Benefits, 25 Iowa J. Corp. L. 349, 355 (2000).

外，机构投资者是长期投资人，特别是养老基金。因此它们不可能使用“用脚投票”规则（wall street walk），反而采用“谈话投票”规则（wall street talk）。如果上市公司业绩不好，机构投资者就要求和公司谈话沟通。沟通通常从机构投资者提出的公司治理问卷开始，如果与其要求不符，最终会要求公司改进公司董事会人员组成和治理程序；如果业绩仍然不佳，机构投资者就可能联手撤回对管理层物色的候选人和提出的议案的赞成票；更有甚者，向股东大会提出新的公司治理议案或者罢免现任管理层。因为面临以上这样的危险，公司管理层自然容易说服，包括改进董事会的人员组成事宜。[1]

（2）收购回潮

如果目标公司业绩不佳，另有雄心者，就有可能收购目标公司。收购目标公司，先以现金公开要约收购（Cash Tender Offers）[2]的方式出现，后来以杠杆收购的方式（Leveraged Buyouts）[3]出现。如若收购成功，则直接威胁现任管理层对目标公司的控制权，现任管理层有可能出局。因管理层设置诸如驱鲨剂（poison pill）[4]之类的反收购措施，公开要约收购式收购越来越困难。美国现今的收购，多是协议收购。公开要约收购最多是引起目标公司注意的挑逗，结果多以协议收购告终。[5]如欲控制管理层，此路不通了。只好另谋他路。此种其他途径，就是独立董事制度。

（3）水门事件

1973年的水门事件导致尼克松总统下台。水门事件披露，就尼克松总统竞选，某些公

---

1 See Robert W. Hamilton, Corporate Governance in America 1950–2000: Major Changes But Uncertain Benefits，25 Iowa J. Corp. L. 349, 357—58 (2000).

2 In a classic cash tender offer, a bidder would offer to purchase for cash all or a stated percentage of the outstanding shares of a publicly held corporation at a price substantially above their current market price. The offer would be made public and would remain open for a relatively short period. See Black's Law Dictionary 1480 (7th ed.1999).

3 参见上文§2.3.3。

4 A “poison pill” , or “shareholder rights plan” , provides that upon a specified triggering event (usually the acquisition of some designated percentage of the voting shares of the corporation), the corporation will issue debt or equity securities to the remaining shareholders at a bargain price, thus significantly diluting the interest purchased by the aggressor. The dilution is usually so great that it is not practical for the bidder ever to obtain control of the target by market purchases. Poison pills also provide that the board of directors of the target corporation may voluntarily disarm the poison pill before it is triggered without further economic effects. Sometimes they provide that only the directors in office at the time the plan is approved may vote to redeem the rights granted by the plan. See Robert W. Hamilton, Corporate Governance in America 1950–2000: Major Changes But Uncertain Benefits，25 Iowa J. Corp. L. 349, 359 n.21 (2000).

5 See Robert W. Hamilton, Corporate Governance in America 1950–2000: Major Changes But Uncertain Benefits，25 Iowa J. Corp. L. 349, 359 (2000).

司捐出了非法政治捐献金。闻知此事之后，美国证监会发布豁免令，指定豁免期限，要求上市公司自查不良行为并予公开披露。上市公司披露的结果是，许多平时很体面的公司，都做了不合适的、不合法的甚至是犯罪行为。这些公司在人们心目中的遵纪守法的公民形象大大破坏了。民众深信，上市公司内部治理是不充分的；强烈诉求，制定规则加以纠正。卓然可见者为，美国法律研究院（American Law Institute）公布研究报告公司治理原理（Principles of Corporate Governance）。这仅仅是做出上述诉求的声音之一。[1]

（4）机构建议

以上种种因素，产生强烈纠正公司治理的诉求，建议纠正公司治理。这些建议最早出现于20世纪70年代。建议者包括，机构投资者、美国律师协会、美国法律研究院、教会组织和其他公益机构。当然，也包括商界机构，比如商业圆桌会议（Business Roundtable）、全国公司董事协会（National Association of Corporate Directors）和机构投资者协会等。其中最显眼的是商业圆桌会议。这一机构由全美最大的200家上市公司的CEO组成，过去以公司治理的强烈反对者而闻名。在1997年，它却发布公司治理宣言（Statement on Corporate Governance），接受独立董事制度。[2]

4. 独立董事制度的评价

如果仅将其视为一种书面上的制度，则独立董事制度在我国由来已久；如果将其视为活生生的法律或者规则，则其实际运作经验不是很多，更没有经年累积的丰富数据和研究报告。因此，评价独立董事制度的得失，还为时尚早。

在美国，通常从两个方面评价独立董事制度。其一，独立董事制度能否保证上市公司成为良好的企业公民（good corporate citizenship）？其二，独立董事制度能否提升股东的利益？[3]第一个问题，涉及上市公司遵纪守法方面；第二个问题，涉及股东利益方面，其计量基准可以是股价，可以是分红，也可以是上市公司业绩等。

第一个方面的评价，通常由法学学者进行。尽管多有印象主义的味道或者仅仅出于直

---

1 See Robert W. Hamilton, Corporate Governance in America 1950–2000: Major Changes But Uncertain Benefits, 25 Iowa J. Corp. L. 349, 360 (2000).

2 See Robert W. Hamilton, Corporate Governance in America 1950–2000: Major Changes But Uncertain Benefits, 25 Iowa J. Corp. L. 349, 360—62 (2000).

3 See Paul H. Zalecki, The Corporate Governance Role of the Insider and Outsider directors, 24 U. Tol. L. Rev. 831, 834 (1992).

觉，独立董事制度的确能够起作用。[1]正因为独立董事制度，就公司不法行为或者诸如关联交易之类的不良行为而言，公司有了更有效的内部控制措施；就管理层任免和激励而言，公司也有了更为有效的审核机制。

第二个方面的评价，通常由经济学者和公司财务学者做出。尽管有不同意见，[2]但经验数据的结论是，业绩不良的上市公司，对经营漩涡的反应是接受常识，增加董事会独立董事席位；没有证据证明，该种策略的确起作用；董事会独立性，并不能保证公司业绩提升；相反，倒有迹象显示，业绩会下降。总而言之，没有经验数据支持，有关董事会独立性能保证公司业绩提升的常识。[3]

§ 7.2 管理人员薪酬

1. 管理人员薪酬

（1）概述

管理人员薪酬（executive compensation）涵盖相当广泛。上市公司销售人员薪酬属之，上市公司CEO薪酬亦属之。尽管各个大型上市公司取舍不一，相应薪酬组成项目名目繁多。依照2003年美国宝洁公司薪酬委员会报告，[4]CEO薪酬包括两个部分：年度薪酬（annual compensation）和长期薪酬（long-term compensation awards）。年度薪酬包括：其一，底薪（base salary），计1 600 000美元。其二，年度奖金（bonus），依照“Short-Term Achievement

---

1 See, e.g., Ira M. Millstein & Paul W. MacAvoy, The Active Board of Directors and Performance of the Large Publicly Traded Corporation, 98 Colum. L. Rev. 1283, 1293 (1998) (“Our observation is that even in large—scale, highly bureaucratic corporations, Darwin’s logic carries. If one organism has even a tiny advantage over the others, that advantage can be ‘a grain in the balance’ that determines which organism survives over time. We can easily accept the notion that, at the least, an independent board of directors is such ‘a grain in the balance’.”).

2 See, e.g., Ira M. Millstein & Paul W. MacAvoy, The Active Board of Directors and Performance of the Large Publicly Traded Corporation, 98 Colum. L. Rev. 1283, 1319 (1998)(a statistically significant relationship between an active, independent board and superior corporate performance as measured by earnings in excess of costs of capital over the industry average).

3 See Sanjai Bhagat & Bernard Black, The Non—Correlation Between Board Independence and Long—Term Firm Performance, 27 Iowa J. Corp. L. 231, 233 (2002).

4 See Notice of 2003 Annual Meeting and Proxy Statement. http://www.pg.com/investors/financial_reports/proxy.jhtml(visited Sep.20, 2003) .

Reward”计划，薪酬委员会决定，奖金是底薪的188%，计3 000 000美元。其三，包括公司商务专机津贴和增加税款返还等利益在内的其他年度薪酬。在2003年，CEO的数额为0。长期薪酬包括：其一，股票期权（stock option），薪酬委员会决定授予262 798股期权。其二，限制流通股（restricted stock），薪酬委员会决定授予50 000股，计4 524 800美元。其三，长期激励款项，依照“Business Growth Program”长期激励计划，薪酬委员会决定，该等款项是2 712 600美元，用限制流通股支付。其四，包括诸如退休养老计划支付项目之类的其他长期薪酬项目。

如若重组购并导致CEO离职的，上市公司通常支付包括底薪和年度奖金在内的年目标薪酬倍数离职费。比如，HP合并Compaq，Compaq原CEO Capellas在约定期限内离职，HP依约向Capellas先生支付：其一，遣散费（Severance Payment），年目标薪酬的3倍，计14 400 000美元；其二，年度激励相应比例部分，计1 866 667美元。[1]此等巨额支付业界戏称为金色降落伞（Golden Parachute）。

（2）股票期权

长期薪酬中占主要地位起主要作用的是股票期权，特别在美国。授予股票期权，实乃CEO和上市公司缔结选择权合同。因为选择权合同，CEO享有选择权；该种选择权是一定数额股票购买与否的选择权；选择权行使期限，在选择权合同中预先约定；一定数额股票购买价格，在选择权合同中事先约定；股票出卖方，就是缔结选择权合同的上市公司。[2]

股票期权区别为二：其一，合格的股票期权（qualified stock option）。以CEO为例，CEO行使股票期权时，不确定CEO个人收入；行使期权购进股票再行出卖时，确定CEO个人收入，并作为长期资本利得科征个人所得税；上市公司不得将上述收入作为费用列支。[3]

---

1 See General Waiver and Release Agreement between HP and Mr. Capellas dated December 1, 2002.

2 See Black's Law Dictionary 1431 (7th ed. 1999).

3 See 26 USCS § 421(a) and (b)(2003).

前提条件是，符合法律规定的要求。[1]其二，不合格的股票期权（nonqualified stock option）。所谓不合格，就是不符合针对前者的法律要求。相应结果自然和前者不一样。比如，前者不确定收入，后者可以；因此确定的收入，上市公司可以作为费用列支。

如果因为法律另有限制，相关人员不能持有股票的，则股票期权通常以SAR（stock appreciation right）[2]代替。

（3）理由

上市公司采纳包括股票期权在内的管理人员薪酬，特别是使用股票期权，理由主要包括：其一，将管理人员薪酬和股票价格捆绑，有利于提升股票价格；其二，可以增进管理人员风险欲望，最终有利于股票价格提升；其三，可以延揽富有才能的员工，可以留住富有才能的管理人员；其四，规避美国国内税收法典上的底薪封顶限制，[3]避免管理人员薪酬显得过高等。[4]

2. 管理人员薪酬决定

（1）薪酬决定

以CEO薪酬为例，CEO薪酬涉及上市公司和CEO之间的关联交易。如果CEO兼任上市公司董事，实乃董事自己交易，从董事自己交易规则处理。[5]在通常情况下，CEO薪酬由

---

1 See 26 USCS § 422(b) (2003) “(1) [T]he option is granted pursuant to a plan which includes the aggregate number of shares which may be issued under options and the employees (or class of employees) eligible to receive options, and which is approved by the stockholders of the granting corporation within 12 months before or after the date such plan is adopted; (2) such option is granted within 10 years from the date such plan is adopted, or the date such plan is approved by the stockholders, whichever is earlier; (3) such option by its terms is not exercisable after the expiration of 10 years from the date such option is granted; (4) the option price is not less than the fair market value of the stock at the time such option is granted; (5) such option by its terms is not transferable by such individual otherwise than by will or the laws of descent and distribution, and is exercisable, during his lifetime, only by him; and (6) such individual, at the time the option is granted, does not own stock possessing more than 10 percent of the total combined voting power of all classes of stock of the employer corporation or of its parent or subsidiary corporation.” .

2 See Black’s Law Dictionary 1431 (7th ed. 1999) (a right, typically granted in tandem with stock option, to be paid the option value (usual in cash) when exercised along with the simultaneous cancellation of the option).

3 参见后文§ 7.2.3.4。

4 See Eric L. Johnson, NOTE: Waste Not, Want Not: An Analysis of Stock Option Plans, Executive Compensation, and the Proper Standard of Waste, 26 Iowa J. Corp. L. 145,149—50 (2000).

5 参见上文§5.2.8。

董事会薪酬委员会决定，而该委员会原则上由独立董事组成，[1] 自己交易所涉利益冲突事宜自行化解。如果CEO不兼任上市公司董事，情况也类似。

CEO薪酬项目中的股票期权，依照股票期权计划执行；此等股票期权计划参与者并不限于CEO；股票期权计划应获股东大会批准。[2] 如若股东大会批准，依照股票期权计划，董事会薪酬委员会决定年度数额。[3]

（2）司法挑战

CEO薪酬由董事会薪酬委员会决定，实际上就是董事会决定。在美国，因商业决策原则，该种决定不受司法挑战。法院愿意尊重董事会决策，不愿意审查该种决策。只有在个别例外的情况下，如果挑战者能够证明，该种决策是一种浪费（Waste），则可废弃。股票期权换取的代价，在妥帖的经营决策人员看来，是不充分的，则为浪费。[4]

3. CEO薪酬争议

（1）争议

在美国现代公司历史上，从来没有一个问题像CEO薪酬步步高升这一问题一样惹人争议。尽管媒体跟踪CEO薪酬已经多年，但1991年显得特别突出。美国有线新闻网络、60分钟和晚间热线三家主要晚间新闻媒体分别开设专门节目谈论CEO薪酬；专门为报刊撰写CEO薪酬文章的Graef Crystal先生的披露文章，则给CEO薪酬争议煽风点火；1992年1月乔

1 参见前文§7.0.3.4。See, e.g., Notice of 2003 Annual Meeting and Proxy Statement. http://www.pg.com/investors/financial_reports/proxy.jhtml (visited Sep.20, 2003).

2 See 26 USCS § 422(b) (2003) "(1) [T]he option is granted pursuant to a plan which includes the aggregate number of shares which may be issued under options and the employees (or class of employees) eligible to receive options, and which is approved by the stockholders of the granting corporation within 12 months before or after the date such plan is adopted; (2) such option is granted within 10 years from the date such plan is adopted, or the date such plan is approved by the stockholders, whichever is earlier; (3) such option by its terms is not exercisable after the expiration of 10 years from the date such option is granted; (4) the option price is not less than the fair market value of the stock at the time such option is granted; (5) such option by its terms is not transferable by such individual otherwise than by will or the laws of descent and distribution, and is exercisable, during his lifetime, only by him; and (6) such individual, at the time the option is granted, does not own stock possessing more than 10 percent of the total combined voting power of all classes of stock of the employer corporation or of its parent or subsidiary corporation." .

3 参见前文§7.2.1.1。

4 See Eric L. Johnson, NOTE: Waste Not, Want Not: An Analysis of Stock Option Plans, Executive Compensation, and the Proper Standard of Waste, 26 Iowa J. Corp. L. 145, 155 (2000).

治·布什总统在一群高薪CEO簇拥下，在不合时宜之机，朝圣日本，则让CEO薪酬争议达到了爆破点。要求日本贸易让步，化解为奢华的管理人员薪酬降低了美国的竞争力，特别是从两国管理人员薪酬差别的角度来看。甚至CEO薪酬争议变成了两党论争的政治问题。[1]在此类争议中，一种突出的声音是工人，认为薪酬实在高得出奇，而且奢华的CEO薪酬，往往意味着重组购并或者失业，等等；另一种突出的声音是股东，认为拿着奢华薪酬的CEO并没有提升公司的业绩。[2]

为应对上述问题，美国做出一系列政治反映，加强薪酬控制。涉及征集投票代理权、信息披露、税务处理和会计处理等方面。

（2）股东薪酬议案

在过去，美国证监会的立场是，决定管理人员薪酬计划是董事会职权范围内的事项，股东不能提出涉及管理人员薪酬计划的议案并要求加入投票代理权征集陈述书。1992年，美国证监会改变过去一贯的立场，向IBM等10家上市公司发出信函，制止上市公司将相关提案剔除出投票代理权征集陈述书。[3]如果股东大会就此通过决议，该种决议是建议性的，没有约束力。[4]

（3）信息披露

1992年颁布的美国证监会信息披露规则额外要求：[5]其一，制作薪酬摘要表格一份，详细描述上市公司CEO和其他薪酬排名前四名管理人员过去3年的薪酬。其二，制作两份股票期权或者SARs表格，描述股票期权或者SARs详细情况。其三，制作一份曲线图，描述公司过去5年股票价格轨迹，而且要与总体股票市场及其所在行业市场相比较。其四，制作薪酬委员会报告一份。所有这些文件，均列入投票代理权征集陈述书。[6]

（4）税务处理

为履行竞选诺言，克林顿总统修改美国国内税收法典第162条第m款。依照该款规

1 See Kevin J. Murphy, Politics, Economics, and Executive Compensation, 63 U. Cin. L. Rev. 713, 714—15 (1995).

2 See Kevin J. Murphy, Politics, Economics, and Executive Compensation, 63 U. Cin. L. Rev. 713, 716—18 (1995).

3 See Kevin G. Salwen, The People's Proxy: Shareholder Proposals on Pay Must Be Aired, SEC to Tell 10 Firms, WALL ST. J., Feb. 13, 1992, at A1.

4 See Kevin J. Murphy, Politics, Economics, and Executive Compensation, 63 U. Cin. L. Rev. 713, 730 (1995).

5 See Kevin J. Murphy, Politics, Economics, and Executive Compensation, 63 U. Cin. L. Rev. 713,732 (1995).

6 See, e.g., Notice of 2003 Annual Meeting and Proxy Statement.
http://www.pg.com/investors/financial_reports/proxy.jhtml (visited Sep.20, 2003).

定，凡超过100万美元的管理人员薪酬，超过部分不能作为费用在税前扣除；管理人员是指CEO和其他薪酬排前四名的管理人员；管理人员薪酬，是指不和业绩挂钩的薪酬；和业绩挂钩（performance-based）的薪酬，业经股东大会批准，由独立董事组成的薪酬委员会决定的，不受上述限制。[1]前者，比如底薪；后者，比如限制流通股等。

（5）会计处理

股票期权是管理人员薪酬的一种方式。在过去的会计规则下，股票期权在授予之日，管理人员所得，不作为费用处理。1993年美国财务会计标准委员会（FASB）修改规则，要求上市公司在授予之日，进行相关费用税前扣除。

4. 我国的情况

依照2005年公司法规定，如果CEO兼任董事，CEO薪酬由股东大会决议决定；[2]如果并未兼任董事，CEO薪酬由董事会决议决定。[3]尽管2005年公司法没有明确CEO薪酬具体项目及其实施细节，但实务当中有所创造。[4]中国证监会要求，上市公司年报应披露诸如董事之类的高级管理人员薪酬决策程序、薪酬确定依据和薪酬实际支付情况；披露诸如董事之类的高级管理人员报告期内税前薪酬总额，包括基本工资、奖金、津贴、补贴、职工福利费、各项保险费、公积金、年金以及以其他形式从公司取得的报酬；披露所有诸如董事之类的高级管理人员总计薪酬额度；披露股权激励事宜，按照可行权数量、已行权数量、行权价和报告期末相应市价单独列示。[5]

依照2005年公司法第143条规定，为期权激励目的，股份有限公司可以回购股份；回购股份数额不得超过已发行股份总额的5%；股份有限公司不得将收购资金作为成本税前列支，收购资金应分摊股份有限公司的税后利润。

---

1 See 26 USCS § 162(m)(2003).

2 参见上文§6.2.2.1。

3 参见上文§5.0.2.1。

4 例见中国石油化工股份有限公司公开发行A股股票招股说明书。http://www.sse.com.cn(2003年8月21日访问)。

5 参见2007年12月27日中国证券监督管理委员会证监公司字〔2007〕212号公开发行证券的公司信息披露内容与格式准则第2号年度报告的内容与格式第25条；2005年公司法第117条。

§ 7.3 关联交易

1. 问题由来

TCL通讯（000542）为1993年12月1日上市的外商投资股份有限公司。其运营业务包括通讯产品和通讯设备与通讯设备服务和工程技术咨询。上述业务通过子公司惠州TCL移动通信有限公司和呼和浩特TCL移动通信有限公司营运。

TCL集团（000100）系于2002年4月19日由TCL集团有限公司变更而来的国有控股股份有限公司，属于消费电子和通讯产品综合制造商。2002年12月28日，TCL集团收购惠州市南方通信开发有限公司和惠州市通信开发总公司持有的26 020 417股TCL通讯国有法人股和2 079 000股TCL通讯法人股；2003年3月12日，TCL集团收购广东省邮电工程贸易开发公司持有的623 700股TCL通讯法人股。上述收购交割之后，TCL集团总计持股59 628 800，占股份总额的31.7%。TCL集团全资子公司香港TCL通讯持股47 027 200，占股份总额的25%；社会公众股81 452 800，占股份总额的43.3%。

在上述重组购并的基础上，TCL集团吸收合并TCL通讯并IPO。于IPO时TCL集团向TCL通讯流通股股东发行TCL集团股份；TCL通讯流通股股东，将其TCL通讯流通股，折股换为上述额度TCL集团股份；TCL集团全资子公司香港TCL通讯持股，视同TCL集团持股，一并注销；TCL通讯全部财产并入TCL集团，TCL通讯注销。[1]

当年TCL通讯董事会董事共9席，此前两席董事辞职实乃7席；7席中4席为TCL集团委派，包括TCL通讯董事长万明坚先生和TCL集团董事长李东生先生。[2]如果吸收合并协议由万明坚先生和李东生先生缔结，上述吸收合并乃董事自己交易。[3]即使并非如此，多少会牵涉更为广泛的关联交易。

2. 我国法律态度

（1）关联交易

依照2005年公司法第217条解释，控股股东与其直接或者间接控制公司之间的关系为

1 参见2004年1月5日TCL集团股份有限公司首次公开发行股票招股说明书。

2 参见2003年9月30日TCL通讯设备股份有限公司临时董事会会议决议公告即召开公司临时股东大会会议的通知。

3 参见前文§5.2.8.2。

关联关系；实际控制人的情形，亦同；董事、监事和高级管理人员[1]的情形，亦同；足以导致公司利益转移的其他关系也可以是关联关系；国家控股企业之间的关系不一定是关联关系。[2]从此可以推断，控股股东与其直接或者间接控制公司之间的交易系关联交易，诸如控股股东交易之类的交易亦为关联交易。

实际上，企业会计准则[3]接受上述推断，关联方交易，是指关联方之间不论收取价款与否的转移资源、劳务或义务的行为，比如，购买或销售商品、提供或接受劳务等；其中的关联方，是对应的双方，比如，直接或间接控制其他企业的企业和受其控制的企业，即母子公司。2008年上海证券交易所股票上市规则也持类似态度，上市公司关联交易，是指上市公司与关联人之间发生的资源或义务转移，比如，购买或销售商品、提供或接受劳务等；上市公司关联人包括关联法人和关联自然人；其中关联法人，比如，直接或间接控制上市公司的法人，与上市公司同受控制的法人等；其中的关联自然人，比如，持股上市公司5%以上个人股东、上市公司董事、监事或高级管理人员等；此外，因与上市公司或者关联人之间的协议或者安排，在协议或者安排生效后符合以上规定的，视为上市公司关联人，等等。[4]

在判断相应交易是否是关联交易时，持股因素也好，控制因素也罢，仅仅是考虑因素之一，判断标准应该是从公司的角度看，相应因素可能导致公司利益转移的；从关联人[5]的角度看，关联人身处利益冲突的。哪怕上节吸收合并由万明坚先生和李东生先生缔结，也不见得就是关联交易。TCL通讯董事会董事共9席，因两席董事辞职实乃7席；7席中4席董事为TCL集团委派，包括万明坚先生和李东生先生。TCL集团足能左右TCL通讯董事会。TCL通讯董事会多数董事身处利益冲突，乃董事自己交易。

1 高级管理人员是指经理、副经理、财务负责人、上市公司董事会秘书和公章程约定人员。参见2005年公司法第217条。

2 2008年9月4日上海证券交易所股票上市规则（2008股票上市规则）§§10.1.3—4特意明确，如果上市公司控股股东国有资产管理机构尚且控制上市公司之外的法人的，上市公司和上市公司之外的法人之间不一定存在关联关系。如果上市公司之外的法人半数以上董事兼任上市公司董事的，则可认定关联关系存在。

3 2006年2月15日财政部财会〔2006〕3号企业会计准则第36号——关联方披露第4—8条。

4 2008股票上市规则§§10.1.1—7。

5 比如，2008股票上市规则§10.1.3提到，从实质重于形式原则，与上市公司有特殊关系可能导致上市公司利益对其倾斜的法人或其他组织，可以认定为关联人。

（2）特别控制第16条

依照2005年公司法第16条第2款规定，公司为股东或者实际控制人提供担保的，必须经股东会或者股东大会决议。如果上述股东为控股股东，则为关联交易。依照2005年公司法第16条第3款规定，股东或者实际控制人支配的股东，不得参与股东会或者股东大会表决；相应决议由出席会议的其余股东所持表决权过半数通过。即，不论何种分量或者额度的担保，[1]悉数由股东会或者股东大会决议决定。这是对公司向股东提供担保的特别控制。

（3）特别控制第125条

针对上市公司与其他企业进行的交易，上市公司董事会需要决议决定，但上述企业与上市公司董事有关联的，依照2005年公司法第125条规定，关联董事不得参与表决，更不得代理其他董事参与表决；过半数无关联董事出席则董事会可以举行，无关联董事过半数通过则董事会决议产生；出席董事会无关联董事人数不足3人的，应将相应议案提交上市公司股东大会表决。这是对董事关联交易的特别控制。

（4）一般控制第149条

依照2005年公司法第149条第1款第4项规定，董事和公司缔结合同，比如劳动合同，是可行的；董事和公司进行交易，比如公司单方面向董事放弃债权或者替董事提供担保，也是可行的。高级管理人员的情形，亦同。上述结论的前提条件是，不违反章程约定，比如有关董事关联交易控制的约定；[2]或者经股东会或者股东大会同意。上述交易的学名为自己交易（self-dealing）。[3]上述控制将决定权上交股东会或者股东大会。合理的控制应该是，如获董事会同意，董事自己交易可行；如果未获董事会同意，在存在善意第三人的情况下，董事自己交易有效，否则无效。[4]

依照2005年公司法第149条第1款第5项规定，董事自营公司同类业务是可行的；董事为他人经营公司同类业务是可行的；董事利用职务便利为自己谋取公司商业机会是可行的；董事利用职务便利为他人谋取公司商业机会是可行的。高级管理人员的情形亦同。上述结论的前提条件是，经股东会或者股东大会同意。此类交易分别为违反忠实义务的具体行为。[5]

1 参见2005年公司法第16条第1款；2008股票上市规则§10.2.6。

2 参见上文§5.2.8.1。

3 See Robert Charles Clark, Corporate Law 159 (1986).

4 参见上文§5.2.8.2。

5 参见上文§§5.2.6—7。

上述控制将决定权上交股东会或者股东大会。合理的控制应该是，如果上述交易或营业经过董事会同意，则董事交易或营业可行；如果上述交易或营业未经董事会同意，则董事违反忠实义务。[1]

董事会以何种方式同意呢？第一，关联董事向董事会披露关联事宜；第二，关联董事既不能参与审议，也不能参与表决；第三，非关联董事以普通决议同意。董事会为集体商讨决议机关，因此非关联董事决议须有3人以上参与。非关联董事普通决议可以以专门委员会决议代替，但前提条件是：其一，专门委员会委员都是非关联董事；其二，委员要么包括所有非关联董事，要么是非关联董事以普通决议任命的董事。[2]在决定董事会定足数时，关联董事视为就关联交易没有投票权。[3]我国公司法并未采纳上述处理原则。[4]2008年上海证券交易所股票上市规则也没有采纳。[5]

比如，上述TCL通讯吸收合并事宜，如若依照上述原则推演，相应情况如下：董事会共9席董事，董事会定足数是5席；其中4席为关联董事，既不能参与审议，也不能参与表决；又因2席董事空缺，剩下只有3席董事。3席董事投赞成票是否足以产生同意关联交易决议？4席关联董事从董事会定足数基数中减除，则3席董事可以开会，也足以产生决议。

（5）一般控制第16条

2005年公司法第125条，将例外情况下决定权上交股东大会；2005年公司法第149条第1款第4、5项，分别将决定权上交股东会或者股东大会。即，诸如董事进行的关联交易需要获得股东会或者股东大会批准。[6]股东会或者股东大会以何种方式批准？2005年公司法没有

1 参见上文§5.2.6。

2 See e.g., MBCA §8.62(a) (1984) ("Directors' action respecting a transaction is effective ... if the transaction received the affirmative vote of a majority (but no fewer than two) of those qualified directors on the board of directors or on a duly empowered committee of the board who voted on the transaction after either required disclosure to them (to the extent the information was not known by them)...; provided that action by a committee is so effective only if:(1)all its members are qualified directors, and (2) its members are either all the qualified directors on the board or are appointed by the affirmative vote of a majority of the qualified directors on the board.").

3 See e.g., MBCA §8.62(c)(1984)("A majority (but no fewer than two) of all the qualified directors on the board of directors, or on the committee, constitutes a quorum for purposes of action that complies with this section. Directors' action that otherwise complies with this section is not affected by the presence or vote of a director who is not a qualified director.").

4 例见前文§7.3.2.3。

5 2008股票上市规则§10.2.1。

6 参见前文§ §7.3.2.3—4。

明确。除上述情况之外的关联交易，如果需要股东会或者股东大会批准，股东会或者股东大会以何种方式批准？ 2005年公司法也没有明确。

MBCA要求：第一，在召集通知中披露诸如董事关联事宜；第二，关联股东既不能参与审议，也不能参与表决；第三，股东大会以相应决议批准。在计算定足数时，关联股东视为就关联交易没有投票权，从投票权基数中去除。[1]2005年公司法第16条的精神大致和MBCA要求相当。[2]

以管理层收购为例，就管理层收购，目标公司应当聘请具有证券或者期货从业资格的资产评估机构提供资产评估报告；目标公司应当聘请独立财务顾问出具独立财务顾问报告；如果需要，独立董事可以聘请独立财务顾问出具独立财务顾问报告，作为判断依据，独立发表意见，或者在董事会上，或者在股东大会上；如果需要，进行必要的信息披露。[3]

在上述基础上，第一步，依照2001指导意见第5条第1款第1项规定，凡关联交易总额高于300万元或高于上市公司最近审计净资产值的5%的，经1/2以上独立董事认可后，方得交由董事会讨论。这是独立董事认可。第二步，依照2008年上市公司收购管理办法第51条，董事会非关联董事做出通过决议。这是董事会批准。[4]第三步，依照2008年上市公司收购管理办法第51条，经董事会非关联董事决议通过，并取得2/3以上独立董事同意后，管理层收购案应当提交股东大会审议。这是独立董事第二次认可。[5]第四步，依照2008年上市公司收购管理办法第51条，经出席股东大会非关联股东所持表决权过半数通过。这是股东大会批准。上述处理原则和2005年公司法第16条一致，但不尽繁琐。

1 See e.g., MBCA §8.63(1984) ("Shareholders' action respecting a transaction is effective ... if a majority of the votes entitled to be cast by the holders of all qualified shares were cast in favor of the transaction after (1) notice to shareholders describing the director's conflicting interest transaction ... ." " A majority of the votes entitled to be cast by the holders of all qualified shares constitutes a quorum for purposes of action that complies with this section.").

2 参见前文§7.3.2.2。

3 参见2001指导意见第5、6条；2008年8月27日中国证券监督管理委员会令第63号上市公司收购管理办法第51条。

4 其实，第一、二步是重复的。要独立董事认可，就不需要董事会批准；要董事会批准，就不需要独立董事认可。

5 这一步更是重复。既然有董事会批准决议，自然可以提交股东大会批准。

3. 法律挑战

如果关联交易获得董事会批准，[1]因董事会决议享受商业决策原则保护，关联交易不受法律挑战；如果关联交易获得股东会或者股东大会批准，[2]法院原则上会尊重相关决议，即关联交易不受法律挑战。在上述前提下，关联交易公允性，比如2005年公司法第125条情况下股东大会批准的交易，是否容许法律挑战？原则上谁提起法律挑战，谁负责举证。[3]

如果上述挑战成功，相应交易可以废弃。[4]此外，依照2005年公司法第21条规定，公司控股股东、实际控制人、董事、监事或者高级管理人员不得利用其关联关系损害公司利益，否则应当赔偿公司遭受的损失。

§ 7.4 其他问题

1. 监事和监事会

（1）监事资格

监事会成员为监事。其资格类同于董事。[5]2005年公司法第118条第4款特别规定，董事或者高级管理人员不得兼任监事。否则为自我监察。

（2）监事会

依照2005年公司法第118条第1~3款规定，应设置不少于3席监事组成的监事会。监事会应当包括股东代表和适当比例的职工代表。适当比例由章程约定，但不得低于1/3。职工代表由职工代表大会、职工大会或者其他形式民主选举产生。监事会设主席一人，可以设副主席。监事会主席或副主席由全体监事过半数选举产生。监事会主席召集或主持监事会会议；监事会主席不能履行职务或者不履行职务的，由监事会副主席召集或主持监事会会议；监事会副主席不能履行职务或者不履行职务的，由半数以上监事共同推举一名监事召

---

1 参见前文§ §7.3.2.3—4。

2 参见前文§7.3.2.5。

3 See, e.g., ALI Principles of Corporate Governance: Analysis and Recommendations §5.02(b)(a party who challenges a transaction between a director or senior executive and the corporation which is ratified by either director action or shareholder action having the burden of proof that the transaction was not fair to the corporation).

4 See e.g., MBCA §8.61(b) (1984).

5 参见上文§5.0.1.1。

集或者主持监事会会议。监事会是业务监察机构。

依照2005年公司法第119条援引的第54条规定，监事会行使下列职权：其一，检查公司财务。此为会计监察权。[1]其二，监督董事或者高级管理人员司职行为，特别是提议罢免违反法律、行政法规、章程或者股东大会决议的董事或者高级管理人员。此为业务监察权。[2]其三，如若董事或者高级管理人员损害公司利益，要求董事或者高级管理人员予以纠正。此亦为业务监察权。[3]其四，提议召开临时股东大会，[4]并可自行召集或者主持股东大会。[5]这是股东大会召集请求权。其五，向股东大会提出提案，这是提案权。[6]其六，章程约定的其他职权。[7]

依照2005年公司法第119条援引的第55条规定，监事列席董事会会议。此乃出于行使业务监察权之方便，而非董事会必要程序。[8]从此种规定推导可得，监事司职方式不应限于会议方式。[9]

依照2005年公司法第120条第2款规定，除公司法另有规定外，监事会议事方式和表决程序，由章程约定。[10]

至于其他事项，类同于董事或者董事会的，在此不重复。

（3）制度取舍

从上述监事会职权来看，监事会和独立董事多有重叠，特别是，通常独立董事占多数席位的审计委员会职能和监事会会计监察权与业务监察权。[11]2005年修改公司法时完全可以在监事会和独立董事之间做出明确选择，遗憾的是没有。

---

1 为此，上市公司常勤监事得由注册会计师等专门人员担任。参见李哲松:《韩国公司法》，吴日焕译，中国政法大学出版社2000年版，第529页。也可以参见上市公司治理准则第64条第1句。

2 其具体行使方式，例见上文§5.3.6.3。

3 其具体行使方式，参见上文§6.1.5。

4 其具体行使方式，参见上文§6.2.4.2。

5 参见上文§6.2.4.2和§6.2.5。

6 参见上文§6.3.1.1。

7 上市公司通常借助章程约定，扩大监事会职权并将其具体化。例见中国石化化工股份有限公司章程第13章。

8 参见李哲松:《韩国公司法》，吴日焕译，中国政法大学出版社2000年版，第533页。

9 监事为多人时，监事单独司职。参见李哲松:《韩国公司法》，吴日焕译，中国政法大学出版社2000年版，第530页。

10 可以例见中国石化化工股份有限公司监事会议事规则。

11 参见前文§7.0.3.2和§7.1.2.3；2006年3月16日中国证券监督管理委员会证监公司字〔2006〕38号2006年版上市公司章程指引第144条。

2. 经理

公司法上的经理，[1]俗称总经理。[2]实乃大型上市公司情况下的CEO。[3]经理和公司之间的关系为劳动合同关系。从2005年公司登记管理条例第38条[4]规定来看，经理仅为意定授权代理人。

2005年公司法第114条援引第50条规定："经理对董事会负责，行使下列职权：（一）主持公司的生产经营管理工作，组织实施董事会决议；（二）组织实施公司年度经营计划和投资方案；（三）拟订公司内部管理机构设置方案；（四）拟订公司的基本管理制度；（五）制定公司的具体规章；（六）提请聘任或者解聘公司副经理、财务负责人；（七）决定聘任或者解聘除应由董事会决定聘任或者解聘以外的负责管理人员；（八）董事会授予的其他职权。""公司章程对经理职权另有规定的，从其规定。""经理列席董事会会议。"上述职权均系经理对内职权。

至于其他事项，或者与董事情形类似，或者前文已经讨论。[5]

3. 董事会秘书

（1）历史渊源

1993年深圳经济特区股份有限公司条例[6]第102条明确要求，股份有限公司董事会设秘书负责董事会日常事务；董事会秘书受董事会聘任对董事会负责。1993年到香港上市公司章程必备条款[7]§4.3倡导，上市公司董事会应委任董事会秘书，保证上市公司具备完整的组织文件和记录，保证上市公司准备和递交工商行政管理局以及其他机构所要求的文件和表格，保证上市公司妥善设立股东名册，保证有权得到上市公司记录和文件的人及时得到有关记录和文件。1994年国务院证券委员会和国家体制改革委员会到境外上市公司章程必备

1 参见2005年公司法第50条第1款第1句和第114条第1款。

2 例见浙江东南网架股份有限公司首次公开发行股票招股说明书。

3 参见前文§§7.0.2.3—4和§7.0.3.4。

4 该条规定："公司……经理发生变动的，应当向原公司登记机关备案。"

5 参见前文§§7.0.2.3—4和§7.0.3.4。

6 1993年4月26日深圳市第1届人民代表大会第5次会议通过，1993年4月26日深圳市人民代表大会公告第2号公布。

7 1993年6月10日国家体改委以体改生〔1993〕92号。

条款[1]也有类似提法。[2]1999年中国证监会境外上市公司董事会秘书工作指引，[3]为董事会秘书设置事宜提供详细工作指引，特别是，倡导董事会秘书保管上市公司印章并建立健全上市公司印章管理办法。[4]

1996年3月21日上海证券交易所关于B股上市公司设立董事会秘书的暂行规定，重复上述文件精神。稍后公布的上市公司章程指引[5]设置第5章第3节，专门规定董事会秘书，将上述文件精神如数吸纳。即将董事会秘书引进到境内上市公司。

2005年公司法第124条规定："上市公司设董事会秘书，负责公司股东大会和董事会会议的筹备、文件保管以及公司股东资料的管理，办理信息披露事务等事宜。"依照2005年公司法第217条的解释，上市公司董事会秘书为高级管理人员。为此证券交易所股票上市规则配置更为细致的执行类规定。[6]特别是股票上市规则要求，凡知悉董事、监事和高级管理人员违反诸如法律或者章程之类规则者，董事会秘书应当提醒相关人员，并立即向证券交易所报告。[7]

（2）公司秘书

从上述历史渊源推断，我国董事会秘书制度是借鉴香港的公司秘书制度，而香港的来自英国公司法。依照2006年英国公司法第271条规定，股份有限公司须设置公司秘书；依照该法第273条规定，公司秘书候选人得具备司职所需的必要的知识和经验；同时，公司秘书候选人，或者是任命前5年中具有3年股份有限公司秘书经历的人员，或者是诸如律师、会计师之类的职业人员，或者是曾任职其他职位或曾从事其他职业足能司职的人员。依照该法第277、278条规定，公司秘书候选人可以是自然人，也可以是法人。依照该法第273条规定，公司秘书由董事会任命。

如今公司秘书不再是一名一般的公司职员，而是一位享有广泛职责的首席行政官（chief administrative officer）。在股份有限公司行政事务方面，他享有相应的代理权，比如，

1 1994年8月27日国务院证券委员会国家经济体制改革委员会证委发〔1994〕21号（21号必备条款）。
2 参见21号必备条款第11章。
3 1999年4月8日中国证券监督管理委员会证监发行字〔1999〕39号（39号指引）。
4 参见39号指引第13条第1句。
5 1997年12月16日中国证券监督管理委员会证监〔1997〕16号。
6 例见2008股票上市规则第3章第2节。
7 参见2008股票上市规则§3.2.2.7。

以股份有限公司名义预订车辆，雇用员工，等等。[1]既为首席行政官，并不享有业务方面的代理权，比如缔结融资贷款合同。[2]尽管有所差别，但差不多的公司秘书享有相应职权：出席股东大会或者董事会并做适当的会议记录；受董事会命为诸如股东大会通知之类的通知；依照惯例，公司秘书保管股份有限公司印章，凡要使用印章者，公司秘书副署相应文件之后加盖印章；备置股东名册并处理名册变更等事宜。[3]

（3）问题

我国董事会秘书制度和英国公司秘书制度相对照，形似但难说神似。比如，公司名称是章程绝对记载事项，如果上市公司修改公司名称，势必得修改章程；公司名称又是工商登记事项，如果上市公司修改公司名称，势必得进行工商变更登记；依照2005年公司登记管理条例第27条第2款规定，上市公司应当提交由法定代表人签署的修改后的公司章程或者公司章程修正案。我国现行法律也仅仅规定，在上述情况下得由法定代表人签署借以识别文件。依照英国公司法，相应文件由公司秘书副署并加盖印章即可识别。[4]

4. 控股股东

（1）概说

2005年公司法第217条[5]明确界定控股股东。如果考虑类别股份之情形，[6]相应解释应当理解为：享有表决权50%以上者，为控股股东；相应表决权虽然不足，但对股东会或者股东大会决议足以产生重大影响者，为控股股东。

2002年上市公司治理准则第19条规定："控股股东对上市公司及其他股东负有诚信义务。控股股东对其所控股的上市公司应严格依法行使出资人的权利，控股股东不得利用资产重组等方式损害上市公司和其他股东的合法权益，不得利用其特殊地位谋取额外的利益。"2006年上市公司章程指引第39条第2款规定："控股股东……对公司和公司社会公众股

1 See Panorama Developments (Guildford) Ltd v Fidelis Furnishing Fabrics Ltd,〔1971〕QB 711.

2 See UBAF Ltd v European American Banking Corporation,〔1984〕QB 713.

3 See Geoffrey Morse, Charlesworth's Company Law 336 (2005).

4 参见前文§7.4.3.2。

5 具体文句为："控股股东，是指其出资额占有限责任公司资本总额百分之五十以上或者其持有的股份占股份有限公司股本总额百分之五十以上的股东；出资额或者持有股份的比例虽然不足百分之五十，但依其出资额或者持有的股份所享有的表决权已足以对股东会、股东大会的决议产生重大影响的股东。"

6 参见上文§6.0.2。

股东负有诚信义务。控股股东应严格依法行使出资人的权利，控股股东不得利用利润分配、资产重组、对外投资、资金占用、借款担保等方式损害公司和社会公众股股东的合法权益，不得利用其控制地位损害公司和社会公众股股东的利益。”前一种情形为控股股东对公司的诚信义务，后一种情形为控股股东对其他股东的诚信义务。此处的诚信义务应该是英美法上的包括忠实义务和谨慎义务的“Fiduciary duty”。

（2）诚信义务

中国证监会通过上述文件倡导诚信义务，但此种倡导并没有现行公司法上的依据，甚至没有道理上的依据。从理论上看，就公司营运事宜而言，董事和上市公司之间是委任合同关系，足以产生诚信义务，比如忠实义务或者谨慎义务；控股股东不介入公司营运事宜，控股股东和上市公司之间不存在足以产生诚信义务的法律关系。这是控股股东对公司的诚信义务情形。就营运事务而言，合伙企业合伙人互为代理，[1]足以产生诚信义务；控股股东和上市公司其他股东之间不存在互为代理关系，也不存在足以产生诚信义务的其他法律关系。这是控股股东对其他股东的诚信义务情形。[2]

上市公司章程指引第39条第2款特意明确，诚信义务具体体现为，控股股东应严格依法行使出资人的权利，控股股东不得利用利润分配、资产重组、对外投资、资金占用、借款担保等方式损害公司和社会公众股股东的合法权益，不得利用其控制地位损害公司和社会公众股股东的利益。此乃滥用股权事宜，而非诚信义务之说。[3]

（3）实际控制人

依照2005年公司法第217条解释，因为投资关系、协议或者其他安排足以支配公司相应行为的非股东人员为实际控制人。2006年上市公司章程指引第39条第2款规定：“实际控制人员对公司和公司社会公众股股东负有诚信义务。控股股东应严格依法行使出资人的权利，控股股东不得利用利润分配、资产重组、对外投资、资金占用、借款担保等方式损害公司和社会公众股股东的合法权益，不得利用其控制地位损害公司和社会公众股股东的利

---

1 参见1997年合伙企业法第25条。上述条文立法说明提到，合伙企业事务由合伙人共同执行，互为代理。参见1997年2月19日第8届全国人民代表大会常务委员会第24次会议全国人大法律委员会副主任委员厉以宁关于中华人民共和国合伙企业法草案审议结果的报告第6条。

2 故诚信义务之说，实乃对英美法的误解。See e.g., Paula J. Dalley, The Misguided Doctrine of Stockholder Fiduciary duties, 33 Hofstra L. Rev. 175 (2004) (arguing that a reasoned understanding of fiduciary duties reveals that they are both unnecessary and inappropriate restrictions on a stockholder's freedom to act).

3 参见上文§6.1.6.2。

益。”此乃实际控制人诚信义务。实际控制人诚信义务之说类似于控股股东诚信义务之说，无足为据。

5. 优先购买权

(1) 概说

依照2005年公司法第138条规定，除非法律另有规定，股份有限公司股份可以自由转让；法律另有规定之说，比如，2005年公司法第142条。该条规定：“发起人持有的本公司股份，自公司成立之日起一年内不得转让。公司公开发行股份前已发行的股份，自公司股票在证券交易所上市交易之日起一年内不得转让。”“公司董事、监事、高级管理人员应当向公司申报所持有的本公司的股份及其变动情况，在任职期间每年转让的股份不得超过其所持有本公司股份总数的百分之二十五；所持本公司股份自公司股票上市交易之日起一年内不得转让。上述人员离职后半年内，不得转让其所持有的本公司股份。公司章程可以对公司董事、监事、高级管理人员转让其所持有的本公司股份作出其他限制性规定。”此乃股份有限公司情形。有限责任公司情形相对复杂。

(2) 同意

2005年公司法第72条第1款规定：“有限责任公司的股东之间可以相互转让其全部或者部分股权。”即股东内部可以自由转让。此种转让无损于股东之间的信赖关系。

同条第2款规定：“股东向股东以外的人转让股权，应当经其他股东过半数同意。股东应就其股权转让事项书面通知其他股东征求同意，其他股东自接到书面通知之日起满三十日未答复的，视为同意转让。其他股东半数以上不同意转让的，不同意的股东应当购买该转让的股权；不购买的，视为同意转让。”首先，如欲向股东以外的人转让，转让须经股东半数同意；股东半数，对照2005年公司法第43条规定，[1]是指股东人头的半数。其次，如果股东不同意又不购买的，视为同意；同意是否得以股东会决议的方式做出，2005年公司法的结论是否。[2]设置上述限制的道理也很简单，既然基于股东之间的信赖关系而采取有限责任公司形式，应当尽量维持该种信赖关系；同意或者购买二择一之规定，意在留出退出通道。

1 该条规定的内容是：“股东会会议由股东按照出资比例行使表决权……”。

2 参见2005年公司法第38条。

（3）优先购买权

2005年公司法第72条第3款规定："经股东同意转让的股权，在同等条件下，其他股东有优先购买权。两个以上股东主张行使优先购买权的，协商确定各自的购买比例；协商不成的，按照转让时各自的出资比例行使优先购买权。"首先，业经同意后才需要考虑本款规定事宜。其次，出让出资股东之外的股东享有优先购买权。其三，优先购买权的前提条件是：出让的同等条件。此款规定没有提到优先购买权期限。从道理上说，出让协议缔结之后，出让人应该通知其他股东；受让人也可以催告其他股东。在通知或催告中限定合理期限。期限届满，优先购买权丧失。[1]设置上述限制的道理也很简单，既然基于股东之间的信赖关系而采取有限责任公司形式，应当尽量维持该种信赖关系。

（4）任意性规定

2005年公司法第72条第4款规定："公司章程对股权转让另有规定的，从其规定。"比如，通过章程约定优先购买权的存废或者优先购买权的合理期限等等。这意味着，2005年公司法第72条前三款是任意性规定。

6. 其他问题

除上述五项外，公司治理或多或少还包括其他的问题。

从逻辑的角度看，因为上市公司，所涉关系至少涉及以下三者：股东、公司和董事等职业经理人。在美国，它们之间的关系笼统地称作公司治理。[2]股东和公司之间的关系，是因投资而发生的关系；公司和董事等职业经理人之间的关系，是委任或者雇佣合同关系；股东和董事等职业经理人之间，除了股东和公司之间的关系的反射作用外，原则上没有什么关系。这些都是私法上的关系。不过，它们不仅仅牵涉私法上的关系，多少涉及类似公法管制或治理的管制或治理。比如，薪酬问题、独立董事问题和关联交易问题。这是公司治理的实质。

打个比方来说，现代保险合同，是投保人（被保险人）和承保人（保险人）之间缔结的保险合同，目的在于保险事故发生时，由承保人补偿损失；承保人系以之为业的人，即通常的保险公司，以之为业，以谋取营利，并使保险合同条款定型化；投保人是众多可能

1 参见德国民法典第469条。也可以参照2005年公司法第73条。

2 See Robert W. Hamilton, Corporate Governance in America 1950–2000: Major Changes But Uncertain Benefits, 25 Iowa J. Corp. L. 349, 350 (2000).

罹险之人，须向承保人交付保险费以成立保险基金；承保人以保险基金作为补偿的保证。以上仅仅是合同关系。不过，其一，就承保人而言，保险法设置特别公司法规定之，比如，采设立特许主义、分业经营、法定转让原则等。相应辅之以保险代理人和经纪人制度。其二，就定型化保险契约条款而言，由金融机构拟定或审查备案，以显公平。其三，就诸如保证金、未到期责任准备金、未决赔款准备金、公司法上的公积金、保险保障基金之类的保险基金而言，以强行性条款规定并辅以公法的保障措施；保险基金的使用如何保证呢？以强行性条款规定并辅以公法的保障措施；偿付能力如何保障呢？以强行性条款规定并辅以公法的保障措施。以上种种规制措施，多为公法上的规制或者管制。公司治理，是类似公法管制或者治理的管制或者治理。所谓的类似性在于，公司治理，是公司内部的治理，自治性的治理；保险管制，是公法管制，是保险合同外部的管制。

§ 8 证券监管

§ 8.0 证券法概述

1. 证券法适用范围

2005年证券法适用于投资证券。此等证券涵盖：其一，是股票；[1]沪深两市上市股票包括A股和B股。[2]其二，是公司债券；[3]国内债市之债券包括：中国财政部负责发行的政府债券、[4]国家发展改革委员会等许可发行的企业债、[5]中国证券监督管理委员会（中国证监会）许可发行的公司债券、[6]人民银行许可发行的短期融资债券与金融债券[7]和中国银行业监督管理委员会许可商业银行发行的次级债。[8]业内戏称债市"五龙治水"。上述债券，或者在沪深两市交易，或者在全国银行间债券市场交易，或者在商业银行柜台交易。2005年证券法适用于公司债券。[9]其三，是政府债券；[10]政府债券先后以国库券、重点建设债券、保值公债和国

1 参见2005年证券法第2条第1款。

2 参见上文 § 1.4.1.1。

3 参见2005年证券法第2条第1款。

4 参见国库券条例第7条。

5 参见企业债券管理条例第11条。

6 参见2005年证券法第16条；具体情形见2007年8月14日中国证券监督管理委员会（中国证监会）令第49号公司债券发行试点办法。

7 参见2004年10月18日中国人民银行公告〔2004〕第12号证券公司短期融资券管理办法第10条；2005年4月27日中国人民银行令〔2005〕第1号全国银行间债券市场金融债券发行管理办法第6条。

8 参见2004年6月17日中国人民银行中国银行业监督管理委员会公告〔2004〕第4号商业银行次级债券发行管理办法第12条。

9 参见上文 § 1.4.3。

10 参见2005年证券法第2条第2款。

家建设债券等名目出现。[1]其四，是证券投资基金份额；[2]证券投资基金份额由中国证监会许可发行。[3]其五，是国务院认定的其他证券；[4]截至目前，国务院并无认定。

上述之外，2005年证券法第2条第2款提到："证券衍生品种发行、交易的管理办法，由国务院依照本法的原则规定。"截至目前，国务院并无规定；有意思的是，诸如权证之类的证券衍生品种已经发行并上市交易。[5]

2. 证券发行与交易

2005年公司法上募集设立之股份募集，为证券法上证券发行之一。[6]股份募集区别为公开募集和定向募集。公开募集，适用2005年证券法，特别是第2章；定向募集，不适用2005年证券法。[7]2005年公司法上的新股发行，为证券法上证券发行之一。[8]新股发行适用2005年证券法，特别是第2章。[9]2005年公司法上的公司债券发行，为证券法上证券发行之一。[10]公司债券发行适用2005年证券法，特别是第2章。[11]2005年证券法第2章主要设置行政许可程序。[12]

上述证券之交易，适用2005年证券法，特别是第3、4章。[13]上述证券之外的证券发行

1 参见1990年1月2日财政部（90）财国债字第9号关于政府债券残破污损及未到期债券提前兑付有关问题的通知。

2 参见2005年证券法第2条第2款。

3 参见证券投资基金法第36条。

4 参见2005年证券法第2条第1款。

5 参见2005年7月18日深圳证券交易所权证管理暂行办法、2005年7月18日上海证券交易所权证管理暂行办法和2006年5月6日中国证监会令第30号上市公司证券发行管理办法第2章第3节。同时，例见2006年4月24日上海证券交易所关于证券公司创设烟台万华权证有关事项的通知、2007年6月19日中国证监会证监发行字〔2007〕145号关于核准深圳发展银行股份有限公司发行认股权证的通知和2008年1月29日中国证监会证监许可〔2008〕176号关于核准中国石油化工股份有限公司公开发行分离交易的可转换公司债券的批复。

6 参见上文§1.3.3.3和2005年证券法第12条。

7 参见上文§1.3.4.5。

8 参见上文§1.4.1和2005年证券法第13条。

9 参见上文§1.4.1。

10 参见上文§1.4.3和2005年证券法第16条。

11 参见上文§1.4.3。

12 参见上文§1.3.8和§1.4.1。

13 参见2005年证券法第2条第1款。

事宜，多由其他法律文件处理；[1]相应交易事宜适用2005年证券法，特别是第3、4章。[2]除上市交易事宜外，2005年证券法3、4章规定强制信息公开、禁止交易行为和上市公司收购等事宜。

3. 证券市场监管

上述证券发行与交易，即证券市场，皆由中国证监会监管，比如，中国证监会直接以行政许可方式，许可发行证券；上述证券发行与交易，皆得依赖中国证监会行政许可之外私法职业服务，即证券业提供的职业服务。证券交易所，为证券交易提供场所和设施；证券公司，为证券交易提供诸如经纪之类的服务；证券登记结算机构，为证券交易提供登记结算服务；投资咨询机构、财务顾问机构、资信评级机构、资产评估机构和会计师事务所，提供相应的诸如投资咨询之类的证券服务。上述证券服务机构，皆受中国证监会监管，比如2005年证券法第5~8章规定的证券服务机构设立行政许可。中国证监会通过监管上述证券业的方式，间接监管证券市场。

此外，上述证券业组成证券业协会，系证券业自律组织。依照2005年证券法第9章规定，证券业协会受中国证监会监督。

4. 证券交易所

目前中国只有上海和深圳证券交易所两家。上海证券交易所于1990年成立，时为会员制非盈利性的事业单位法人；[3]深圳证券交易所于1991年成立，时为会员制非盈利性的事业单位法人。[4]依照2005年证券法第102条第1款规定，证券交易所系为证券集中交易提供场所和设施的法人。

证券交易所原为证券交易提供场所和设施所设，施行下述相应职责：其一，决定诸如证券上市、暂行上市和终止上市之类的证券上市事宜；[5]其二，受中国证监会监管实时监控证券交易；[6]其三，受中国证监会监管依法制定上市规则、交易规则、会员管理规则和其他规

1 参见前文§8.0.1。

2 参见2005年证券法第2条第2、3款。

3 参见1990年上海证券交易所章程第2条。

4 参见1991年深圳证券交易所章程第2条。

5 参见2005年证券法第48—62条。

6 例见2005年证券法第115条。

则；[1]其四，监督执行上述规则，[2]特别是决定上述规则之下纪律处分事宜。[3]从此观之，证券交易所实乃受中国证监会监管的会员制法人机构。

5. 中国证监会

为证券市场统一监管计，1992年国务院成立证券委员会，负责证券市场大政方针；成立原中国证监会，充作证券委员会的执行部门，负责证券市场监管。[4]1998年证券委员会和原中国证监会合并成立现今的中国证监会。中国证监会为国务院直属事业单位，负责中国证券期货市场监管。[5]也就在1998年底，新中国第一部证券法通过。作为证券监管者的中国证监会享有相当的职权。

其一，制定证券市场监管规章或者规则。中国证监会受证券法直接授权制定规章或者规则，比如，依据2005年证券法第233条制定的证券市场禁入规定，[6]依据2005年证券法第101条制定的上市公司收购管理办法。[7]中国证监会可以制定纯粹属于业务执行类解释性文件，比如，为了执行2005年证券法第125条制定的证券公司业务范围审批暂行规定。[8]此等文件为法律解释。上述文件是正式规章或者规则，中国证监会还可以制定不是很正式的文件，比如，公开发行证券的公司信息披露规范问答第1号——非经常性损益，[9]2007年2月5日中国证监会有关负责人就上市公司信息披露管理办法答记者问，关于华泰证券有限责任公司设立华泰紫金1号集合资产管理计划的无异议函，[10]等等。此等文件仅仅表明中国证监会的立场。相应职权为类立法权。

其二，证券市场行政监管权。就诸如证券发行之类业务从行政司法审查程序做出行政

---

1 例见2005年证券法第118条。
2 例见2005年证券法第120条。
3 例见2005年证券法第121条。
4 参见1992年10月12日国办发〔1992〕54号关于成立国务院证券委员会的通知；1995年2月23日国办发[1995]12号国务院办公厅关于印发中国证监会机构编制方案的通知。
5 参见1998年9月28日国办发〔1998〕131号国务院办公厅关于印发中国证监会职能配置内设机构和人员编制规定的通知。
6 2006年6月7日中国证监会令第33号。
7 2008年8月27日中国证监会令第56号。
8 2008年10月30日中国证监会公告〔2008〕42号。
9 2007年2月2日中国证监会证监会计字〔2001〕7号。
10 2005年10月20日中国证监会证监函〔2005〕332号。

许可；监管证券发行、上市、交易、登记、存管和结算，特别是监督检查证券发行、上市和交易的信息公开情况；监管由证券业协会、证券交易所、证券公司、证券登记结算机构、证券投资基金管理公司和证券服务机构等构成的证券业，特别是制定从事证券业务人员资格标准和行为准则并监督实施；查处违反证券市场监督管理法律或者行政法规的行为。[1]

其三，证券市场监管执行权。就证券市场行政监管，中国证监会尚且享有履行上述职权所必需的诸如调查、取证和处罚权之类的执行权；或者自行处罚，或者移送处理。[2]

§ 8.1 强制信息披露

1. 行政许可

(1) 行政许可情形

依照2005年证券法第10条第2款规定，股份有限公司向不特定对象发行证券的，为公开发行证券；股份有限公司向特定对象发行证券但累计超过200人的，为公开发行证券；法律或者行政法规另有规定的，亦可认定为公开发行证券。[3]依照2005年证券法第10条第1款规定，公开发行证券事宜，得经中国证监会行政许可；不获许可，不得为之。依照2005年证券法第13条第2款规定，上市公司非公开发行股份，也得获取中国证监会行政许可。言外之意，非上市公司非公开发行证券的，无须获取中国证监会行政许可，特别是，股份有限公司向特定对象发行证券但累计不超过200人的。上述逻辑上的文意，多被立法或者行政机关曲解。[4]

(2) 行政处罚条款

未经中国证监会行政许可，公开发行证券的，中国证监会，可以责令发行人停止发行，以加计银行同期存款利息方式退还募集资金，处以非法募集资金金额1%以上5%以下罚款；变相公开发行证券的，亦同；公开发行或者变相公开发行证券设立的股份有限公司，由中

1 参见2005年证券法第179条。

2 例见2005年证券法第180条和第11章。

3 具体情形见前文§§ 8.0.1—2。

4 例见2005年公司法第79条；2006年12月12日国务院办公厅国办发〔2006〕99号关于严厉打击非法发行股票和非法经营证券业务有关问题的通知第3条第2款。

国证监会会同县级以上地方人民政府予以取缔；直接负责的主管人员和其他直接责任人员，予以警告，并处以3万元以上30万元以下罚款。[1]此系行政责任。

原不符合发行条件，以欺骗手段骗取行政许可，但发行人尚未发行证券的，中国证监会，可以处以30万元以上60万元以下罚款；已经发行证券的，处以非法所募资金金额1%以上5%以下罚款。直接负责的主管人员和其他直接责任人员，处以3万元以上30万元以下罚款。发行人控股股东或者实际控制人指使从事上述违法行为的，亦同。[2]此系行政责任。

证券公司承销或者代理买卖未经中国证监会行政许可公开发行证券的，中国证监会，可以责令其停止承销或者代理买卖，没收违法所得，并处以违法所得1倍以上5倍以下罚款；没有违法所得或者违法所得不足30万元的，处以30万元以上60万元以下罚款。直接负责的主管人员和其他直接责任人员，给予警告，撤销任职资格或者证券从业资格，并处以3万元以上30万元以下罚款。[3]此系行政责任。

（3）刑事处分条款

未经中国证监会行政许可，公开发行股票或者公司债券，数额巨大、后果严重或者有其他严重情节的，处5年以下有期徒刑或者拘役，并处或者单处非法募集资金金额1%以上5%以下罚金。单位犯上述罪行的，对单位处罚金，对其直接负责的主管人员和其他直接责任人员，处5年以下有期徒刑或者拘役。[4]此系刑事责任。

（4）民事责任条款

未经中国证监会行政许可，公开发行证券的，中国证监会，可以责令发行人以加计银行同期存款利息方式退还募集资金；[5]从责令退还之措辞，可以得出，证券购买人享有相应的返还请求权。此系隐含的民事责任。证券公司承销或者代理买卖未经中国证监会行政许可公开发行证券，给证券投资者造成损害的，应当与发行人承担连带赔偿责任。[6]此系民事责任。

（5）变相行为

如果以变相形式发行，尚可触及集资管制。1998年非法金融机构和非法金融业务活动

1 参见2005年证券法第188条和第224条。

2 参见2005年证券法第189条和第224条。

3 参见2005年证券法第190条和第224条。

4 参见刑法第179条。

5 参见前文§8.1.1.2。

6 参见2005年证券法第190条和第224条。

取缔办法第4条第1款第2项规定："本办法所称非法金融业务活动，是指未经中国人民银行批准，擅自从事的下列活动……未经依法批准，以任何名义向社会不特定对象进行的非法集资……"单位或者个人，未依照法定程序获取有关部门批准，以发行股票、债券、彩票、投资基金证券或其他债权凭证的方式向社会公众筹集资金，并承诺在一定期限内以货币、实物及其他方式向出资人还本付息或者给予回报的，为非法集资，比如，天津永基房地产开发有限公司采取向社会公众出售房产，同时又约定包租所出售的房产，并承诺在一定期限后回购该房产的。[1]

上述非法集资，中国人民银行应当予以取缔；[2]凡参与非法集资遭受损失的，由参与者自行承担；[3]尚不构成犯罪的，由中国人民银行没收非法所得，并处非法所得1倍以上5倍以下罚款；没有非法所得的，处10万元以上50万元以下罚款；构成犯罪的，依法追究刑事责任。[4]截至目前，尚无刑事处罚条款。

2. 证券发行

(1) IPO之一

2005年证券法第12条所涉募集设立之证券发行，系通常的IPO。依照2005年证券法第12条第1款规定，上述IPO应当符合2005年公司法规定的条件，[5]也应当符合中国证监会规定的其他条件。[6]上述证券法规定还明确限制，中国证监会规定的其他条件得经国务院批准。实际上，中国证监会强行简化为，IPO发行人，应当是设立且存续的股份有限公司；经国务院批准，有限公司变更为股份有限公司的，可以采用募集设立方式。[7]IPO发行人，应当持续经营3年以上；如获国务院批准，可为例外。[8]总之，在极其例外的情况下才会出现募集设立之IPO。

1 2001年4月2日中国人民银行办公厅银办函〔2001〕177号关于天津永基房地产开发有限公司非法集资问题的批复。

2 1998年非法金融机构和非法金融业务活动取缔办法第2条。

3 1998年非法金融机构和非法金融业务活动取缔办法第18条。

4 1998年非法金融机构和非法金融业务活动取缔办法第22条。

5 参见上文§§ 1.3.2—4。

6 具体参见2006年5月17日中国证监会令第32号首次公开发行股票并上市管理办法（2006年发行上市管理办法）第2章。

7 参见2006年发行上市管理办法第8条。

8 参见2006年发行上市管理办法第9条第1款。

（2）IPO之二

如果未经募集设立一节，2005年证券法第13条所涉新股发行也是通常的IPO。2005年证券法第13条第1款规定的条件是：① 股份有限公司具备健全且运行良好的组织机构；② 股份有限公司具有持续盈利能力，财务状况良好；③ 股份有限公司最近3年财务会计文件无虚假记载，无其他重大违法行为；④ 中国证监会规定的其他条件。上述条款明确限制，中国证监会规定的其他条件得经国务院批准；中国证监会仅仅简单借助规章予以细化。[1]

（3）上市公司发行证券之一

如果已经募集设立一节，2005年证券法第13条规定的新股发行为IPO之外的发行。2005年证券法第13条第1款规定的条件是：① 股份有限公司具备健全且运行良好的组织机构；② 股份有限公司具有持续盈利能力，财务状况良好；③ 股份有限公司最近3年财务会计文件无虚假记载，无其他重大违法行为；④ 中国证监会规定的其他条件。上述条款明确限制，中国证监会规定的其他条件得经国务院批准；中国证监会仅仅简单借助规章予以细化。[2]

如果上市公司向原股东配售股份，额外条件为：① 配售股份数量不超过配售前股份总额的30%；② 控股股东应当在股东大会召开前公开承诺认配股份数量；③ 采用证券法规定的代销方式发行。[3]如果上市公司向不特定对象增发，额外条件是：① 最近三个会计年度加权平均净资产收益率平均不低于6%，扣除非经常性损益后的净利润与扣除前的净利润中，以低者作为加权平均净资产收益率计算依据；② 除金融类企业外，最近期期末不存在金额较大的交易性金融资产和可供出售金融资产、出借他人款项和委托理财等财务性投资情形；③ 发行价格不低于公告招股意向书前20个交易日股份均价或前一个交易日股份均价。[4]

（4）上市公司发行证券之二

依照2005年证券法第16条第1款规定，公开发行公司债的条件为：① 股份有限公司净资产不低于人民币3 000万元，有限公司净资产不低于人民币6 000万元；② 累计债券余额不超过净资产的40%；③ 最近3年平均可分配利润足以支付债券1年利息；④ 筹集资金投向符合国家产业政策；⑤ 债券利率不超过国务院限定利率水平；⑥ 国务院规定的其他

1 具体参见2006年发行上市管理办法第2章。

2 具体参见2006年5月6日中国证监会令第30号上市公司证券发行管理办法（2006年证券发行管理办法）第2章。

3 参见2006年证券发行管理办法第12条。

4 参见2006年证券发行管理办法第13条。

条件。

此外，如果上市公司发行可转债，不论认股权与公司债分离与否，尚得满足证券法规定的公开发行股票的条件。[1]

（5）上市公司发行证券之三

依照2005年证券法第13条第2款规定，只要符合中国证监会规定的条件，上市公司可以以非公开方式发行新股；中国证监会规定的条件，得由国务院批准。中国证监会简单将其化解为：非公开发行的特定对象应同时符合两点：① 特定对象符合股东大会决议议定条件；② 发行对象不超过10人。特定对象为境外战略投资者的，应经国务院相关部门事先批准。[2]上市公司非公开发行积极条件为：① 发行价格不低于定价基准日前20个交易日股份均价的90%；② 发行股份自发行结束之日起12个月内不得转让，控股股东或者实际控制人及其控制企业认购的股份36个月内不得转让；③ 募集资金使用符合规定；[3]④ 如果发行导致上市公司控制权变化的，应当符合中国证监会的其他规定。[4]上市公司非公开发行消极条件为：① 申请文件有虚假记载、误导陈述或重大遗漏；② 控股股东或实际控制人损害上市公司权益严重且尚未消除；③上市公司及其附属公司违规提供担保且尚未解除；④ 现任董事或者高级管理人员最近36个月内曾受中国证监会行政处罚，或者最近12个月内曾受证券交易所公开谴责；⑤ 上市公司或现任董事或者高级管理人员，因涉嫌犯罪正由司法机关立案侦查或因涉嫌违法违规正由中国证监会立案调查；⑥ 就最近一年及一期财务报表注册会计师出具保留意见、否定意见或无法表示意见的审计报告，保留意见、否定意见或无法表示意见审计报告所涉事项的重大影响已经消除或者此次发行涉及重大重组者除外；⑦ 严重损害投资者合法权益或者社会公共利益的其他情形。[5]

（6）信息披露

上述证券发行得经中国证监会行政许可。如果证券发行符合各自的条件，中国证监会可以做出相应行政许可。发行条件具备与否，主要以由保荐机构递交给中国证监会的申请文件[6]为基础，由中国证监会以书面审查方式决定。问题是，申请文件披露的信息是否充

1 具体参见2006年证券发行管理办法第2章第1和3节。

2 参见2006年证券发行管理办法第37条。

3 参见2006年证券发行管理办法第10条。

4 参见2006年证券发行管理办法第38条。

5 参见2006年证券发行管理办法第39条。

6 具体见2005年证券法第12条和第14条。

分？如果是，相应信息是否足以判断发行条件具备与否？如果是，上述判断是以形式审查还是以实质审查做出？中国证监会均以实质审查方式做出判断。[1]

3. 强制信息披露

证券发行涵盖和派生的强制信息披露，包括：IPO发行人进行的信息披露，上市公司进行的信息披露和其他证券中介服务机构进行的信息披露。强制信息披露事宜主要由2005年证券法第3章第3节规定。

（1）招股说明书

在中国证监会受理后中国证监会下设的发行审核委员会[2]审核前，IPO发行人应当预先披露IPO申请文件，其中最重要的为招股说明书申请稿。具体披露方式为：在中国证监会网站全文刊登。[3]在中国证监会做出行政许可后IPO前，IPO发行人应当公告招股说明书和财务会计报告。具体披露方式为：招股说明书摘要，刊登于不少于一种中国证监会指定的报刊；招股说明书全文，刊登于中国证监会指定的网站；招股说明书全文，置备于IPO发行人住所、受理上市证券交易所、保荐人、主承销商和其他承销机构住所，以备公众查阅。同时，保荐人出具的发行保荐书、诸如律师之类的证券服务机构出具的有关文件，应作为招股说明书备查文件，在中国证监会指定的网站刊登，并置备于IPO发行人住所、受理上市证券交易所、保荐人、主承销商和其他承销机构住所，以备公众查阅。[4]

在格式和内容上，招股说明书应当符合中国证监会的强制要求。[5]招股说明书内容包括：发行股份类型、发行股份数量、每股面值、每股发行价格、预计发行日期、受理上市证券交易所、发行后总股份、[6]发行前股东持股流通限制、股东对持股自愿锁定承诺、保荐人与主

---

1 参见2005年证券法第22—24条。

2 参见2005年证券法第22条。

3 参见2005年证券法第21条；具体见2006年发行上市管理办法第58—60条。

4 参见2005年证券法第64条；具体见2006年发行上市管理办法第61—62条。需要澄清的是，若以询价方式确定IPO发行价格的，在询价前披露招股说明书，实务上称作招股意向书；除发行价格和发行数量事宜空缺外，其余内容与招股说明书的无异。

5 具体见2006年5月18日中国证监会证监发行字〔2006〕5号公开发行证券的公司信息披露内容与格式准则第1号——招股说明书（2006年准则1号）。

6 发行境外上市外资股的，还应披露境内上市流通股份数量和境外上市流通股份数量。参见2006年准则1号第17条。

承销商和招股说明书签署日期。[1]

招股说明书末页，应记载IPO发行人声明："本公司全体董事、监事、高级管理人员承诺本招股说明书及其摘要不存在虚假记载、误导性陈述或重大遗漏，并对其真实性、准确性、完整性承担个别和连带的法律责任。"上述声明应由全体董事、监事和高级管理人员签名，并由发行人加盖公章。[2]

招股说明书末页，应记载保荐人[3]声明："本公司已对招股说明书及其摘要进行了核查，确认不存在虚假记载、误导性陈述或重大遗漏，并对其真实性、准确性和完整性承担相应的法律责任。"上述声明应由保荐人法定代表人、保荐代表人和项目主办人签名，并由保荐人加盖公章。[4]

招股说明书末页，应记载律师声明："本所及经办律师已阅读招股说明书及其摘要，确认招股说明书及其摘要与本所出具的法律意见书和律师工作报告无矛盾之处。本所及经办律师对发行人在招股说明书及其摘要中引用的法律意见书和律师工作报告的内容无异议，确认招股说明书不致因上述内容而出现虚假记载、误导性陈述或重大遗漏，并对其真实性、准确性和完整性承担相应的法律责任。"上述声明应由经办律师和所在律师事务所负责人签名，并由律师事务所加盖公章。[5]

招股说明书末页，应记载会计师事务声明："本所及签字注册会计师已阅读招股说明书及其摘要，确认招股说明书及其摘要与本所出具的审计报告、盈利预测审核报告（如有）、内部控制鉴证报告及经本所核验的非经常性损益明细表无矛盾之处。本所及签字注册会计师对发行人在招股说明书及其摘要中引用的审计报告、盈利预测审核报告（如有）、内部控制鉴证报告及经本所核验的非经常性损益明细表的内容无异议，确认招股说明书不致因上述内容而出现虚假记载、误导性陈述或重大遗漏，并对其真实性、准确性和完整性承担相应的法律责任。"上述声明应由签字注册会计师和所在会计师事务所负责人签名，并由会计师事务所加盖公章。[6]

招股说明书末页，应记载资产评估机构声明："本机构及签字注册资产评估师已阅读招

1 参见2006年准则1号第17条。
2 参见2006年准则1号第121条。
3 通常是承销证券的证券公司。参见2006年准则1号第122条。
4 参见2006年准则1号第122条。
5 参见2006年准则1号第123条。
6 参见2006年准则1号第124条。

股说明书及其摘要，确认招股说明书及其摘要与本机构出具的资产评估报告无矛盾之处。本机构及签字注册资产评估师对发行人在招股说明书及其摘要中引用的资产评估报告的内容无异议，确认招股说明书不致因上述内容而出现虚假记载、误导性陈述或重大遗漏，并对其真实性、准确性和完整性承担相应的法律责任。”上述声明应由签字注册资产评估师和所在资产评估机构负责人签名，并由资产评估机构加盖公章。[1]

招股说明书末页，应记载验资机构声明：“本机构及签字注册会计师已阅读招股说明书及其摘要，确认招股说明书及其摘要与本机构出具的验资报告无矛盾之处。本机构及签字注册会计师对发行人在招股说明书及其摘要中引用的验资报告的内容无异议，确认招股说明书不致因上述内容而出现虚假记载、误导性陈述或重大遗漏，并对其真实性、准确性和完整性承担相应的法律责任。”上述声明应由签字注册会计师和所在验资机构负责人签名，并由验资机构加盖公章。[2]

此乃IPO情形下招股说明书。IPO之外的证券发行，包括公司债发行，存在类似的信息披露。[3]所有发行证券之上市，也存在类似的披露。[4]

（2）定期报告

在每一会计年度结束之日起4个月内，上市公司应当向中国证监会和所属证券交易所报送年度报告（年报）并公告；[5]在每一会计年度上半年结束之日起2个月内，上市公司应当向中国证监会和所属证券交易所报送中期报告并公告；[6]凡发行公司债的公司，情形亦同。[7]在每一会计年度第3个月和第9个月结束后的1个月内，上市公司应当向中国证监会和所属证券交易所报送季度报告并公告。[8]诸如上述报告格式与内容、披露方式和识别之类的事宜，类同于招股说明书。[9]

1 参见2006年准则1号第125条。

2 参见2006年准则1号第126条。

3 参见2005年证券法第64条。

4 参见2005年证券法第53、54和59条。具体参见2008年版上海证券交易所上市规则§5.1.8和§5.2.6和2008年版深圳证券交易所上市规则§5.1.9和§5.2.10。

5 参见2005年证券法第66条。

6 参见2005年证券法第65条。

7 参见2005年证券法第65—66条。

8 参见2007年1月30日中国证监会令第40号上市公司信息披露管理办法第20条（披露管理办法）。

9 参见前文§8.1.3.1。

另外，上市公司董事或者高级管理人员，应对定期报告签署书面确认意见。[1]

(3) 临时报告

凡发生证券投资者尚未知悉的重大事件的，上市公司应当立即向中国证监会和所属证券交易所报送临时报告并公告，并说明相应事件起因、截至日前状态和可能的法律后果。[2]所谓重大事件，系指对上市公司股份交易价格产生较大影响的事件。[3]比如，上市公司经营范围之重大变更、重大投资行为之决定、未能清偿到期重大债务之违约行为、重大亏损或者重大损失之发生、生产经营外部条件之重大变化、董事之变动、持股5%以上股东持股生变、诸如合并、分立之类事项之决定、重大诉讼、董事会决议无效之宣告和中国证监会规定的其他事项。[4]中国证监会规定的其他事项，比如，相对于重大诉讼的重大仲裁、相对于生产经营外部条件之重大变化的重大法律变化、相对于合并分立的新股发行之决定和会计政策或者会计估计之变更，等等。[5]此类信息之轻重拿捏，上市公司颇费思量。中国证监会或者证券交易所，通过规章规则，多有倡导。比如，重组购并之决定，应由董事会于重组购并决定做出之时，即行披露；设若重组购并之事尚处筹划阶段，因为保密事宜未尽得当而泄露的，纵使董事会尚未决定重组购并，董事会也应及时披露泄露所涉信息。[6]

除上述信息披露报告之外，尚有诸如发行保荐书和法律意见书之类报告。[7]

(4) 监督

诸如年报之类的定期报告或者临时报告等报送或者公告事宜，由中国证监会和证券交易所监督执行。[8]

4. 虚假陈述：行政法和刑法条款

(1) 保荐人行政责任

保荐人出具的保荐书系虚假陈述的，中国证监会，可以责令改正，给予警告，没收业

1 参见2005年证券法第68条第1款。
2 参见2005年证券法第67条第1款。
3 参见2005年证券法第67条第1款。
4 参见2005年证券法第67条第2款。
5 参见披露管理办法第30条。
6 参见2008年版上海证券交易所上市规则§§ 7.3—7.4。
7 具体参见披露管理办法；中国证监会先后颁布的有关公开发行证券公司信息披露内容与格式系列准则。
8 参见2005年证券法第71条。具体由披露管理办法和沪深两市上市规则细化。

务收入，并处以业务收入1倍以上5倍以下罚款；情节严重的，可以暂停或者撤销相关业务许可。直接负责的主管人员和其他直接责任人员，给予警告，并处以3万元以上30万元以下罚款；情节严重的，撤销任职资格或者证券从业资格。此处的虚假陈述系虚假记载、误导性陈述或者重大遗漏。如有其他不履行法定职责的情形的，亦同。[1]

（2）证券服务机构行政责任

证券服务机构未勤勉尽责为虚假陈述的，中国证监会可以责令其改正，没收业务收入，暂停或者撤销证券服务业务许可，并处以业务收入1倍以上5倍以下罚款。直接负责的主管人员和其他直接责任人员，给予警告，撤销证券从业资格，并处以3万元以上10万元以下罚款。此处的虚假陈述系指制作或者出具存在虚假记载、误导性陈述或者重大遗漏的文件。[2]

（3）发行人等行政责任

发行人为虚假陈述的，中国证监会可以责令其改正，给予警告，并处以30万元以上60万元以下罚款；上市公司为之者，亦同；保荐人之外其他信息披露义务人为之者，亦同。对直接负责的主管人员和其他直接责任人员，给予警告，并处以3万元以上30万元以下罚款。此处的虚假陈述系披露信息存在虚假记载、误导性陈述或者重大遗漏。未按照规定[3]披露信息的，亦同。控股股东或者实际控制人指使从事的，亦同。[4]

发行人报送的报告系虚假陈述的，中国证监会可以责令其改正，并处以30万元以上60万元以下罚款；上市公司为之者，亦同；保荐人之外其他信息披露义务人为之者，亦同。对直接负责的主管人员和其他直接责任人员，可以给予警告，并处以3万元以上30万元以下罚款。此处的虚假陈述系报送报告存在虚假记载、误导性陈述或者重大遗漏。未按照规定[5]报送报告的，亦同。控股股东或者实际控制人指使从事的，亦同。[6]

（4）虚假发行刑事责任

招股说明书或者公司债募集办法虚假陈述，以致发行股票或者公司债，数额巨大、后果严重或者有其他严重情节的，处5年以下有期徒刑或者拘役，并处或者单处非法募集资金金额1%以上5%以下罚金。单位犯上述罪行的，对单位判处罚金，并对其直接负责的主管人

1 参见2005年证券法第192条。

2 参见2005年证券法第223条。

3 参见前文§8.1.3。

4 参见2005年证券法第193条第1款和第3款。

5 参见前文§§8.1.3.2—3。

6 参见2005年证券法第193条第2款和第3款。

员和其他直接责任人员，处5年以下有期徒刑或者拘役。此处的虚假陈述系指隐瞒重要事实或者编造重大虚假内容。[1]

（5）财务会计报告虚假陈述刑事责任

信息披露义务人向股东或者社会公众为虚假陈述，严重损害股东或者其他人利益，或者有其他严重情节的，对其直接负责的主管人员和其他直接责任人员，处3年以下有期徒刑或者拘役，并处或者单处2万元以上20万元以下罚金。此处的虚假陈述系指财务会计报告虚假的或者隐瞒重要事实的。应当披露其他重要信息不按照规定披露者，亦同。[2]

（6）证券服务机构刑事责任

承担资产评估、验资、验证、会计、审计、法律服务等职责的中介组织人员故意提供虚假证明文件，情节严重的，处5年以下有期徒刑或者拘役，并处罚金。上述人员，索取他人财物或者非法收受他人财物，犯上述罪行的，处5年以上10年以下有期徒刑，并处罚金。上述人员，严重不负责任，出具证明文件重大失实，造成严重后果的，处3年以下有期徒刑或者拘役，并处或者单处罚金。[3]

5. 虚假陈述责任：第69条和第173条

（1）概述

合同法第54条第2款规定："一方以欺诈……手段……使对方在违背真实意思的情况下订立的合同，受损害方有权请求人民法院……撤销。"问题是，何谓欺诈？本款规定沿用民法通则第58条第3项第1种情况。[4]最高人民法院有关民法通则的相关解释认为，一方当事人故意告知对方虚假情况，或者故意隐瞒真实情况，使对方当事人做出错误意思表示的，可以认定为欺诈。[5]从逻辑上分析，其要点包括：第一，欺诈他人者，心怀故意。故意告知对方虚假情况的，即故意为不实陈述，为直接故意；故意隐瞒真实情况的，即故意隐瞒事实，为间接故意。两种故意均可。第二，或者做出不实陈述，比如，明明没有应收账款，却说

1 参见刑法160条。

2 参见刑法161条。具体认定标准，参见2008年3月5日最高人民检察院公安部高检会〔2008〕2号关于经济犯罪案件追诉标准的补充规定第1条。

3 参见刑法229条。

4 该项规定："下列民事行为无效：一方以欺诈……的手段……，使对方在违背真实意思的情况下所为的。"

5 参见1988年4月2日最高人民法院法（办）发〔1988〕6号关于贯彻执行民法通则若干问题的意见（试行）第68条。

有巨额应收账款；或者隐瞒事实，比如，发现财务报表制作中的作假行为，却不予指明披露。原则上，该类行为是非法的；例外的情况下，才是合法的；如为合法，非为欺诈。虽然最高人民法院司法解释没有明确指明这一点，但从逻辑上可以推断。[1]第三，因为信赖不实陈述或者隐瞒事实，使另一方当事人陷入错误。即两者之间存在因果关系。至于何种错误，内容错误，可以；表示错误，可以；动机错误，也可以。如果没有信赖，比如，另一方当事人知道陈述之不实或者事实之隐瞒的，不存在欺诈；如有错误，但和不实陈述或者隐瞒事实没有牵连，也不存在欺诈。第四，因为错误，做出意思表示。或者发出要约，或者做出承诺。比如，看了上市公司的年报，年报中虽含不实陈述，却购进相当数额的股票的。

故欺诈可以区别为故意做出不实陈述（积极欺诈）和故意隐瞒事实（消极欺诈）。就上节虚假陈述[2]而论，如果故意为虚假记载，即积极欺诈；如果应当披露却故意保留重大遗漏，即消极欺诈；如果披露不至于陈述误导他人却故意保留重大遗漏，也就是所谓的误导性陈述，也是消极欺诈。[3]如若非出于故意而为之者，即为过失不实陈述或者重大遗漏，称之为过失不实陈述。2005年证券法第69条和第173条，将积极欺诈、消极欺诈和过失不实陈述一并规定。

（2）证券发行

如果公告招股说明书本身，即构成积极欺诈、消极欺诈或者过失不实陈述，招股说明书就是发行证券认购人向招股说明书签署人进行民事索赔的依据。[4]如果发行证券认购人已经转让，受让人是否有权索赔？

管制证券登记的1933年美国证券法规定，凡已生效的证券登记书（registration statement）[5]陈述不实、应当披露却保留遗漏或者披露不至于让证券登记书误导他人却保留遗漏，并且陈述或者遗漏事实为重大者，民事索赔责任产生；发行证券认购人或者后手受让人，有权索赔，除非具证证明在取得证券时上述人等知悉陈述不实或者存在遗漏；赔偿义

---

1 参见1988年4月2日最高人民法院法（办）发〔1988〕6号关于贯彻执行民法通则若干问题的意见（试行）第68条；Siehe Hans Brox, Allgemeiner Teil des BGB, 27.A., S209.

2 参见前文§8.1.4。

3 参见后文§8.1.5.2。

4 参见前文§8.1.3.1。

5 包括招股说明书。See Thomas Lee Hazen, Securities Regulation 40(2006).

务人为：证券登记书签署人，证券发行人董事，诸如会计师和评估师之类的专家[1]或者承销商；跨期自证券登记书生效之日起过12个月的利润表公告后上述人等取得证券者，上述诉权的额外条件为：上述人等信赖证券登记书包含的不实陈述而取得的，或者信赖证券登记书但不知道系有重大遗漏而取得的；至于信赖，并不一定以上述人等亲眼阅读方式证明；[2]至于重大者，如若如实陈述或者刻意披露相应事实，足以阻止或者已经阻止处事谨慎的投资者取得证券的，相应事实系重大的。[3]

相应索赔数额，不得超过证券发行价；[4]具体数额，要么是上述人等不超过证券发行价的取得价和提起诉讼时证券价值（value）之间的差额，要么是上述人等不超过证券发行价的取得价和提起诉讼前证券市场处分价之间的差额，要么是上述人等不超过证券发行价的取得价和提起诉讼后判决前证券市场处分价之间的差额，但是第三者应小于上述人等不超过证券发行价的取得价和提起诉讼时证券价值之间的差额。[5]上述额度赔偿，各赔偿义务人负个别和连带责任，但独立董事享有法定例外。[6]

就上述索赔，证券发行人不享有任何免责抗辩。证券发行人的赔偿责任系无过错责任，目的在于维护强制信息披露制度。[7]证券发行人之外赔偿义务人享有下列免责抗辩：其一，证券登记书生效前，辞去证券登记书所涉事务委任，并书面通知美国证监会和证券发行人之抗辩等；其二，未经其知悉证券登记书生效，知悉后立即为前述行为之抗辩等；其三，尽职调查抗辩（due diligence defense）。[8]其中尽职调查抗辩，可以从事审计业务的会计师为例说明。从会计师的角度看，证券登记书可以区别为两个部分：其一，诸如经会计师审计的财务报告之类的专家意见部分（专家意见部分）；其二，上述部分之外部分（其他部

1 See 15 U.S.C. § 77k(a) (4) (2009) ("every accountant, engineer, or appraiser, or any person whose profession gives authority to a statement made by him, who has with his consent been named as having prepared or certified any part of the registration statement, or as having prepared or certified any report or valuation which is used in connection with the registration statement, with respect to the statement in such registration statement, report, or valuation, which purports to have been prepared or certified by him").

2 See 15 U.S.C. § 77k(a) (2009).

3 See Escott v. BarChris Constr. Corp., 283 F. Supp. 643，681 (S.D.N.Y 1968）.

4 See 15 U.S.C. § 77k(g) (2009).

5 See 15 U.S.C. § 77k(e) (2009).

6 See 15 U.S.C. § 77k(f) (2009).

7 See Herman & MacLean v. Huddleston, 459 U.S. 375, 381—82 (1983).

8 See 15 U.S.C. § 77k(b) (2009).

分）。就其他部分，历经合理调查，会计师有合理理由相信，实际上也相信，证券登记书生效之时，该部分陈述真实，不存在重大遗漏。[1]就专家意见部分中的财务报告，历经合理调查，会计师有合理理由相信，实际上也相信，证券登记书生效之时，该部分陈述真实，不存在重大遗漏；或者相应部分没有真实转述其作为专家的意见。[2]就专家意见部分中的会计师之外的其他专家意见，没有合理理由相信，实际上也不相信，证券登记书生效之时，该部分陈述不实或者存在重大遗漏。[3]上述合理调查与合理理由之合理，系一位处事谨慎的人管理自己财产应尽谨慎之程度。[4]

除非具证证明不知情，证券发行人的控股股东或者实际控制人与证券发行人负个别和连带责任。[5]

2005年证券法第69条规定："发行人……公告的招股说明书、公司债券募集办法……有虚假记载、误导性陈述或者重大遗漏，致使投资者在证券交易中遭受损失的，发行人……应当承担赔偿责任；发行人……的董事、监事、高级管理人员和其他直接责任人员以及保荐人、承销的证券公司，应当与发行人……承担连带赔偿责任，但是能够证明自己没有过错的除外；发行人……的控股股东、实际控制人有过错的，应当与发行人……承担连带赔偿责任。"2005年证券法第173条规定："证券服务机构为证券的发行……制作、出具审计报告、资产评估报告、财务顾问报告、资信评级报告或者法律意见书等文件……有虚假记载、误导性陈述或者重大遗漏，给他人造成损失的，应当与发行人……承担连带赔偿责任，但是能够证明自己没有过错的除外。"上述规定过于简略，并未考虑中国证券发行的实际运作情况。[6]此等责任可以简称为证券发行人担保责任。[7]

1 See 15 U.S.C. § 77k(b)(3)(A) (2009).
2 See 15 U.S.C. § 77k(b)(3)(B) (2009).
3 See 15 U.S.C. § 77k(b)(3)(C) (2009).
4 See 15 U.S.C. § 77k(c) (2009).
5 See 15 U.S.C. § 77k(o) (2009).
6 参见前文§ 8.1.3.1。
7 参见前文§ 8.1.3.1。

（3）证券欺诈之一

1934年美国证券交易法第10条第2款，[1]将证券欺诈定性为非法行为，并授权美国证监会通过条例规则明确何者为具体的证券欺诈行为。美国证监会依照授权作出的相关规则明确，证券欺诈可以区别为不实陈述型和重大遗漏型。[2]1946年，联邦地方法院初次承认，1934年美国证券交易法第10条第2款和美国证监会相关规则，隐含相应民事诉讼理由（民事诉因）。[3]虽然几经变化，联邦最高法院始终支持上述裁判。[4]上述隐含着的民事诉因（implied civil action）意味着，在购买证券或者出售证券交易中，一方当事人为证券欺诈，致使证券购买人或者证券出售人遭受损害的，证券购买人或者证券出售人可以向上述当事人索赔；证券欺诈的欺诈，从普通法上欺诈[5]认定。

在购买证券或者出售证券交易中为证券欺诈的一方当事人，可以是但不一定是证券出售人或者证券购买人；只要故意做出的不实陈述或者刻意保留的重大遗漏，足以影响证券购买人或者证券出售人的投资决定，则证券购买人或者证券出售人可以向其索赔。比如，

---

1 15 U.S.C. § 78j(b) (2009) ("It shall be unlawful for any person, directly or indirectly, by the use of any means or instrumentality of interstate commerce or of the mails, or of any facility of any national securities exchange ...... [t]o use or employ, in connection with the purchase or sale of any security registered on a national securities exchange or any security not so registered ......any...... deceptive device or contrivance in contravention of such rules and regulations as the Commission may prescribe as necessary or appropriate in the public interest or for the protection of investors.").

2 See C.F.R. § 240.10b-5 (2009) ("It shall be unlawful for any person, directly or indirectly, by the use of any means or instrumentality of interstate commerce, or of the mails or of any facility of any national securities exchange ...... (b) To make any untrue statement of a material fact or to omit to state a material fact necessary in order to make the statements made, in the light of the circumstances under which they were made, not misleading ......").

3 See Kardon v. National Gypsum Co, 69 F. Supp. 512, 513 (E.D. Pa. 1946) ("It is also true that there is no provision in Sec. 10 or elsewhere expressly allowing civil suits by persons injured as a result of violation of Sec. 10 ......However, 'The violation of a legislative enactment by doing a prohibited act, or by failing to do a required act, makes the actor liable for an invasion of an interest of another if; (a) the intent of the enactment is exclusively or in part to protect an interest of the other as an individual; and (b) the interest invaded is one which the enactment is intended to protect ......'" "This rule is more than merely a canon of statutory interpretation. The disregard of the command of a statute is a wrongful act and a tort. As was said in Texas & Pacific R. Co. v. Rigsby, 241 U.S. 33, 39, 36 S.Ct. 482, 484, 60 L.Ed. 874, 'This is but an application of the maxim, Ubi jus ibi remedium.'").

4 See Basic Inc. v. Levinson, 485 U.S. 224, 230—31 (1988) (emphasizing that [j] udicial interpretation and application, legislative acquiescence, and the passage of time have removed any doubt that a private cause of action exists for a violation of § 10(b) and Rule 10b-5, and constitutes an essential tool for enforcement of the 1934 Act's requirements).

5 不妨参见前文§ 8.1.5.1。

可以是就含有重大不实陈述的上市公司年报出具标准无保留意见的审计师；[1]甚至可以是在专业杂志上做不实广告的药业上市公司。[2]

普通法上欺诈必备之信赖[3]要素，得由原告具证证明；[4]就积极欺诈而言，若要证明信赖要素，势必得证明原告知悉已经做出的不实陈述。[5]普通法上欺诈，原则上是当事人之间面对面的交易；证券欺诈，原则上不是面对面交易，而是中间隔着证券市场的交易。若一定要像面对面交易那样，原告得证明知悉已经做出的不实陈述，可以做到，但为不合理的负担。[6]为此，联邦最高法院采纳市场欺诈理论（fraud–on–the–market theory），[7]除非另有相反证据，面向证券市场做出的重大不实陈述，足以推定证券购买人或者证券出售人的信赖。[8]就消极欺诈言，若要证明信赖要素，势必得证明证券购买人或者证券出售人知悉刻意保留的重大遗漏，逻辑上为不可能。为此，联邦最高法院采纳推定方式，除非另有相反证据，如有重大遗漏，则信赖存在。[9]

（4）证券欺诈之二

2005年证券法第69条规定："发行人、上市公司公告的招股说明书、公司债券募集办法、财务会计报告、上市报告文件、年度报告、中期报告、临时报告以及其他信息披露资料，有虚假记载、误导性陈述或者重大遗漏，致使投资者在证券交易中遭受损失的，发行

1 See e.g, Semerenko v. Cendant Corp. 223 F.3d 165 (3d Cir.2000).

2 See e.g., In re Carter—Wallace, Inc. 150 F.3d 153 (2d Cir.1998).

3 不妨参见前文§8.1.5.1。

4 See, e.g., Mirkin v. Wasserman, 858 P.2d 568, 572 (Cal. 1993).

5 See Peil v. Speiser, 806 F.2d 1154, 1160 (3d Cir. 1986).

6 See Basic Inc. v. Levinson, 485 U.S. 224, 245 (1988).

7 The fraud on the market theory is based on the hypothesis that, in an open and developed securities market, the price of a company's stock is determined by the available material information regarding the company and its business ...... Misleading statements will therefore defraud purchasers of stock even if the purchasers do not directly rely on the misstatements. The misstatements may affect the price of the stock, and thus defraud purchasers who rely on the price as an indication of the stock's value. By artificially inflating the price of the stock, the misrepresentations defraud purchasers who rely on the price as an indication of the stock's value. The causal connection between the defendants' fraud and the plaintiffs' purchase of stock in such a case is no less significant than in a case of direct reliance on misrepresentations. In both cases, defendants' fraudulent statements or omissions cause plaintiffs to purchase stock they would not have purchased absent defendants' misstatements and/or omissions. See Peil v. Speiser, 806 F. 2d 1154, 1160—61 (CA3 1986).

8 See Basic Inc. v. Levinson, 485 U.S. 224, 250 (1988).

9 See Affiliated Ute Citizens v. United States, 406 U.S.128, 153—54 (1972).

人、上市公司应当承担赔偿责任；发行人、上市公司的董事、监事、高级管理人员和其他直接责任人员以及保荐人、承销的证券公司，应当与发行人、上市公司承担连带赔偿责任，但是能够证明自己没有过错的除外；发行人、上市公司的控股股东、实际控制人有过错的，应当与发行人、上市公司承担连带赔偿责任。”2005年证券法第173条规定：“证券服务机构为证券的发行、上市、交易等证券业务活动制作、出具审计报告、资产评估报告、财务顾问报告、资信评级报告或者法律意见书等文件……有虚假记载、误导性陈述或者重大遗漏，给他人造成损失的，应当与发行人、上市公司承担连带赔偿责任，但是能够证明自己没有过错的除外。”通过解释，上述规定勉强涵盖证券欺诈，而且过于简略。如能解释，上述责任可以称作证券欺诈侵权责任。

如果我国相应行政法或者刑法条款[1]足资定性为投资者保护类规定，则上述条款之违反，足以产生证券欺诈之侵权责任。[2]此种责任，类似于上述美国证券法上的证券欺诈侵权责任。

（5）不实陈述

依照1934年美国证券交易法第18条第1款[3]规定，在购买证券或者出售证券交易中，一方当事人为不实陈述，证券购买人或者证券出售人信赖上述陈述，购买或者出售其价格受上述陈述影响的证券，并遭受信赖损害的，证券购买人或者证券出售人可以向上述当事人索赔；上述不实陈述，或者由当事人亲为之或者由他人为之，但均得包含在美国证监会证券登记文件中，比如，证券登记书、投票代理权征集陈述书（proxy statement）、诸如强制披露的年报之类的文件等；上述不实陈述在做出时和做出情景下系重大不实陈述或者容易滋生误导的重大遗漏。

依照上述规定，证券购买人或者证券出售人索赔的前提是，当事人不知道上述陈述之不实或者误导；上述损害赔偿责任的前提是过失，并且为推定过失；当事人具证证明，心

---

1 参见前文§ 8.1.4。

2 具体参见金勇军:《会计师第三人责任》，高等教育出版社2006年版，第43—44页。

3 15 U.S.C. § 78r(a) (2009) ("Any person who shall make or cause to be made any statement in any application, report, or document filed pursuant to this title or any rule or regulation thereunder, or any undertaking contained in a registration statement as provided in subsection (d) of section 78o of this title, which statement was at the time and in the light of the circumstances under which it was made false or misleading with respect to any material fact, shall be liable to any person (not knowing that such statement was false or misleading) who, in reliance upon such statement, shall have purchased or sold a security at a price which was affected by such statement, for damages caused by such reliance, unless the person sued shall prove that he acted in good faith and had no knowledge that such statement was false or misleading.").

怀善意行事，并不知道陈述之不实或者误导，则当事人没有责任。和前文中的证券欺诈不同，不实陈述之信赖为事实上的信赖（actual reliance）；[1]如果证券购买人或者证券出售人不能证明，证券购买人或者证券出售人实际上知悉并信赖上述陈述，则诉讼不成立。

2005年证券法第69条规定："发行人、上市公司公告的招股说明书、公司债券募集办法、财务会计报告、上市报告文件、年度报告、中期报告、临时报告以及其他信息披露资料，有虚假记载、误导性陈述或者重大遗漏，致使投资者在证券交易中遭受损失的，发行人、上市公司应当承担赔偿责任；发行人、上市公司的董事、监事、高级管理人员和其他直接责任人员以及保荐人、承销的证券公司，应当与发行人、上市公司承担连带赔偿责任，但是能够证明自己没有过错的除外；发行人、上市公司的控股股东、实际控制人有过错的，应当与发行人、上市公司承担连带赔偿责任。"2005年证券法第173条规定："证券服务机构为证券的发行、上市、交易等证券业务活动制作、出具审计报告、资产评估报告、财务顾问报告、资信评级报告或者法律意见书等文件……有虚假记载、误导性陈述或者重大遗漏，给他人造成损失的，应当与发行人、上市公司承担连带赔偿责任，但是能够证明自己没有过错的除外。"通过解释，上述规定可以涵盖不实陈述，只是过于简略。如能解释，上述责任可以称作过失不实陈述侵权责任。

（6）赔偿金

证券欺诈侵权责任为赔偿金。此等赔偿金计算颇为复杂。

首先，通用计算规则是：因证券欺诈购买证券的情况下，赔偿金是购买证券实际支付的价款和证券购买日价值之间的差额；因证券欺诈出售证券的情况下，赔偿金是出售证券实际获取的价款和证券出售日价值之间的差额；至于证券购买日或者出售日的价值，可以在证券市场吸收不实陈述或者重大遗漏信息之后参考市场交易价确定。上述规则的难处主要在于价值确定。假设A股份证券价值为8元/股；因甲告知乙不日可以上涨至35元/股，乙从甲处购进A股份若干，交易价格是16元/股。以上述规则计算，赔偿金为8元/股。在上述前提之下，如仍能具证证明，尚且存在其他损害的，原告还能索赔。比如，诸如手续费之类的交易费用和诸如股份分红之类的可得利益等。在美国证券法上，称做out-of-pocket规则。[2]

---

1 See Heit v Weitzen, 402 F. 2d 909,916 (2d Cir 1968).

2 See e.g.,Tucker v. Arthur Andersen & Co., 67 FRD 468 (S.D.N.Y.1975); Rochez Bros., Inc. v. Rhoades, 491 F. 2d 402 (2d Cir.1973).

其次，A和B竞相收购C，A最后报价59元/股，要约收购C所有股份；B最后报价62元/股，要约收购C 49%股份，限制条件是，要约收购成功之后，B以1股对1股换股方式吸收合并C，B答应给C股东的代价是相当于62元的B股份。B收购成功，交割之日，换股股份B股份交易价为59元/股。要约收购开始之前，C股份的交易价48元/股，要约收购开始之后上涨至56元/股。C股东以证券欺诈向B索赔。以上述out-of-pocket规则，赔偿金为零。此时C股东可以以所失利益3元/股为据索赔。以所失利益为计算赔偿金之规则，在美国证券法上，称做benefit-of-the-bargain规则。[1]上述规则的难处主要在于所失利益之确定性。

最后，假设A股份证券价值为8元/股；因甲为证券欺诈，乙从甲处购进A股份若干，交易价格是16元/股；事后不实陈述信息披露，A股份交易价格一路跌至2元/股。假定上述A股是电视机，合同法上救济之一是解除合同；合同解除，则交易回转。因为证券交易不宜解除，故不妨以赔偿金代替。此时的赔偿金，可以是购买证券实际支付的价款和证券交易市场价格之间的差额。以上述规则计算，赔偿金为14元/股。在美国证券法上，称做Rescission规则。[2]上述规则的难处主要在于原被告之间得具备合同相对性。

（7）小结

证券发行人担保责任，实乃证券发行人向上下手证券购买人公开担保的担保责任，系无过错责任；相应索赔不得超过证券发行价，此乃担保责任之意。过失不实陈述侵权责任，系推定过失责任，相应索赔仅仅限于不实陈述招致的信赖损害。证券欺诈侵权责任，实乃证券购买或者证券出售之普通法上的欺诈侵权责任，相应赔偿金计算相对复杂。

6. 最高人民法院若干司法解释

（1）2号解释之一

中国证券市场上的虚假陈述民事侵权案几多反复，反复之由乃最高人民法院。最高人民法院曾通令下级法院，暂不受理证券市场上的虚假陈述民事侵权案，理由是法院尚不具

1 See e.g.,Osofsky v. Zipf 645 F.2d 107 (2d Cir.1981).

2 See e.g.,Huddleston v. Herman & MacLean, 640 F.2d 534 (5th Cir.1981).

备受理或审理案件条件；[1]数月之后，最高人民法院又通令下级法院，应当受理上述案件。[2]为了规范上述受理案件之审理，最高人民法院颁布关于审理证券市场因虚假陈述引发的民事赔偿案件的若干规定[3]（2号解释）。

（2）2号解释之二

2号解释第17条，尽力界定证券市场上的虚假陈述民事侵权案。且不说相关界定是否准确公允，2号解释制定依据之一是证券法，而原证券法第63条和第161条与2005年证券法第69条和第173条[4]已然规定证券市场上的虚假陈述民事侵权案，此等努力皆为多余。[5]2号解释可以努力的方向之一是，将2005年证券法第69条和第173条规定的责任[6]分解为证券发行人担保责任、证券欺诈侵权责任和过失不实陈述侵权责任，并分别认定处理。可惜2号解释没有。[7]以上述三种责任合并而非分解这一情形衡量，2号解释第4部分“虚假陈述的认定”和第7部分“损失认定”，也许可行，可并非具体，操作之枉，可以想见。

（3）2号解释之三

依照2号解释第5、6条，受理上述侵权案的前置条件为：或者中国证监会已经作出行政处罚，或者诸如财政部之类的机构已经作出行政处罚，或者法院已经作出有罪的刑事裁判。如果仅仅出于证据方便考虑设置上述条件，则此种考虑忽略了有关虚假陈述的民事、刑事和行政证据之差别。[8]

（4）12号解释之一

历经6年反复调查论证，最高人民法院公布关于审理涉及会计师事务所在审计业务活动中民事侵权赔偿案件的若干规定[9]（12号解释）。12号解释，承继、整合并矫正以往所有有关

---

1 参见2001年9月21日最高人民法院法明传〔2001〕406号关于涉证券民事赔偿案件暂不予受理的通知。

2 参见2002年1月15日最高人民法院法明传〔2001〕43号关于受理证券市场因虚假陈述引发的民事侵权纠纷案件有关问题的通知。

3 2002年12月26日最高人民法院法释〔2003〕2号（2号解释）。

4 不妨参见前文§8.1.5。

5 类似情形，尚且包括2号解释第24条与第5部分“归责与免责事由”和第6部分“共同侵权责任”。参见原证券法第63、161和202条；2005年证券法第69、173和223条。

6 其实应该是原证券法第63条和第161条规定的责任。

7 不妨参见前文§8.1.5。

8 参见前文§§8.1.4—5。

9 2007年6月11日最高人民法院法释〔2007〕12号（12号解释）。

会计师民事责任的司法解释，[1]详尽梳理会计师民事责任诸多细节问题。[2]12号解释多多少少牵涉2005年证券法第173条。

(5) 12号解释之二

仅就注册会计师审计业务而言，[3]因以合理方式信赖注册会计师审计报告，与审计单位进行交易，但遭受损害者，为注册会计师法第42条[4]规定（第42条规定）的“利害关系人”；从事审计单位股票或者债券交易活动者，亦同。[5]此为合理信赖。最高人民法院以第42条规定为12号解释的法律背景，[6]即最高人民法院以一般过失为12号解释的理论基础。[7]从上述法律背景出发，上述结论是自明的。所谓合理信赖，应该理解为，可以合理预见的第三人对注册会计师审计报告抱有的信赖。[8]

仅就注册会计师审计业务而言，因以合理方式使用注册会计师审计报告，与审计单位进行交易，但遭受损害者，为第42条规定的“利害关系人”；从事审计单位股票或者债券交易活动者，亦同。[9]此为合理使用。最高人民法院区别合理信赖和合理使用之用意为何，不得而知。盖证券欺诈可以区别为不实陈述型和重大遗漏型，不实陈述以信赖为要件，重大遗漏没有信赖之说；考虑这一点，区别合理信赖和合理使用。果真如此，尚可接受。[10]

审计报告具有虚假记载、误导性陈述或者重大遗漏者，在注册会计师或者违反法律法规或者违反执业准则规则或者违反诚信公允原则的情况下，为不实报告。[11]此种解释原无必要。有此解释，大概出自审计界的“真实性”与法律界的“真实性”之意识形态问题。[12]依

1 参见12号解释第13条。

2 参见正确界定会计师事务所的民事责任——最高人民法院有关负责人答本报记者问，载《人民法院报》2007年6月16日。

3 参见12号解释第1条。

4 参见上文§1.3.5.2。

5 参见12号解释第2条第1款。

6 参见《正确界定会计师事务所的民事责任——最高人民法院有关负责人答本报记者问》，载《人民法院报》2007年6月16日。

7 参见金勇军:《会计师第三人责任》，高等教育出版社2006年版，第116页。

8 参见金勇军:《会计师第三人责任》，高等教育出版社2006年版，第116页。

9 参见12号解释第2条第1款。

10 参见前文§8.1.5.3。

11 参见12号解释第2条第2款。

12 参见《正确界定会计师事务所的民事责任——最高人民法院有关负责人答本报记者问》，载《人民法院报》2007年6月16日。

照12号解释第4条第1款规定，因不实审计报告给利害关系人造成损害的，注册会计师应当承担侵权赔偿责任，此系会计师第三人责任。只不过，更合适的提法应该是，不实审计报告造成信赖损害的，相应注册会计师应当承担侵权赔偿责任。如果注册会计师具证证明不存在过错的，则属例外。这意味着，最高人民法院采纳过失推定原则。考虑理由之一是2005年证券法第173条。[1]第42条规定的会计师第三人责任，就是上述过失不实陈述侵权责任。[2]

(6) 12号解释之三

依照12号解释第4条第2款规定，为证明目的，注册会计师可以提交执业准则、规则和审计工作底稿等。12号解释第7条进一步明确，遵守执业准则或者规则确定的工作程序并保持必要的职业谨慎，仍未能发现会计资料错误的，注册会计师没有过失故不承担民事赔偿责任；注册会计师保持必要的职业谨慎仍未能发现虚假或者不实的证明文件之虚假或者不实，注册会计师没有过失故不承担民事赔偿责任。相反，12号解释第6条第2款提到，没有根据审计采用的必要调查方法获取充分的审计证据的，注册会计师系有过失。

依照12号解释第5条第1款第2项规定，注册会计师明知重要事项财务会计处理与国家有关规定相抵触却不予指明，并致害第三人的，注册会计师与审计单位承担连带赔偿责任。如果注册会计师与审计单位串通，连带赔偿责任之说有所依据。[3]但上述情况并非有据。饶有意思的是，依照12号解释第5条第2款规定，就上述第2项规定情形，注册会计师按照执业准则或者规则应当知道而不知道的，人民法院应认定为明知。不知道所据为何。

7. 诉讼方式

(1) 概述

在美国，证券发行人担保责任和证券欺诈侵权责任，多以集团诉讼（class action）方式主张。依照美国联邦民事程序规则（Federal rules of civil procedure）第23条a款规定，集团诉讼先决条件是：其一，集团成员之多，全员参与诉讼不可行；其二，对集团成员来说，涉讼法律或者事实问题是共同的；其三，集团诉讼代表人的诉讼请求或抗辩为集团成员的

---

1 参见《正确界定会计师事务所的民事责任——最高人民法院有关负责人答本报记者问》，载《人民法院报》2007年6月16日。

2 参见前文§8.1.5.5。

3 参见12号解释第5条第1款第1项。

诉讼请求或抗辩之典型；其四，集团诉讼代表人能公允充分保护集团成员利益。在上述条件之下，或者集团成员分别诉讼容易造成裁判不一，或者涉讼法律或者事实问题共同性强于集团成员个人诉讼的个别性，以至于集团诉讼是公允有效的解决纠纷的方式，上述集团诉讼可以成立。原则上，证券发行人担保责任和证券欺诈侵权责任引发的诉讼能够满足上述要求，而过失不实陈述侵权责任引发的诉讼，因为事实上的信赖之构成要素，不能满足要求；[1]甚至集团诉讼是证券欺诈侵权责任唯一的务实的追究方式。

（2）1995年改革

上述集团诉讼在证券类诉讼中，确有滥用的空间，甚至美国律师可借集团诉讼汲取巨额和解金。[2]为控制滥用情形，美国通过"Private Securities Litigation Reform Act of 1995"（PSLRA）。[3]PSLRA额外要求：其一，作为集团诉讼代表人具名起诉的集团诉讼原告，得随同起诉状宣誓确认，原告并非其律师兴讼工具；其二，法院应指定最有能力代表集团利益的集团成员为主原告（Lead plaintiff），比如索赔数额最高者充任集团诉讼代表人；其三，原告律师的律师费以集团可得赔偿金的合理比例为限，上述赔偿金尚可包括裁判前利息（prejudgment interest）；其四，不论终局的还是待议中的，和解协议内容应完全向集团成员披露；其五，被告提出的驳回或者简易裁判之申请在审期间，原则上不启动证据交换程序，等等。[4]

此外，PSLRA对集团诉讼起诉状也做出具体要求。比如，证券欺诈牵涉的不实陈述系出于故意的，在集团诉讼起诉状中，原告得就每一不实陈述或者遗漏，具呈事实势必得出而不仅仅合理得出推断，所有不实陈述或者遗漏均由被告故意做出的；[5]原告还得证明，上述不实陈述或者遗漏实际上造成原告据以向被告索赔的损害。[6]

1 参见前文§§ 8.1.5.2—5；See e.g., Heit v Weitzen, 402 F. 2d 909, 916 (2d Cir 1968).

2 See Thomas Lee Hazen, The Law of Securities Regulation 521 (5th ed. 2006).

3 Pub. Law No. 104—67, 109 Stat. 737(104th Cong. 1st Sess. December 22, 1995) (HR 1058).

4 See 15 U.S.C. § 77z—1(2009)；15 U.S.C. § 78u—4(2009).

5 See 15 U.S.C. § 78u—4 (b) (2) (2009)（"In any private action arising under this chapter in which the plaintiff may recover money damages only on proof that the defendant acted with a particular state of mind, the complaint shall, with respect to each act...alleged to violate this chapter, state with particularity facts giving rise to a strong inference that the defendant acted with the required state of mind."）.

6 See e.g., In re China Life Secs. Litig., 2008. WL 4066919 (S.D.N.Y. 2008).

（3）2号解释

依照我国民事诉讼法第53条规定，原告或者被告为两人以上，诉讼标的是共同的，为共同诉讼；诉讼标的是同一种类法院决定合并审理并经当事人同意的，为共同诉讼。可以区别为同一共同诉讼和同种共同诉讼。依照我国民事诉讼法第54条规定，原告或者被告人数众多的共同诉讼，由当事人推选代表人进行诉讼；代表人的诉讼行为对其所代表的当事人发生效力，但代表人变更、放弃诉讼请求或者承认对方当事人的诉讼请求和进行和解，必须经所代表的当事人同意。此乃共同诉讼。

依照我国民事诉讼法第55条规定，原告或者被告人数众多的同一共同诉讼且起诉时人数尚未确定的，法院可以发出公告，说明案件情况和诉讼请求，通知权利人在一定期间向法院登记；向法院登记的权利人可以推选代表人进行诉讼；推选不出代表人的，法院可以与参加登记的权利人商定代表人；代表人的诉讼行为对其所代表的当事人发生效力，但代表人变更、放弃诉讼请求或者承认对方当事人的诉讼请求和进行和解，必须经所代表的当事人同意；法院做出的判决或者裁定，对参加登记的全体权利人发生效力；未参加登记的权利人在诉讼时效期间提起诉讼的，适用该判决或者裁定。此乃集团诉讼。

2号解释主张，凡美国可以集团诉讼起诉者，在我国只能以单独诉讼或者共同诉讼起诉；据说的理由是国情所定。[1]

§8.2 禁止交易行为

1. 内幕交易

（1）持股申报

1934年美国证券交易法设置持股申报之规定。具体细节包括：第一，报文披露人员：证券发行人董事或者高级管理人员，得向美国证监会报文披露；如果相应证券在交易所上市，还得向交易所为之；证券发行人直接或者间接持股过10%的股东，亦同。第二，报文披露时间：人员就任之日起10日内；持股满足之日起10日内（发生情况）；如果持股情况发

1 参见2号解释第12—16条；例见陈丽华等23名投资人诉大庆联谊公司、申银证券公司虚假陈述侵权赔偿纠纷案。

生变化，则在持股变化发生之次日内（变化情况）。第三，报文披露内容：在发生情况下各自的持股情况；在变化情况下原持股情况和变化情况。[1]第四，报文披露例外：上述持股申报要求容许例外，比如，因送红股导致持股变化，无需披露；因配股导致持股变化，也无需披露。[2]

依照2005年公司法第142条第2款规定，上市公司董事、监事或者高级管理人员，应当向上市公司申报持股情况和持股变动情况。依照中国证监会的解释，第一，上述持股申报系指，向上市公司报告并由上市公司在相应证券交易所网站公告。第二，发生情况下的申报内容包括但是不限于：姓名、职务、身份证号、证券账户、离职或者任职时间；变化情况下的申报内容包括但是不限于：上年末所持股数量；上年末至本次变动前每次持股变动日期、数量和价格；本次变动前持股数量；本次持股变动的日期、数量和价格；本次变动后的持股数量。第三，申报时间为相应事件发生之日后2个交易日内。[3]至于股东持股申报，此处不讨论。[4]

（2）介入权

1934年美国证券交易法设置证券发行人介入权。证券发行人介入权成立条件为：第一，上节所述证券发行人董事、高级管理人员或者持股股东，要么买进并卖出证券发行人股份，要么卖出并买进证券发行人股份；第二，上述买和卖或者卖和买的时间间隔不超过6个月；第三，证券发行人董事或者高级管理人员买进股份的持股意图为何，在所不问；卖出股份哪怕超过6个月也不会有买回之说，也在所不问。证券发行人介入权，即证券发行人可以将上述买卖可得利益归由证券发行人。[5]1934年美国证券交易法设置介入权的考虑是，因与证券发行人之间的关系，证券发行人董事、高级管理人员或者持股股东，可以获取证券发行人内幕信息；[6]尽管不一定，但上述信息可能被利用进行证券交易；如果任其使用，对其他投

1 See 15 U.S.C. § 78p(a) (2009).

2 See 17 C.F.R. § 240.16a−9(2009).

3 参见2007年4月5日中国证监会证监公司字〔2007〕56号上市公司董事、监事和高级管理人员所持本公司股份及其变动管理规则（变动管理规则）第10—11条。

4 参见后文§ 8.3.3。

5 See 15 U.S.C. § 78p(b) (2009).

6 参见后文§ 8.2.1.4。

资者来说多有不公。[1]是否真正知悉或者使用上述信息，不影响介入权之认定。[2]

依照2005年证券法第47条规定，上市公司董事、监事、高级管理人员或者持股过5%的股东[3]，或者买入后6个月内卖出的，或者卖出后6个月内买入的，可得收益归由上市公司；上市公司董事会应当收取上述收益；上市公司董事会不执行收取收益规定的，股东有权要求董事会在30日内执行；上市公司董事会未在上述期限内执行的，股东有权为了上市公司利益以自己的名义直接向法院提起诉讼，即派生诉讼；[4]上市公司董事会不执行收取收益规定的，负有责任的董事依法承担连带责任。依照中国证监会的解释，上述买入后6个月内卖出，是指最后一笔买入时点起算6个月内卖出的；卖出后6个月内又买入，是指最后一笔卖出时点起算6个月内又买入的。[5]

依照2005年证券法第47条第1款规定，证券公司因包销售后剩余股份持股过5%的，则此等股份买卖不受6个月时间的限制。在上述情况下，并无使用内幕信息之虑。

（3）其他规定

依照2005年证券法第43条规定，证券交易所、证券公司和证券登记结算机构的从业人员、中国证监会工作人员以及法律或者行政法规禁止参与股票交易的其他人员，在任期或者法定限期内，不得持有股票或者买卖股票，也不得收受他人赠送的股票；不得以化名为之，也不得借他人名义为之；任何人在成为上述人员时，已有持股必须出让。如有违反，依照2005年证券法第199条规定，中国证监会可以责令处理因此持有的股票，没收违法所得并处以额度等值于买卖股票价格以内罚款；属于国家工作人员的，还应当依法给予行政处分。上述规定的设置理由应该是避免内幕信息之使用。

依照2005年证券法第45条规定，为股份发行出具诸如审计报告、资产评估报告或者法律意见书之类文件的证券服务机构和人员，在上述股份承销期内或者承销期满后6个月内，不得买卖上述股票；此外，为上市公司出具诸如审计报告、资产评估报告或者法律意见书之类文件的证券服务机构和人员，自接受上市公司委托之日起至上述文件公开之日后5日内，不得买卖上述股票。如有违反，依照2005年证券法第201条规定，中国证监会可以责令

1 See 15 U.S.C. § 78p(b) (2009).

2 See 15 U.S.C. § 78p(b) (2009).

3 参见后文§8.3.3。

4 参见上文§6.1.5。

5 变动管理规则第12条第2款。

处理因此持有的股票，没收违法所得并处以额度等值于买卖股票价格以下的罚款。上述规定的设置理由应该是避免内幕信息之使用。

（4）内幕信息

依照2005年证券法第75条第1款规定，如果上市公司信息尚未向投资者公开，并对证券市场价格存在重大影响的，则相应信息为内幕信息。比如，应当披露但是尚未披露的信息；[1]有关上市公司分配股利或者增资计划的信息；有关上市公司股权结构重大变化的信息；有关上市公司债务担保重大变更的信息；有关上市公司营业用主要资产抵押、出售或者报废但是单次报废超过上述资产的30%的信息；有关上市公司董事、监事或者高级管理人员可能承担重大损害赔偿责任的信息；有关上市公司收购方案的信息；中国证监会认定对证券交易价格具有重大影响的其他信息。[2]从逻辑上看，内幕信息为上市公司内部信息；诸如央行减息之类的信息，非属上市公司内部信息，不为内幕信息。

（5）知情人

依照2005年证券法第74条第1款规定，内幕信息知情人包括：第一类，股份有限公司内部人员或者关联人员，比如，证券发行人董事、监事或者高级管理人员；持股过5%的股东及其董事、监事或者高级管理人员；证券发行人实际控制人及其董事、监事或者高级管理人员；证券发行人控股子公司及其董事、监事或者高级管理人员；因为相应职位可以获取股份有限公司内幕信息的雇员。第二类，证券业公私两界从业人员，比如，中国证监会工作人员以及因法定职责对证券发行或者交易进行管理的其他人员；保荐人、承销商、证券交易所、证券登记结算机构、证券服务机构的有关人员；第三类，中国证监会认定的其他人员。内幕信息知情人范围，大大超过强制申报持股的人员。[3]

（6）内幕交易

依照2005年证券法第73条规定，上述内幕信息知情人不得利用内幕信息从事证券交易，即不得从事内幕交易。依照2005年证券法第76条规定，上述内幕交易为：第一，在内幕信息公开前，内幕信息知情人买卖所属上市公司证券的，即证券交易；在内幕信息公开前，内幕信息知情人泄露内幕信息的，即披露信息；在内幕信息公开前，内幕信息知情人

1 参见前文§8.1.3.3。

2 参见2005年证券法第75条第2款。

3 参见前文§8.2.1.1。

建议他人买卖该证券的，即建议买卖。第二，除非证券法另有规定，[1]持股过5%的股东从事上述行为者，亦同；因为协议或者其他安排共同持股过5%的股东为之者，亦同。证券法禁止内幕信息知情人，从事诸如证券交易、披露信息和建议买卖之类的内幕交易，意在避免内幕信息使用之不公。[2]

依照2005年证券法第73条规定，非法获取内幕信息的人不得从事内幕交易。依照2005年证券法第76条规定，此处内幕交易即为上述诸如证券交易、披露信息和建议买卖之类内幕交易。问题是，何谓非法获取内幕信息的人从事内幕交易？从逻辑上推断，内幕信息知情人告知内幕信息获取人，或者指望保守秘密，或者要求保守秘密，但内幕信息获取人有违指望或者要求从事上述内幕交易的，则为非法获取内幕信息的人从事内幕交易。证券法禁止非法获取内幕信息的人，从事诸如证券交易、披露信息和建议买卖之类的内幕交易，意在惩戒内幕信息之披露。[3]

假设，A上市公司某年度分配方案为以公积金转增12股/10股。在上述方案公告前，上市公司董事买进A股份的，董事身陷内幕交易；如果上市公司董事透露给夫人，其夫人知悉上述内幕信息后买进A股份的，董事与其夫人同陷内幕交易；如果上市公司董事与其夫人交流并指望她会像往常一样保密，不料其夫人将其转告相好同事，其同事知悉上述内幕信息后买进A股份的，董事夫人与其同事同陷内幕交易，但上述董事与此无染。[4]如果上市公司董事心存怀疑，将其透露给业内证券分析师并请求查证，证券分析师约见A公司高管交流核实并公开透露，为此相应基金卖出A股份的，因证券分析师并无保密义务，自无内幕交易可言；相应基金基于证券分析师透露的信息进行交易，也无内幕交易可言。[5]

（7）管制条款

依照2005年证券法第202条规定，内幕信息知情人或者非法获取内幕信息的人，从事诸如证券交易、披露信息和建议买卖之类的内幕交易，中国证监会可以责令处理因此持有的证券，没收违法所得并处以违法所得1倍以上5倍以下罚款；没有违法所得或者违法所得不足3万元的，处以3万元以上60万元以下罚款；如果单位从事内幕交易的，中国证监会可

1 例见后文§8.3.4。

2 See e.g., United States v. O'Hagan, 521 U.S. 642, 652 (1997).

3 See e.g., United States v. O'Hagan, 521 U.S. 642, 652(1997).

4 See e.g., SEC v. Yun, 327 F.3d 1263(11th Cir. 2003).

5 See e.g., Dirks v. SEC, 463 U.S. 646(1983).

以对直接负责的主管人员和其他直接责任人员给予警告，并处以3万元以上30万元以下罚款；如果中国证监会工作人员进行内幕交易的，则从重处罚。此系行政责任。

依照刑法第180条第1款规定，内幕信息知情人或者非法获取内幕信息的人或者从事证券交易，或者披露信息，或者明示或暗示他人从事证券交易，情节严重的，处5年以下有期徒刑或者拘役，并处或者单处违法所得1倍以上5倍以下罚金；情节特别严重的，处5年以上10年以下有期徒刑，并处违法所得1倍以上5倍以下罚金。单位犯前款罪的，对单位判处罚金，并对其直接负责的主管人员和其他直接责任人员，处5年以下有期徒刑或者拘役。此系刑事责任。

依照刑法第180条第4款规定，上述内幕信息范围和知情人范围，依法律或者行政法规确定。[1] 上述情节严重者包括：证券买入或者卖出成交额累计在50万元以上的；交易获利或者避免损失额累计在15万元以上的；多次从事内幕交易的，等等。[2]

（8）民事责任

1934年美国证券交易法设置民事救济条款。民事救济的具体情形为：第一，索赔人：如果内幕交易为买，则为卖方；如果内幕交易为卖，则为买方。第二，买方或者卖方：系与内幕交易同时交易的交易人，比如内幕交易之日起一定期限内进行交易的交易人。第三，索赔额度：仅限于内幕交易可得的利益或者避免的损失；如有美国证监会索得的民事罚金，相应数额应从索赔额度中扣除。[3]

1934年美国证券交易法设置民事罚金条款。民事罚金的具体情形为：第一，美国证监会可以请求法院判处内幕交易行为人民事罚金；第二，民事罚金限于内幕交易可得利益或者避免损失的三倍以内；具体数额，由法院酌情裁量；第三，如果上述民事罚金乃举报招致，美国证监会，可以酌情给予上述举报人相当于民事罚金额度10%的奖励。[4]

就民事索赔事宜，2005年证券法第76条第3款仅仅简单提及，因内幕交易给投资者造成损失的，行为人应当承担赔偿责任。最高人民法院的立场是，法院暂时不受理因内幕交易引发的民事索赔案。[5]

---

1 参见上文§§ 8.2.1.4—5。

2 参见2008年3月5日最高人民检察院公安部高检会〔2008〕2号关于经济犯罪案件追诉标准的补充规定第3条。

3 See 15 U.S.C. § 78t−1(a) (2009).

4 See 15 U.S.C. § 78t−1(a) and (e) (2009).

5 参见2001年9月21日最高人民法院法明传〔2001〕406号关于涉证券民事赔偿案件暂不予受理的通知。

2. 操纵市场

(1) 概述

证券价格由场内场外诸多因素决定。此类决定因素可以是供求关系，可以是投资者信心，可以是内幕信息，甚至可以是人为操纵。人为操纵证券价格者，即为操纵市场。对操纵市场事宜，证券法多设限制。2005年证券法第77条第1款规定："禁止任何人以下列手段操纵证券市场:（一）单独或者通过合谋，集中资金优势、持股优势或者利用信息优势联合或者连续买卖，操纵证券交易价格或者证券交易量;（二）与他人串通，以事先约定的时间、价格和方式相互进行证券交易，影响证券交易价格或者证券交易量;（三）在自己实际控制的账户之间进行证券交易，影响证券交易价格或者证券交易量;（四）以其他手段操纵证券市场。"上述操纵市场，可以分别简称为优势操纵、串通操纵、控制操纵和其他操纵。

(2) 具体行为

1934年美国证券交易法规定的具体行为之一为自买自卖（wash sale）。首先，买卖目的是制造活跃交易或者活跃市场之景象，或者是非真不实的，或者是误导他人的；其次，不管如何买进或者卖出，相关证券所有权（beneficial ownership）是不发生转移的。[1] 2005年证券法规定的控制操纵与此相当。我国目前实行证券账户实名制和一人一户制，[2]故不存实实在在的自买自卖，只能在交易人实际控制的账户之间自买自卖。

1934年美国证券交易法规定的具体行为之一为串通买卖（matched sale）。串通买卖出于与自买自卖同样目的，但交易方式为：知道卖方将以在数量、时间和价格上差不多一致的卖证券指令回应，买方作出买证券指令；知道买方将以在数量、时间和价格上差不多一致的买证券指令回应，卖方作出卖证券指令。[3] 2005年证券法上的串通操纵与此相当。

1934年美国证券交易法规定的具体行为之一为连续买卖。首先，当事人从事的交易系真实的连续买卖，或者一个人为之，或者多人为之。其次，连续买卖导致活跃交易之景象，或者抬高股价，或者压低股价；最后，目的在于引诱他人交易，或者抬高股价时买，或者压低股价时卖。[4] 2005年证券法上的优势操纵应该与此相当。

1 See 15 U.S.C. § 78i(a) (1) (A) (2009).

2 参见2004年10月20日中国证券登记结算有限责任公司证券账户管理规则第1.7条和第3.6条。

3 See 15 U.S.C. § 78i(a) (1) (B) (2009).

4 See 15 U.S.C. § 78i(a) (2) (2009).

2005年证券法上的其他操纵，系上述具体行为之外的具体行为。[1]

(3) 管制条款

依照2005年证券法第203条规定，凡操纵市场的，中国证监会可以责令处理因此持有的证券，没收违法所得并处违法所得1倍以上5倍以下罚款；没有违法所得或者违法所得不足30万元的，处以30万元以上300万元以下罚款；单位操纵市场的，对直接负责的主管人员和其他直接责任人员，中国证监会可以给予警告，并处10万元以上60万元以下罚款。此系行政责任。

依照刑法第182条规定，凡操纵市场，情节严重的，处5年以下有期徒刑或者拘役，并处或者单处罚金；情节特别严重的，处5年以上10年以下有期徒刑，并处罚金；单位犯上述罪行的，对单位判处罚金，并对其直接负责的主管人员和其他直接责任人员，依照上述规定处罚。上述情节严重系指，优势操纵情形下，单独或者合谋，持有或者实际控制证券数达相应证券实际流通总量30%以上，且相应证券联合或者连续买卖数在连续20个交易日内累计达相应证券同期总成交量30%以上的；串通操纵情形下，相应证券成交量在连续20个交易日内累计达相应证券同期总成交量20%以上的；控制操纵情形下，相应证券成交量在连续20个交易日内累计达相应证券同期总成交量20%以上的；优势操纵情形下，交易当日连续申报买入或者卖出同一证券并在成交前撤回申报，撤回申报量占交易当日相应证券总申报量50%以上的；控制操纵情形下，上市公司、上市公司董事、监事或者高级管理人员、上市公司控股股东或者实际控制人、上市公司其他关联人，单独或者合谋操纵的。[2]

(4) 民事责任

就操纵市场民事索赔事宜，2005年证券法第77条第2款仅仅简单提及，因操纵市场给投资者造成损失的，行为人应当承担赔偿责任。最高人民法院的立场是，法院暂时不受理因操纵市场引发的民事索赔案。[3]

3. 其他行为

(1) 2005年证券法第78条

依照2005年证券法第78条第1款，国家工作人员，不得编造或者传播虚假信息扰乱证

---

1 See e.g., 15 U.S.C. § 78i(a) (6) (2009).

2 参见2008年3月5日最高人民检察院公安部高检会〔2008〕2号关于经济犯罪案件追诉标准的补充规定第4条。

3 参见2001年9月21日最高人民法院法明传〔2001〕406号关于涉证券民事赔偿案件暂不予受理的通知。

券市场；传播媒介从业人员，亦同；与此有关人员，亦同。凡有违反者，中国证监会可以责令改正，没收违法所得并处以违法所得1倍以上5倍以下罚款；没有违法所得或者违法所得不足3万元的，处以3万元以上20万元以下罚款。[1]此乃证券业外人员责任。

依照2005年证券法第78条第2款，证券交易所及其从业人员，不得在证券交易中作出虚假陈述或者误导信息；证券公司、证券登记结算机构和证券服务机构及其从业人员，亦同；证券业协会和中国证监会及其工作人员，亦同。凡有违反者，中国证监会可以责令其改正，处以3万元以上20万元以下罚款；行为人为国家工作人员的，应当给予行政处分。[2]此乃证券业内人员责任。

依照2005年证券法第78条第3款，各传播媒介必须真实客观地传播证券市场信息，不得误导。凡有违反者，中国证监会可以责令其改正，没收违法所得并处以违法所得1倍以上5倍以下罚款；没有违法所得或者违法所得不足3万元的，处以3万元以上20万元以下罚款。[3]此乃证券业外人员责任。

依照刑法第181条第1款规定，凡2005年证券法第78条第1款证券业外人员编造并传播虚假信息，造成严重后果的，处5年以下有期徒刑或者拘役，并处或者单处1万元以上10万元以下罚金；上述人员之外人员为之者，亦同。

依照刑法第181条第2款规定，凡2005年证券法第78条第2款证券业内人员，故意提供虚假信息或者伪造、变造或销毁交易记录，诱使投资者买卖证券，造成严重后果的，处5年以下有期徒刑或者拘役，并处或者单处1万元以上10万元以下罚金；情节特别恶劣的，处5年以上10年以下有期徒刑，并处2万元以上20万元以下罚金。

依照刑法第181条第3款规定，单位犯上述两种罪行的，对单位判处罚金，并对其直接负责的主管人员和其他直接责任人员，处5年以下有期徒刑或者拘役。

此系扰乱证券市场行为。

（2）2005年证券法第79条

依照2005年证券法第79条规定，证券公司及其从业人员不得从事：损害客户的欺诈行为；违背客户委托买卖证券；不在规定时间内向客户提供书面交易确认文件；挪用客户委托买卖证券资金或者客户账户内资金；未经客户委托，擅自为客户买卖证券，或者假借客

1 参见2005年证券法第206条。

2 参见2005年证券法第207条。

3 参见2005年证券法第206条。

户名义买卖证券；为牟取佣金收入，诱使客户进行不必要的证券买卖；利用传播媒介或者其他方式提供或传播虚假或者误导投资者的信息；其他违背客户真实意思表示，损害客户利益的行为。上述行为给客户造成损失的，行为人应当承担赔偿责任。

依照2005年证券法第210条规定，证券公司，违背客户委托买卖证券或者违背客户真实意思表示办理交易以外事项的，中国证监会可以责令其改正，处以1万元以上10万元以下罚款。依照2005年证券法第211条规定，证券公司，挪用客户资金，或者未经客户的委托，擅自为客户买卖证券的，中国证监会可以责令其改正，没收违法所得并处以违法所得1倍以上5倍以下罚款；没有违法所得或者违法所得不足10万元的，处以10万元以上60万元以下罚款；情节严重的，责令关闭或者撤销相关业务许可。对直接负责的主管人员和其他直接责任人员给予警告，撤销任职资格或者证券从业资格，并处以3万元以上30万元以下罚款。除上述情形外，2005年证券法并没有规定其他应有的管制措施。

此系证券公司欺诈客户行为。

（3）2005年证券法第80条

我国目前实行证券账户实名制和一人一户制。[1]依照2005年证券法第80条规定，法人不得利用他人账户，从事证券交易；法人不得出借自己或者他人证券账户。依照2005年证券法第208条规定，法人以他人名义设立证券账户或者利用他人证券账户买卖证券的，中国证监会可以责令其改正，没收违法所得，并处以违法所得1倍以上5倍以下罚款；没有违法所得或者违法所得不足3万元的，处以3万元以上30万元以下罚款。对直接负责的主管人员和其他直接责任人员给予警告，并处以3万元以上10万元以下罚款。证券公司为上述行为提供自己或者他人证券账户的，除依照上述规定处罚外，应当撤销直接负责的主管人员和其他直接责任人员的任职资格或者证券从业资格。

此系法人开户禁止行为。

1 参见2004年10月20日中国证券登记结算有限责任公司证券账户管理规则第1.7条和第3.6条。

§ 8.3 上市公司收购

1. 概述

（1）2005年证券法

上市公司收购，即证券法上的收购上市公司。[1]此等收购势必牵涉上市公司内部程序[2]和证券监管。本节仅仅讨论证券监管。2005年证券法，设置第4章专门规定证券监管事宜；同时，第4章第101条第2款授权中国证监会，从第4章规定原则制定具体办法。最近版本办法是2008年修订的上市公司收购管理办法（收购管理办法）。[3]收购管理办法，既规定诸如公司内部程序之类的原本属于公司法的事务，[4]也规定诸如收购人资格要求[5]之类的原本属于证券法的事务，非为简单的具体办法。

（2）控制权

收购上市公司之目的乃在上市公司控制权。依照收购管理办法第84条解释，收购人取得上市公司控制权的情形包括：第一，收购人成为持股50%以上的控股股东；第二，收购人实际可支配表决权超过30%；第三，收购人通过实际可支配表决权，能够决定董事会半数以上董事选任；第四，收购人通过实际可支配表决权，足以严重影响股东大会决议；第五，中国证监会认定的其他情形。实际可支配表决权，比如，股东持股10%，但相应股东已经是控股股东的。如若收购人控制上市公司，自有诸如选任董事和影响决策之类的诸多利益。

（3）控制权溢价

收购人控制上市公司，则有诸如选任董事和影响决策之类的诸多利益。为上述利益考虑，收购人愿意支付比同一股份其他情况下收购价更高的价格，这一超出部分为控制权溢价。[6]正因为有此溢价利益，才有其他股东分享与否事宜。

---

1 参见上文§ 2.2。

2 参见上文§§ 6.4.1—2和§ 6.4.4。

3 2008年8月27日中国证监会令第56号。

4 例见上文§ 6.4.4。

5 参见后文§ 8.3.2.2。

6 See e.g., Paramount Communication v. QVC Network, 637 A.2d 34, 42-44(1994).

2. 上市公司收购

(1) 概述

上市公司收购，可以是要约收购，可以是协议收购，也可以是其他方式收购。[1]相应收购人，可以是一个人，也可以是多个人；在多个人的情况下，所有人称为一致行动人。[2]一致行动，或者由表决权协议[3]约定，或者由诸如关联关系之类的关系[4]决定；中国证监会的立场是，就其他关系决定的一致行动，如有不同意见，得向中国证监会举证证明。[5]上述收购，可以通过证券交易所场内交易进行，可以通过诸如协议转让之类的场外交易进行，甚至可以通过诸如间接持股之类的方式进行。[6]

(2) 收购人资格

2005年证券法虽未设置收购人资格要求，但收购管理办法却要求，首先，不得利用收购损害目标公司和股东权益；其次，收购人负债数额较大，到期尚未清偿且一直处于持续状态的，不得收购上市公司；收购人最近3年犯有重大违法行为或者涉嫌重大违法行为的，亦同；收购人最近3年犯有严重证券市场失信行为的，亦同；作为收购人的自然人，身陷2005年公司法第147条规定情形[7]的，亦同；凡有中国证监会认定不得收购上市公司情形的，亦同。[8]

(3) 目标公司

目标公司控股股东或者实际控制人，不得滥用股权损害目标公司或者股东权益。目标公司控股股东或实际控制人损害目标公司或者股东权益的，在控制权出让之前，应当主动消除损害；未能消除损害的，应就出让股份所得收入用于消除全部损害做出安排；就仍不足以消除部分损害，应提供充分有效的履约担保或其他安排；如有章程约定，上述措施应取得目标公司股东大会批准。[9]在控制权出让之前，目标公司控股股东或者实际控制人，未

1 参见2005年证券法第85条。

2 参见2008年8月27日以中国证监会令第56号颁布的上市公司收购管理办法（收购管理办法）第5条第2款。

3 参见上文§6.3.4.2。

4 参见收购管理办法第83条第2款。

5 参见收购管理办法第83条第4款。

6 参见收购管理办法第5条第1款。

7 参见上文§5.0.1.1。

8 参见收购管理办法第6条。

9 参见收购管理办法第7条和上文§6.1.6.2。

清偿其对目标公司的债务，未解除目标公司为其提供的担保，或者纠正其他对目标公司利益损害的，中国证监会可以责令改正、责令暂停或者停止收购；目标公司董事会未能采取有效措施促使目标公司控股股东或者实际控制人期前纠正，或者未能促使收购人期后履行承诺、安排或者保证的，中国证监会可以认定相关董事为不适当人选。[1]

目标公司董事、监事或者高级管理人员对公司负有忠实义务和勤勉义务；应公平对待收购人；目标公司董事会针对收购做出的决策和采取的措施，应有利于维护公司和股东利益；不得滥用职权对收购设置不适当的障碍，不得利用公司资源向收购人提供任何形式的财务资助，不得损害公司或者股东权益。[2]目标公司董事未履行忠实义务或者勤勉义务，利用收购谋取不当利益的，中国证监会可以采取监管谈话或者警示函等监管措施，也可以认定为不适当人选。[3]

（4）其他规定

收购人收购上市公司的，应当聘请在我国注册的具有从事财务顾问业务资格的专业机构担任财务顾问；收购人未聘请财务顾问的，不得收购上市公司；财务顾问应当勤勉尽责，遵守行业规范和职业道德，保持独立性，保证其所制作或者出具文件的真实性、准确性和完整性；财务顾问认为，收购人利用收购损害目标公司或者股东权益的，应当拒绝为收购人提供财务顾问服务。[4]收购人未聘请财务顾问，但已经取得上市公司控制权的，中国证监会可以责令其予以改正，寄发警示函、责令暂停或者停止收购等。在上述行为得到改正前，收购人不得就其持股或者实际支配股份行使表决权。[5]

中国证监会监督管理上市公司收购；中国证监会设立由专业人员和有关专家组成的专门委员会；专门委员会根据中国证监会职能部门请求，就是否构成收购、是否存在不得收购的情形或者其他相关事宜提供咨询意见；中国证监会可以自行做出决定。[6]此委员会即发行审核委员会中设立的上市公司并购重组审核委员会。[7]

1 参见收购管理办法第79条。
2 参见收购管理办法第8条和上文§5.4。
3 参见收购管理办法第80条第1款。
4 参见收购管理办法第9条；具体情形，可见收购管理办法第7章。
5 参见收购管理办法第77条。
6 参见收购管理办法第10条。
7 例见2007年7月17日证监发〔2007〕93号中国证监会关于在发行审核委员会中设立上市公司并购重组审核委员会的决定。

3. 权益披露

（1）持股5%

依照2005年证券法第86条第1款规定，通过证券交易所的证券交易，投资者或者直接，或者间接，[1]持股上市公司已发行股份比例达5%的，[2]应当在相应事件发生之日起3日内，向中国证监会和证券交易所以书面方式报告；[3]一并通知相应上市公司并由其公告；在上述期限内，不得再行买卖相应股份。一致行动人共同持股的，上述披露要求可以适用但应该是准用。比如，两人协议持股7%的，上述报告实际上在协议缔结之日起3日内为之，而不是先缔结持股5%的协议并报告，接着缔结剩余2%的协议。[4]依照2005年证券法第86条第2款规定，投资者持股达5%之后，凡持股比例每增加或者减少5%的，应当依照上述方式报告和公告；在报告期限内以及报告或者公告做出之日后2日内，不得再行买卖相应股份；一致行动人的情形，亦同。此为场内持股情形。

就场内持股情形之外，收购管理办法明确并补充，通过协议转让达到者，亦同；[5]通过行政划转或者变更、执行法院裁定、继承或者赠与等方式达到者，亦同。[6]后一种补充情形，并没有2005年证券法上的依据。前者可以称为协议转让情形。

（2）权益变动报告书

依照2005年证券法第87条规定，上述权益变动报告书应当包括下列内容：其一，持股人名称和住所；其二，股份名称和数额；其三，持股达到法定比例日期或者持股增减变化达到法定比例日期。

收购管理办法第16条要求，如果投资者或者一致行动人并非上市公司第一大股东或者实际控制人，持股比例达到或者超过5%但未达到20%的，应当编制包括下列内容的简式权益变动报告书：投资者或者一致行动人姓名和住所；投资者或者一致行动人为法人的，相应名称、注册地和法定代表人；持股目的和是否有意在将来12个月内继续增持；上市公司名称、股票种类、数量和持股比例；持股达到或者超过5%或者持股增减变化达到5%的日期和方式；持股变动事件发生之日前6个月内通过证券交易所买卖股份简要情况；中国证监会

1 参见收购管理办法第12条；收购管理办法第5章。
2 具体计算办法，参见收购管理办法第85条。
3 即权益变动报告书，参见收购管理办法第13条。
4 参见收购管理办法第14条。
5 参见2005年证券法第94条，收购管理办法第14条。
6 参见收购管理办法第15条。

或者证券交易所要求披露的其他内容。

收购管理办法第17条要求，如果上述投资者或者一致行动人为上市公司第一大股东或者实际控制人的，应当编制包括下列内容的详式权益变动报告书：其一，简式权益变动报告书的相应内容；其二，投资者或者一致行动人控股股东或者实际控制人及其股份控制关系结构图；持股价格、资金额、资金来源或者其他支付安排；投资者或者一致行动人和控股股东或者实际控制人从事业务与上市公司业务是否存在同业竞争或者潜在的同业竞争，是否存在持续关联交易；存在同业竞争或者持续关联交易的，是否已做出相应安排，避免投资者或者一致行动人和关联人与上市公司之间的同业竞争，以保持上市公司独立性；未来12个月内对上市公司资产、业务、人员、组织结构和章程等进行的后续调整计划；前24个月内投资者或者一致行动人与上市公司之间的重大交易；投资者或者一致行动人不存在失格情形；[1]能够提供规定[2]的收购文件。[3]投资者或者一致行动人持股比例超过20%但未超过30%的，亦同；投资者或者一致行动人尚且是上市公司第一大股东或者实际控制人的，应聘请财务顾问就详式权益变动报告书披露内容出具核查意见，但国有股行政划转或者变更、股份转让在同一实际控制人控制的不同主体之间进行或者继承之情形例外；投资者或者一致行动人承诺至少3年内不行使相应股份表决权的，可免于聘请财务顾问之要求和能够提供规定文件之要求。

（3）监管措施

收购管理办法第75条规定，凡未行报告或者公告的，中国证监会可以责令其予以改正，进行监管谈话、寄发警示函、责令暂停或者停止收购等；在改正前，相应其持股或者实际支配的股份不享有表决权。收购管理办法第76条规定，凡报告或者公告存在虚假记载、误导性陈述或者重大遗漏的，中国证监会可以责令其改正，进行监管谈话、寄发警示函、责令暂停或者停止收购等；在改正前，相应其持股或者实际支配的股份不享有表决权。收购管理办法第77条规定，凡投资者或者一致行动人取得上市公司控制权但未聘请财务顾问的，中国证监会可以责令其予以改正，进行监管谈话、寄发警示函、责令暂停或者停止收购等；在改正前，相应其持股或者实际支配的股份不享有表决权。

1 参见前文§8.3.2.2。

2 参见收购管理办法第50条。

3 参见收购管理办法第16条第2款。

（4）内幕信息保护事宜

纯粹从道理出发，存在上述权益披露人使用内幕信息引发的民事问题，[1]但是2005年证券法并未设置周全的规定；[2]至于上述权益披露人势必牵涉内幕信息，或可身陷内幕交易等，前文已述，此处从略。[3]

4. 要约收购

（1）概述

依照2005年证券法第85条规定，收购人可以采取要约收购方式收购上市公司；可以向目标公司所有股东要约收购所有持股，也可以向目标公司所有股东要约收购部分持股，即全面要约收购或者部分要约收购。[4]此系自愿要约收购。

依照2005年证券法第88条规定，场内持股情形[5]下持股达30%，如果收购人继续收购的，收购人应为要约收购，或者为全面要约收购，或者为部分要约收购；如果是部分要约收购，收购要约应约定，目标公司股东愿意出售股份数额超过收购要约约定收购股份数额的，则收购人按比例向股东收购。收购要约约定收购股份数额不得低于5%。[6]此系强制要约收购。强制要约收购的设置理由就是股东分享控制权溢价。[7]

依照2005年证券法第96条第1款规定，协议转让情形[8]下持股达30%，如果收购人继续收购的，收购人应为要约收购，或者为全面要约收购，或者为部分要约收购；如果中国证监会决定豁免，则属例外。豁免后继续收购，不分场内场外。豁免者也是强制要约收购。收购管理办法第47条第3款补充，如果协议转让股份超过30%的，超过部分应该以要约收购方式进行，但可得中国证监会豁免；如果收购人取得豁免，则履行股份转让协议；如果未获豁免或者不申请豁免，则履行股份转让协议前应为全面要约收购。此两者都是强制要约收购。

---

1 参见前文§§ 8.2.1.1—2。

2 参见前文§ 8.2.1.2。

3 参见前文§§ 8.2.1.4—8。

4 参见收购管理办法第23条。

5 参见前文§ 8.3.3.1。

6 参见收购管理办法第25条。

7 参见前文§ 8.3.1.3。

8 参见前文§ 8.3.3.1。

（2）中国证监会豁免

凡符合中国证监会豁免条件的，可得豁免；如果不能获得，收购人可以实施的变通是，在收到中国证监会不予豁免通知之日起30日内，将持股减至30%或者30%以下。[1]

依照收购管理办法第62条规定，凡有下列情形之一的，可以向中国证监会申请豁免：其一，申请人能够证明，虽然协议转让，但目标公司实际控制人不变的；其二，目标公司面临严重财务困难，申请人挽救目标公司的重组方案取得股东大会批准，申请人承诺3年内不转让相应比例持股的；其三，目标公司股东大会非关联股东决议批准，申请人取得目标公司新股，导致持股超过30%，申请人承诺3年内不转让相应比例持股，目标公司股东大会同意申请人免于要约收购的；其四，为适应证券市场发展和保护投资者权益，中国证监会认定的其他情形。凡取得豁免，则可继续增持股份。此等豁免从等待期为20天的普通程序申请。

依照收购管理办法第63条规定，凡有下列情形之一的，可以向中国证监会申请豁免：其一，国有资产无偿划转、变更或者合并，导致申请人持股目标公司过30%的；其二，持股目标公司过30%之日起1年后，每12个月内增持股份不超过2%的；其三，持股目标公司达到或者超过50%后，继续增持股份但不影响目标公司上市地位的；其四，目标公司股东大会批准回购股东持股，导致申请人持股目标公司过30%的；其五，证券公司或者银行等金融机构因从事业务持股目标公司过30%，没有控制行为或者意图，存在于合理期限内向非关联人出让相应比例持股的解决方案的；其六，因继承导致持股目标公司过30%的；其七，为适应证券市场发展和保护投资者权益，中国证监会认定的其他情形。凡取得豁免，则可继续增持股份。此等豁免从等待期为10天的简易程序申请。

（3）要约收购对价

收购管理办法第36条明确，要约收购对价可以是现金，可以是证券，也可以是两者的混合；如果是现金，应在提示式公告收购报告书摘要时，将不少于收购价款总额20%存入证券登记结算机构指定的银行，作为履约保证金；如果是证券交易所上市股份，应在提示式公告收购报告书摘要时，将收购对价交由证券登记结算机构保管，但发行新股的情形除外；如果是证券交易所上市债券，上述债券可上市交易时间不应少于1个月；如果是未在证券交易所上市交易的证券，必须同时向股东提供第三方现金选择权。

---

1 参见收购管理办法第61条。

收购管理办法第27条特别要求，全面要约收购，应以现金为收购对价；若以证券为收购对价，应同时向股东提供第三方现金选择。

（4）收购报告书

依照2005年证券法第89条规定，收购人得为要约收购制作收购报告书。收购管理办法第29条第1款要求，收购报告书应载明：其一，收购人为自然人情况下的，收购人姓名和住所；收购人为法人情况下，收购人名称、注册地和法定代表人；收购人为法人情况下，收购人与控股股东或者实际控制人之间的股份控制关系结构图；收购人收购目的和关于收购的决定；收购人是否有意在将来12个月内继续增持。其二，目标公司名称和收购股份种类；收购要约约定收购股份数额和比例；收购价格；收购所需资金额、资金来源和资金保证或者其他支付安排；收购要约约定条件；收购期限；[1]报告收购报告书时持股数额和比例。其三，要约收购对目标公司影响的分析，包括收购人及其关联人从事业务与上市公司业务是否存在同业竞争或者潜在的同业竞争，是否存在持续关联交易；存在同业竞争或者持续关联交易的，收购人是否已做出相应安排，避免收购人及其关联人与上市公司之间同业竞争，以保持上市公司独立性。其四，未来12个月内对目标公司资产、业务、人员、组织结构和章程等进行的后续调整计划；前24个月内收购人及其关联人与上市公司之间重大交易；前6个月内通过证券交易所买卖目标公司股份情况。其五，中国证监会要求披露的其他内容。[2]

收购人进行全面要约收购的，应在收购报告书中充分披露：其一，终止上市风险；其二，收购完成时间；其三，目标公司股东出售相应股份的其他后续安排；其四，收购人无须披露上述收购对目标公司影响的分析。[3]协议收购目标公司股份数额超过30%情形[4]下的收购报告书，无需载明收购要约约定条件和收购期限。[5]为此，收购报告书区别为要约收购报告书和上市公司收购报告书。

1 从逻辑上看，应该是收购要约约定的承诺期限；除非出现竞争要约，收购期限不得少于30日，并不得超过60日。参见2005年证券法第90条第2款；收购管理办法第37条第1款。

2 具体见2006年8月4日中国证监会证监公司字〔2006〕156号公开发行证券的公司信息披露内容与格式准则第17号——要约收购报告书。

3 参见收购管理办法第29条第2款。

4 参见后文§8.3.5。

5 参见收购管理办法第49条第1款；具体见2006年8月4日中国证监会证监公司字〔2006〕156号公开发行证券的公司信息披露内容与格式准则第17号——上市公司收购报告书。

(5) 报告程序

收购报告书报告程序为：第一，收购人编制收购报告书，委托财务顾问向中国证监会和证券交易所具文[1]报告，通知目标公司并由其提示式公告收购报告书摘要。[2]第二，在报告之日起15日内，如果中国证监会对收购报告书披露内容无异议，收购人可以公告；如果中国证监会有异议，应及时告知收购人，但收购人不得公告。第三，在报告之日起15日后，收购人应公告收购报告书、财务顾问专业意见和律师法律意见书。[3]

在协议转让改以要约收购的情形[4]下，此种要约收购从上述程序进行，但收购人应在缔结股份转让协议或者做出类似安排之日后3日内提示式公告收购报告书摘要；同时，收购人无须制作、报告或者公告收购报告书。[5]上述例外的道理在于，如果中国证监会豁免，则不必要约收购；如果中国证监会不豁免，则股份转让协议不能履行；如果定要履行，则会另行启动全面要约收购。[6]

(6) 目标公司董事会

收购管理办法第32条合理倡导，目标公司董事会，应调查收购人主体资格、资信情况和收购意图；也应分析收购要约约定条件，建议股东是否接受收购要约；委托独立财务顾问提出专业意见。在收购人公告收购报告书之日后20日内，目标公司董事会，应将目标公司董事会报告书与独立财务顾问专业意见，报送中国证监会，抄送证券交易所，并公告。[7]

收购管理办法第33条补充规定，提示式公告收购报告书摘要日后至要约收购完成前，除从事正常经营活动或者执行股东大会决议外，未经股东大会批准，目标公司董事会不得通过处置资产、对外投资、调整主要业务、担保和贷款等方式，严重影响目标公司资产、负债、权益或者经营成果。收购管理办法第34条补充规定，在要约收购期间，目标公司董事不得辞职。

(7) 收购要约条件

依照2005年证券法第92条规定，收购要约约定收购条件适用于所有股东。同时，同一

1 相应文件，见收购管理办法第50条。

2 参见2005年证券法第89条，收购管理办法第28条第1款。

3 参见2005年证券法第90条第1款，收购管理办法第28条第2款。

4 参见前文§8.3.4.1。

5 参见收购管理办法第30条第1款。

6 参见前文§8.3.4.1。

7 参见收购管理办法第32条第1款。

种类股份收购要约约定价格，不得低于提示式公告收购报告书摘要日前6个月内收购人收购相应股份最高收购价；如果上述要约价格低于，提示式公告收购报告书摘要日前30个交易日相应股份日加权平均价格的算术平均值的，收购人委托的财务顾问应当分析相应股份前6个月的交易情况，说明是否存在操纵市场、收购人是否尚未披露其他一致行动人、收购人前6个月收购股份是否存在其他支付安排和收购要约约定价格是否合理，等等。[1]

依照2005年证券法第91条规定，在收购要约约定的承诺期限内，收购人不得撤销收购要约。收购管理办法第40条补充，收购要约约定的承诺期限届满前15日内，收购人不得变更收购要约；如果出现竞争要约的，则可变更收购要约并延长约定的承诺期限。

依照2005年证券法第93条规定，收购人在收购期限内，不得卖出目标公司股份，也不得以收购要约约定以外的形式或者以超出收购要约约定条件买入目标公司股份。前者乃内幕交易之禁止；后者乃保护性措施。

（8）要约收购执行

收购管理办法第42条明确规定，目标公司股东（预受股东），应委托证券公司办理接受收购要约手续，同意接受收购要约（预受要约）；如不撤回，预受要约即为承诺；收购人，应委托证券公司向证券登记结算机构办理预受要约下股份临时保管手续；证券登记结算机构临时保管的预受要约下股份，在要约收购期间不得转让；在收购要约约定的承诺期限届满前3个交易日外，预受股东可以撤回预受要约，解除预受要约下股份的临时保管；在收购要约约定的承诺期限届满前3个交易日内，预受股东不得撤回预受要约。

收购管理办法第43条明确规定，收购要约约定的承诺期限届满，部分要约收购的收购人，应按照收购要约约定条件接收预受要约下股份；预受要约下股份数额超过收购要约约定收购数额的，应向股东按照同等比例接收预受要约下股份；全面要约收购的收购人，应按照收购要约约定条件全面接收预受要约下股份。

依照2005年证券法第97条第1款规定，要约收购后目标公司股份分布不符合上市条件的，由证券交易所终止上市；在要约收购完成前，[2]尚且持股目标公司的股东，有权向收购人

1 参见收购管理办法第35条。

2 参见收购管理办法第44条。

以收购要约同等条件出售持股，收购人应当接受相应持股。不过此款规定几成具文。[1]

（9）后续处理

依照2005年证券法第97条第2款规定，要约收购后目标公司不再具备股份有限公司条件的，应变更组织形式；依照2005年证券法第98条规定，要约收购后12个月内，收购人持股不得转让；依照2005年证券法第99条规定，要约收购后，收购人合并且解散目标公司的，目标公司原股份由收购人更换；依照2005年证券法第100条规定，要约收购后，收购人应在15日内将收购情况报告中国证监会和证券交易所并公告。

5. 协议收购

协议收购即以股份转让协议方式收购上市公司。[2]乃场外交易。[3]

收购管理办法第48条补充，协议收购目标公司股份超过30%并依据豁免要求申请豁免要约收购的，[4]在股份转让协议缔结之日3日内，收购人应编制收购报告书和准备豁免申请书，委托财务顾问向中国证监会和证券交易所具文[5]申请，通知目标公司并由其提示式公告收购报告书摘要；中国证监会如有异议，应及时告知收购人；收购人未纠正的，不得公告收购报告书，也不得于公告前履行股份转让协议；自获得中国证监会豁免通知之日起3日内，收购人应公告收购报告书、财务顾问专业意见和律师法律意见书；收购人未获豁免的，应自收到中国证监会决定之日起3日内公告相应信息；如不获豁免，仍可走变通途径。[6]

收购管理办法第52条补充，自股份转让协议缔结之日至相应股份过户之日，为上市公司收购过渡期（收购过渡期）；在收购过渡期内，收购人不得通过原控股股东提议改选目标公司董事会；确有充分理由改选的，来自收购人的董事不得超过目标公司董事会成员的1/3；目标公司不得为收购人及其关联人提供担保；目标公司不得公开发行股份，不得施行重大购买出售资产或者重大投资；目标公司不得与收购人及其关联人进行关联交易，但为

1 参见原公司法第153条和第158条，2005年公司法已经删除；2005年证券法第50条和第56条。但反例可以见2008年中国东方电气集团公司要约收购东方锅炉（集团）股份有限公司。参见2007年12月26日东方锅炉（集团）股份有限公司公告的要约收购报告书。

2 参见2005年证券法第94条第1款。

3 参见2005年证券法第95条。

4 参见前文§8.3.4.2。

5 相应文件，见收购管理办法第50条。

6 参见前文§8.3.4.2。

挽救上市公司危机或者严重财务困难目的者除外。

收购管理办法第53条补充，目标公司控股股东，应调查收购人的主体资格、诚信情况和收购意图，并在权益变动报告书中披露有关调查情况。控股股东及其关联人未清偿对目标公司的债务，未解除目标公司为其负债提供的担保，或者存在损害目标公司利益的其他情形的，目标公司董事会应当及时披露，并采取有效措施维护目标公司利益。

依照2005年证券法第95条规定，股份转让协议当事人，可以委托证券登记结算机构临时保管协议转让股份，并将协议转让价金存放于当事人共同指定的银行。收购管理办法第54条，特别明确上述临时保管和临时存放，只不过将临时保管前“可以”替换为“应当”，但保留临时存放前的“可以”。

收购管理办法第55条进一步明确，在收购报告书公告后，当事人应从证券交易所和证券登记结算机构有关业务规则[1]行事。在证券交易所确认股份转让后，凭籍协议转让价金存放于当事人共同指定的银行之证明，向证券登记结算机构申请解除上述临时保管，并办理过户登记手续；收购人未尽报告或者公告的，或者未从上述方式提出申请的，证券交易所不确认股份转让，证券登记结算机构不办理过户登记手续；未在收购报告书公告之日后30日内过户的，收购人应当立即公告并说明理由；在未过户期间，收购人应当每隔30日公告过户事宜进展情况。

因行政划拨取得目标公司控制权的，视同协议收购情形处理；因执行法院裁决者，亦同；因继承或者赠与者，亦同；以诸如上述方式取得上市公司控制权的，亦同。[2]

6. 管理层收购

收购管理办法第51条，明确规定管理层收购。此不赘述。[3]

7. 间接收购

虽然并未成为目标公司直接股东，但已经取得目标公司控制权的，为间接收购。比如，

1 2006年8月14日上海证券交易所深圳证券交易所中国证券登记结算有限责任公司上市公司流通股协议转让业务办理暂行规则。

2 参见收购管理办法第86条。

3 参见上文§6.4.4。

成为目标公司控股股东的唯一持股人的。[1]上述收购人持股超过30%的，应为全面要约收购；收购人预计无法在上述事件发生之日起30日内发出全面收购要约的，应当在上述30日内促使旗下直接股东将持股减至30%或者30%以下，并自减持之日起2个工作日内公告；此后上述收购人或者旗下目标公司直接股东继续增持的，应采取要约收购方式；如若主张豁免，从协议收购情形下豁免规则[2]办理。[3]

8. 法律责任

（1）非虚假陈述情形

就收购人或者收购人控股股东利用收购损害目标公司和股东权益行为，[4]2005年证券法第214条规定，中国证监会可以责令改正，给予警告；情节严重的，并处以10万元以上60万元以下罚款；对直接负责的主管人员和其他直接责任人员，可以给予警告，并处以3万元以上30万元以下罚款；损害目标公司和股东权益的，收购人应当承担赔偿责任。

就权益披露报告和公告，除中国证监会监管措施外，[5]2005年证券法没有设置管制条款。就收购上市公司报告和公告，除中国证监会监管措施外，[6]2005年证券法第213条规定，收购人未按照证券法规定公告、发出收购要约或者报告收购报告书等，中国证监会可以责令改正，给予警告，并处以10万元以上30万元以下罚款；在改正前，超过30%的部分持股不享有表决权。对直接负责的主管人员和其他直接责任人员，可以给予警告，并处以3万元以上30万元以下罚款。

就收购要约，收购管理办法第78条规定，收购要约约定承诺期限届满，收购人并不支付收购价款或者接收预受要约下股份的，自上述事件发生之日起3年内不得收购上市公司，中国证监会也不受理收购人及其关联人申报；如若涉嫌虚假信息披露或者操纵市场的，中国证监会应立案稽查以追究法律责任；收购人聘请的财务顾问没有充分证据证明勤勉尽责的，中国证监会应追究法律责任。2005年证券法第213条规定，擅自变更收购要约的，中国证监会可以责令改正，给予警告，并处以10万元以上30万元以下罚款；在改正前，超过

1 例见收购管理办法第56条。

2 参见前文§8.3.5。

3 参见收购管理办法第56—57条。

4 参见前文§8.3.2.2。

5 参见前文§§8.3.3.3—4。

6 参见前文§§8.3.3.3—4，收购管理办法第75—77条和第81—82条。

30%部分持股不享有表决权。对直接负责的主管人员和其他直接责任人员，可以给予警告，并处以3万元以上30万元以下罚款。

至于其他需要管制的事项，2005年证券法没有设置管制条款。[1]

（2）虚假陈述情形

因上市公司收购牵涉的不实陈述，除中国证监会监管措施外，[2]相应行政责任，从2005年证券法第193条规定；[3]相应刑事责任，从刑法第161条规定；[4]相应民事责任，从2005年证券法第69条和第173条规定。[5]

（3）其他

要约收购，特别是强制要约收购，目前发生事例尚少，没有可供评议的实情。故本节内容仅为2005年证券法和收购管理办法的逻辑梳理。

§ 8.4 征集投票代理权

1. 征集投票代理权

上市公司股东大会，股东可以亲自与会参与投票；股东也可以委任代理人，与会参与投票；甚至上述股东之外的任何人，可以主动请求上市公司股东委任其为代理人，与会参与投票；其中典型情形为征集投票代理权（solicitation of proxies）。在美国，上市公司股东投票权事宜，受各州公司法管辖；征集投票代理权事宜，乃在联邦证券法辖域之内。依照1934年美国证券交易法规定，投票代理权征集人，可以是上市公司股东，可以是董事或者董事会，也可以是其他任何人。[6]

顾名思义，征集投票代理权，即公开请求股东授予投票代理权。股东授予投票代理权，这是一件事情；征集投票代理权，那是另外一件事情。征集方式不拘一格，形式上的可以，

1 比如，前文§§ 8.3.4.6—9所涉情形。
2 参见前文§ 8.3.3.3。
3 参见前文§ 8.1.4.3。
4 参见前文§ 8.1.4.6。
5 参见前文§§ 8.1.5—7。
6 See 15 U.S.C. § 78n(a) (2009).

实质上的也可以。[1]前者，比如，在华尔街日报上发布正式征集广告的；后者，比如，上市公司管理层函告股东年度分红事宜，但函告方式不同于往年的。[2]

针对上市公司股东大会具体决定事项，股东借助媒体公开宣布如何投票并说明具体理由，美国证监会不再认定为征集投票代理权，目的在于鼓励股东参与公司治理；[3]各股东之间相互沟通尚未涉及投票代理权授受，美国证监会豁免为例外，[4]目的在于保证机构投资者之间的顺畅沟通；[5]上市公司之外人员征集10人以内投票代理权的，亦同。[6]

2. 征集陈述书

（1）内容

为征集投票代理权制作的征集陈述书（proxy statement），受美国证监会详尽规则和明细表格管制。[7]依照上述规则和表格，征集陈述书应记载下列信息：第一，有关日期、时间或者地点的信息，比如，股东大会召开的日期、时间和地点；征集陈述书和投票代理卡（form of proxy）最早向股东寄发的具体日期；股东提出提案并纳入由管理层制作的次年年会征集陈述书[8]的截止日期；不论是否纳入管理层制作的征集陈述书，股东为次年年会提出提案的截止日期。第二，有关代理权的信息，比如，代理权是否可以撤回。第三，有关异议股东评估权的信息，比如，就相应股东大会决定事宜，异议股东享有的评估权和相应的行使程序；如果股东不与会投票，意味着股东放弃评估权。[9]第四，有关征集人的信息，比如，征集人可以是证券发行人即上市公司，可以是上市公司之外的其他人。第五，有关人员利益

---

1 See 17 C.F.R.§ 240.14a−1(l)(2009)(“The terms ‘solicit’and ‘solicitation’ include: (i) Any request for a proxy whether or not accompanied by or included in a form of proxy; (ii) Any request to execute or not to execute, or to revoke, a proxy; or (iii) The furnishing of a form of proxy or other communication to security holders under circumstances reasonably calculated to result in the procurement, withholding or revocation of a proxy.”).

2 See Sargent v. Genesco, Inc., 492 F.2d 750, 767 (5th Cir. 1974) (holding that what constitutes a solicitation is a question of fact that depends upon both the nature of the communication and the circumstances under which it is transmitted and finding that a letter sent by management to shareholders was a solicitation even though no meeting was scheduled).

3 See 17 C.F.R.§ 240.14a−1 (2009).

4 参见后文§8.4.2.1—2。

5 See 17 C.F.R.§ 240.14a−2(b) (1) (2009).

6 See 17 C.F.R.§ 240.14a−2(b) (2) (2009).

7 See 17 C.F.R.§ 240.14a−3 (2009); 17 C.F.R. § 240.14a−101 (2009).

8 参见后文§8.4.2.3。

9 参见上文§6.4.3。

的信息，比如，在上市公司征集的情形下，诸如上市公司董事之类高级管理人员，于征集前享有的诸如持股之类的利益。第六，有关享有投票权股份和主要持股人的信息；有关薪酬计划的详尽细节；有关董事或者高级管理人员薪酬的信息；[1]有关诸如发行股份和变更股份之类的详尽细节；有关重组购并的详尽细节；有关修改公司章程的详尽细节；有关投票程序的详尽细节，等等。第七，有关独立会计师的信息，比如，在上市公司的征集情形下，过往两年会计师收取的诸如审计和咨询之类的费用。第八，有关股东提案的信息，比如，如果决定事项非在股东大会职权范围之内但已提交股东大会表决的，则说明相应事项性质，交付表决的理由和否决之后的应对措施。

如果上市公司本身征集投票代理权，而且事关年会董事选任，征集陈述书或者文后附加年报，或者文前置排年报。[2]

（2）程序

出于公共利益和对投资者保护考虑，美国证监会设置投票代理权征集信息公开程序。首先，正本征集陈述书（Definitive proxy statement），征集人应在首次寄发股东之时报送美国证监会，同时报送证券交易所。[3]临时征集陈述书（Preliminary proxy statement），征集人应在正本征集陈述书首次寄发股东之日前10个连续日历日外报送美国证监会；如果获得美国证监会例外许可，可不受上述10日限制；在寄发之前，美国证监会可以克尽审核评议之职。[4]其次，如果上市公司仅就年会征集投票代理权，而且仅仅就表决决定董事选举、会计师去留和股东提案批准与否事宜征集，上市公司不必向美国证监会报送临时征集陈述书；如果就上述事宜征集投票代理权以资反对上市公司的提案的，上述报送仍得进行。[5]最后，就重组购并征集投票代理权的，[6]在正本征集陈述书寄发或者报送之前，临时征集陈述书可以作为仅仅向美国证监会披露的秘密信息处理。[7]

（3）剔除

纵使上市公司管理层并未为年会征集投票代理权，记载与征集陈述书披露信息相当信

1 例见上文§ 7.2.3.3。

2 See 17 C.F.R.§ 240.14a–3(b) (2009).

3 See 17 C.F.R.§ 240.14a–6(b) (2009).

4 See 17 C.F.R.§ 240.14a–6(a) (2009).

5 See 17 C.F.R.§ 240.14a–6(a) (2009).

6 See 17 C.F.R.§ 240.14a–101 (2009) (item 14).

7 See 17 C.F.R.§ 240.14a–6(e) (2009).

息的文件，仍应报送美国证监会并寄发上市公司股东。[1]征集陈述书应当记载，股东提出提案并纳入由管理层制作的次年年会征集陈述书的截止日期；不论是否纳入管理层征集陈述书，股东为次年年会提出提案的截止日期。[2]这意味着，股东可以提出提案并要求纳入由管理层制作的次年年会征集陈述书。管理层可以拒绝股东请求，将股东提案剔除出征集陈述书。相应理由可以是：提议事项非属股东大会职权，提议事项违反法律，提议事项出乎上市公司权能，提议事项属于管理层职权或者提议事项与管理层提案冲突或重复等。[3]如果剔除，上市公司应在寄发正本征集陈述书前80个连续日历日外报告美国证监会并通知提议股东。[4]

3. 虚假陈述

征集陈述书存在虚假陈述，导致股东买卖证券的，股东可以从虚假陈述的诉因索赔。[5]征集陈述书存在虚假陈述，导致股东投票并影响决议之有无的，股东是否可以索赔或者寻求其他救济？1934年美国证券交易法并没有设置民事诉因；[6]依照1934年美国证券交易法授权规定制作的规则，[7]系反欺诈条款；联邦最高法院最早一再承认，上述反欺诈条款隐含民事诉因。[8]至于民事赔偿之外的救济，类似于我国公司法上的股东大会决议救济，此处不重复。[9]

4. 我国的情形

1992年股票发行与交易管理暂行条例第65条规定："股票持有人可以授权他人代理行使

---

1 See 15 U.S.C. § 78n(c) (2009).

2 参见前文§8.4.2.1。

3 See 17 C.F.R.§ 240.14a-9(i) (2009).

4 See 17 C.F.R.§ 240.14a-9(j) (2009).

5 参见前文§8.1.5。

6 See 15 U.S.C. § 78n(a) (2009).

7 See 17 C.F.R.§ 240.14a-9(a) (2009) ("No solicitation subject to this regulation shall be made by means of any proxy statement... written or oral, containing any statement which, at the time and in the light of the circumstances under which it is made, is false or misleading with respect to any material fact, or which omits to state any material fact necessary in order to make the statements therein not false or misleading or necessary to correct any statement in any earlier communication with respect to the solicitation of a proxy for the same meeting or subject matter which has become false or misleading.").

8 See e.g., J.I. Case Co. v. Borak, 377 U.S. 426 (1964); Mills v. Electric Auto-Lite Co., 396 U.S. 375 (1970); TSC Industries, Inc. v. Northway, Inc., 426 U.S. 438 (1976).

9 参见上文§6.3.7；See Thomas Lee Hazen, Securities Regulation 121—22 (2006).

其同意权或者投票权。但是，任何人在征集二十五人以上的同意权或者投票权时，应当遵守证监会有关信息披露和作出报告的规定。”上述规定有两种理解，其一，征集投票代理权事宜涉及需要披露或者报告事项的，应当遵守中国证监会有关信息披露或者报告的规定。[1]其二，征集投票代理权本身，也应当遵守中国证监会有关信息披露或者报告的规定。就第二种情况而言，中国证监会尚未颁布相应规定。

2002年1月中国证监会颁布的上市公司治理准则[2]第10条规定："上市公司董事会、独立董事和符合有关条件的股东可向上市公司股东征集其在股东大会上的投票权。投票权征集应采取无偿的方式进行，并应向被征集人充分披露信息。”从上述规定可知，其一，无偿征集投票代理权可行；其二，应向征集对象即股东充分披露相关信息。

在法律实务当中，征集投票代理权，多以征集投票权、[3]征集委托投票权[4]和委托投票征集[5]等名目运作。

---

1 比如2005年证券法第86条。

2 2001年1月7日中国证券监督管理委员会国家经济贸易委员会证监发〔2002〕1号。

3 例见2009年1月5日安泰科技股份有限公司独立董事征集投票权报告书。

4 例见2008年6月11日有研半导体材料股份有限公司独立董事公开征集委托投票权报告书。

5 例见2008年4月14日南方建材股份有限公司董事会投票委托征集函。

§ 9 行政管制

§ 9.0 行政管制概述

行政机关依行政司法审查程序许可申请人申请事项者，为行政许可。[1]设若专门为申请人申请事项设定行政许可者，则为行政管制。自2005年公司法和2005年证券法施行后，行政管制淡出重组购并领域；但我国法律为涉外事项多做例外保留，涉外领域重组购并事务管制重重。

上述行政司法审查程序，即行政许可程序。[2]行政许可法第38条规定，申请符合法定条件或者标准的，行政机关应当依法做出准予行政许可的书面决定；行政机关依法做出不予行政许可的书面决定的，应当说明理由，并告知申请人享有依法申请行政复议或者提起行政诉讼的权利。此乃历尽行政许可程序之救济。

事实上，行政许可法颁布前的1994年公司法第227条规定："公司登记机关对符合法定条件的申请，不予登记的，当事人可以依法申请复议或者提起行政诉讼。"相应于上述规定的行政许可法颁布后的2005年公司法第209条规定却流变为："公司登记机关……对符合本法规定条件的登记申请不予登记的，对直接负责的主管人员和其他直接责任人员，依法给予行政处分。"避而不谈历尽行政许可程序之救济。

本章讨论上述行政管制。此前章节已经讨论者[3]外之行政管制，也在本章讨论。

1 参见行政许可法第2条。

2 参见行政许可法第4章。

3 可以例见上文§§ 1.3.8、1.4.1.5和1.4.1.7。

§9.1 有关外商投资企业的管制

1. 外商投资企业

(1) 中外合资经营企业

中外合资经营企业（合资企业），系最早于1979年显身中国的外商投资企业。[1]合资企业由中外双方在中国境内合资设立；任何一方，可以是一人，也可以是多人。[2]合资企业法定组织形式为有限责任公司；外方持有注册资本比例（出资比例）一般不应低于25%；[3]中外各方各家依照出资比例分享盈亏分担风险；[4]合资企业注册资本应占合资企业项目投资的一定比例。[5]

合资企业仅设董事会，[6]充作权力机构，决定合资企业重大问题，比如，合资企业规划和诸如总经理之类高管聘任与待遇，等等；[7]合资企业董事会至少由3席董事组成，具体额度由中外各方各家协商确定；董事席位具体分配由中外各方各家协商，参照出资比例于合资企业合同和章程中确定，相应席位董事由中外各方各家委派或撤换；[8]董事长或者副董事长，由中外各方各家协商确定或者由董事会选举产生；合资企业一方担任董事长的，则合资企业另一方担任副董事长。[9]2001年中外合资经营企业法实施条例（合资企业法实施条例）第33条特别要求：修改合资企业章程、中止或者解散合资企业、增加或者减少合资企业注册资本和合资企业合并或者分立，均应由出席董事会会议董事[10]一致决议决定。

合资企业成立存续，得面临诸如技术引进、外汇使用、财务会计制度、行业准入和税

---

1 早于1979年7月1日第5届全国人民代表大会第2次会议就已通过中外合资经营企业法。

2 参见2001年中外合资经营企业法（合资企业法）第1条。

3 具体执行情况，可以参见2002年12月30日对外贸易经济合作部国家税务总局国家工商行政管理总局国家外汇管理局外经贸法发〔2002〕575号关于加强外商投资企业审批、登记、外汇及税收管理有关问题的通知；2003年4月18日国家税务总局国税函〔2003〕422号关于外国投资者出资比例低于25%的外商投资企业税务处理问题的通知。

4 参见合资企业法第4条第1—3款。

5 具体比例，参见2001年中外合资经营企业法实施条例（合资企业法实施条例）第17—18条；1987年3月1日国家工商行政管理局关于中外合资经营企业注册资本与投资总额比例的暂行规定。

6 参见后文§9.1.2.3（"其一"）。

7 参见合资企业法第6条。

8 参见合资企业法第6条，合资企业法实施条例第31条。

9 参见合资企业法第6条。

10 会议定足数是2/3。参见合资企业法实施条例第32条。

务处理等诸多管制。[1]

(2) 中外合作经营企业

因为合资企业多有限制，[2]投资内地的台湾商人或者香港商人，于20世纪80年代早期在中国境内创造出另外一种外商投资企业，即中外合作经营企业（合作企业）。中国于1988年才通过中外合作经营企业法予以规范。[3]与合资企业相比，合作企业的灵活之处在于：其一，合作企业可以是有限责任公司，但不一定是有限责任公司，比如，纯以合同决定合作事宜；其二，合作企业合同可以约定投资或者合作条件、收益或者产品分配、风险或者亏损分担、经营管理方式和终止时财产归属等事项；[4]甚至可以约定，合作企业外方在满足相应条件的前提下提前回收相应投资事宜。[5]目前的实际情况是，合作企业组织形式多为有限责任公司；合作企业多准用有关合资企业的规定。[6]

(3) 外资企业

外资企业，系在中国境内由外国投资者投资设立的非属分支机构的企业。相应外方投资者可以是一人，也可以是多人。[7]外资企业组织形式，可以是有限责任公司，也可以是其他。[8]在早年，外资企业多为在中国境内富有人脉的我国台湾商人和香港商人所倚重；在近年，中方支持合作蜕变为非商业项目成功必要要素后，外国投资者渐渐借助外资企业。[9]2000年外资企业法或2001年外资企业法实施细则，均未规定外资企业组织机构，这意味着，外资企业可以灵活安排外资企业组织机构。[10]

(4) 外商投资股份有限公司

依照2001年中外合资经营企业法（合资企业法），合资企业法定组织形式是有限责任

---

1 参见合资企业法，合资企业法实施条例，2001年技术进出口管理条例，2008年外汇管理条例，2000年企业会计制度，2007年版外商投资产业指导目录，2007年企业所得税法等。

2 参见前文§9.1.1.1。

3 See Lutz-Christian Wolff, Mergers and Acquisition in China: Law and Practice 8 (2006).

4 参见2000年中外合作经营企业法（合作企业法）第2条。

5 参见合作企业法第21条。

6 可以例见1987年12月30日国务院批准1988年1月1日对外经济贸易部国家工商行政管理局发布的中外合资经营企业合营各方出资的若干规定（出资若干规定）。

7 参见2000年外资企业法第2条。

8 参见2001年外资企业法实施细则第18条。

9 See Lutz-Christian Wolff, Mergers and Acquisition in China: Law and Practice 9 (2006).

10 相反结论，参见后文§9.1.2.3（“其一”）。

公司；[1]依照2000年中外合作经营企业法，合作企业可采组织形式是有限责任公司；[2]依照2000年外资企业法，外资企业可采组织形式也是有限责任公司。[3]依照1995年关于设立外商投资股份有限公司若干问题的暂行规定[4]（股份公司暂行规定）第2条，中外双方可以合资设立外商投资股份有限公司；外方股东持股比例应过25%。除若干问题外，外商投资股份有限公司成立存续，从2005年公司法规定，特别是，外商投资股份有限公司组织机构，完全从2005年公司法规定。[5]

（5）外商投资性公司

外国投资者，或者以外资企业形式设立有限责任公司，或者以合资企业形式设立有限责任公司；如若上述有限责任公司专以直接投资为业的，相应公司为外商投资性公司。[6]凡外商投资性公司设立符合合资企业外方持有出资比例要求者，[7]仍然定性为外商投资企业。[8]

2. 行政许可

（1）投资项目核准

外商投资企业投资项目本身应获取投资项目核准。[9]最近版本即2007年版外商投资产业指导目录，[10]详尽披露鼓励外商投资产业子目录、限制外商投资产业子目录和禁止外商投资产业子目录；上述产业之外者为允许外商投资产业。包括增资额在内的总投资额1亿美元以上鼓励类项目或者允许类项目，包括增资额在内的总投资额5 000万美元以上限制类项目，由国家发展改革委员会（发改委）核准；包括增资额在内的总投资额5亿美元以上的鼓励类或者允许类项目，包括增资额在内的总投资额1亿美元以上的限制类项目，由发改委审核后

---

1 参见前文§9.1.1.1。

2 参见前文§9.1.1.2。

3 参见前文§9.1.1.3。

4 1995年1月10日对外贸易经济合作部令1995年第1号（股份公司暂行规定）。

5 参见股份公司暂行规定，特别是第25条。

6 参见2004年11月17日商务部令2004年第22号关于外商投资举办投资性公司的规定（投资性公司规定）第2条。

7 参见前文§9.1.1.1。

8 参见投资性公司规定第20条。

9 参见2004年10月9日国家发展和改革委员会令第22号外商投资项目核准暂行管理办法（核准管理办法）第2条。

10 2007年10月31日国家发展和改革委员会商务部令第57号。

报国务院核准；[1]包括增资额在内的总投资额1亿美元以下的鼓励类或者允许类项目，包括增资额在内的总投资额5 000万美元以下的限制类项目，由地方发展改革部门核准，其中限制类项目由省级发展改革部门核准；地方有关法规对核准事宜另有规定的，[2]从其规定。[3]从投资项目核准程序[4]获取的核准文件，是外商投资企业设立或者增资的前置条件。[5]

（2）设立批准

合资企业设立，应遵循审查批准程序，[6]获取对外贸易经济合作部（经贸部）批准；上述批准做出后，由经贸部签发批准证书；经国务院授权的省、自治区或直辖市政府或者国务院有关部门，也可以做出相应批准。[7]合作企业设立，亦同；[8]外资企业设立，亦同；[9]外商投资股份有限公司或外商投资性公司设立，也类似。[10]只是经年以降，经贸部及其后续机构商务部，一再下放外商投资企业设立审批权限。[11]

（3）设立登记

外商投资企业设立登记，适用2005年公司法和2005年公司登记管理条例；有关外商投资企业的法律（外商投资法律）另有规定的，适用其规定；2005年公司法、2005年公司登记管理条例或者外商投资法律没有规定的，适用有关外商投资企业的行政法规、国务院决定和国家有关外商投资的其他规定。[12]故外商投资企业设立登记程序类同于公司设立登记程序。[13]外商投资企业和公司之间的些许差别如下：

其一，在合资企业或者合作企业的情况下，有限责任公司仅设董事会充作权力机构；其他组织机构，委由章程约定；在外资企业或者外商投资股份有限公司的情况下，相应公

1 参见核准管理办法第3条。
2 例见2008年7月16日海南省政府令第216号关于下放行政管理事项的决定。
3 参见核准管理办法第4条。
4 参见核准管理办法第3—5章。
5 参见核准管理办法第13条。
6 参见后文§ 9.1.3.1。
7 参见合资企业法实施条例第6条。
8 参见中外合作经营企业法实施细则（合作企业法实施细则）第6条。
9 参见2001年外资企业法实施细则第7条。
10 参见股份公司暂行规定第6条；投资性公司规定第13条。
11 参见后文§ 9.2.2.2。
12 参见2006年4月24日国家工商行政管理总局工商外企字〔2006〕81号关于外商投资的公司审批登记管理法律适用若干问题的执行意见（执行意见）第1条。
13 参见上文§ 1.3.8.4。

司应从2005年公司法规定设立组织机构。[1]

其二，外商投资企业，应分别登记为“有限责任公司”和“股份有限公司”；并在“有限责任公司”后加注“(中外合资)”、“(中外合作)”、“(外商合资)”、“(外国法人独资)”、“(外国非法人经济组织独资)”、“(外国自然人独资)”、“(台港澳与外国投资者合资)”、“(台港澳与境内合资)”、“(台港澳与境内合作)”、“(台港澳合资)”、“(台港澳法人独资)”、“(台港澳非法人经济组织独资)”、“(台港澳自然人独资)”等字样；在“股份有限公司”后加注“(中外合资，未上市)”、“(中外合资，上市)”、“(外商合资，未上市)”、“(外商合资，上市)”、“(台港澳与外国投资者合资，未上市)”、“(台港澳与外国投资者合资，上市)”、“(台港澳与境内合资，未上市)”、“(台港澳与境内合资，上市)”、“(台港澳合资，未上市)”、“(台港澳合资，上市)”等字样。根据利用外资产业政策及其相关规定，在公司类型后加注“(外资比例低于25%)”、“(A股并购)”、“(A股并购25%或以上)”等。[2]

其三，在外商投资企业的情况下，出资期限之法律适用事宜特别复杂：[3]以合资企业为例：第一，合资企业合同应当约定出资期限，[4]纯粹从逻辑的角度看，约定期限可以超过2或者5年；如果没有约定，从2005年公司法规定，即2年或者5年。[5]第二，如果合资企业合同约定一次性缴付的，应当在成立之日起6个月内缴足；如果合资企业合同约定分期缴付的，首次出资额不得低于各自认缴出资额的15%，相应出资应在成立之日起3个月内缴足；[6]上述分期缴付情况下的首次出资额应当符合法律规定，即2005年公司法规定。[7]第三，上述分期缴付情况下的其余出资之期限限制，从2005年公司法或者2005年公司登记管理条例，比如2年或者5年限期；[8]从外商投资法律规定，比如每期3个月的限期。[9]第四，法律或者行政法规[10]特别要求股东在公司成立时一次性缴付出资的，从其规定。第五，外商投资股份有限公

1 参见执行意见第3条；2006年5月26日国家工商行政管理总局工商外企字〔2006〕102号关于实施执行意见的通知第2条第1款。

2 参见执行意见第6条。

3 参见执行意见第9条。

4 参见出资若干规定第4条。

5 参见上文§1.3.4.1。

6 参见出资若干规定第4条。

7 参见上文§1.3.2.2和§1.3.4.1。

8 参见上文§1.3.4.1。

9 例见出资若干规定第6条；参见后文§9.1.3.2。

10 例见上文§1.5.1。

司的出资，从2005年公司法规定。[1]

(4) 外汇登记

2008年外汇管理条例第16条第1款要求，外商投资企业应到注册地外汇管理局办理外汇登记。依照1996年外商投资企业外汇登记管理暂行办法（外汇登记办法）第4条规定，外商投资企业应在取得企业法人营业执照之日后30日内为之；外商投资企业填具外商投资企业基本情况登记表，并提交下列文件申请：第一，外商投资企业设立批准文件和批准证书；[2]第二，国家工商行政管理总局颁发的企业法人营业执照及其副本；[3]第三，批准生效的外商投资企业合同和章程；[4]第四，外汇管理局要求提交的其他文件。依照外汇登记办法第5条规定，凡符合登记条件的，外汇管理局向外商投资企业颁发外商投资企业外汇登记证（外汇登记证）。外汇登记证是处理外汇账户开户和外汇结汇等事宜的基础文件。[5]

(5) 技术进口

2004年对外贸易法第16条开列限制进口技术目录；2004年对外贸易法第17条开列禁止进口技术目录；除非法律另有规定，上述目录之外的技术为允许进口技术。[6]禁止进口技术，自然不得进口；限制进口技术，实行许可证管理；允许进口技术，实行合同登记管理。[7]相应的是许可证审核程序和合同登记程序。[8]如果外商投资企业设立事宜涉及技术引进，[9]外商投资企业设立批准程序吸收上述程序。[10]

许可证审核程序和合同登记程序审查事项之一为：技术进口合同不得含有下列限制性条款：要求进口人接受并非技术进口必不可少的附带条件，包括购买非必需的技术、原材料、产品、设备或者服务；要求进口人为专利权有效期限届满或者专利权宣布无效的技术支付使用费或者承担相关义务；限制进口人改进出口人提供的技术或者限制进口人使用改

1 参见上文§1.3.2.2和§1.3.4.1。
2 参见前文§9.1.2.2。
3 参见后文§9.1.3.1。
4 参见后文§9.1.3.1。
5 参见1997年10月7日中国人民银行银发〔1997〕416号境内外汇账户管理规定；2008年8月29日国家外汇管理局综合司汇综发〔2008〕142号关于完善外商投资企业外汇资本金支付结汇管理有关业务操作问题的通知。
6 参见技术进出口管理条例第15条。
7 参见技术进出口管理条例第9、10和17条。
8 参见技术进出口管理条例第11—16和18—20条。
9 例见合资企业法第5条；合资企业法实施条例第6章。
10 参见技术进出口管理条例第22条。

进技术；限制进口人从其他来源获得与出口人提供的技术类似的技术或者与其竞争的技术；不合理限制进口人购买原材料、零部件、产品或者设备的渠道或者来源；不合理限制进口人相关产品生产数量、品种或者销售价格；不合理限制进口人利用进口的技术生产产品的出口渠道。[1]如果外商投资企业设立批准程序吸收上述程序，则存在更为苛刻的审查内容。[2]

3. 外商投资企业股权变更

（1）程序概述

以合资企业为例，批准程序必备文件之一是合资企业合同，其内容从合资企业法实施条例第11条规定；批准程序备选文件[3]之一是合资企业协议，合资企业协议和合资企业合同之区分从合资企业法实施条例第10条规定；[4]批准程序必备文件之一是合资企业章程，其内容从合资企业法实施条例第13条规定；[5]批准程序必备文件之一是由合资各方委派的合资企业董事长、副董事长和董事人选名单。[6]

中外合资双方，具备包括上述文件在内的文件，[7]向经贸部等批准机构提出申请；经贸部等批准机构，自收到上述文件之日起3个月内，决定批准与否；批准做出后，经贸部另行签发批准证书；合资企业协议、合资企业合同和合资企业章程，经经贸部等批准机构批准即生效；上述申请人，自收到批准证书之日起1个月内，应向工商行政管理局为设立登记，合资企业法人营业执照签发日期，即为合资企业成立日期。[8]

从逻辑的角度看，合资各方委派的合资企业董事长、副董事长和董事人选名单，由经贸部等批准机构批准即生效；合资企业董事会，自合资企业法人营业执照签发日即产生。

1 参见技术进出口管理条例第29条。至于相应条款的法律效力和相应管制，参见1999年合同法第329条和第343条；2004年12月16日最高人民法院法释〔2004〕20号关于审理技术合同纠纷案件适用法律若干问题的解释第10条；2004年对外贸易法第30条。

2 例见合资企业法实施条例第43条。

3 参见合资企业法实施条例第10条。

4 具体解说，可以参见上文§§ 3.0.6、3.2.2和3.3。

5 具体解说，可以参见上文§ 4。

6 参见合资企业法实施条例第7条。

7 具体参见合资企业法实施条例第7条。

8 参见合资企业法实施条例第4、6—9条和第14条。

（2）出资概述

1987年中外合资经营企业合营各方出资的若干规定[1]（出资若干规定）第5条规定，合资各方各家未能在约定期限内缴付出资的，即未能进行首期出资或者一次性出资，[2]视同合资企业自动解散，合资企业批准证书自动失效；出资若干规定第6条规定，就任何一期出资，合资各方各家未在3个月内出资或者出资不足的，即第一期出资后未尽出资的，[3]工商行政管理局应会同原批准机构催告，要求合资各方各家在1个月内缴清出资；仍未缴清出资的，原批准机构有权撤销批准证书。[4]

出资若干规定第7条规定，合资各方各家中任何一家（违约方），未按照合资企业合同约定如期缴付或者如数缴清出资的，即为违约；守约方应当催告违约方，在1个月内缴付或者缴清出资；逾期仍未缴付或者缴清的，视同违约方放弃合资企业合同上一切权利，自动退出合资企业；守约方应当在逾期后1个月内，向原批准机构申请解散合资企业或者找人接收违约方在合资企业合同中的权利和义务；违约方已经缴付的部分出资，[5]由合资企业清理。[6]

出资若干规定第7条上下文逻辑为：第一，违约方视为退出合资企业合同；第二，合资企业合同下违约方部分出资，由合资企业向违约方清理；第三，如果合资企业存续，由第三人填补合资企业合同当事人空缺，即视同合资企业合同转让，代价即为上述清理。如果合资企业向违约方进行的清理，是双方可以协商的救济途径，则并无法律妨碍。否则，存在无由剥夺他人财产之嫌。

合作企业的情形，亦同。[7]

（3）转让概述

依照合资企业法第4条第4款规定，凡转让注册资本的，即转让股权，须经中外各方各家同意。依照合资企业法实施条例第20条解释，中外各方某家向第三人转让全部或者部分

1 1987年12月30日国务院批准1988年1月1日对外经济贸易部国家工商行政管理局发布。

2 参见前文§ 9.1.2.3（“其三”）。

3 参见前文§ 9.1.2.3（“其三”）。

4 其他后续程序，参见出资若干规定第5—6条。上述条款如何执行，令人费解。可以参见2005年1月20日国务院法制办公室国法函〔2005〕10号对商务部关于请对中外合资经营企业合营各方出资及外商投资企业清算相关行政法规条文具体应用问题予以解释的函的复函（10号复函）。

5 此出资乃中外方项目投资。参见前文§ 9.1.1.1。

6 其他后续程序，参见出资若干规定第7条；10号复函。

7 参见出资若干规定第10条。

持股的，即转让全部或者部分股权，须经中外各方他家同意；中外各方他家享有优先购买权；违反上述规定的，相应转让无效。

此处转让和上节出资情形下的接收是否矛盾？桥路各走，并无冲突。合资企业合同系共同投资协议，上节出资情形下的接收事宜，乃合资企业合同上的法律问题；合资企业章程为合资企业结社纲领，此处股权转让，乃合资企业章程上的法律问题。

（4）股权变更

1997年外商投资企业投资者股权变更的若干规定[1]（股权变更若干规定）第2条明确，股权变更系指合资企业、合作企业或者外资企业（三资企业）更换投资者或者增减持投资者股权。[2]上述股权变更，可由下列原因导致：① 三资企业投资者之间股权转让协议；② 三资企业投资者和关联人或者第三人之间的股权转让协议；③ 三资企业投资者调整三资企业注册资本之协议；④ 三资企业投资者股权质押实现；⑤ 三资企业投资者破产、解散、撤销、吊销或者死亡情形下之股权移转；⑥ 三资企业投资者合并或者分立情形下之股权移转；⑦ 三资企业投资者不履行出资义务情形[3]下之投资者更换或者股权增减持。上述原因仅为主要原因，相应原因并不以指明者为限。[4]

股权变更系三资企业投资者的股权变更，故股权变更若干规定第4条要求，其一，股权变更，应当遵循中国法律法规对三资企业投资者资格规定，比如，股权变更使三资企业变成外资企业的，应符合2000年外资企业法和2001年外资企业法实施细则规定的外资企业设立条件；[5]其二，股权变更，应当遵循中国产业政策要求，比如，2007年版外商投资产业指导目录不允许外商独资经营的产业，股权变更不得导致外国投资者全资持股；其三，需由国有资产控股的产业，股权变更不得导致外国投资者控股。股权变更若干规定第5条规定，除非外方向中方转让全部持股，股权变更不得导致外方持股比例低于25%。[6]总之，不得借股权变更规避相应规定。

1 1997年5月28日对外贸易经济合作部国家工商行政管理局〔1997〕外经贸法发第267号（股权变更若干规定）。

2 系指出资份额，甚至是合作企业的合作条件。参见股权变更若干规定第2条。

3 参见前文§9.1.3.2。

4 参见股权变更若干规定第2条。

5 例见2000年外资企业法第3条；2001年外资企业法实施细则第3—5条。

6 参见前文§9.1.1.1。

(5) 许可程序

股权变更得经投资项目核准程序；[1]股权变更得经批准程序；[2]股权变更得经工商登记程序；[3]股权变更或可面临外汇登记[4]程序。除非法律或者行政法规另有规定，外商投资股份有限公司非上市股份转让的情形，亦同。[5]

1994年8月2日，北京市食品工贸集团总公司、北京市恒业房地产综合开发经营公司、佛山市汇通发展公司和香港嘉利来国际集团有限公司，作为三方四家当事人，缔结“合作建设‘嘉利来世界贸易广场’的协议书”。嘉利来世界贸易广场项目于1994年8月18日，获北京市计划委员会批准。这是合作企业协议和计划委员会批准。

1995年1月4日，北京市对外经济贸易委员会（北京外经委）做出资字〔1995〕004号“关于合作经营‘北京嘉利来房地产有限公司’合同、章程及董事会组成的批复”。批复提到：“现批准北京食品工贸集团总公司（甲方）、北京恒业房地产综合开发经营公司（乙方）与香港嘉利来国际集团有限公司（丙方）签订的合作经营‘北京嘉利来置业有限公司’[6]合同、章程生效；并同意其董事会的组成。”这是合作企业合同、章程和董事会组成之批准。

1995年1月12日，北京市人民政府签发外经贸京作字〔1995〕002号台港澳侨投资企业批准证书。此涉批准证书之签发。1995年3月30日，在上述批复和批准的基础上，国家工商行政管理总局签发企作京总副字第009997号企业法人营业执照。这是设立登记。

如果香港嘉利来国际集团有限公司事后不履行出资义务导致股权变更，依照股权变更若干规定第15条规定，守约方应提交下列文件申请股权变更：① 守约方投资者股权变更申请书；② 原合作企业合同与章程及其相应修改文本；③ 合作企业批准证书和企业法人营业执照；④ 股权变更后董事会成员名单；⑤ 验资报告；⑥ 守约方催告违约方缴付或缴清出资的证明文件；⑦ 合作企业对违约方先期出资的清理文件；⑧ 批准机构要求报送的其他文件，比如董事的简历、护照等等。[7]实际上，2001年9月27日，北京外经委做出京经贸资字

1 参见核准管理办法第18条；前文§ 9.1.2.1。

2 参见股权变更若干规定第7、9—11条和第14—17条；前文§ 9.1.2.2。

3 参见股权变更若干规定第18—19条；前文§§ 9.1.2.3；上文1.4.1.7。

4 参见前文§ 9.1.2.4。

5 参见股权变更若干规定第21条。

6 应该是北京嘉利来房地产有限公司。参见金勇军：《嘉利来国际集团有限公司：股权纠纷》（管理案例）。

7 参见股权变更若干规定第9条；See Lutz-Christian Wolff, Mergers and Acquisition in China: Law and Practice 66 (2006).

〔2001〕627号“关于北京嘉利来房地产有限公司更换合作方的批复”，批准上述更换：合同当事人变更为，北京二商集团有限责任公司、北京安华房地产开发有限公司和香港美邦集团有限公司；公司名称变更为，北京美邦房地产有限公司。在上述基础之上，北京美邦房地产有限公司相继获得批准证书和企业法人营业执照。[1]

(6) 股权转让协议

股权变更的理由之一是股权转让协议。股权变更若干规定第10条规定，股权转让协议应包括下列内容：① 出让人与受让人名称、住所和法定代表人及其姓名、职务与国籍；② 股权份额和价格；③ 股权交割期限和方式；④ 受让人依据合资企业合同和章程享有的权利与承担的义务；⑤ 违约责任；⑥ 适用法律和争议解决事宜；⑦ 协议生效与终止；⑧ 订立协议时间和地点。股权变更若干规定第10条存在以下问题：

第一，股权转让协议，自然是转让合资企业股权的协议；如果向股东之外的人转让，得由其他股东同意。业经其他股东同意的股权转让协议是股权变更若干规定第9条规定批准程序必备文件之一。此系合资企业章程上法律问题。[2]

第二，从股权变更若干规定第10条内容看，此“股权转让协议”应该是“合资企业合同转让协议”。合资企业合同转让，即合同权利义务转让，包括出资事宜。此系合资企业合同上法律问题。[3]

第三，合资企业合同可以转让，合资企业股权也可以转让。合资企业合同转让自然导致合资企业股权转移，合资企业股权移转是合资企业合同转让的履行环节之一，但此时不必经过其他股东同意；合资企业股权转让，得经其他股东同意，但并不导致合资企业合同转让。

总之，股权变更若干规定第10条规定的股权转让协议并不是股权变更若干规定第9条规定的股权转让协议。解决这个问题的办法是，合资企业股权转让的情形下，批准程序必备文件之一是股权变更若干规定第9条规定的股权转让协议；在合资企业合同转让的情形下，批准程序必备文件之一是股权变更若干规定第10条规定的股权转让协议。

上述股权转让协议，差不多是合同里面最繁琐复杂的协议。[4]在实务当中，如果以此类

1 参见金勇军：《嘉利来国际集团有限公司：股权纠纷》（管理案例）。

2 参见前文§9.1.3.3。

3 参见前文§9.1.3.3。

4 参见前文§3.3.7乃至§3.3。

协议上报批准程序，费时费力，还不见得过关；出于顺畅过关考虑，通常使用简化版股权转让协议；如果股权转让协议是跨国重组购并的组成部分，通常以切割并不入主合同附件方式处理，如此处理尚能达到保密目的。[1]

如果以简报繁存之阴阳合同的方式处理，法律风险在于效力。比如，最高人民法院相关意见[2]认为："外商投资企业的股权转让合同，应当报经有关审查批准机关审查批准，在一审法庭辩论终结前当事人未能办理批准手续的，人民法院应当认定该合同未生效。"合资企业法实施条例第14条规定："合同和章程经审批机构批准后生效，其修改时同。"股权变更若干规定第3条规定："未经审批机关批准的股权变更无效。"

4. 外商投资企业合并分立

（1）概述

1986年外资企业法第10条仅提到："外资企业分立、合并……应当报审查批准机关批准……"1986年外资企业法和2000年外资企业法均未设置其他条款规定。故外资企业合并或者分立，适用1994年公司法第7章或者2005年公司法第9章。[3]两章内容没有多大差异。无奈条文寥寥，用者可数。[4]因为上述缘故，关于外商投资企业合并与分立的规定[5]（2001年规定）颁行。[6]大概出于同样原因，浙江省曾于2006年颁行公司合并分立登记操作规程（浙江规程）。[7]

（2）适用

合资企业、具有法人资格的合作企业、具有法人资格的外资企业或者外商投资股份有限公司分立，适用2001年规定；合资企业、具有法人资格的合作企业、具有法人资格的外

1 See Lutz–Christian Wolff, Mergers and Acquisition in China: Law and Practice 67 (2006).

2 参见2005年12月26日最高人民法院法发〔2005〕26号关于印发第二次全国涉外商事海事审判工作会议纪要的通知第88条。

3 参见上文§1.5.4。

4 参见上文§§2.1.4和2.1.5.4。

5 1999年9月23日对外贸易经济合作部国家工商行政管理总局〔1999〕外经贸法发第395号（1999年规定）发布；2001年11月22日对外贸易经济合作部国家工商行政管理总局令2001年第8号修订（2001年规定）。

6 参见1999年规定第1条。

7 2006年1月4日浙江省工商行政管理局浙工商企〔2006〕1号。原名为"公司合并、分立登记操作规程"（浙江规程）。

资企业或者外商投资股份有限公司之间的合并，适用2001年规定。[1]合资企业合并属中国内资企业的有限责任公司或者股份有限公司，[2]适用2001年规定并可参照有关法律[3]规定；具有法人资格的合作企业、具有法人资格的外资企业或者外商投资股份有限公司的情形，亦同。[4]

既然是外商投资企业（原外资企业）合并或分立，合并或分立的结果仍然是外商投资企业（后外资企业），甚至包括在合并中国内资企业的情况下的。[5]故后外资企业仍应符合有关外商投资企业的管制，比如，产业政策或者出资比例等。[6]2001年规定特别明确，在中外投资者按照企业合同或者章程规定缴清出资或者提供合作条件且生产经营运行前，不得合并，也不得分立；中外投资者按照企业合同或者章程规定缴清出资或者提供合作条件的，外商投资企业可以合并中国内资企业。[7]实际上，2001年规定打开了外国投资者通过合并进入中国的方便之门。[8]

此外，2001年规定第16条规定，凡上市公司合并或分立的，应尽必要的审批。从外商投资股份有限公司法律适用之实情[9]推断，这意味着，不适用2001年规定，适用2005年公司法和2005年证券法。

（3）组织形式

2001年规定上的合并，即2005年公司法上的合并，包括吸收合并和新设合并；[10]2001年规定上的分立，即2005年公司法上的分立，但将其细分为存续分立和消灭分立。[11]

纯粹从逻辑的角度看，在吸收合并的情况下，存续者组织形式不变；在新设合并的情

1 参见2001年规定第2条第1款。

2 参见2001年规定第17条第1项。

3 相应法律究竟为何，可以例见2006年8月8日商务部国务院国有资产监督管理委员会国家税务总局国家工商行政管理总局中国证券监督管理委员会国家外汇管理局令2006年第10号关于外国投资者并购境内企业的规定（并购内资规定）第55条第3款。

4 参见2001年规定第2条第2款。

5 参见2001年规定第14条和第18条。

6 具体参见2001年规定第5、12、14条和第17—19条。

7 参见2001年规定第9条。

8 See Lutz-Christian Wolff, Mergers and Acquisition in China: Law and Practice 128 (2006).

9 参见前文§§ 9.1.1.4和9.1.2.3。

10 参见2001年规定第3条；上文§ 2.1.4；1997年4月28日国家税务总局国税发〔1997〕71号关于外商投资企业合并、分立、股权重组、资产转让等重组业务所得税处理的暂行规定（重组业务规定）第1条；1998年6月24日国家税务总局国税发〔1998〕97号企业改组改制中若干所得税业务问题的暂行规定（改组改制规定）第1条。

11 参见2001年规定第4条，上文§ 2.1.5.4，重组业务规定第2条，改组改制规定第2条。

况下，新设者组织形式可以自由选择。在存续分立的情况下，存续者组织形式不变，新设者组织形式可以自由选择；在消灭分立的情况下，新设者组织形式可以自由选择。但2001年规定多有限制：不论哪一种模式，有限责任公司与有限责任公司合并，结果仍然是有限责任公司；股份有限公司与股份有限公司合并，结果仍然是股份有限公司；上市公司和有限责任公司合并，结果仍然是上市公司；股份有限公司和有限责任公司合并，结果可以是股份有限公司，也可以是有限责任公司。[1]

在吸收合并的情况下，原外资企业中吸收者成立日期为相应后外资企业成立日期；在新设合并的情况下，后外资企业以企业法人营业执照签发日为成立日期。在分立的情况下，原外资企业中存续者成立日期为相应后外资企业成立日期，其他后外资企业以企业法人营业执照签发日期为成立日期。[2]

（4）注册资本

凡股份有限公司与有限责任公司合并为股份有限公司的，有限责任公司以净资产额从股份有限公司每股净资产额折合为股份有限公司股份，并以此定股份有限公司注册资本；凡股份有限公司之间合并，后外资企业注册资本为原外资企业注册资本之总和；凡合并为有限责任公司的情形，亦同。[3]在后两种情形下，中外各方在后外资企业中的持股，或者由中外各方协商，或者根据资产评估机构评估结果，但不管哪一种均应在后外资企业企业合同或章程中确定，外方持股比例不得低于25%。[4]

因分立产生的后外资企业注册资本，由分立前原外资企业权力机构确定，但后外资企业注册资本之和应等于原外资企业注册资本；中外各方在后外资企业中的持股比例，由中外各方在后外资企业企业合同或者章程中确定，外方持股比例不得低于25%。[5]

中国内资企业合并为外商投资企业的，后外资企业投资总额等于原外资企业投资总额和中国内资企业财务审计报告记载企业资产总额之和；后外资企业注册资本等于原外资企业注册资本与中国内资企业的注册资本之和；除非获得经贸部会同国家工商行政管理总局的特许，后外资企业注册资本与投资总额比例应符合相关要求。[6]

1 参见2001年规定第10条。
2 参见2001年规定第15条。
3 参见2001年规定第11条。
4 参见2001年规定第12条。
5 参见2001年规定第13—14条。
6 参见前文§9.1.1.1。

(5) 内部程序

外资企业或者外商投资股份有限公司组织机构之设置，从2005年公司法规定。[1]故上述企业合并或者分立内部决定程序，从2005年公司法规定。[2]合资企业或者合作企业合并或者分立，由出席董事会会议的董事一致决议决定。[3]

(6) 批准程序

历经发改委等核准程序[4]后，外商投资企业合并或者分立得经经贸部等批准程序。上述批准程序的相应环节为：

第一，批准机构。原外资企业合并的，由原外资企业批准机构批准；原外资企业批准机构有两家以上的，由后外资企业住所地经贸部授权批准机构批准；后外资企业投资总额超过原外资企业批准机构或者住所地经贸部授权批准机构批准权限的，由具有相应批准权限的机构批准；原外资企业至少有一家是股份有限公司的，由经贸部批准；原外资企业分立的，由原外资企业批准机构批准。[5]

第二，合并申请。在吸收合并的情形下，原外资企业中吸收者为申请人；在新设合并的情形下，原外资企业协商确定的一家为申请人。上述申请人向批准机构[6]报送下列文件申请：① 申请书和合并协议；[7]② 合并决议；③ 原外资企业企业合同和章程；④ 原批准证书和企业法人营业执照；⑤ 验资报告；⑥ 资产负债表和财产清单；⑦ 上一年度审计报告；⑧ 债权人名单；⑨ 后外资企业企业合同和章程；⑩ 后外资企业权力机构成员名单；⑪ 批准机构要求报送的其他文件。如果外商投资企业合并中国内资企业的，应额外报送中国内资企业已设立企业[8]的营业执照。[9]

在报送上述文件前，因合并解散的原外资企业，应向原外资企业批准机构申请解散；自接到上述解散申请之日起15日内，原外资企业批准机构应批复是否同意解散；超过15日

1 参见前文§9.1.2.3。
2 具体参见上文§§6.2.2.1和6.2.6。
3 参见前文§§9.1.1.1—2。
4 参见核准管理办法第18条，前文§9.1.2.1。
5 参见2001年规定第7条。
6 参见前文§9.1.4.6（“第一”）。
7 参见2001年规定第21条。
8 参见2001年规定第19条。
9 参见2001年规定第20条。

仍未批复的，视为原外资企业批准机构同意解散；如果原外资企业批准机构批复不同意解散的，原外资企业，可将解散申请提交原外资企业批准机构与上述合并申请批准机构共同的上一级批准机构；自接到解散申请之日起30日内，该级批准机构应做出裁决；如果裁决不同意或不批准合并的，则不同意解散之批复自行失效。[1]从逻辑的角度看，这里的批复或者裁决，应该是上述批准机构要求报送的其他文件之一。

第三，分立申请。原外资企业应向批准机构[2]报送下列文件申请：① 申请书；② 分立决议；③ 后外资企业分立协议；[3]④ 原外资企业企业合同和章程；⑤ 批准证书和企业法人营业执照；⑥ 验资报告；⑦ 资产负债表和财产清单；⑧ 债权人名单；⑨ 后外资企业企业合同和章程；⑩ 后外资企业权力机构成员名单；⑪ 批准机构要求报送的其他文件。尚且需要在异地设立外商投资企业的，原外资企业须向批准机构报送上述异地批准机构的意见。[4]从逻辑的角度看，这里的意见，应该是上述批准机构要求报送的其他文件之一。

第四，初步批复。就上述申请，自接到申请文件之日起45日内，批准机构应以书面形式初步批复是否同意合并或分立；在具有行业垄断趋势进而妨碍公平竞争或者就某种特定商品或服务可能形成市场控制地位进而妨碍公平竞争的前提下，如果批准机构正好是经贸部，则可就上述情节将批准期限延长至180天。[5]此乃反垄断审查。[6]

第五，批准决定。初步批复同意合并或者分立的，自批复之日起10日内，原外资企业应向债权人发出通知，并于30日内在发行全国的省级以上报纸上至少公告3次；上述通知和公告[7]应说明债权债务承继方案。或者债权人自接到上述通知之日起30日内，或者未接到通知的债权人自第一次公告之日起90日内，有权要求修改债权债务承继方案，或者要求清偿债务或提供担保；债权人未在上述期限内行使权利，视为债权人同意债权债务承继方案，债权人其他主张不影响合并或分立。自第一次公告之日起90日后，[8]债权人无异议的，申请

1 参见2001年规定第22条和1999年规定第20条。

2 参见前文§ 9.1.4.6（“第一”）。

3 参见后文§ 9.1.4.7（“第五”）。

4 参见2001年规定第23条。

5 参见2001年规定第26条。

6 参见后文§ 9.4。

7 参见2003年3月14日对外贸易经济合作部外经贸法函〔2003〕15号外商投资企业合并、分立、减少注册资本公告及通知范本。

8 从逻辑的角度看，如果没有公告，相应期限应为自通知之日起30日后。

人应向批准机构[1]提交下列文件申请：① 三次报纸公告之证明；② 通知债权人之证明；③ 有关债权债务处理情况之说明；④ 批准机构要求提交的其他文件。自接到上述文件之日起30日内，批准机构应批准或者否决合并或分立。[2]

第六，批准证书。在吸收合并的情形下，原外资企业中吸收者，应向原外资企业批准机构变更批准证书；原外资企业中被吸收者，应向原外资企业批准机构缴销批准证书。在新设合并的情形下，原外资企业，应向原外资企业批准机构缴销批准证书；后外资企业，应从经贸部等批准机构获取批准证书。在存续分立的情形下，原外资企业中存续者，应向原外资企业批准机构变更批准证书；后外资企业，应从经贸部等批准机构获取批准证书。在消灭分立的情形下，原外资企业，应向原外资企业批准机构缴销批准证书；后外资企业，应从经贸部等批准机构获取批准证书。原外资企业合并中国内资企业的，原外资企业，应向原外资企业批准机构变更批准证书。上述事宜，应自批准合并或者分立之日起30日内为之。[3]

(7) 工商登记

外商投资企业合并或者分立得经工商登记程序。在吸收合并的情形下，原外资企业中吸收者，应凭原外资企业批准机构变更批准证书变更工商登记；原外资企业中被吸收者，应向原外资企业批准机构缴销批准证书后注销工商登记。在新设合并的情形下，原外资企业，应向原外资企业批准机构缴销批准证书后注销工商登记；后外资企业，应凭经贸部等批准机构批准证书为设立登记。在存续分立的情形下，原外资企业中存续者，应凭原外资企业批准机构变更批准证书变更工商登记；后外资企业，应凭经贸部等批准机构批准证书为设立登记。在消灭分立的情形下，原外资企业，应向原外资企业批准机构缴销批准证书后注销工商登记；后外资企业，应凭经贸部等批准机构批准证书为设立登记。原外资企业合并中国内资企业的，原外资企业，应凭原外资企业批准机构变更批准证书变更工商登记。[4]上述工商登记皆可从2005年公司登记管理条例进行，[5]但相应操作并不简单。

第一，2005年公司登记管理条例仅设第39条（登记条例39条）规定：“因合并、分立

1 参见前文§9.1.4.6（“第一”）。

2 参见2001年规定第27—30条。

3 参见2001年规定第31—32条。

4 参见2001年规定第31条。

5 参见2001年规定第33条。

而存续的公司，其登记事项发生变化的，应当申请变更登记；因合并、分立而解散的公司，应当申请注销登记；因合并、分立而新设立的公司，应当申请设立登记。”“公司合并、分立的，应当自公告之日起45日后申请登记，提交合并协议和合并、分立决议或者决定以及公司在报纸上登载公司合并、分立公告的有关证明和债务清偿或者债务担保情况的说明。法律、行政法规或者国务院决定规定公司合并、分立必须报经批准的，还应当提交有关批准文件。”从逻辑的角度看，登记条例39条指明登记期限，[1]登记条例39条罗列额外[2]申请文件（额外文件）。登记条例39条，特别是，额外文件之说，除非另有明确，[3]操作相当艰难。

第二，设立登记。后外资企业设立登记，即通常情形下外商投资企业设立登记，[4]也即通常情形下公司设立登记。[5]额外文件究竟为何？因合并设立后外资企业情形下，浙江规程第5条将额外文件明确为：① 合并决议；② 合并协议；③ 报纸公告之证明；④ 债务清偿或者债务担保情况说明；⑤ 原外资企业注销登记证明；[6]⑥ 批准证书。因分立设立后外资企业情形下，浙江规程第8条将额外文件明确为：① 分立决议；② 报纸公告证明；③ 债务清偿或者债务担保情况说明；④ 原外资企业变更或者注销登记证明；[7]⑤ 批准证书。浙江规程之意见，可以操作，也算合理。

第三，变更登记。原外资企业变更登记，即通常情形下外商投资企业变更登记，[8]也即通常情形下公司变更登记。[9]额外文件究竟为何？因合并变更原外资企业情形下，浙江规程第4条将额外文件明确为：① 合并决议；② 合并协议；③ 报纸公告证明；④ 债务清偿或者债务担保情况说明；⑤ 原外资企业注销登记证明；[10]⑥ 批准证书。因分立变更原外资企业情形下，浙江规程第7条将额外文件明确为：① 分立决议；② 报纸公告证明；③ 债务清偿或者债务担保情况说明；④ 批准证书。浙江规程之意见，可以操作，也相当合理。

---

1 这类期限，并不适用于此处的工商登记。参见前文 § 9.1.4.6（“第五”）。

2 参见上文 §§ 1.3.8.4、1.4.1.7 和 1.4.8.4。

3 比如，浙江规程。

4 参见前文 § 9.1.2.3。

5 参见上文 § 1.3.8.4。

6 参见前文 § 9.1.4.6（“第二”）。

7 但见浙江规程第 5 条第 1 款第 15 项。

8 参见前文 § 9.1.3.5。

9 参见上文 § 1.4.1.7。

10 参见前文 § 9.1.4.6（“第二”）。

第四，注销登记。原外资企业注销登记，即通常情形下公司注销登记。[1]额外文件究竟为何？因合并解散原外资企业情形下，浙江规程第6条将额外文件明确为：① 合并决议和解散决议；② 合并协议；③ 报纸公告证明；④ 债务清偿或者债务担保情况说明。从逻辑的角度看，还应包括缴销批准证书之证明。因分立解散原外资企业情形下，浙江规程第9条将额外文件明确为：① 分立决议和解散决议；② 报纸公告证明；③ 债务清偿或者债务担保情况说明。从逻辑的角度看，还应包括缴销批准证书之证明。

通常情形下公司注销登记必备文件之一是清算报告。[2]2001年规定第33条第3款特意明确，合并协议或者分立协议，应载明财产分割方案和债权债务承继方案；合并协议及其批准文件或者分立协议及其批准文件，视为注销登记所需清算报告。

第五，分立协议。经贸部等批准程序必备申请文件之一是后外资企业分立协议。[3]依照2001年规定第24条，后外资企业分立协议应包括下列主要内容：① 后外资企业名称、住所和法定代表人；② 后外资企业的投资总额和注册资本；③ 分立形式；④ 财产分割方案；⑤ 债权债务承继方案；⑥ 职工安置办法；[4]⑦ 违约责任；⑧ 争议解决方式；⑨ 缔约日期和地点；⑩ 需要约定的其他事项。上述协议问题有三：其一，从协议内容来看，上述协议应该是董事会分立决议；[5]其二，就算是协议，经贸部等批准程序批准事项是外商投资企业分立，外商投资企业分立为后外资企业后，后外资企业才能缔结上述协议，上述协议又怎能成为经贸部等批准程序必备文件之一呢？其三，除非虚拟，没有他途；如果如此虚拟，和人为造假也没有多大差别，又何必纳入必备文件呢？上述协议应替换为董事会分立决议。[6]

（8）其他

除上述程序外，外商投资企业合并或者分立，或可面临外汇登记程序[7]。

5. 外商投资企业境内投资

合资企业、合作企业、外资企业、外商投资股份有限公司和外商投资性公司，多为中

1 参见上文§1.4.8.4。

2 参见上文§1.4.8.4。

3 参见前文§9.1.4.6（“第三”）。

4 参见2001年规定第17条第4项。

5 例见浙江规程第7条第1款第3项。

6 类似问题，可以例见浙江规程第4—9条。

7 参见前文§9.1.2.4。

国法律上具有法人资格的外商投资企业。[1]外国投资者将外商投资企业分配利润转投资于中国境内，原为中国政府所愿，[2]投资结果亦是外商投资企业；外商投资企业直接从事境内投资（外商投资企业境内投资），自在情理之中；[3]或者直接投资设立企业，或者收购他人投资，或者收购他人资产。外商投资企业境内投资，可以区别为两种途径：其一，以一般方式为之，或者直接投资设立企业，或者收购他人投资，从关于外商投资企业境内投资的暂行规定；[4]其二，由外商投资性公司为之，从关于外商投资举办投资性公司的规定。[5]

上述两种文件规定了类似的行政管制，[6]此处从略。

6. 重重管制

（1）案例

2002年9月30日，中国内资企业张家港市澳洋高新投资开发有限公司（澳洋高新），联手香港企业香港昌正有限公司，以70%对30%持股比例，合资设立张家港澳洋顺昌金属制品有限公司（顺昌有限）。上述合资项目总投资250万美元，注册资本175万美元。针对上述合资事宜，2002年9月23日，张家港市对外贸易经济合作局，以张外经贸〔2002〕163号关于顺昌有限合同章程的批复，批准顺昌有限合同与章程；江苏省人民政府，以外经贸苏府资字〔2002〕43274号台港澳侨投资企业批准证书，批准合资企业；2002年9月30日，苏州市工商行政管理局核准注册，并颁发企合苏苏总字第012235号企业法人营业执照。

2004年4月9日，顺昌有限董事会决议决定，[7]同意澳洋高新将70%持股全部转让给澳洋集团有限公司。就上述转让事宜，2004年5月10日，张家港市对外贸易经济合作局，以张外经企〔2004〕187号关于顺昌有限投资方股权转让的批复，批准股权转让；顺昌有限据此换领台港澳侨投资企业批准证书；2004年5月12日，顺昌有限完成工商变更，并换领新企业法人营业执照。

---

1 参见前文§9.1.1。

2 例见1988年7月3日国务院令第7号关于鼓励外商投资的规定（第7号）第10条。

3 参见1993年公司法第12条；1995年10月10日国家工商行政管理局工商企字〔1995〕第260号关于外商投资企业成为公司股东或发起人登记管理的若干规定。

4 2000年7月25日对外贸易经济合作部国家工商行政管理局令2000年第6号。

5 2004年11月17日商务部令2004年第22号。

6 参见前文§§9.1.1—4。

7 不同结论，参见前文§9.1.3.3。

2007年2月1日，顺昌有限董事会决议决定，以2006年12月31日为基准日，顺昌有限变更为江苏澳洋顺昌金属材料股份有限公司（澳洋顺昌）。针对此次组织变更，2007年3月21日，商务部以商资批〔2007〕490号关于同意顺昌有限变更为中外合资股份有限公司的批复，批准组织变更；2007年3月22日，商务部颁发商外资资审A字〔2007〕0069号台港澳侨投资企业批准证书；2007年3月30日，苏州市工商行政管理局核准注册，并颁发企股苏苏总字第017303号企业法人营业执照。

2007年7月30日，第四次临时股东大会决议决定，香港昌正有限公司向澳洋顺昌增资60万股。就是次增资，江苏省外经贸厅，以苏外经贸资审字〔2007〕第05394号关于同意澳洋顺昌及修改章程的批复，批准增资和新章程；2007年8月22日，江苏省人民政府颁发商外资资审A字〔2007〕0069号台港澳侨投资企业批准证书；[1]2007年9月20日，苏州市工商行政管理局核准注册，并颁发新企业法人营业执照。[2]

（2）重新审量

凡此程序重重，叠床架屋，不尽繁琐。特别是上述合资企业合同与股权变更，原本就是私法行为。复加如此之多的行政管制，[3]适当与否，得从管制目的重新审量。当年设置管制目的究竟为何，如今无从考证；今日追溯回顾，大概是过去法律政策环境遗留产物。比如，中外合资经营企业法制定当年，我国尚且实行计划经济，而合资企业非属计划经济；需要政府选择并区别管控，以协调两者；对外明确背书，使外商放心；故合资企业法第1条提到“经中国政府批准，在中华人民共和国境内……共同举办合营企业”；合资企业法第2条提到“合营协议……应报中华人民共和国外国投资管理委员会……应在三个月内决定批准或不批准”。再比如，既然赋予外商投资企业诸如税收优惠之类区别待遇，[4]对合资企业加以管制不至于贻害他人自在情理之中。

问题在于：其一，事易时移；计划经济变成了市场经济；税收优惠变成内外税收统一。[5]如若没有其他设置管制理由，上述设置管制的理由又不复存在，则相应管制自应取消。其二，赋予外商投资企业区别待遇，为此复加行政管制于合资企业合同或者股权变更等私法

1 参见2007年2月27日商务部公告2007年第11号关于委托审批部分外商投资企业变更事项。

2 参见江苏澳洋顺昌金属材料股份有限公司招股说明书。

3 更有甚者，可以例见前文§9.1.4.6。

4 例见第7号。

5 参见2007年企业所得税法。

事务；如果上述区别待遇不复存在，则上述管制也就成了限制外商的不正当竞争措施了；中国政府若不取消，外商也会从救济之途要求取消。比如，1995年10月10日，国家工商行政管理总局，曾以工商企字〔1995〕第260号颁布关于外商投资企业成为公司股东或发起人登记管理的若干规定；出于中国加入世界贸易组织考虑，国家工商行政管理总局于2001年行文废止。[1]其三，保留上述管制，则意味着政府得审查企业合同或者股权转让协议。以股权转让协议为例，一方面，如果申请人以此类协议上批准程序，费时费力，还不见得过关，因为草拟审核股权转让协议为律师所长和职业所系，但不是政府雇员所长或者职业所求；另一方面，出于顺畅过关考虑，申请人通常使用简化版股权转让协议。[2]管制施行实效如何，可以想象。

凡此种种，现在不仅仅是下放外商投资企业设立审批权限[3]的时候，更是重新审量行政管制的时候了。

（3）公司法

依照合资企业法，合资企业法定组织形式是有限责任公司；依照合作企业法，合作企业可采组织形式是有限责任公司；依照2000年外资企业法，外资企业可采组织形式也是有限责任公司。[4]从1993年公司法立法安排，[5]合资企业法、合作企业法和2000年外资企业法实乃特别公司法；2005年公司法，仍然接受上述安排。[6]历经二三十年的磨合砥砺，如果上述管制理由不复存在，特别是内外资企业两套所得税税收体系不复存在，[7]清楚明晰的抉择应该是，将合资企业法、合作企业法和2000年外资企业法就地废止，中外投资者统一适用2005年公司法。[8]

1 参见2001年10月23日国家工商行政管理总局令第1号废止企业商标管理若干规定等3件规章和7件规范性文件。

2 参见前文§9.1.3.6。

3 参见后文§9.2.2.2。

4 参见前文§9.1.1.4。

5 参见1993年公司法第18条。

6 参见前文§1.5.4。

7 参见前文§9.1.6.2。

8 实际上，1995年股份公司暂行规定已经朝此方向迈步，只不过向前迈出一小步，又后退两大步。参见前文§9.1.1.4和§9.1.6.1。

§9.2 有关外国投资者收购境内企业的管制

1. 概述

(1) 收购

中国境内外商投资企业，包括合资企业、合作企业、外资企业、外商投资股份有限公司和外商投资性公司；中国境内外商投资企业之外的企业，为非外商投资企业；非外商投资企业，尤其包括有限责任公司和股份有限公司（境内公司）。外国投资者收购境内公司股权，并使境内公司变更为外商投资企业的，为外国投资者收购境内企业；外国投资者向境内公司增资，并使境内公司变更为外商投资企业的，为外国投资者收购境内企业；外国投资者设立外商投资企业，并由上述外商投资企业收购境内非外商投资企业资产且运营者，为外国投资者收购境内企业；外国投资者收购境内非外商投资企业资产，并以上述资产设立外商投资企业且运营者，为外国投资者收购境内企业。[1]上述情形即为收购股权和收购资产。

(2) 规章

出于管制外国投资者收购境内企业目的，2003年3月7日，对外贸易经济合作部、国家税务总局、国家工商行政管理总局和国家外汇管理局，以2003年第3号令颁布外国投资者并购境内企业暂行规定（并购内资暂行规定）；[2]2006年8月8日，商务部、国务院国有资产监督管理委员会、国家税务总局、国家工商行政管理总局、中国证券监督管理委员会和国家外汇管理局，以2006年第10号令颁布关于外国投资者并购境内企业的规定（并购内资规定）。[3]并购内资规定系大幅修订并购内资暂行规定的修订版。

依照并购内资规定第2条，收购股权之股权，仅限境内公司股权；增资之资本，仅限境内公司资本。相反，依照并购内资规定第2条，外商投资企业收购之资产，扩及境内非外商投资企业资产；外国投资者收购之资产，扩及境内非外商投资企业资产。[4]

---

1 参见并购内资规定第2条。

2 参见2003年3月7日对外贸易经济合作部国家税务总局国家工商行政管理总局国家外汇管理局令2003年第3号外国投资者并购境内企业暂行规定（并购内资暂行规定）第1—2条。

3 参见并购内资规定第1—2条。

4 并购内资暂行规定的态度是一样的。参见并购内资暂行规定第2条。

（3）管制

外国投资者收购境内企业的结果，或者境内企业变更为外商投资企业，或者设立外商投资企业运营境内非外商投资企业资产（收购后外商投资企业）。[1]故收购后外商投资企业得面对通常情况下管制外商投资企业的措施。[2]此外，经由经贸部等批准，中国自然人股东可以留作收购后外商投资企业中方投资者。[3]

（4）适用

外商投资性公司收购[4]境内企业的，适用并购内资规定；外商投资企业股权变更，如果股权变更若干规定没有规定的，[5]准用并购内资规定；外商投资企业合并或收购境内企业，相关规章没有规定的，[6]准用并购内资规定；外国投资者收购[7]境内有限责任公司并将其变更为股份有限公司，或者收购[8]股份有限公司，股份公司暂行规定没有规定的，适用并购内资规定。[9]

2. 行政许可程序

（1）批准机构

历经发改委等核准程序[10]后，外国投资者收购境内企业，尚得通过经贸部等批准程序。依照并购内资规定第10条，相应批准机构，为商务部或者省级商务部门（省级批准机构）；收购后外商投资企业，如属应由商务部批准特定类型或行业的外商投资企业的，省级批准机构应将申请文件转报商务部批准。

（2）批准权限

以合资企业设立为例，经贸部有权批准合资企业设立；[11]从逻辑推断，国务院自然有权

1 参见前文§ 9.2.1.1。

2 参见并购内资规定第3—4、6—8、9—10、12、16条和第19—20条；例见前文§§ 9.1.3.4、9.1.4.2、9.1.3.2和9.1.4.4。

3 参见并购内资规定第57条。

4 参见前文§ 9.2.1.1。

5 参见前文§ 9.1.3。

6 参见前文§§ 9.1.4.2和9.1.5。

7 参见前文§ 9.2.1.1。

8 参见前文§ 9.2.1.1。

9 参见并购内资规定第55条。

10 参见核准管理办法第2条；前文§ 9.1.2.1。

11 参见合资企业法实施条例第6条第1款。

批准。如若国务院授权，省级政府可以批准；国务院有关部门，亦同。[1]在下列情形下，国务院可以做出上述授权：其一，项目投资总额在投资审批限额内，中国投资者资金已经落实的；其二，投资项目不需要国家增拨原材料，不影响燃料、动力、交通运输和外贸出口配额等方面的全国平衡的。[2]上述权界时限为2001年；上述投资审批限额，1988年国务院规定为1 000万美元以下；[3]1996年国务院规定为3 000万美元以下。[4]

第一，委托他人行使审批权。2005年12月9日，商务部委托省级行政区划、计划单列市和新疆生产建设兵团商务部门与国家级经济技术开发区管委会，批准部分外商投资商业企业设立或者变更；[5]2006年1月22日，商务部再度委托上述受托机构，批准外商投资印刷企业设立或者变更、[6]外商投资道路运输企业设立或者变更、[7]外商投资无船承运企业设立或者变更、[8]外商投资建设工程设计企业设立或者变更[9]和外商投资建筑业企业设立或者变更；[10]2006年2月6日，商务部再度委托国家级经济技术开发区、厦门海沧台商投资区、上海或者金桥出口加工区、海南洋浦经济开发区、宁波大榭开发区和苏州工业园区管委会，批准部分外商投资商业企业设立或者变更，批准国际货物运输代理企业设立或者变更。[11]2007年2月12日，商务部将上述2005—2006年曾委托他人批准权限，如数委托各个经济技术开发区管委会。[12]2007年2月27日，商务部委托省级商务部门，批准上市公司之外已批准外商投资股份

1 参见合资企业法实施条例第6条第2款。

2 参见合资企业法实施条例第6条第2款。

3 参见1988年7月3日国务院关于扩大内地省、自治区计划单列市和国务院有关部门吸收外商投资审批权限的通知。

4 参见1996年8月22日国务院国发〔1996〕34号关于扩大内地省、自治区、计划单列市和国务院有关部门等单位吸收外商直接投资项目审批权限的通知。

5 参见2005年12月9日商务部商资函〔2005〕94号关于委托地方部门审核外商投资商业企业的通知。

6 参见2006年1月22日商务部商资函〔2005〕91号关于委托省级商务主管部门审核管理外商投资印刷企业的通知。

7 参见2006年1月22日商务部商资函〔2005〕93号关于委托省级商务主管部门审核管理部分外商投资道路运输企业的通知。

8 2006年1月22日商务部商资函〔2005〕89号关于委托省级商务主管部门审核管理外商投资无船承运企业的通知。

9 参见2006年1月22日商务部商资函〔2005〕92号关于委托省级商务主管部门审核管理外商投资建设工程设计企业的通知。

10 参见2006年1月22日商务部商资函〔2005〕90号关于委托省级商务主管部门审核管理外商投资建筑业企业的通知。

11 参见2006年2月9日商务部商资函〔2005〕102号关于委托国家级经济技术开发区审批外商投资商业企业和国际货物运输代理企业有关问题的通知。

12 例见2007年2月12日商务部商资函〔2007〕7号关于委托宁波经济技术开发区审核管理部分服务贸易领域外商投资企业有关工作的通知。

有限公司非为上市原因进行的变更事项。[1]

第二，2008年下放审批权。2008年8月5日，商务部向省级商务部门下放下述批准权限：其一，商务部或者经贸部已批准的外商投资企业增资，而新增投资总额或者新增注册资本额在发改委核准限额[2]以下的；其二，上述限额以下外商投资股份有限公司设立或者变更。就外商投资设置专项规定的行业、享有特定产业政策行业和宏观调控行业为例外；外国投资者向上市公司进行战略投资者[3]为例外。[4] 2008年9月12日，商务部下放下述批准权限给省级商务部门、计划单列市商务部门、新疆生产建设兵团商务部门和国家级经济技术开发区管委会：外商投资商业企业设立或者变更。不过，通过电视、电话、邮购、互联网、自动售货机等无店铺方式销售的企业为例外；从事音像制品批发和图书、报纸或者期刊销售的企业为例外。[5]

第三，2009年下放审批权。2009年3月5日，商务部再度下放批准权限：其一，商务部审核权限内鼓励类且不需要国家综合平衡的外商投资企业[6]设立、增资和合同或者章程及其变更，均由省、自治区、直辖市、计划单列市、新疆生产建设兵团和副省级城市[7]商务部门批准；其二，国家级经济技术开发区管委会，亦同；其三，外国投资者收购境内企业，凡在发改委核准限额[8]以下的，由省级以下地方商务部门批准；其四，就外商投资设置专项规定的行业、享有特定产业政策行业和宏观调控行业为例外；外国投资者向上市公司进行战略投资者[9]为例外；其五，商务部此前下放至省级商务部门的权限，[10]副省级城市商务部门即刻享有。[11]

2009年3月5日，商务部再度下放批准权限：其一，资本总额1亿美元以下外商投资创

1 参见2007年2月27日商务部公告〔2007〕11号关于委托审批部分外商投资企业变更事项。

2 参见前文§9.1.2.1。

3 参见后文§9.3.2。

4 参见2008年8月5日商务部商资函〔2008〕50号关于下放外商投资股份公司、企业变更、审批事项的通知。

5 2008年9月12日商务部商资函〔2008〕51号关于下放外商投资商业企业审批事项的通知。

6 包括股份有限公司。参见2009年3月5日商务部商资函〔2009〕7号关于进一步改进外商投资审批工作的通知。

7 包括哈尔滨、长春、沈阳、济南、南京、杭州、广州、武汉、成都和西安。参见2009年3月5日商务部商资函〔2009〕7号关于进一步改进外商投资审批工作的通知。

8 参见前文§9.1.2.1。

9 参见后文§9.3.2。

10 参见前文§9.2.2.2（“第二”）。

11 参见2009年3月5日商务部商资函〔2009〕7号关于进一步改进外商投资审批工作的通知。

业投资企业[1]或者外商投资创业投资管理企业[2]设立或者变更，均由省、自治区、直辖市、计划单列市、新疆生产建设兵团和副省级城市[3]商务部门批准；其二，国家级经济技术开发区管委会，亦同；其三，商务部已批准设立的外商投资创业投资企业或者外商投资创业投资管理企业变更，由省级商务部门和国家级经济技术开发区管委会批准，外商投资创业投资企业单次增资超过1亿美元或者必备投资者[4]变更则例外。[5]

2009年3月6日，商务部再度下放批准权限：其一，资本总额1亿美元以下外商投资性公司设立或者变更，均由省、自治区、直辖市、计划单列市、新疆生产建设兵团和副省级城市[6]商务部门批准，单次增资超过1亿美元者则例外；其二，商务部已批准设立外商投资性公司变更，由省级商务部门批准，外商投资公司单次增资超过1亿美元者或者投资者变更为例外。[7]

（3）收购股权

依照并购内资规定第21条，投资者向审批机构[8]报送下列申请文件申请：① 目标公司有限责任公司股东一致同意决议或者目标公司股份有限公司股东大会同意决议；② 外商投资企业设立申请书；③ 外商投资企业合同和章程；④ 股权转让协议或者增资协议；⑤ 目标公司上一财务年度的财务审计报告；⑥ 经公证和依法认证的投资者的身份证明或注册登记证明以及资信证明文件；⑦ 目标公司投资企业情况说明；⑧ 目标公司及其投资企业营业执照；⑨ 目标公司职工安置计划；⑩ 并购内资规定[9]要求的其他文件。收购后外商投资企业经营范围、经营规模和土地使用权等牵涉相关行政许可的，有关行政许可文件应一并报送。

就并购内资规定第21条有限责任公司股东一致同意决议之提法，尚得解释如下：其一，如系股权转让，2005年公司法要求其他股东过半数同意；[10]如系增资，2005年公司法要求特别

---

1 参见2003年1月30日对外贸易经济合作部科学技术部国家工商行政管理总局国家税务总局和外汇管理局令2003年第2号外商投资创业投资企业管理规定（投资创业规定）第2条。

2 参见投资创业规定第23和27条。

3 包括哈尔滨、长春、沈阳、济南、南京、杭州、广州、武汉、成都和西安。参见2009年3月5日商务部商资函〔2009〕9号关于外商投资创业投资企业、创业投资管理企业审批事项的通知。

4 参见投资创业规定第7条。

5 参见2009年3月5日商务部商资函〔2009〕9号关于外商投资创业投资企业、创业投资管理企业审批事项的通知。

6 包括哈尔滨、长春、沈阳、济南、南京、杭州、广州、武汉、成都和西安。参见2009年3月6日商务部商资函〔2009〕8号关于下放外商投资举办投资性公司审批权限的通知。

7 参见2009年3月6日商务部商资函〔2009〕8号关于下放外商投资举办投资性公司审批权限的通知。

8 参见前文§§ 9.2.2.1—2。

9 例见并购内资规定第13—15条。

10 参见上文§ 7.4.5.2。

决议。[1]其二，如系股权转让，2005年公司法规定其他股东优先购买权；[2]如系增资，2005年公司法规定其他股东优先认购权。[3]故上述提法于法无据。并购内资规定第21条股份有限公司股东大会同意决议之提法，也类似。[4]

依照并购内资规定第22条，股权转让协议或者增资协议应约定适用中国法律；相应协议应包括以下主要内容：① 协议各方的状况，包括名称（姓名），住所和法定代表人姓名、职务与国籍等；② 转让股权或认购增资份额和价款；③ 协议履行期限和履行方式；④ 协议各方权利和义务；⑤ 违约责任和争议解决；⑥ 协议签署时间和地点。

（4）收购资产

依照并购内资规定第23条，投资者向审批机构[5]报送下列申请文件申请：① 目标公司持有人或权力机构同意出售资产的决议；[6]② 外商投资企业设立申请书；③ 外商投资企业合同和章程；④ 资产收购协议；⑤ 目标公司章程和营业执照；⑥ 目标公司通知公告债权人之证明和债权人异议情况说明；⑦ 经公证和依法认证的投资者身份证明或开业证明和有关资信证明文件；⑧ 目标公司职工安置计划；⑨ 并购内资规定[7]要求的其他文件。收购资产牵涉相关行政许可的，有关行政许可文件应一并报送。

依照并购内资规定第24条，资产收购协议应约定适用中国法律；相应协议应包括以下主要内容：① 协议各方的状况，包括名称（姓名）、住所与法定代表人姓名、职务与国籍等；② 收购资产清单和价格；③ 协议履行期限和履行方式；④ 协议各方权利和义务；⑤ 违约责任和争议解决；⑥ 协议签署时间和地点。

（5）收购批准

除非另有例外，[8]自收到上述申请文件之日起30日内，批准机构应批准或者否决；如果批准，批准机构颁发外商投资企业批准证书。[9]

---

1 参见上文§§ 6.2.2.1和6.2.6。
2 参见上文§ 7.4.5。
3 参见2005年公司法第35条。
4 参见上文§§ 6.2.2.1和6.2.6；2005年公司法第134条。
5 参见前文§§ 9.2.2.1—2。
6 从逻辑上看，是目标公司同意。
7 例见并购内资规定第13—15条。
8 参见后文§ 9.2.3.3。
9 参见并购内资规定第25条第1款。

在外国投资者实际控制目标公司的前提下，或者收购涉及重点行业，或者收购影响或可能影响国家经济安全，或者目标公司拥有驰名商标或为中华老字号的，当事人应就此向商务部申报；当事人未予申报，而收购影响或可能影响国家经济安全的，商务部可以要求当事人采取措施消除影响。[1]

(6) 工商登记

依照并购内资规定第26条，在收购资产情形下，自收到批准证书之日起30日内，外国投资者应为设立登记，领取外商投资企业法人营业执照；在收购股权情形下，目标公司应向原工商行政管理局为变更登记，领取外商投资企业法人营业执照；原工商行政管理局没有登记管辖权的，自收到申请文件之日起10日内，转送有管辖权的工商行政管理局办理，同时附送目标公司登记档案；变更登记申请文件包括：① 变更登记申请书；② 股权转让协议或者增资协议；③ 外商投资企业合同和章程；④ 外商投资企业批准证书；⑤ 外国投资者主体资格证明或者自然人身份证明；⑥ 董事会名单、有关新增董事姓名和住所的文件与有关新增董事的任职文件；⑦ 国家工商行政管理总局规定的其他有关文件和证件。

依照并购内资规定第10条，相应工商行政管理局，为国家工商行政管理总局或受其授权的地方工商行政管理局。

(7) 其他

除上述程序外，外国投资者收购境内企业，还应遵循外汇登记程序。[2]

3. 收购对价

(1) 定价

收购当事人，应以资产评估机构评估结果为据确定交易价格；收购当事人尚可约定，由中国境内依法设立的机构充任资产评估机构；相应资产评估，应采用国际通行评估方法。收购当事人，不得以明显低于评估结果的价格施行收购，以此变相向境外转移资本。收购导致以国有资产投资形成的股权变更或国有资产产权转移的，相应收购应从有关国有资产管理的规定[3]执行。[4]

1 参见并购内资规定第12条。
2 参见前文§9.1.2.4。
3 参见后文§9.3.4。
4 参见并购内资规定第14条。

（2）支付

外国投资者收购境内公司股权的，自外商投资企业法人营业执照颁发之日起3个月内，外国投资者应为全额支付；特殊情况需要延长者，经审批机关批准后，自外商投资企业法人营业执照颁发之日起6个月内，为60%以上支付；自外商投资企业法人营业执照颁发之日起1年内，为全额支付；[1]外国投资者向境内公司增资的，从外商投资企业出资的有关规定。[2]

外国投资者设立外商投资企业收购境内非外商投资企业资产且运营的，外商投资企业出资从外商投资企业出资的有关规定；[3]收购资产之支付，从上述外国投资者收购境内公司股权支付的规定。[4]外国投资者收购境内非外商投资企业资产设立外商投资企业且运营，如果外国投资者出资比例低于25%并且以现金出资的，自外商投资企业法人营业执照颁发之日起3个月内缴清；外国投资者以实物或者工业产权等出资的，自外商投资企业营业执照颁发之日起6个月内缴清。[5]

（3）股权对股权

在收购股权情形下，对价可以是股权，[6]即股权对股权式收购。[7]作为对价的股权直接所属境外公司应符合：① 境外公司系合法设立；② 境外公司注册地具有完善的公司法律制度；③ 境外公司或者管理层最近3年内未受监管机构处罚；④ 境外公司为上市公司且上市国或区具有完善的证券交易制度。[8]作为对价的股权本身应符合：① 股权系合法持有并可以依法转让；② 无所有权争议且没有设定质押或者其他任何权利限制；③ 股权在境外公开合法非柜台交易市场的证券交易市场挂牌交易；④ 股权最近一年交易价格稳定。[9]

股权对股权式收购的特别程序如下：

其一，临时批准。股权对股权式收购直接由商务部批准。投资者境内公司应额外[10]报送以下文件：境内公司最近一年股权变动和重大资产变动情况说明；收购顾问报告；境内外

1 参见并购内资规定第16条第1款。
2 参见并购内资规定第16条第2款，具体见前文§9.1.2.3（“其三”）。
3 参见并购内资规定第16条第3款，具体见前文§9.1.2.3（“其三”）。
4 参见并购内资规定第16条第3款。
5 参见并购内资规定第16条第4款。
6 参见并购内资规定第17条。
7 参见并购内资规定第27条。
8 参见并购内资规定第28条。
9 参见并购内资规定第29条。
10 参见前文§9.2.2.3。

公司及股东开业证明或身份证明文件；境外公司股东持股情况说明和持有境外公司5%以上股权股东名录；境外公司章程和对外担保情况说明；境外公司最近年度经审计财务报告和最近半年股票交易情况报告。[1]自收到全部文件之日起30日内，商务部应决定批准或者否决；如果批准，颁发外商投资企业批准证书，但在外商投资企业批准证书上加注“外国投资者以股权并购境内公司，自营业执照颁发之日起6个月内有效”。[2]

其二，临时登记。自收到加注批准证书之日起30日内，向工商行政管理局和外汇管理局申请登记，由工商行政管理局和外汇管理局分别颁发加注“自颁发之日起8个月内有效”外商投资企业法人营业执照和外汇登记证。为工商变更登记之时，应当预先提交意在恢复原股权结构由境内公司法定代表人签署的股权变更申请书、章程修正案和股权转让协议等文件。[3]

其三，正式许可。自外商投资企业法人营业执照颁发之日起6个月内，就持股境外公司事宜，应向商务部申请境外投资核准，并应额外[4]报送加注外商投资企业批准证书和加注外商投资企业法人营业执照；如果商务部核准，颁发中国企业境外投资批准证书，由此换发无加注外商投资企业批准证书。取得无加注外商投资企业批准证书后30日内，应向工商行政管理局和外汇管理局申请换发无加注外商投资企业法人营业执照和外汇登记证。[5]

其四，第36条第1款。并购内资规定第36条第1款规定：“自营业执照颁发之日起6个月内，如果境内外公司没有完成其股权变更手续，则加注的批准证书和中国企业境外投资批准证书自动失效，登记管理机关根据境内公司预先提交的股权变更登记申请文件核准变更登记，使境内公司股权结构恢复到股权并购之前的状态。”此款规定，无从理解。如果换成“自无加注外商投资企业法人营业执照颁发之日起6个月内，如果境外公司股权变更手续仍未完成，则无加注外商投资企业批准证书和中国企业境外投资批准证书自动失效，登记管理机关根据境内公司预先提交的股权变更登记申请文件核准变更登记，使境内公司股权结构恢复到股权并购之前的状态”，逻辑上尚可。

如系以境外公司股权增资境内公司情形的，在工商行政管理局进行上述变更登记前，

1 参见并购内资规定第32条。

2 参见并购内资规定第33条。

3 参见并购内资规定第34条。

4 参见2009年3月16日商务部令2009年第5号境外投资管理办法（外投办法）第12条。

5 参见并购内资规定第35条。

境内公司应从公司法规定[1]施行减资。[2]

4. 特殊目的公司

（1）问题

2006年4月4日，Gaea Sports Holdings Limited（Gaea Holdings）在香港注册。Gaea Holdings向LFDI Nominees Limited（LFDI）发行面额为港币1元的股份1股，代价为港币1元。此等股份几经转让流至陈义红控制的Poseidon Sports Limited（Poseidon）名下。Poseidon系2006年4月24日在开曼群岛注册的投资控股公司，由陈义红、陈义良、刘培英和秦大中注册。以同样方式，Gaea Sports Limited（Gaea Sports）在香港注册。LFDI将Gaea Sports股份转让给Gaea Holdings。Gaea Holdings变更为香港动向体育发展有限公司（香港动向）。与此同时，陈义红和陈义良先生将各自的上海雷德体育用品有限公司（上海雷德）出资，转让给 Gaea Sports；陈义红、陈义良、刘培英和秦大中将各自的上海泰坦体育用品有限公司（上海泰坦）出资，转让给 Gaea Sports。上述出资转让前的持股结构如下：

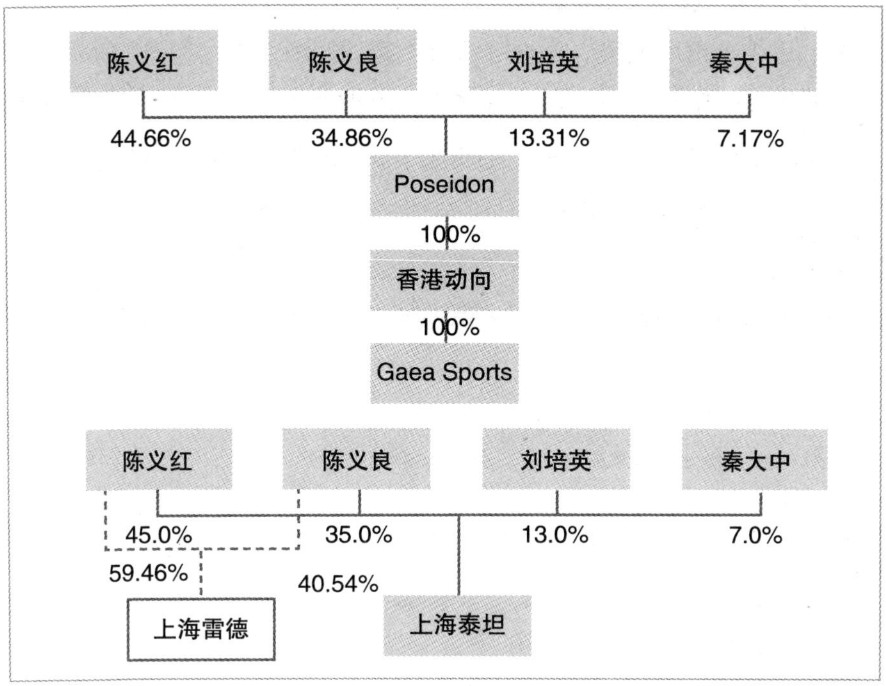

1 参见上文§1.4.2。

2 参见并购内资规定第36条第2款。

上述上海雷德和上海泰坦以具体经营活动为目的；上述香港动向，并不以具体经营活动为目的，以控股为目的。香港动向即特殊目的公司。[1]

上述之类特殊目的公司，可由中国自然人或者中国法人于中国境外设立，此为境外投资；上述之类特殊目的公司，可以以股权为对价，或者增资境内公司，或者收购境内公司股权，此为外国投资者收购境内企业，也即收购股权；上述之类特殊目的公司，可以借助上述收购于境外上市，此为境外上市。[2]本节讨论的就是后类特殊目的公司。

（2）境外投资

历经发改委等境外投资项目核准[3]后，特殊目的公司境外投资环节由商务部核准。境内公司应额外[4]向商务部报送以下申请文件申请：特殊目的公司最终控制人身份证明文件；特殊目的公司境外上市商业计划书；收购顾问有关特殊目的公司境外上市股份发行价格评估报告。相应外汇登记，[5]在获取商务部中国企业境外投资证书后为之。[6]

（3）境外上市

特殊目的公司境外上市环节由中国证监会核准。境外上市国或区应具备完善的法律和监管制度；其证券监管机构已经和中国证监会缔结监管合作谅解备忘录，相互保持有效的监管合作关系。[7]境外上市所据境内公司应符合：产权明晰，不存在产权争议或潜在产权争议；有完整的业务体系和良好的持续经营能力；有健全的公司治理结构和内部管理制度；公司及其主要股东最近3年并无重大违法违规记录。[8]特殊目的公司境外上市股份发行价总值，不得低于境内公司股权评估价值。[9]

（4）收购股权

为特殊目的公司收购股权环节，境内公司应向商务部额外[10]报送以下申请文件申请：设

---

1 参见金勇军：《中国动向（集团）有限公司：红筹上市》（管理案例）。

2 参见并购内资规定第39条第1款。

3 参见2004年10月9日国家发展和改革委员会令第21号境外投资项目核准暂行管理办法。

4 参见外投办法第12条。

5 参见后文§9.2.4.5（“第二”）。

6 参见并购内资规定第42条。

7 参见并购内资规定第40条。

8 参见并购内资规定第41条。

9 参见并购内资规定第43条。

10 参见前文§9.2.3.3（“其一”）。

立特殊目的公司时中国企业境外投资批准证书和文件；[1]特殊目的公司境外投资外汇登记证；[2]特殊目的公司最终控制人身份证明文件或开业证明和章程；特殊目的公司境外上市商业计划书；收购顾问就特殊目的公司境外上市股份发行价格评估报告。如果以特殊目的公司持股股东之境外公司作为境外上市主体，境内公司还应报送以下申请文件：上述境外公司开业证明和章程；特殊目的公司与上述境外公司之间，就境内公司股权，所作的交易安排和折价方法之详细说明。[3]

其一，临时批准。商务部初审同意的，出具原则批复函；境内公司凭借原则批复函向中国证监会报送上市申请文件；中国证监会于20个工作日内决定是否核准。境内公司获得中国证监会核准的，向商务部申领批准证书；商务部颁发加注“境外特殊目的公司持股，自营业执照颁发之日起1年内有效”外商投资企业批准证书。收购导致特殊目的公司股权等事项变更的，特殊目的公司股东，凭加注外商投资企业批准证书，向商务部就特殊目的公司相关变更事项，为境外投资变更核准；境外投资外汇变更登记事宜，[4]亦同。[5]

其二，临时登记。自收到加注外商投资企业批准证书之日起30日内，境内公司应向工商行政管理局和外汇管理局申请登记，由工商行政管理局和外汇管理局分别向其颁发加注“自颁发之日起14个月内有效”外商投资企业法人营业执照和外汇登记证。境内公司向工商行政管理局变更登记时，应当预先提交意在恢复原股权结构的由境内公司法定代表人签署的股权变更申请书、章程修正案和股权转让协议等文件。[6]

其三，正式登记。自完成境外上市之日起30日内，境内公司应向商务部报告境外上市情况和境外上市融资收入（融资收入）调回计划，借此换发无加注外商投资企业批准证书；境内公司应向中国证监会报告境外上市情况并提供相关备案文件。境内公司还应向外汇管理局报送融资收入调回计划，由外汇管理局监督实施。取得无加注外商投资企业批准证书后30日内，境内公司应向工商行政管理局和外汇管理局申请换发无加注外商投资企业法人营业执照和外汇登记证。如果境内公司未在前述期限内向商务部报告，境内公司加注外商投资企业批准证书自动失效，境内公司股权结构恢复到股权收购之前的状态；工商变更登

1 参见前文§9.2.4.2。
2 参见后文§9.2.4.5（“第二”）。
3 参见并购内资规定第44条。
4 参见后文§9.2.4.5（“第三”）。
5 参见并购内资规定第45条。
6 参见并购内资规定第46条。

记从相关规定[1]办理。[2]

其四，融资收入调回。融资收入应按照报送外汇管理局的调回计划，从现行外汇管理规定[3]调回境内使用。融资收入可采取以下方式调回境内：向境内公司提供商业贷款；在境内新设外商投资企业；收购境内企业。从上述情形调回融资收入的，应遵守有关外商投资和外债管理的法律或者行政法规。[4]因为调回融资收入，境内公司或自然人对特殊目的公司的持股增加，或者特殊目的公司净资产增加的，应如实披露并报批，完成后为相应外商投资企业外汇登记和境外投资外汇变更登记。[5]境内公司或者自然人从特殊目的公司获得利润、红利和资本变动所得等外汇收入，应自获得之日起6个月内调回境内。利润或红利可以进入经常项目外汇账户或者结汇。资本变动所得外汇收入，经外汇管理局核准，可进资本项目专用账户或者结汇。[6]

其五，程序回转。自营业执照颁发之日起1年内，境内公司不能取得无加注外商投资企业批准证书，则加注外商投资企业批准证书自动失效；工商变更登记从相关规定[7]办理。[8]

(5) 外汇管制

特殊目的公司，特别是境外投资环节，牵涉外汇管制。上述外汇管制几经变化。其一，1989年境外投资外汇管理办法（外投汇管办法）。[9]外投汇管办法，仅仅管制企业境外投资外汇使用事宜，并不管制个人投资外汇使用事宜。[10]此等管制多有规避空间。其二，2005年关于完善外资并购外汇管理有关问题的通知（11号通知）[11]和2005年关于境内居民个人境外投资登记和外资并购外汇登记有关问题的通知（29号通知）[12]。11号通知系并购内资

---

1 参见前文§9.2.3.3（“其四”）。
2 参见并购内资规定第47条。
3 比如，1996年6月20日中国人民银行发布的结汇、售汇和付汇管理规定和2008年外汇管理条例。
4 参见前文§9.1；2008年外汇管理条例第18条。
5 参见前文§§9.2.3.3和9.2.4.4（“其一——其三”）。
6 参见并购内资规定第48条。
7 参见前文§9.2.3.3（“其四”）。
8 参见并购内资规定第49条。
9 1989年2月5日国务院批准1989年3月6日国家外汇管理局发布（外投汇管办法）。
10 参见外投汇管办法第2条。
11 2005年1月24日国家外汇管理局汇发〔2005〕11号。
12 2005年4月8日国家外汇管理局汇发〔2005〕29号。

暂行规定的配套文件；[1]29号通知将外汇管制推及个人投资外汇使用事宜。[2]11号通知和29号通知决然执行，2005年特殊目的公司境外上市业务几陷停顿，2005年外商投资总额剧烈下滑。[3]其三，2005年关于境内居民通过境外特殊目的公司融资及返程投资外汇管理有关问题的通知[4]（75号通知）。因为上述负面后果，国家外汇管理局发布75号通知，停止执行11号通知和29号通知；[5]并购内资规定颁行后，国家外汇管理局发布2007年版75号通知操作规程（操作规程）。[6]

第一，概念梳理。75号通知下“特殊目的公司”和并购内资规定下“特殊目的公司”相比，前者涵盖较大，除股权融资[7]外，尚有可转换债融资。[8]75号通知下“返程投资”，是指境内居民通过特殊目的公司直接投资境内，包括但不限于：购买或置换境内企业中方股权，在境内设立外商投资企业以及通过外商投资企业购买或协议控制境内资产，协议购买境内资产以及以上述资产投资设立外商投资企业，向境内企业增资。[9]75号通知下“返程投资”范围，远比并购内资规定下“特殊目的公司”境内投资范围大。[10]75号通知下“境内居民法人”，是指在中国境内依法设立的企业事业法人和其他经济组织；75号通知下“境内居民自然人”是指持有居民身份证或护照等身份证件的自然人，或者虽无中国境内身份但因经济利益关系在中国境内习惯性居住的自然人。75号通知下“控制”，是指境内居民通过收购、信托、代持、投票权、回购、可转换债券等方式取得特殊目的公司或境内企业的经营权、收益权或者决策权。[11]

第二，境外投资外汇登记。特殊目的公司设立前，应向住所地外汇管理局[12]报送下列文件申请境外投资外汇登记：① 书面申请，详细说明境内企业基本情况、特殊目的公司股

1 参见11号通知第2条。
2 参见29号通知第1条。
3 See Lutz-Christian Wolff, Mergers and Acquisition in China: Law and Practice 156(2006).
4 2005年10月21日国家外汇管理局汇发〔2005〕75号。
5 参见75号通知第13条。
6 参见2007年5月29日国家外汇管理局综合司汇综发〔2007〕106号关于印发75号通知操作规程的通知。
7 参见前文§9.2.4.1。
8 参见75号通知第1条第1款。
9 参见75号通知第1条第2款。
10 参见前文§9.2.4.1。
11 参见75号通知第1条第3—4款。
12 具体机构，参见操作规程。下同。

权结构和境外融资安排；② 境内居民法人境内登记注册文件，境内居民自然人身份证明；③ 境外融资商业计划书；④ 境内居民法人外汇资金或者资产来源核准批复[1]和中国企业境外投资证书；[2]⑤ 境内居民法人填写的境外投资外汇登记证，境内居民自然人填写的境内居民个人境外投资外汇登记表；⑥ 其他真实性证明材料。上述材料审核无误后，外汇管理局，应在境外投资外汇登记证或境内居民个人境外投资外汇登记表上，加盖资本项目外汇业务专用章，以此方式予以核准。控制境外特殊目的公司者，亦同。[3]

第三，境外投资外汇变更登记。或者境内居民将境内企业资产或股权注入特殊目的公司的，或者特殊目的公司接纳上述资产或股权后于境外上市融资的，应向住所地外汇管理局报送下列文件申请境外投资外汇变更登记：① 书面申请，详细说明境内企业和特殊目的公司股东与股权变更过程、境内企业和特殊目的公司资产或股权的定价方式；② 境内居民法人填写的境外投资外汇登记证，境内居民自然人填写的境内居民个人境外投资外汇登记表；③ 外商投资主管部门核准返程投资文件[4]或者备案文件；[5]④ 国有资产管理部门对境内企业资产或股权价值的确认文件；[6]⑤ 特殊目的公司境外注册、登记和营业执照等证明文件；⑥ 其他真实性证明材料。上述材料审核无误后，外汇管理局，应在境外投资外汇登记证或境内居民个人境外投资外汇登记表上，加盖资本项目外汇业务专用章，以此方式予以核准。[7]

特殊目的公司发生诸如重组购并之类的变化，但不涉及返程投资者，相应境外投资外汇变更登记，亦同。[8]

5. 反垄断审查

并购内资规定第5章规定反垄断审查。对此，应另行讨论。[9]

1 参见2005年6月2日国家外汇管理局汇发〔2005〕38号关于印发国家外汇管理局行政许可项目表的通知。

2 参见外投办法第5条。

3 参见75号通知第2条。

4 例见前文§9.2.4.4（“其一”）。

5 参见操作规程。

6 此为可选文件。例见2003年12月31日国务院国有资产监督管理委员会财政部令第3号企业国有产权转让管理暂行办法第13条第1款。

7 参见75号通知第3条。

8 参见75号通知第7条。

9 参见后文§9.4。

6. 反规避

（1）并购内资规定第9条第3款

并购内资规定第9条第3款规定："境内公司、企业或自然人以其在境外合法设立或控制的公司名义并购与其有关联关系的境内公司，所设立的外商投资企业不享受外商投资企业待遇，但该境外公司认购境内公司增资，或者该境外公司向并购后所设企业增资，增资额占所设企业注册资本比例达到25%以上的除外。根据该款所述方式设立的外商投资企业，其实际控制人以外的外国投资者在企业注册资本中的出资比例高于25%的，享受外商投资企业待遇。"以上述香港动向为例，香港动向系境内自然人陈义红控制的企业；上述上海雷德和上海泰坦也是陈义红控制的企业；香港动向100%收购上海雷德和上海泰坦股权；仅仅从逻辑上看，上海雷德和上海泰坦不得享受外商投资企业待遇，也不存在并购内资规定第9条第3款规定的例外。设置并购内资规定第9条第3款理由是反规避。[1]

（2）并购内资规定第11条第1款

并购内资规定第11条第1款规定："境内公司、企业或自然人以其在境外合法设立或控制的公司名义并购与其有关联关系的境内的公司，应报商务部审批。"此系提升行政管制级别，比如，仅仅从逻辑上看，上述香港动向100%收购上海雷德和上海泰坦股权，应由商务部审批。[2]同条第2款规定："当事人不得以外商投资企业境内投资或其他方式规避前述要求。"此即言明反规避宗旨。假设，上述香港动向事先在北京设立全资公司北京动向，再由北京动向100%收购上海雷德和上海泰坦股权，此即规避并购内资规定第11条第1款之途，为并购内资规定第11条第2款禁止；至于其他方式规避，包括可变利益实体（Variable Interest Entity）（VIE）。[3]

（3）红筹之困

商务部可以为特殊目的公司收购股权环节出具原则批复函；境内公司凭借原则批复函向中国证监会报送上市申请文件；中国证监会于20个工作日内决定是否核准。境内公司获得中国证监会核准的，向商务部申领批准证书。商务部颁发加注"境外特殊目的公司持股，自营业执照颁发之日起1年内有效"外商投资企业批准证书。[4]为境外上市目的之特殊目的

1 See Lutz-Christian Wolff, Mergers and Acquisition in China: Law and Practice 156 (2006).

2 参见前文§§ 9.2.2.1—2。

3 参见后文§ 9.2.6.3。

4 参见前文§ 9.2.4.4（"其一"）。

公司收购股权，需要获得中国证监会核准。此乃红筹之困。问题有二：

其一，非以特殊目的公司收购股权方式境外上市者，是否需要中国证监会核准？典型情形即VIE。以新东方教育科技集团有限公司（开曼新东方）为例，开曼新东方美国IPO前的股权结构为：

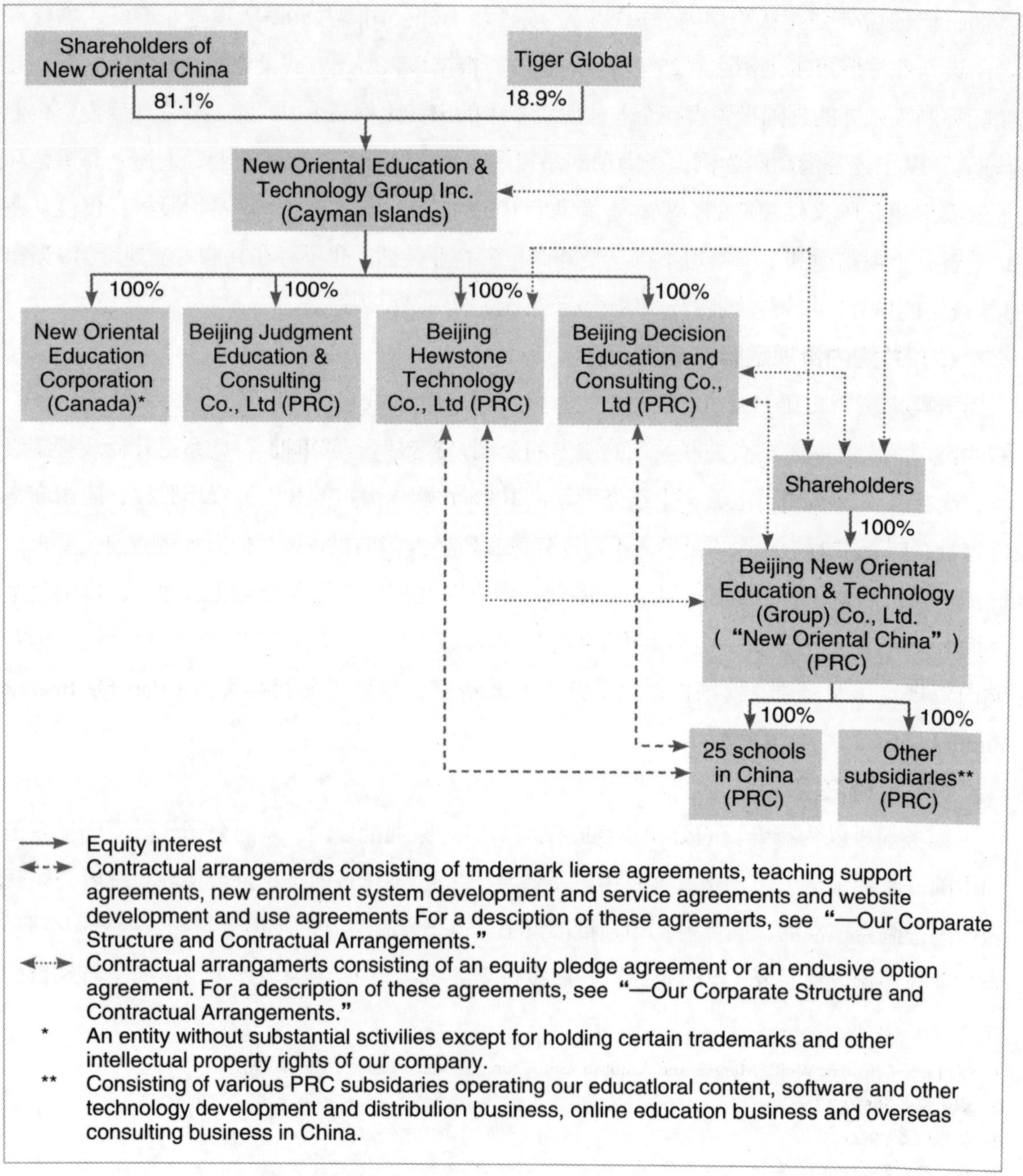

开曼新东方，原在英属维尔京群岛注册，2006年1月25日迁至开曼群岛；北京新东方教育科技集团有限公司（中国新东方），成立于2001年，股东为俞敏洪等人（中国新东方股东）；开曼新东方股东为，中国新东方股东和老虎国际基金。中国新东方持有中国境内25家学校和其他运营机构从事教育业务。开曼新东方下设全资子公司，加拿大新东方（New Oriental Education Corporation（Canada））、Hewstone（Beijing Hewstone Technology Co. Ltd（PRC））、Judgment Education（Beijing Judgment Education and Consulting Co. Ltd（PRC））和Decision Education（Beijing Decision Education and Consulting Co. Ltd（PRC））。加拿大新东方持控相应商标和其他知识产权。从上述股权关系看，境外开曼新东方系和境内中国新东方系各自独立，没有相互持股关系。借此避开特殊目的公司收购股权之说。

转移收入协议：① Decision Education和中国新东方学校缔结教学支持协议，以独占方式向中国新东方学校提供教学支持，相应费用以中国新东方学校收入比例计量；缔结新生录取发展服务协议，相应费用以中国新东方学校新生录取数量比例计量；缔结网站发展和使用协议，相应费用以中国新东方学校收入比例计量；② 开曼新东方分别和Hewstone与中国新东方缔结商标许可协议，以付费使用方式，许可对方在境内使用商标；③ Hewstone和中国新东方学校缔结教育软件销售协议，提供教育软件充作新生入学教学资料。控制协议：① 质押协议，为上述协议履行目的，中国新东方股东将其中国新东方出资质押给Hewstone和Decision Education；② 独占选择权协议，开曼新东方享有不可撤销的无条件的选择权，在法律许可的时点，购买中国新东方股东对中国新东方全部或者部分出资。[1]

上述情形可以小结为：首先，开曼新东方并非中国新东方股东，即开曼新东方并未投资中国新东方以维持其营运；其次，因为控制协议而非股权投资，开曼新东方而不是中国新东方股东控制中国新东方；最后，因转移收入协议而不是股权投资，中国新东方收入转移至开曼新东方。开曼新东方即VIE。[2]

开曼新东方成立时间在并购内资规定施行之前，自无并购内资规定之中国证监会核准事宜；[3]到目前为止，尚无中国证监会适用并购内资规定核准的VIE案。将来究竟如何，不得而知。只是从逻辑上推断，并购内资规定之中国证监会核准不适用于VIE案。

---

1 See Prospectus dated September 6, 2006, New Oriental Education & Technology Group Inc.

2 See FASB Interpretation No. 46 (revised December 2003).

3 See Prospectus dated September 6, 2006, New Oriental Education & Technology Group Inc.

其二，1993年股票发行与交易管理暂行条例[1]第6条第2款规定："境内企业直接或者间接到境外发行股票……在境外交易……须经……审批……"[2]如果境内国有企业，直接在境外设立公司，并以上述公司名义在境外上市，当属间接境外上市。问题是，境内国有企业境外关联人在境外上市，是否一定构成上述情形呢？中国证监会的态度是，因境外关联人情况不同，需要根据具体情况个案判定。[3]相反，以换股等任何方式，将境内国有企业资产转移到境外中资非上市公司并在境外上市的，应获取上述批准；将境内国有企业资产转移到境外中资控股上市公司并在境外上市的，亦同；先将境内国有企业资产转移到境外中资非上市公司，再行注入境外中资控股上市公司并在境外上市的，亦同。[4]

拥有境内权益的境外公司之境外上市，比如，上述俞敏洪的开曼新东方，是否属于间接境外上市？中国证监会的态度是，如属上述国有企业换股转移情形，则应获取批准。否则，就上述事宜，律师可以出具法律意见书；中国证监会如无异议，则在收到律师法律意见书之日起15个工作日内提出处理意见，由中国证监会法律部函复律师。[5]此即业界所称"无异议函"。"无异议函"之要求于2003年废止，[6]诸如开曼新东方之类的境外上市开闸。

如此看来，特殊目的公司收购股权中国证监会核准之要求，为一次反向动作；如若不能以VIE方式规避，则为一次大大的反向动作。

（4）借壳上市

境外借壳上市，是最简单的规避中国证监会核准的办法。国务院的态度是："禁止境内机构和企业通过购买境外上市公司控股股权的方式，进行买壳上市。"[7]国务院依然坚持上述禁令。[8]但上述禁令，在实务当中，又变成了两可之令。[9]

---

1 1993年4月2日国务院令第112号。

2 该款规定内容，先后为1998年证券法第29条和2005年证券法第238条保留。

3 参见1994年2月4日中国证监会发布关于境内企业到境外发行股票和上市审批程序的函。

4 参见1997年6月20日国务院国发〔1997〕21号关于进一步加强在境外发行股票和上市管理的通知（21号通知）。

5 参见2000年6月9日中国证券监督管理委员会关于涉及境内权益的境外公司在境外发行股票和上市有关问题的通知。

6 参见2003年11月20日中国证券监督管理委员会证监法律字〔2003〕15号关于废止部分证券期货规章的通知（第四批）。

7 参见1993年国务院国发〔1993〕69号关于暂停收购境外企业和进一步加强境外投资管理的通知。

8 参见21号通知。

9 例见1998年3月19日对外贸易经济合作部办公厅转发中国证监会关于落实21号通知若干问题的通知的通知。

§ 9.3 有关外国投资者收购境内企业的特别管制

1. 境外金融机构投资入股中资金融机构

（1）概述

中资金融机构，限于在中国境内设立的中资商业银行、城市信用社、农村信用社、信托投资公司、企业集团财务公司、金融租赁公司和中国银行业监督管理委员会（中国银监会）批准设立的其他中资金融机构。

境外金融机构，包括国际金融机构和外国金融机构；国际金融机构，限于世界银行及其附属机构、其他政府间开发性金融机构和中国银监会认可的其他国际金融机构；外国金融机构，限于在外国设立的金融控股公司、商业银行、证券公司、保险公司、基金和中国银监会认可的其他外国金融机构。

投资入股，即购买出资或者购买股份。[1]

（2）批准

境外金融机构投资入股中资金融机构应获取中国银监会批准。[2]为此，中资金融机构[3]应向中国银监会提交下列文件申请：① 中资金融机构吸收投资入股申请书；② 中资金融机构股东大会或董事会吸收投资决议或者上级主管部门批准文件；③ 境外金融机构股东大会或董事会投资入股中资金融机构决议；④ 双方意向性协议；⑤ 境外金融机构最近3年年报或经审计的资产负债表和利润表等财务报表；⑥ 境外金融机构资金来源和经营情况等资料；⑦ 中国银监会要求的其他资料。投资人为外国金融机构的，中资金融机构还应提交中国银监会认可的国际评级机构对外国金融机构做出的最近2年评级报告和注册地金融监管当局批准文件。[4]

自接到上述申请文件之日起3个月内，中国银监会应做出批准或不批准决定；决定不批准的，应当以书面方式通知申请人并说明理由。[5]自收到中国银监会批准决定后60个工作日

1 参见2003年12月8日中国银行业监督管理委员会令2003年第6号境外金融机构投资入股中资金融机构管理办法（收购中资金融机构办法）第2条。

2 参见收购中资金融机构办法第4条。

3 参见收购中资金融机构办法第10条。

4 参见收购中资金融机构办法11条。

5 参见收购中资金融机构办法12条。

内，境外金融机构应当将货币现金[1]足额划入中资金融机构账户，并经中国银监会认可的会计师事务所验证。[2]

(3) 门槛

境外金融机构投资入股中资金融机构，应具备下列资格条件：① 投资入股中资商业银行的，最近1年年末总资产原则上不少于100亿美元；② 投资入股中资城市信用社或农村信用社的，最近1年年末总资产原则上不少于10亿美元；投资入股中资非银行金融机构的，最近1年年末总资产原则上不少于10亿美元；③ 中国银监会认可的国际评级机构最近2年对其长期信用评级为良好；④ 最近两个会计年度连续盈利；⑤ 商业银行资本充足率不低于8%；非银行金融机构资本总额不低于加权风险资产总额的10%；⑥ 内部控制制度健全；⑦ 注册地金融机构监督管理制度完善；⑧ 所属国或者区经济状况良好；⑨ 中国银监会规定的其他审慎性条件。根据金融业风险状况和监管需要，中国银监会可以调整上述境外金融机构投资入股中资金融机构资格条件。[3]

单个境外金融机构向中资金融机构投资入股比例，不得超过20%。多个境外金融机构对非上市中资金融机构投资入股比例合计达到或超过25%的，对上述中资金融机构以境内外资金融机构监管。多个境外金融机构对上市中资金融机构投资入股比例合计达到或超过25%的，对上述中资金融机构仍以中资金融机构监管。[4]

(4) 适用

境外金融机构投资入股中资金融机构后，境外金融机构增持事宜，适用本节上述规定；[5]我国香港、澳门和台湾地区金融机构投资入股中资金融机构事宜，适用本节上述规定。[6]

合格境外机构投资者[7]购买上市中资金融机构流通股者，不适用本节上述规定；[8]境外金

1 参见收购中资金融机构办法6条。
2 参见收购中资金融机构办法13条。
3 参见收购中资金融机构办法7条。
4 参见收购中资金融机构办法8—9条。
5 参见收购中资金融机构办法16条。
6 相应例外，参见收购中资金融机构办法17条。
7 参见2006年8月24日中国证券监督管理委员会中国人民银行国家外汇管理局令2006年第36号合格境外机构投资者境内证券投资管理办法第2条。
8 参见收购中资金融机构办法18条。

融机构投资入股汽车金融公司者，从汽车金融公司管理办法[1]的相应规定。[2]

2. 外国投资者战略投资

（1）概述

出于战略考虑，外国投资者可以投资A股上市公司，此为外国投资者战略投资。[3]其一，上市公司A股之取得，可以以协议转让为之，可以以上市公司定向增发为之，也可以以其他方式为之；其二，相应投资可分期进行，但限制条件是，首次投资取得的A股不应低于上市公司已发行股份的10%；如果特殊行业有特别规定的，从其规定；[4]相关主管部门额外批准的，从其批准；其三，凡由战略投资取得的上市公司A股，3年内不得再行转让；其四，战略投资，得遵从外商投资行业管制规定；[5]其五，战略投资获取的A股是国有股的，[6]应从国有资产管理规定[7]办理。[8]

上述外国投资者，应符合以下要求：① 为依法设立经营的外国法人或其他组织，财务稳健、资信良好且具有成熟的管理经验；② 境外实有资产总额不低于1亿美元或管理境外实有资产总额不低于5亿美元；或者其母公司境外实有资产总额不低于1亿美元或管理境外实有资产总额不低于5亿美元；③ 有健全的治理结构和良好的内控制度，经营行为规范；④ 包括其母公司在内，近3年内未受到境内外监管机构的重大处罚。[9]

（2）适用

外国投资者战略投资，适用2005年12月31日商务部、中国证券监督管理委员会、国家税务总局、国家工商行政管理总局和国家外汇管理局令2005年第28号外国投资者对上市公司战略投资管理办法（战略投资管理办法）。战略投资管理办法，从有关外商投资的

1 2008年1月24日中国银行业监督管理委员会令2008年第2号。

2 参见收购中资金融机构办法19条。

3 参见2005年12月31日商务部中国证券监督管理委员会国家税务总局国家工商行政管理总局国家外汇管理局令2005年第28号外国投资者对上市公司战略投资管理办法（战略投资管理办法）第2条。

4 例见前文§9.3.1.3。

5 参见前文§9.1.2.1。

6 参见后文§9.3.3.1。

7 参见后文§9.3.4。

8 参见战略投资管理办法第5条。

9 参见战略投资管理办法第6条。

规定、上市公司监管法律法规和上述并购内资规定制定，[1]即为上述规定的执行类文件，故此处从略。

3. 外国投资者重组购并国有企业

（1）规范渊源

2001年规定适用于外商投资企业合并中国内资企业，其中中国内资企业自然包括国有企业。[2]此前1998年9月8日，国家经济贸易委员会发布关于国有企业利用外商投资进行资产重组的暂行规定，[3]调整外商投资企业合并国有企业事宜。[4]尽管如此，因文件颁行者关系，实务当中多适用2001年规定。

2002年国家经济贸易委员会等发布利用外资改组国有企业暂行规定，[5]调整金融业和上市公司之外的国有企业国有产权改组，比如，国有企业国有产权出售并改组为外商投资企业；公司国有股权出让并改组为外商投资企业；国有企业债权人债权出让并改组为外商投资企业；国有企业或者国有参股公司出售资产并设立外商投资企业；国有企业或者国有参股公司增资并改组为外商投资企业。[6]从调整范围来看，利用外资改组国有企业暂行规定和2001年规定多有重合。[7]

2002年国家经济贸易委员会等发布关于向外商转让上市公司国有股和法人股有关问题的通知，[8]开上市公司国有股和法人股向外国投资者转让之门。[9]1992年股份制企业试点办法[10]第4条提到，国有资产投资形成的股份为公有资产股；稍后颁行的股份制试点企业国有股权管理的实施意见[11]第4条第1款特别解释："'国家股'是指有权代表国家投资的政府部门或机构，向股份制企业出资形成或依法定程序取得的股份，即国家拥有的股份，简称'国家

---

1 参见战略投资管理办法第1条。

2 参见前文§9.1.4.2。

3 1998年9月8日国家经济贸易委员会国经贸外经〔1998〕576号（576号）。

4 参见576号第2条。

5 2002年11月8日国家经济贸易委员会财政部国家工商行政管理总局国家外汇管理令第42号（42号）。

6 参见42号第2—3条。

7 参见前文§§9.1.4.1—2。

8 2002年11月1日中国证券监督管理委员会财政部国家经济贸易委员会证监发〔2002〕83号（83号）。

9 参见83号。

10 1992年5月15日国家体改委等体改生〔1992〕30号。

11 1994年3月11日国家国有资产管理局国资企发〔1994〕9号。

股’。”“‘法人股’是指具有法人资格的企业以其依法占用的法人资产向独立于自己的股份制企业出资形成或依法定程序取得的股份，即法人拥有的股份，简称‘法人股’。”“国家直接投资设立的国有企业以其依法占用的法人资产向独立于自己的股份制企业出资形成或依法定程序取得的股份是‘法人股’，股权归该国有企业拥有。就这类法人股的持股单位系国有性质而言，亦可进一步将其称之为‘国有法人股’。”“归国家拥有和归国有企业拥有的股份统称为‘国有股’。”

2004年国务院国有资产监督管理委员会发布关于上市公司国有股向外国投资者及外商投资企业转让申报程序有关问题的通知（申报程序通知），[1]特意明确，并购内资规定和利用外资改组国有企业暂行规定相应申报程序事宜。

2004年施行的企业国有产权转让管理暂行办法，[2]调整向境内外受让人出让企业国有产权；企业国有产权为国家以各种形式投入企业形成的权益、国有企业各种投资形成的应享有的权益、国有控股企业各种投资形成的应享有的权益和依法认定为国家所有的其他权益。金融类企业国有产权，不适用企业国有产权转让管理暂行办法；上市公司国有股转让，不适用企业国有产权转让管理暂行办法。[3]

（2）许可程序

就上述外国投资者重组购并国有企业许可程序，上述规则或者语焉不详，或者相互不一。从逻辑上推断，[4]上述外国投资者重组购并国有企业，或者从2001年规定的许可程序，或者从并购内资规定的许可程序。[5]

（3）申报程序通知

申报程序通知明确的申报程序，为向所有人申报出让程序。依照申报程序通知，其一，非金融类企业持有上市公司国有股，向外国投资者或者外商投资企业出让的（非金融类企业持股出让），如属地方企业，由上述非金融类企业通过省级国有资产监管部门，向国务院国有资产监督管理委员会（国资委）提出申请，同时抄报商务部；如属中央企业，由中央企业母公司，向国资委提出申请，同时抄报商务部；如果中央企业未脱钩的，由其主管部

1 2004年1月21日商务部办公厅国务院国有资产监督管理委员会关商资字〔2004〕1号。

2 2003年12月31日国务院国有资产监督管理委员会财政部令第3号（第3号令）。

3 参见第3号令第2条。

4 参见2001年规定第2条；并购内资规定第2条。

5 参见前文§§ 9.1.4.6、9.2.2和9.2.4。

门为之。其二，国资委接到上述申请后，可以国资委司局函征求商务部意见，商务部，可以就非金融类企业持股出让是否符合外商投资政策[1]提出意见，并以商务部司局函回复。其三，国资委接到商务部同意意见后，从相关规定[2]办理非金融类企业持股出让核准事宜。其四，非金融类企业持股出让获国资委核准后，上市公司再走上述许可程序。[3]

4. 企业国有资产转让

2008年通过的企业国有资产法第2条明确界定，国家以各种形式向企业出资形成的权益为企业国有资产；上述企业，比如，国有独资企业、国有独资公司、国有资本控股公司、国有资本参股公司等。企业国有资产法第5章第5节专门规定企业国有资产转让事宜，具体细节由2004年施行的企业国有产权转让管理暂行办法和2005年企业国有资产向管理层转让暂行规定明确。[4]

企业国有资产法第76条规定，金融企业国有资产管理与监督，如果法律或者行政法规另有规定的，从其规定。故有2009年金融企业国有资产转让管理办法。[5]有意思的是，金融企业国有资产转让管理办法并非上述意义上的法律或者行政法规。

国有企业或者国有控股企业、政府机构、部门或者事业单位等上市公司国有股东转让持股的，适用2007年国有股东转让所持上市公司股份管理暂行办法。[6]

相应政府或者机构，[7]从上述规定核准企业国有资产出让或者国有股出让，和一般股东决定股份出让之间，并不存在多大的差别。稍有意义的差别也不过是，在一般股东的情况下，股东自行决定股份出让；在国家或者国有法人的情况下，由国资委等代表作为民事主体的国家或者国有法人决定出让。为此，此处从略。

1 参见前文§9.1.2.1。

2 参见后文§9.3.4。

3 参见前文§9.3.3.2。

4 2005年4月11日国务院国有资产监督管理委员会财政部国资发产权〔2005〕78号。

5 2009年3月17日财政部令第54号。

6 2007年6月30日国务院国有资产监督管理委员会中国证券监督管理委员会令第19号。

7 参见企业国有资产法第2章；金融企业国有资产转让管理办法第9条；国有股东转让所持上市公司股份管理暂行办法第7条。

§ 9.4 有关重组购并的反垄断等管制

1. 渊源

依照2001年规定第26条第2款，在具有行业垄断趋势进而妨碍公平竞争或者就某种特定商品或服务可能形成市场控制地位进而妨碍公平竞争的前提下，如果批准机构正好是经贸部，则可就上述情节将外商投资企业合并事宜批准期限延长至180天。此为反垄断审查。2002年国家经济贸易委员会等发布利用的外资改组国有企业暂行规定第6条提到“利用外资改组国有企业应……促进公平竞争，不得导致市场垄断”；第9条提到“对可能导致市场垄断、妨碍公平竞争的，在审核前组织听证……在3个月内做出是否同意的批复”。此亦为反垄断审查。上述反垄断审查，自并购内资规定颁行后，皆从并购内资规定第51~54条规定。[1]事后，商务部曾发布外国投资者并购境内企业反垄断申报指南。[2]

2007年颁行的反垄断法第2条规定:“中华人民共和国境内经济活动中的垄断行为，适用本法；中华人民共和国境外的垄断行为，对境内市场竞争产生排除、限制影响的，适用本法。”此后反垄断审查事宜，从反垄断法规定。

2. 反垄断法

（1）经营者集中

反垄断法管制行为之一为经营者集中。经营者集中包括：经营者合并；经营者借助股权或资产取得其他经营者控制权；经营者通过合同等方式取得其他经营者控制权或可向其他经营者施加决定性影响。[3]公司重组购并正在其中。

如果经营者集中达国务院规定的申报标准的，经营者应向商务部[4]为事先申报，否则不得施行经营者集中计划。[5]国务院规定的申报标准为：① 所有经营者上一会计年度在全球范围内的营业额合计超过100亿元人民币，并且其中至少两个经营者上一会计年度在中国境内的营业额均超过4亿元人民币；② 所有经营者上一会计年度在中国境内的营业额合计超过

---

1 参见前文§ 9.2.1.4。

2 2007年3月8日商务部条法司反垄断调查办公室发布。

3 参见反垄断法第20条。

4 参见关于经营者集中申报标准的规定第3条；2008年7月28日国务院办公厅国办发〔2008〕104号关于国务院反垄断委员会主要职责和组成人员的通知。

5 参见反垄断法第21条。

20亿元人民币，并且其中至少两个经营者上一会计年度在中国境内的营业额均超过4亿元人民币。上述营业额之计算，应考虑银行、保险、证券、期货等特殊行业或者领域的实际情况，具体办法由商务部会同国务院有关部门制定。[1]此系事先申报。

经营者集中虽然未达上述申报标准，但按照规定程序收集的事实和证据表明，经营者集中具有或者可能具有排除或者限制竞争的效果的，商务部应当依法进行调查。[2]此系职权调查。

纵使符合上述申报标准，经营者集中有下列情形之一的，可以不申报：① 参与集中的一个经营者拥有其他每个经营者50%以上有表决权股份或者资产的；② 参与集中的每个经营者50%以上有表决权股份或者资产为同一个未参与集中的经营者拥有的。[3]此系事先申报之例外。

(2) 申报

经营者应提交下列文件或者资料申报：① 申报书；② 集中对相关市场竞争状况影响之说明；③ 集中协议；④ 参与集中的经营者经会计师事务所审计的上一会计年度财务会计报告；⑤ 商务部规定的其他文件或者资料。其中申报书，应载明参与集中的经营者的名称、住所、经营范围、预定施行经营者集中计划的日期和商务部规定的其他事项。如若经营者提交的文件或者资料不完备，经营者应在商务部规定的期限内补交文件或者资料。经营者逾期未补交文件或者资料的，视为未申报。[4]

(3) 审查

自收到经营者提交的上述文件或者资料之日起30日内，商务部应当就上述申报为初步审查，做出是否实施进一步审查的决定，并以书面方式通知经营者；商务部做出上述决定前，经营者不得施行经营者集中计划；商务部做出不实施进一步审查的决定，或者逾期未做出决定的，相应经营者集中计划施行。[5]此系初步审查。

如果商务部决定施行进一步审查的，自决定之日起90日内应审查完毕，做出是否禁止经营者集中的决定，并以书面方式通知经营者。就上述决定，商务部应说明理由。上述审

1 参见关于经营者集中申报标准的规定第3条。
2 参见关于经营者集中申报标准的规定第4条。
3 参见反垄断法第22条。
4 参见反垄断法第23—24条。
5 参见反垄断法第25条。

查期间，经营者不得施行经营者集中计划。有下列情形之一的，商务部以书面方式通知经营者后，可以延长上述90日审查期限，但最长不得超过60日：① 经营者同意延长审查期限的；② 经营者提交的文件或者资料不准确，需要进一步核实的；③ 经营者申报后有关情况发生重大变化的。商务部逾期未做出决定的，相应经营者集中计划施行。[1]此系反垄断审查。

商务部审查经营者集中，应考虑下列因素：① 参与集中的经营者在相关市场的市场份额及其对市场的控制力；② 相关市场的市场集中度；③ 经营者集中对市场进入技术进步的影响；④ 经营者集中对消费者和其他有关经营者的影响；⑤ 经营者集中对国民经济发展的影响；⑥ 商务部认为应当考虑的影响市场竞争的其他因素。[2]此系反垄断审查要素。

（4）决定

经营者集中具有或者可能具有排除或者限制竞争的效果的，商务部应做出禁止经营者集中的决定（禁止决定）。经营者能够证明相应集中对竞争产生的有利影响明显大于不利影响，或者符合社会公共利益的，商务部可以做出不予禁止决定（不禁止决定）。对不禁止决定，商务部可以附加旨在减少相应集中对竞争产生不利影响的限制条件。商务部应将禁止决定或者不禁止决定，及时向社会公布。[3]此系反垄断审查决定。

3. 国家安全审查

依照反垄断法第31条规定，外国投资者重组购并境内企业，凡涉及国家安全的，除反垄审查外，商务部尚可按照国家有关规定施行国家安全审查；外国投资者以其他方式施行经营者集中，凡涉及国家安全的，亦同。

上述第31条提到的“国家有关规定”，包括但不限于：其一，2007年版外商投资产业指导目录。2007年版外商投资产业指导目录将“武器弹药制造”和“军事教育机构”之类列为外国投资者禁止进入行业，如果外国投资者重组购并境内上述行业企业，商务部可以施行国家安全审查。只不过，此乃逻辑上的可能。[4]其二，并购内资规定第12条。该条规定：“外国投资者并购境内企业并取得实际控制权，涉及重点行业、存在影响或可能影响国家经

1 参见反垄断法第26条。

2 参见反垄断法第27条。

3 参见反垄断法第28—30条。

4 例见前文§§ 9.2.2.1—2。

济安全因素……当事人应就此向商务部进行申报。”“当事人未予申报，但其并购行为对国家经济安全造成或可能造成重大影响的，商务部可以会同相关部门要求当事人终止交易或采取转让相关股权、资产或其他有效措施，以消除并购行为对国家经济安全的影响。”其三，企业国有资产法第57条。该条规定：“国有资产向境外投资者转让的……不得危害国家安全……”

§ 10 重组购并法律后果

§ 10.0 法律后果概述

1. 合并分立

（1）原则

重组购并中的合并，相应法律后果从合并协议约定；如无特别约定，合并当事人的债权和债务，在吸收合并的情形下，由存续公司承继；在新设合并的情形下，由新设公司承继。[1]重组购并中的分立，相应法律后果从分立计划书[2]约定；如无特别约定，分立前的债权和债务由分立后的公司承继；相互享有连带债权，承担连带债务。[3]上述承继乃法定转移，非为协议转让。[4]

（2）约定

假设，A公司和B公司为同行业竞争对手，为获取B公司自有专利以及B公司从日本C公司获取的甲专利独占许可，A公司吸收合并B公司。问题是：其一，如果B公司和C公司之间的专利许可协议并未约定，上述专利许可是否可以再行转让，A公司是否取得上述许可？因为承继，A公司取得。其二，如果上述专利许可协议约定，未经C公司许可，上述专利许可不得转让，在未经C公司许可的情况下，A公司是否取得上述许可？因为承继，A公司取得；承继不是协议转让，上述约定不生阻挡效力。其三，如果上述专利许可协议约

1 参见上文§ 2.1.4。

2 参见上文§ 2.1.5.4；§ 9.1.4.7（“第五”）。

3 参见上文§ 2.1.5.4。

4 例见2007年6月7日中国证券监督管理委员会证监公司字〔2007〕90号关于上海市都市农商社股份有限公司重大资产出售暨吸收合并海通证券股份有限公司的批复。

定，设若B公司因合并为他人吸收，则专利许可协议自动失效，A公司是否取得上述许可？A公司不获许可，因为上述条款阻挡了合并协议。此类约定，在美国称作控制权变化条款（Control Change Clause）。[1]

(3) 规定

2005年公司法第175条规定："公司合并时，合并各方的债权、债务，应当由合并后存续的公司或者新设的公司承继。"合同法第90条第1句规定："当事人订立合同后合并的，由合并后的法人或者其他组织行使合同权利，履行合同义务。"此类规定和上述精神相合。[2]

2005年公司法第177条规定："公司分立前的债务由分立后的公司承担连带责任。但是，公司在分立前与债权人就债务清偿达成的书面协议另有约定的除外。"合同法第90条第2句规定："当事人订立合同后分立的，除债权人和债务人另有约定的以外，由分立的法人或者其他组织对合同的权利和义务享有连带债权，承担连带债务。"[3]前一种另有约定，为公司与公司债权人约定；[4]后一种另有约定，为相应合同当事人约定。后者若可从上述理解，[5]则此类规定和上述精神相合。[6]

2. 收购

重组购并中的收购，相应法律后果从收购协议约定。[7]假设，A公司和B公司为同行业竞争对手，为获取B公司自有专利以及B公司从日本C公司获取的甲专利独占许可，A公司收购B公司出资并控制B公司。如果B公司和C公司之间的专利许可协议并未设控制权变化

---

1 See e.g., PPG Industries, Inc. v. Guardian Industries Corp., 597 F.2d 1090, 1092 (6th Cir. 1979) ("In the event that a majority of the voting stock of PERMAGLASS shall at any time become owned or controlled directly or indirectly by a manufacturer of automobiles or a manufacturer or fabricator of glass other than the present owners, the license granted to PERMAGLASS··· shall terminate forthwith.").

2 参见前文§§ 10.0.1.1—2。

3 具体解说，参见上文§ 2.1.5.4。

4 可以参照后文§ 10.1.2.1。

5 参见前文§ 10.0.1.2。

6 参见前文§§ 10.0.1.1—2。

7 参见上文§ 2.2。

条款，[1]收购协议和许可协议相互不生任何影响。此系股份收购。再假设，如果B公司将自有专利以及B公司从C公司获取的甲专利独占许可，打包成某事业部，将事业部出卖给A公司。如果B公司和C公司之间的专利许可协议并未约定，上述专利许可是否可以再行转让，纵使未经C公司许可，A公司取得上述许可；如果上述专利许可协议约定，未经C公司许可，上述专利许可不得转让，在未经C公司许可的情况下，A公司不能取得上述许可；如果上述专利许可协议约定控制权变化条款，[2]在未经C公司许可的情况下，A公司不能取得上述许可。此系资产收购。

3. 组织变更

重组购并中的组织变更，相应法律后果从组织变更决议；组织变更前的债权和债务，由组织变更后的存续公司承继。[3]国有企业整体改造为国有独资有限责任公司，改造之前债权和债务，由改造后的公司承担；[4]企业整体改造为有限责任公司或者股份有限公司，亦同；或者通过增资，或者通过购买资产，企业改造为股份合作制企业，亦同。[5]

§ 10.1 有关企业[6]改制的特别规定

1. 企业改制

2003年，最高人民法院，特意公布关于审理与企业改制相关民事纠纷案件若干问题的

1 See e.g., Dale Arthur Oesterle, The Law of Mergers and Acquisitions 213 (3rd Ed. 2005) ("Licensee may not assign this Agreement without Licensor's prior written consent. For purposes of this Section, a Change in Control shall be deemed an assignment. 'Change in Control', as used herein shall mean… (4) an acquisition by any person or entity of securities of the Licensee representing at least fifty percent… of the combined voting power entitled to vote in the election of directors.").

2 See e.g., Dale Arthur Oesterle, The Law of Mergers and Acquisitions 213 (3rd Ed. 2005) ("Licensee may not assign this Agreement without Licensor's prior written consent. For purposes of this Section, a Change in Control shall be deemed an assignment. 'Change in Control', as used herein shall mean (1) a sale of all or substantially all of licensee's assets… .").

3 参见上文§ 2.3.5.2。

4 参见上文§ 2.3.5.2。

5 参见上文§ 2.3.5.2。

6 参见上文§ 1.2.1.2。下同。

规定[1]（解释1号）。解释1号适用的企业改制包括：国有企业整体改造为国有独资有限责任公司、企业整体改造为有限责任公司或者股份有限公司、企业股份合作制改造、企业分立合并、企业债权转股权和国有小型企业出售。[2]

2. 解释1号第6条

(1) 分立

企业（原企业）可以分立为其他企业（后企业）。[3]依照解释1号第12条，原企业债权人向后企业主张债权，原企业分立时就债务承担设有处分，[4]并经原企业债权人认可的，从原企业处分；原企业分立时就债务承担未设处分或处分不明，或虽有处分但原企业债权人不予认可的，后企业向原企业债权人承担连带责任。依照解释1号第13条，后企业承担连带责任后，原企业分立时就债务承担设有处分的，从原企业处分；原企业分立时就债务承担未设处分或处分不明的，从原企业资产分割比例分担。

(2) 第6条

上述企业也可以以部分财产和相应债务与他人投资设立新设公司，相应债务由债权人认可的，相应债务转移至新设公司；未获债权人认可的，相应债务由原企业承担。[5]此乃以实物出资设立公司。设若原企业无力偿还债务，债权人就此向新设公司主张债权的，新设公司在财产接收范围内与原企业向原企业债权人承担连带责任。[6]上述解释，问题有三：首先，上述结论与公司人格独立于股东原则不符；[7]其次，解决“原企业无力偿还债务”的办法是，以新设公司股权偿还；最后，哪怕上述系破产前的投资行为，即以实物清偿投资之债的，2007年破产法第32条规定：“人民法院受理破产申请前六个月内，债务人……仍对个别债权人进行清偿的，管理人有权请求人民法院予以撤销。但是，个别清偿使债务人财产受益的除外。”

---

1 2003年1月3日最高人民法院法释〔2003〕1号（解释1号）。

2 参见解释1号第1条。

3 参见解释1号“四、企业分立”。

4 参见上文§2.1.5.4；§9.1.4.7（“第五”）。

5 参见解释1号第6条第1—2句。

6 参见解释1号第6条第3句。

7 参见上文§1.2.2.3。

（3）案例

就中国工商银行山东分行（山东工行）诉信诚公司等借款合同纠纷案，[1]最高人民法院终审认定：其一，1999年前，山东工行曾借款给滕州市化肥厂（化肥厂），相应借款合同合法有效。其二，1999年，化肥厂和其他投资人出资设立山东信诚化工股份有限公司（信诚公司）。化肥厂投入信诚公司实物资产7 772万元，一并转入负债4 812万元，以资产负债相抵后的净资产2 960万元，充作信诚公司74%的出资，此乃实物出资；验资登记之后，化肥厂和信诚公司缔结协议，将价值96 531 146.46元优良财产和96 531 146.46元债务，出让给信诚公司，此乃零资产收购。[2]其三，化肥厂对山东工行的借款之债，不在上述转让债务之列。

本案涉讼法律问题包括：其一，山东工行，以借款合同为据，要求化肥厂返还借款；其二，山东工行，以化肥厂无力偿还债务为由，要求信诚公司在上述资产接收范围内承担还款责任。后一法律问题，即解释1号第6条新设公司责任事宜。[3]

就后一法律问题，最高人民法院从解释1号第6条裁判支持山东工行诉求。裁判理由包括：其一，法人财产一般担保，即企业所有财产是其经营债务的一般担保；其二，从上述零资产收购交易，化肥厂未获相应股权，不是真正意义上的投资行为，而是法人财产变相转移行为。

上述最高人民法院裁判大有问题：第一，零资产收购原本就是非投资行为，属收购资产交易，原本正当；[4]除非另有理由，最高人民法院定性有失妥当。第二，化肥厂先后施行实物出资注册公司和零资产收购；实物出资注册公司所有法律程序已经了结；如若适用解释1号第6条，不知道理由何在。第三，法人财产一般担保之说，零资产收购正当交易之说，足以避开；除非另有理由否定零资产收购。第四，解释1号第6条，原本没有“法人财产变相转移行为”之说；上述裁判虽适用解释1号第6条，却附加“法人财产变相转移行为”之说，实乃放弃解释1号第6条，理由之不充分，可见一斑。

---

1 参见2003年8月1日最高人民法院〔2003〕民二终字第106号民事判决书。

2 参见上文§2.2.3。

3 参见前文§10.1.2.2。

4 参见上文§2.2.3。

3. 解释1号第7条

(1) 目的

依照解释1号第7条，原企业以其优质财产与他人成立新设公司，但将债务留在原企业，相应债权人以新设公司和原企业作为共同被告提起诉讼主张债权的，新设公司应在财产接收范围内与原企业承担连带责任。上述结论的理由为："旨在解决企业借公司制改造逃废债务的责任承担问题，但因该条款规定过于原则，与企业出资设立公司的情况容易混同，审判实践中普遍存在扩大适用的情况，为此亟需进一步明确其概念，以及其与企业出资设立公司的区别。企业借公司制改造逃废债务是指企业假借公司制改造之名，将其优质财产转移出去，而将债务留在原企业，导致企业丧失基本生产经营能力和对外偿债能力。其与企业出资设立公司的本质区别在于：债务人企业借公司制改造逃废债务，是一种假借改制之名，行转移优质财产、逃废企业债务之实的违法行为；而企业出资设立公司是一种合法的出资行为，并以企业在新设公司中的股权形式表现出来。若该企业发生偿债问题时，可以通过执行出资企业在新设公司中的股权的方式解决……"[1]由此观之，解释1号第7条，若不是立意不明，就是词不达意。

(2) 其他解决途径

果真如此，相应情形可以从下列规定处理，无需解释1号第7条：其一，民法通则第58条规定："下列民事行为无效：……（四）恶意串通，损害国家、集体或者第三人利益的……（七）以合法形式掩盖非法目的的……"其二，合同法第74条第1款规定："因债务人放弃其到期债权或者无偿转让财产，对债权人造成损害的，债权人可以请求人民法院撤销债务人的行为。债务人以明显不合理的低价转让财产，对债权人造成损害，并且受让人知道该情形的，债权人也可以请求人民法院撤销债务人的行为。"其三，2007年企业破产法第31条规定："人民法院受理破产申请前一年内，涉及债务人财产的下列行为，管理人有权请求人民法院予以撤销：（一）无偿转让财产的；（二）以明显不合理的价格进行交易的；（三）对没有财产担保的债务提供财产担保的；（四）对未到期的债务提前清偿的；（五）放弃债权的。"

---

1 见2007年5月30日最高人民法院副院长奚晓明在全国民商事审判工作会议上的讲话。

§ 10.2 有关承继者责任的规定

1. 责任问题

A公司为数一数二的台式电脑供应商，B公司为高端笔记本电脑供应商；B公司有意退出制造业转型信息服务业，A公司有意接收B公司高端笔记本电脑生产线以加强制造业。为此，B公司将其高端笔记本电脑生产线以及相关业务打包成笔记本事业部，A公司以现金购买上述事业部。在资产收购前已经出售的笔记本电脑产品责任事宜，由当时的生产商B公司负责；在资产收购后出售的笔记本电脑产品责任事宜，由此时的生产商A公司负责。

就上述产品责任事宜，A公司和B公司之间的资产收购协议可以做出相应约定；笔记本事业部出售人B公司也可以做出相应安排。以B公司为例，如果B公司是一个负责的公司，自会从出售所得现金中拨付相应部分，充作准备以应对上述产品责任事宜；如果B公司是一个不负责的公司，也许会将上述现金分配并解散。将来资产收购前已经出售的笔记本电脑产品责任显形了，相应责任不可能由B公司负担，因为B公司不存在了。A公司应承接吗？如果是，则为美国法律上的承继者责任（successor liability）。[1]

2. 美国理论

(1) 一般州法

在资产收购情形下，A公司不必为B公司产品责任事宜承担民事责任；在例外情况下，A公司得为B公司产品责任事宜承担民事责任。其一，或者以明示方式或者以默示方式，A公司承接B公司债务，则为例外；其二，尽管法律上是A公司收购B公司资产，但实质上为A公司合并B公司，则为例外；其三，尽管A公司是独立于B公司的法人，但实质上仅仅是B公司的自然延续，则为例外；其四，名义上是A公司收购B公司资产，实际上是B公司责任得以逃避，则为例外。[2]

上述收购若以下述方式为之：第一，B公司笔记本事业部包括人财物一应事宜，直接变成A公司笔记本事业部；第二，A公司以A公司股份作为收购对价；第三，B公司完全退出笔记本事业，或者成为空壳公司，或者注销；第四，A公司承接笔记本事业部所有负债。此

1 See Dale Arthur Oesterle, The Law of Mergers and Acquisitions 226 (3rd Ed. 2005).

2 See e.g., Cargo Partner AG v. Albatrans, Inc., 352 F.3d 41 (2nd Cir. 2003); Ruiz v. Blentech Corp., 89 F.3d 320 (7th Cir. 1996).

等交易与A公司吸收合并B公司没有实质上的差别，为事实合并（de facto merger）。为此A公司得为B公司产品责任事宜承担民事责任，此为承继者责任。[1]

B公司股东另行设立C公司，C公司收购B公司笔记本事业部，上述交易以下述方式为之：第一，B公司笔记本事业部包括人财物一应事宜，直接转变为C公司笔记本事业部；第二，B公司注销；第三，C公司承接笔记本事业部所有负债。C公司仅为B公司自然延续（mere continuation）。为此C公司得为B公司产品责任事宜承担民事责任，此为承继者责任。[2]

（2）加州州法

加州州法另创第5例外即生产线（product line）例外。生产线例外的构成要件为：其一，就资产收购前B公司已经出售笔记本电脑产品责任，受害人未从生产者即B公司获取足够救济，比如，B公司已于笔记本电脑产品责任显形前注销；其二，A公司接收B公司笔记本生产线，自然知悉附带产品责任风险，比如，将来资产收购前已经出售笔记本电脑产品责任显形；其三，B公司将B公司生产线的相应商誉移转至A公司。生产线在谁手里，产品责任就是谁的。此为承继者责任。[3]

（3）密歇根州州法

密歇根州州法，将上述事实合并说修正为营业延续（continuation of enterprise）说。上述A公司收购B公司笔记本事业部，若以下述方式为之：第一，B公司笔记本事业部包括人财物一应事宜，直接转变为A公司笔记本事业部；第二，A公司以现金而非股份为收购对价；第三，B公司完全退出笔记本事业，或者成为空壳公司，或者注销；第四，A公司承接笔记本事业部所有负债。A公司实乃B公司笔记本营业自然延续。故A公司得为B公司产品责任事宜承担民事责任，此为承继者责任。[4]

（4）联邦内国劳动关系法

假设，D公司和E公司，同为饮料罐装厂；D公司以现金为对价收购E公司所有资产和负债；D公司从原E公司运营方式运营，在人财物产供销任一方面均无实质变化；在收购之前，E公司开除员工贝克（Baker）；事后美国劳动关系局（National Labor Relations Board）

1 See e.g., Cargo Partner AG v. Albatrans, Inc., 352 F.3d 41(2nd Cir. 2003); Ruiz v. Blentech Corp., 89 F.3d 320 (7th Cir. 1996).

2 See e.g., Cargo Partner AG v. Albatrans, Inc., 352 F.3d 41(2nd Cir. 2003); Ruiz v. Blentech Corp., 89 F.3d 320 (7th Cir. 1996).

3 See e.g., Ray v. Alad Corp., 19 Cal. 3d 22 (Cal. 1977).

4 See e.g., Turner v. Bituminous Casualty Co., 397 Mich. 406 (Mich. 1976).

认定上述开除为不公平的劳资措施，责令E公司恢复劳动关系并支付相应薪水。在D公司或者直接或者推定知悉上述责令的前提下，D公司是否得承接上述责任？为有效推行联邦内国劳动关系法（National Labor Relations Act）立法目的计，D公司得承接上述责任。相应立法目的为，劳工稳定之保证。此为承继者责任。[1]

(5) 联邦环境因应赔偿责任综合法

假设，F公司系变压器维修销售公司，为自然人张三独资持有，张三身兼董事长和总裁；因变压器维修污水处理不当，F公司身负联邦环境因应赔偿责任综合法（Comprehensive Environmental Response, Compensation, and Liability Act）上民事责任，美国环保署（Environmental Protection Agency）清理上述污染后，自会向F公司索赔；为此张三委其亲属另行注册独资公司G公司，并充任董事长和总裁；G公司收购F公司所有资产和负债，并从原F公司运营方式运营；上述环境污染民事责任就此解脱。为有效推行联邦环境因应赔偿责任综合法立法目的计，G公司得承接上述责任；相应立法目的为，谁污染、谁负责。此为承继者责任。[2]

3. 中国情况

2004年固体废物污染环境防治法第35条第3款规定："对本法施行前已经终止的单位未处置的工业固体废物及其贮存、处置的设施、场所进行安全处置的费用，由有关人民政府承担；但是，该单位享有的土地使用权依法转让的，应当由土地使用权受让人承担处置费用。当事人另有约定的，从其约定；但是，不得免除当事人的污染防治义务。"

2004年固体废物污染环境防治法第55条规定："产生危险废物的单位，必须按照国家有关规定处置危险废物，不得擅自倾倒、堆放；不处置的，由所在地县级以上地方人民政府环境保护行政主管部门责令限期改正；逾期不处置或者处置不符合国家有关规定的，由所在地县级以上地方人民政府环境保护行政主管部门指定单位按照国家有关规定代为处置，处置费用由产生危险废物的单位承担。"

上述条款，可以适用于资产收购情形；究竟如何适用，不可得而知之。除此之外，中国尚不存在承继者责任的规定。

---

1 See e.g., Golden State Bottling Co. v. NLRB, 414 U.S. 168 (1973).

2 See e.g., New York v. Nat'l Servs. Indus., 352 F.3d 682 (3rd Cir. 2003).

§10.3 有关所得税和税务会计处理的规定

1. 外商投资企业和外国企业重组

（1）概述

外商投资企业和外国企业所得税，适用1991年外商投资企业和外国企业所得税法；[1]外商投资企业合并企业所得税事宜，适用关于外商投资企业合并、分立、股权重组、资产转让等重组业务所得税处理的暂行规定（71号文）；[2]外商投资企业分立的，亦同；外商投资企业股权重组的，亦同；外商投资企业资产转让的，亦同；在中国境内设立机构或者场所从事生产经营的外国企业的，亦同。

（2）合并

依照71号文第1条规定，合并包括吸收合并和新设合并；就税务处理而言，合并前后的营业活动应视为延续；合并后企业各项资产、负债和股东权益，应按合并前企业账面历史成本计价，不得从评估价值调整，否则应予回转。

（3）分立

依照71号文第2条规定，分立包括存续分立和消灭分立；就税务处理而言，企业分立前后的营业活动应视为延续；分立后各企业的资产、负债和股东权益，应按分立前企业账面历史成本计价，不得从评估价值调整，否则应予回转。

（4）股权重组

依照71号文第3条规定，股权重组包括股权转让和增资扩股；不得从评估价值调整各项资产、负债和股东权益，否则应予回转。

（5）资产转让

依照71号文第4条规定，资产转让即资产收购；资产转让并不影响出让人和受让人的延续性；受让人可按资产实际转让价计量资产；如资产项目繁多或者资产与商誉或经营业务一并转让，不易分别计算各个资产项目转让价的，受让人可按有关资产账面净值计量资产；实际转让价与资产账面净值之间的差额，可作为商誉或经营业务转让价，单独列为受让人无形资产；自资产转让之日起不少于10年的期限内平均摊销；资产转让后的企业剩余

---

1 由1991年4月9日国家主席令第49号公布；为2008年施行的企业所得税法废止。

2 1997年4月28日国家税务总局国税发〔1997〕71号。

经营期不足10年的，在企业剩余经营期内平均摊销。

2. 内资企业改组改制

内资企业所得税适用企业所得税暂行条例；[1]出于内资企业改组改制需要，加强改组改制所得税征收管理，国家税务总局于1998年制定关于企业改组改制中若干所得税业务问题的暂行规定（97号文）。[2]97号文名义下的内资企业改组改制包括合并、分立、股权重组和资产转让；[3]97号文的态度，类同于71号文的。[4]

3. 关于企业合并分立业务有关所得税问题的通知

（1）概述

2000年，国家税务总局制定关于企业合并分立业务有关所得税问题的通知（119号通知），[5]修正并补充企业所得税暂行条例和97号文。依照119号通知第1条规定，企业合并包括吸收合并和新设合并；依照119号通知第2条规定，企业分立包括存续分立和消灭分立。

（2）企业合并所得税处理

依照119号通知第1条规定，被合并企业，应视为从公允价值出让资产，以此为据计算资产转让所得缴纳企业所得税；此前年度亏损，不得结转到合并企业弥补。合并企业，其接受的被合并企业资产，可从评估价值确定成本计税。被合并企业股东，其取得合并企业股权视为清算分配。此为一般规则。

依照119号通知第1条规定，如果合并企业给被合并企业股东的支付价款中，除合并企业股权以外的现金、有价证券和其他资产（非股权支付），不高于支付股权票面价值或支付股本账面价值20%的，经税务机关审核确认，当事人可从以下原则处理：① 被合并企业，不确认资产转让所得或损失，不计算缴纳所得税；被合并企业合并前企业所得税事宜，由合并企业承继；合并前年度亏损，如果未超过法定弥补期限，可由合并企业继续用以后年

1 由1993年12月13日国务院令第137号公布；为2008年施行的企业所得税法废止。

2 1998年6月24日国家税务总局国税发〔1998〕97号（97号文）。

3 参见97号文。

4 参见97号文，前文§10.3.1。

5 2000年6月21日国家税务总局国税发〔2000〕119号。

度实现的与被合并企业资产相应的所得弥补；具体从下列公式计算：某一纳税年度可弥补被合并企业亏损的所得额＝合并企业某一纳税年度未弥补亏损前的所得额×（被合并企业净资产公允价值÷合并后合并企业全部净资产公允价值）。② 被合并企业股东，以被合并企业股权（旧股）交换合并企业股权（新股），不应视为出售旧股购买新股处理；被合并企业股东换得新股成本，须从旧股成本确定；未交换新股的被合并企业股东取得非股权支付，应视为旧股转让所得缴纳所得税。③ 合并企业，其接受被合并企业资产计税成本，须从被合并企业原账面净值确定。此为特别规则。

依照119号通知第1条规定，如被合并企业资产与负债基本相等，即净资产几乎为零，合并企业以承担被合并企业全部债务方式吸收合并，则被合并企业不应视为从公允价值出让资产，不计算资产转让所得；合并企业，其接受被合并企业资产成本，须从被合并企业原账面净值确定；被合并企业股东，旧股视为无偿放弃。此为特别规则。

（3）企业分立所得税处理

依照119号通知第2条规定，被分立企业，应视为从公允价值出让其被分立出去的资产，以此为据计算资产转让所得缴纳企业所得税；分立企业，其接受的被分立资产，可从评估价值确定成本计税。此为一般规则。

依照119号通知第2条规定，分立企业给被分立企业或股东的支付价款中，非股权支付不高于支付股权票面价值或支付股本账面价值20%的，经税务机关审核确认，当事人可从以下原则处理：① 被分立企业，可不确认资产转让所得或损失，不计算缴纳所得税。② 被分立企业分立资产相对应的企业所得税事宜，由接受资产的分立企业承继；被分立企业未超过法定弥补期限的亏损额，可从分立资产占全部资产比例分配，由接受资产的分立企业继续弥补。③ 分立企业，接受被分立企业资产和负债的成本，须从被分立企业账面净值结转确定，不得从评估价值调整。此为特别规则。

依照119号通知第2条规定，被分立企业股东取得新股，如放弃旧股，新股成本应从旧股成本确定；如不放弃旧股，则新股成本可从以下两种方法中选择：直接将新股成本确定为零；从分立净资产占被分立企业净资产比例先调整减低旧股成本，再将调整减低的成本平均分配到新股上。此为特别规则。

（4）适用

依照119号通知第5条规定，上述规定[1]与119号通知不一致的，从119号通知执行。

4. 关于企业股权投资业务若干所得税问题的通知

（1）概述

2000年，国家税务总局制定关于企业股权投资业务若干所得税问题的通知（118号通知），[2]补充企业所得税暂行条例。118号通知涉及资产收购企业所得税处理事宜。

（2）企业整体资产转让所得税处理

依照118号通知第4条规定，企业整体资产转让，是指一家企业（转让企业）不经解散将其全部资产和负债或其独立核算分支机构转让给另一家企业（接受企业），并换取接受企业股权；企业整体资产转让，应在交易发生时，分解为从公允价值销售资产和进行投资两项经济业务，进行企业所得税处理；如果接受企业支付额中非股权支付不高于支付股权票面价值或股本账面价值20%的，经税务机关审核确认，转让企业可暂不确认资产转让所得或损失；转让企业取得接受企业股权成本，应从其资产账面净值确定，不得从评估价值确定；接受企业接受转让企业资产成本，须从资产账面净值结转确定，不得从经评估价值调整。

（3）企业整体资产置换所得税处理

依照118号通知第5条规定，企业整体资产置换，是指一家企业以全部或其独立核算的分支机构与另一家企业全部或其独立核算的分支机构整体交换，但双方企业并不解散；企业整体资产置换，应在交易发生时，分解为从公允价值销售资产和从公允价值购买资产两项经济业务，进行企业所得税处理；换入资产成本应从换出资产账面净值确定。

（4）适用

依照118号通知第7条规定，上述规定[3]与118号通知不一致的，从118号通知执行。

1 参见前文§§ 10.3.1—2。

2 2000年6月21日国家税务总局国税发〔2000〕118号。

3 参见前文§§ 10.3.1—2。

5. 关于企业重组业务企业所得税处理若干问题的通知

（1）概述

自1991年7月1日起，外商投资企业和外国企业适用外商投资企业和外国企业所得税法；[1]自1994年1月1日起，除外商投资企业和外国企业之外的中国境内企业适用企业所得税暂行条例。[2]此乃内外企业所得税分治格局。自2008年1月1日起，企业所得税法[3]施行，外商投资企业和外国企业所得税法与企业所得税暂行条例一并废止。[4]存续10余年的内外企业所得税分治格局了结。

企业所得税法第55条第1款规定："企业在年度中间终止经营活动的，应当自实际经营终止之日起六十日内，向税务机关办理当期企业所得税汇算清缴。"此乃终期所得税。第2款规定："企业应当在办理注销登记前，就其清算所得向税务机关申报并依法缴纳企业所得税。"此乃清算所得税。未经清算程序而注销企业者，从逻辑上看，不发生清算所得税。究竟发生不?

企业所得税法第20条规定："资产的税务处理的具体办法，由国务院财政、税务主管部门规定。"故2009年财政部国家税务总局制定关于企业重组业务企业所得税处理若干问题的通知（59号文），[5]并追溯适用于2008年全年，[6]以资应对补充。[7]

（2）企业重组

59号文第1条明确界定，企业重组包括企业法律形式改变、债务重组、股权收购、资产收购、合并和分立等；债务重组为，在债务人发生财务困难的情况下，就债务人债务，债权人向债务人让步；股权收购为，一家企业（收购企业）购买另一家企业（被收购企业）股权，并控制被收购企业；[8]资产收购为，一家企业（收购企业）购买另一家企业（被收购企业）实质经营性资产；[9]合并为，一家或多家企业（被合并企业）将其资产和负债转让给

---

1 参见外商投资企业和外国企业所得税第30条。

2 参见企业所得税暂行条例第20条。

3 2007年3月16日国家主席令第63号。

4 参见企业所得税法第60条。

5 2009年4月30日财政部国家税务总局财税〔2009〕59号（59号文）。

6 参见59号文第11条。

7 参见企业所得税法实施条例第75条。

8 对价包括股权支付、非股权支付或两者的组合。参见59号文第1条。

9 对价包括股权支付、非股权支付或两者的组合。参见59号文第1条。

另一家现存或新设企业（合并企业），被合并企业股东换取合并企业股权或非股权支付；分立为，一家企业（被分立企业）将部分或全部资产分立转让给现存或新设的企业（分立企业），被分立企业股东换取分立企业的股权或非股权支付；企业法律形式改变为，上述企业重组形式之外企业注册名称、住所或者企业组织形式等简单改变。上述界定完全保留了以往的相关界定。[1]

依照59号文第2条规定，股权支付为，以本企业或控制本企业之控股企业的股权或者股份作为支付的支付；非股权支付，以本企业现金、银行存款、应收款项、本企业或控制本企业之控股企业股权和股份以外的有价证券、存货、固定资产、其他资产和承担债务等作为支付的支付。

（3）一般性税务处理

依照59号文第4条规定，企业重组一般性税务处理区别如下：

第一，企业法律形式改变。具有法人资格企业转变为个人独资企业或者合伙企业等非法人组织的，应视同具有法人资格企业清算，[2]具有法人资格企业股东重新设立个人独资企业或者合伙企业等非法人组织；个人独资企业或者合伙企业等非法人组织资产和股东投资的计税基础均应从公允价值确定。企业注册地转移至境外的，亦同。发生上述之外企业法律形式改变的，比如有限责任公司转变为股份有限公司，可直接变更税务登记；除非另有规定，诸如亏损结转、税收优惠等权益和义务之类的企业所得税纳税事项由企业法律形式改变后企业承继；如果因住所变化不符合税收优惠条件的，则为例外。

第二，债务重组。① 以非货币资产清偿债务的，应分解为转让非货币资产和以非货币资产转让款清偿债务两项业务，确认债务清偿所得或损失；② 债权转为股权的，应分解为债务清偿和股权投资两项业务，确认债务清偿所得或损失；③ 债务人应从债务清偿额低于债务计税基础的差额，确认债务重组所得；债权人应从债务清偿额低于债权计税基础的差额，确认债务重组损失；④ 债务人所得税纳税事项保持不变。

第三，股权收购和资产收购。① 被收购企业应确认股权、资产转让所得或损失；[3]② 收购企业取得股权或资产的计税基础应从公允价值确定；③ 被收购企业所得税事项保持不变。

第四，合并。① 合并企业应从公允价值确定被合并企业各项资产和负债的计税基础；

1 参见前文§§ 10.3.1—4。

2 相应所得税事宜，参见前文§ 10.3.5.1。

3 如果理解为“被收购企业应确认资产转让所得或损失”，尚无法律上问题。

② 被合并企业[1]及其股东[2]都应从清算进行所得税处理；③ 被合并企业的亏损不得在合并企业结转弥补。

第五，分立。① 被分立企业对分立出去资产应从公允价值确认资产转让所得或损失；[3]② 分立企业应从公允价值确认分立资产的计税基础；③ 被分立企业存续时，其股东取得的对价应视同被分立企业分配[4]处理；④ 被分立企业消灭时，被分立企业[5]及其股东[6]都应从清算进行所得税处理；⑤ 企业分立相关企业亏损不得相互结转弥补。

上述一般性税务处理原则，保留并细化119号通知有关合并分立的一般原则。[7]

（4）特殊性税务处理适用条件

依照59号文第5条规定，适用特殊性税务处理的一般条件为：① 企业重组具有合理的商业目的，且不以减少所得税、免除所得税或者推迟缴纳所得税为主要目的；② 企业重组后连续12个月内不改变重组资产原实质性经营活动；③ 因企业重组取得股权支付的原主要股东，在企业重组后连续12个月内，不得转让相应股权。

依照59号文第7条规定，凡股权收购或者资产收购兼及中国境内与中国境外的，适用特殊性税务处理的一般条件尚且包括：① 非居民企业，[8]向其100%直接持股的另一非居民企业转让其持有的居民企业[9]股权，此后居民企业股权转让预提所得税负担并未因此变化，且前一非居民企业向主管税务机关书面承诺在3年内不转让后一非居民企业股权的；② 非居民企业向与其100%直接持股居民企业转让其持有的另一居民企业股权；③ 居民企业以其拥有的资产或股权向其100%直接持股的非居民企业投资；④ 财政部或者国家税务总局核准的其他情形。

（5）特殊性税务处理（之一）

依照59号文第5条规定，企业重组特殊性税务处理区别如下：

1 此种结论，并无法律上的依据。参见前文§10.3.5.1。
2 参见企业所得税法实施条例第11条第2款。
3 此种结论，并无法律上的依据。参见前文§10.3.5.1。
4 参见企业所得税法第26条第2项；企业所得税法实施条例第83条。
5 此种结论，并无法律上的依据。参见前文§10.3.5.1。
6 参见企业所得税法实施条例第11条第2款。
7 参见前文§§ 10.3.3.2—3。
8 参见企业所得税法第2条第3款。
9 参见企业所得税法第2条第2款。

第一，债务重组。因债务重组确认的应纳税所得额占企业当年应纳税所得额50%以上的，可在期为5个纳税年度的期限内，均匀计入各年度应纳税所得额；债权转为股权的，就债务清偿和股权投资两项业务暂不确认债务清偿所得或损失，股权投资的计税基础从债权计税基础确定；企业其他所得税事项保持不变。

第二，股权收购。收购企业购买的股权不低于被收购企业全部股权75%，且收购企业在股权收购发生时的股权支付金额不低于交易支付总额85%的，可以从以下原则处理：① 被收购企业股东取得收购企业股权的计税基础，从被收购企业股权计税基础确定；② 收购企业取得被收购企业股权的计税基础，从被收购企业股权计税基础确定；③ 收购企业和被收购企业各项资产和负债的计税基础和其他相关所得税事项保持不变。

第三，资产收购。收购企业收购的资产不低于被收购企业全部资产75%，且收购企业在资产收购发生时的股权支付金额不低于交易支付总额85%的，可以从以下原则处理：① 被收购企业取得收购企业股权的计税基础，从资产计税基础确定。② 收购企业取得被收购企业资产的计税基础，从资产计税基础确定。

上述交易非股权支付部分，应在交易当期确认转让所得或损失，并调整相应计税基础；非股权支付对应的转让所得或损失 =（被转让标的的公允价值 − 被转让标的的计税基础）×（非股权支付金额 ÷ 被转让标的的公允价值）。

（6）特殊性税务处理（之二）

依照59号文第5条规定，合并的特殊性税务处理为：合并发生时股权支付金额不低于交易支付总额85%的，可以从以下原则处理：① 合并企业，接受被合并企业资产和负债的计税基础，从原计税基础确定；② 被合并企业合并前的相关所得税事项由合并企业承继；③ 可由合并企业弥补的被合并企业亏损的限额 = 被合并企业净资产公允价值 × 截至合并业务发生当年年末国家发行最长期限国债利率；④ 被合并企业股东，取得合并企业股权的计税基础，从原持有被合并企业股权计税基础确定。同一控制人控制下企业之间合并且不需要支付对价的，亦同。上述交易非股权支付部分，应在交易当期确认转让所得或损失，并调整相应计税基础；非股权支付对应转让所得或损失 =（被转让标的的公允价值 − 被转让标的的计税基础）×（非股权支付金额 ÷ 被转让标的的公允价值）。

问题在于，特殊性税务处理第2原则，是否意味着，被合并企业不再从清算进行所得税处理？[1]结论应该是肯定的。

（7）特殊性税务处理（之三）

依照59号文第5条规定，分立的特殊性税务处理为：被分立企业所有股东按原持股比例取得分立企业股权，分立企业和被分立企业均不改变原实质性经营活动，且被分立企业股东在分立发生时取得股权支付金额不低于交易支付总额85%的，可以依以下原则处理：① 分立企业，接受被分立企业资产和负债的计税基础，从被分立企业原计税基础确定；② 被分立企业已分立出去资产相应所得税事项，由分立企业承继；③ 被分立企业未超过法定弥补期限的亏损额，可按分立资产占全部资产比例进行分配，由分立企业继续弥补；④ 被分立企业股东，取得分立企业新股，如部分或全部放弃旧股，新股计税基础，应从旧股的计税基础确定。如不放弃旧股，新股计税基础，可从以下两种方法确定：直接将新股计税基础确定为零；从分立净资产占被分立企业全部净资产比例，先调整减低旧股计税基础，再将调整减低的计税基础平均分配到新股上。上述交易非股权支付部分，应在交易当期确认转让所得或损失，并调整相应计税基础；非股权支付对应转让所得或损失＝（被转让标的的公允价值－被转让标的的计税基础）×（非股权支付金额÷被转让标的的公允价值）。

问在于，特殊性税务处理第2原则，是否意味着，被分立企业不再从清算进行所得税处理？[2]结论应为是。

（8）特殊性税务处理（之四）

依照59号文第8条规定，居民企业，以其拥有资产或股权向其100%直接持股的非居民企业投资，相应资产或股权转让所得适用的特殊性税务处理为：转让所得可在期为10个纳税年度的期限内均匀计入各年度应纳税所得额。

（9）其他

依照59号文第9条规定，在吸收合并中，存续企业性质及其适用税收优惠条件尚未改变的，可以继续享受合并前剩余期限的税收优惠；相应优惠金额从合并前一年应纳税所得额计算；在存续分立中，存续企业性质及适用税收优惠条件尚未改变的，可以继续享受分立前剩余期限的税收优惠，相应优惠金额以分立前一年应纳税所得额，从存续企业资产占

1 参见前文§10.3.5.3（“第四”）。

2 参见前文§10.3.5.3（“第五”）。

被分立企业全部资产比例计算。

依照59号文第10条规定，企业重组发生前后连续12个月内，资产或者股权分步交易的，从实质重于形式原则，应将上述交易作为一项企业重组交易处理。

依照59号文第11条规定，凡符合59号文特殊性重组条件并选择特殊性税务处理的，当事人应在企业重组完成当年企业所得税年度申报时，向主管税务机关提交书面备案资料以资证明，否则一律不得主张特殊性税务处理。

依照59号文第12条规定，企业重组过程中涉及的需要特别处理的企业所得税事项，由国务院财政税务主管部门另行规定。

（10）适用

从企业所得税法立法背景来看，[1] 59号文应优先于其他文件。[2]

6. 综合问题

（1）清算所得税

企业所得税法第55条区别规定终期所得税和清算所得税。[3]同时，企业所得税法实施条例第11条第1款解释："清算所得，是指企业的全部资产可变现价值或者交易价格减除资产净值、清算费用以及相关税费等后的余额。" 2009年财政部国家税务总局制订关于企业清算业务企业所得税处理若干问题的通知，[4]再度解释："企业的全部资产可变现价值或交易价格，减除资产的计税基础、清算费用、相关税费，加上债务清偿损益等后的余额，为清算所得。""企业全部资产的可变现价值或交易价格减除清算费用、职工的工资、社会保险费用和法定补偿金，结清清算所得税、以前年度欠税等税款，清偿企业债务，按规定计算可以向所有者分配的剩余资产。"[5]且不说上述解释前后逻辑不一，要么财政部国家税务总局心中没底，要么财政部国家税务总局草率行事。

2005年公司法第187条第2款规定："公司财产在分别支付清算费用、职工的工资、社会保险费用和法定补偿金，缴纳所欠税款，清偿公司债务后的剩余财产，有限责任公司按照

1 参见前文§10.3.5.1。

2 参见前文§§10.3.1—4。

3 参见前文§10.3.5.1。

4 2009年4月30日财政部国家税务总局财税〔2009〕60号（60号文）。

5 见60号文第4和5条。

股东的出资比例分配，股份有限公司按照股东持有的股份比例分配。”清算组决出上述剩余财产为清算；因为上述清算公司有所得，为清算所得；此清算所得乃剩余财产扣除公司净资产后的余额。[1]

（2）非经清算程序注销

以合并为例，依照一般性税务处理原则，被合并企业应从清算进行所得税处理。[2]此处所得税应该是清算所得税。问题有二：其一，被合并企业非经清算程序注销，[3]何来“从清算进行所得税处理”之说？其二，企业所得税法仅仅特别规定清算所得税和终期所得税；有清算所得税，自然得有清算；上述“从清算进行所得税处理”之说，企业所得税法上的依据为何？分立的情形，也类似。[4]

以合并为例，依照一般性税务处理原则，被合并企业股东应从清算进行所得税处理。[5]此处所得税处理依据应该是企业所得税法实施条例第11条第2款。该款规定：“投资方企业从被清算企业分得的剩余资产，其中相当于从被清算企业累计未分配利润和累计盈余公积中应当分得的部分，应当确认为股息所得；剩余资产减除上述股息所得后的余额，超过或者低于投资成本的部分，应当确认为投资资产转让所得或者损失。”上述规定设置的前提条件是清算。问题是，被合并企业未经清算程序注销，上述规定是股东所得税处理依据？如果不是，依据为何？分立的情形，也类似。[6]

§10.4 有关税务和重组购并的规定

1. 土地增值税和重组购并

土地增值税课征依据，为土地增值税暂行条例；[7]土地增值税税率，系起点为30%的超额

1 参见日本法人税法第92—93条。

2 参见前文§10.3.5.3（“第四”）。

3 参见71号文第1条；119号通知第1条。

4 参见前文§10.3.5.3（“第五”）。

5 参见前文§10.3.5.3（“第四”）。

6 参见前文§10.3.5.3（“第五”）。

7 1993年12月31日国务院令第138号。

累进税率；[1]土地增值税课税对象包括：其一，国有土地使用权有偿转让；其二，地上建筑物有偿转让；其三，地上附着物有偿转让。（房地产有偿转让）[2]土地增值税暂行条例于1994年1月1日施行，[3]实际实行期前预缴期后清算制，[4]而且多数未得及时清算。[5]

土地增值税课税对象为房地产有偿转让；因企业合并房地产转移至合并企业系法定转移，非为土地增值税课税对象。[6]以房地产为实物投资，即投资者以房地产作价入股的，暂免土地增值税；[7]凡相应企业从事房地产开发的，为例外；凡房地产开发企业以其建造商品房投资的，为例外。[8]

因土地增值税暂行条例于1994年1月1日施行，故财政部国家税务总局特意明确，其一，1994年1月1日以前已缔结房地产转让合同，不论房地产何时转让，均免征土地增值税；其二，1994年1月1日以前已缔结房地产开发合同或已立项，并已按规定投入资金开发，在1994年1月1日后5年内首次转让房地产的，免征土地增值税；其三，经政府审批成片开发周期较长的个别房地产项目，相应房地产在上述5年免税期后首次转让，经所在地财政税务部门审核，并报财政部国家税务总局核准，可以适当延长免税期限。[9]

2. 营业税和重组购并

营业税课征依据，原为1993年营业税暂行条例；[10]从1993年营业税暂行条例发布的营业税税目注释[11]第8条明确，以无形资产投资入股，不征收营业税；相应股权转让，应从无形资产税目征税；第9条明确，以不动产投资入股，不征收营业税；相应股权转让，应从不动产

---

1 参见土地增值税暂行条例第7条。

2 参见土地增值税暂行条例第2条；土地增值税暂行条例实施细则第2条。

3 参见土地增值税暂行条例第15条。

4 参见土地增值税暂行条例实施细则第16条。

5 例见2009年5月12日国家税务总局国税发〔2009〕91号关于印发土地增值税清算管理规程的通知。

6 参见1995年5月25日财政部国家税务总局财税字〔1995〕48号关于土地增值税一些具体问题规定的通知（48号通知）第3条。

7 参见48号通知第1条。

8 参见2006年3月2日财政部国家税务总局财税〔2006〕21号关于土地增值税若干问题的通知第5条。

9 参见1995年1月27日财政部国家税务总局财法字〔1995〕7号关于对1994年1月1日前签订开发及转让合同的房地产征免土地增值税的通知。

10 1993年12月13日国务院令第136条。

11 1993年12月27日国税发〔1993〕149号。

税目征税。针对上述意见，财政部国家税务总局于2002年再度确认，以无形资产或者不动产投资入股，不征收营业税；相应股权转让不征收营业税。[1]

1993年营业税暂行条例，于2008年修正为2008年营业税暂行条例；[2]尽管如此，财政部国家税务总局2002年之确认得以保留。[3]

3. 契税和重组购并

（1）概述

契税课征依据，为1997年契税暂行条例；[4]契税课税对象包括：其一，国有土地使用权出让；其二，土地使用权转让，包括出售、赠与和交换；其三，房屋买卖；其四，房屋赠与；其五，房屋交换。[5]

（2）契税政策

为支持企业改革，财政部国家税务总局于2008年制定关于企业改制重组若干契税政策的通知（175号文），[6]明确契税政策如下：

其一，企业公司制改造。非公司制企业整体改造[7]为有限责任公司或股份有限公司，或者有限责任公司整体改造为股份有限公司，并由公司承继原企业或公司土地或者房屋权属的，免征契税；非公司制国有独资企业或国有独资有限责任公司，以其部分资产与他人设立公司，且国有独资企业或国有独资有限责任公司持股新设公司过50%，并由新设公司接受国有独资企业或国有独资有限责任公司土地或者房屋权属的，免征契税；国有控股公司，[8]以部分资产投资设立公司，且国有控股公司持股新设公司过85%，并由新设公司接受国有控股公司土地或者房屋权属的，免征契税。

其二，股权转让。在股权转让中，单位或者个人取得企业股权，企业土地或者房屋权

1 参见2002年12月10日财政部国家税务总局财税〔2002〕191号关于股权转让有关营业税问题的通知。
2 2008年11月10日国务院令第540号。
3 参见2009年3月4日国家税务总局国税发〔2009〕29号关于公布废止的营业税规范性文件目录的通知。
4 1997年7月7日国务院令第224号。
5 参见契税暂行条例第2条。
6 2008年12月9日财政部国家税务总局财税〔2008〕175号关于企业改制重组若干契税政策的通知（175号文）。
7 整体改造是指不改变原企业投资主体，并承继原企业权利义务。参见175号文第1条。
8 国有控股公司，是指国家出资额占有限责任公司资本总额50%以上，或国有股份占股份有限公司股本总额50%以上的国有控股公司。参见175号文第1条。

属不发生转移，不征收契税。

其三，合并。因合并承继原合并各方土地或者房屋权属的，免征契税。

其四，分立。因分立承继原企业土地或者房屋权属的，免征契税。

其五，出售。国有或者集体企业出售并注销，买受人依法妥善安置原企业全部职工并与原企业30%以上职工签订服务年限不少于3年的劳动用工合同的，买受人接受原企业土地或者房屋权属的，契税减半征收；如果与原企业全部职工签订服务年限不少于3年的劳动用工合同的，免征契税。

其六，企业注销或者破产后，债权人接受注销或破产企业土地或者房屋权属，以抵偿债务的，免征契税；非债权人接受注销或破产企业土地或者房屋权属，依法妥善安置原企业全部职工并与原企业30%以上职工签订服务年限不少于3年的劳动用工合同的，契税减半征收；与原企业全部职工签订服务年限不少于3年的劳动用工合同的，免征契税。

其七，其他。经国务院批准实施债权转股权，债权转股权后新设公司承继原企业土地或者房屋权属，免征契税；政府主管部门国有资产行政性调整和划转导致土地或者房屋权属转移，不征收契税；企业改制重组过程中，同一投资主体内部所属企业之间土地或者房屋权属无偿划转，比如，母公司与其全资子公司之间，同一公司所属全资子公司之间，同一自然人与其设立的个人独资企业或一人有限公司之间，不征收契税。

（3）执行期限

175号文执行期限为，2009年1月1日至2011年12月31日。[1]这意味着，175号文所明确政策可得而复失。在此情况下自得梳理：上述政策当中，哪些是自然存在的，哪些是财政部或者国家税务总局此次创设或者此前创设的。股权转让不征收契税之政策，[2]乃立法态度，[3]自然存在；国有或者集体企业出售契税减半征收或者免征契税之政策，[4]是财政部国家税务总局此前创设的。[5]

更需要指明的是，凡“承继”情形下的政策，[6]都是自然存在；凡“接受”情形下的政

1 参见175号文第7条。

2 参见前文§10.4.3.2（“其二”）。

3 参见前文§10.4.3.1。

4 参见前文§10.4.3.2（“其五”）。

5 参见2003年8月20日财政部国家税务总局财税〔2003〕184号关于企业改制重组若干契税政策的通知第5条。

6 例见前文§10.4.3.2（“其三”）。

策，[1]是财政部或者国家税务总局此次创设或者此前创设的。上述结论的理由是，“接受”属契税课税对象之交易；“承继”乃法定转移，非属契税课税对象之交易。[2]

4. 印花税和重组购并

印花税课征依据，为印花税暂行条例；[3]印花税课征对象包括：其一，书立印花税暂行条例第2条列举凭证；其二，领受印花税暂行条例第2条列举凭证。上述凭证包括：其一，购销、加工承揽、建设工程承包、财产租赁、货物运输、仓储保管、借款、财产保险、技术合同或者具有合同性质凭证；其二，产权转移书据；其三，营业账簿；其四，权利或者许可证照；其五，经财政部确定征税的其他凭证。

为支持企业改制，财政部国家税务总局于2003年制定关于企业改制过程中有关印花税政策的通知，[4]明确印花税政策如下：

其一，资金账簿[5]印花税。① 公司制改造包括，国有企业整体改造为国有独资有限责任公司；企业改造为有限责任公司或股份有限公司；企业以其部分财产和相应债务与他人设立公司；企业将债务留在原企业以优质财产与他人设立公司。公司制改造过程中设立公司新启用资金账簿记载资金或因公司制改造新增加资金，凡原已贴花部分可不再贴花，未贴花的部分从印花税暂行条例贴花，新增加资金从印花税暂行条例贴花。② 合并包括吸收合并和新设合并；分立包括存续分立和消灭分立。以合并或分立方式成立新企业新启用资金账簿记载资金，凡原已贴花部分可不再贴花，未贴花的部分从印花税暂行条例贴花，新增加资金从印花税暂行条例贴花。③ 债权转股权新增加资金从印花税暂行条例贴花。④ 企业改制中经评估增加资金从印花税暂行条例贴花。⑤ 企业其他会计科目记载资金转为实收资本或资本公积资金从印花税暂行条例贴花。

其二，应税合同印花税。企业改制前签订但尚未履行完的各类应税合同，改制后需要

1 例见前文§10.4.3.2（“其五”）。

2 例见2001年6月7日国家税务总局国税函〔2001〕415号关于北京京煤集团有限责任公司组建过程中房屋产权变更登记不征契税的批复；2001年11月16日国家税务总局国税函〔2001〕843号关于中国粮油食品进出口（集团）有限公司重组改制有关契税问题的通知。

3 1988年8月6日国务院令第11号公布。

4 2003年12月8日财政部国家税务总局财税〔2003〕183号关于企业改制过程中有关印花税政策的通知。

5 “实收资本”与“资本公积”两项合计金额。参见1994年2月5日国家税务总局国税发〔1994〕025号关于资金账簿印花税问题的通知。

变更执行主体的，仅仅改变执行主体其余条款未作变动且改制前已贴花的，不再贴花。

其三，产权转移书据印花税。企业因改制签订的产权转移书据免予贴花。

§ 10.5 有关非公司企业公司制改造的特别规定

1. 股份有限公司规范意见

在1994年公司法施行前，股份有限公司适用股份有限公司规范意见（规范意见）。[1]规范意见第11条第1款规定："原有企业改组公司，须将原有企业全部资产投入公司。原有企业可作为设立公司的发起人。不以原有企业作发起人时，原有企业的资产所有者应作为设立公司的发起人。"非公司企业改造为公司，原企业可以作为发起人；原企业不为发起人，原企业股东应为发起人。从发起人职责角度看，是合适的。[2]

规范意见第11条第2款规定："原有企业在公司设立后即自行终止。"公司设立，原企业终止。问题是，在登记程序上，该如何处理？1994年公司法第98条规定："有限责任公司变更为股份有限公司，应当符合本法规定的股份有限公司的条件，并依照本法有关设立股份有限公司的程序办理。"虽然没有直接回应上述问题，至少间接回答上述问题了；1994年公司法仅仅容许上述组织变更，自然否定规范意见容许的非公司企业公司制改造。

2. 关于国有企业改革中登记管理若干问题的实施意见

为支持国有企业改革，国家工商行政管理总局于1998年制定关于国有企业改革中登记管理若干问题的实施意见（实施意见）。[3]实施意见第2条明确，国有企业改建为公司，系指从公司法设立有限责任公司或股份有限公司；实施意见第3条要求，国有企业改建为公司，应由原国有企业投资人或新投资人作为发起人，原国有企业自身不得作为发起人；实施意见第6条明确，国有企业改建为公司，可以由发起人，从公司法和公司登记管理条例向工商行政管理局申请登记；实施意见第7条进一步明确，国有企业整体改建为公司，属下列形式

1 1992年5月15日国家体改委体改生〔1992〕31号。

2 参见上文§ 1.3.2.3。

3 1998年5月28日国家工商行政管理总局公布。

之一的，应从设立登记程序提交文件，按变更登记程序办理换发企业法人营业执照：其一，改建为国有独资公司或独家发起股份有限公司；其二，吸收新股东投资入股组成公司；其三，吸收合并组成公司。第1种情况就是规范意见容许的非公司企业公司制改造。总之，实施意见的回答是，从设立登记程序提交文件，按变更登记程序换发企业法人营业执照。此即实实在在的简易组织变更。[1]

因缺乏2005年公司法上的依据，[2]2006年国家工商行政管理总局行文废止实施意见。[3]

1 参见上文§2.3.5.1。

2 究竟缺乏否，参见上文§2.3.5.1。

3 参见2006年6月23日国家工商行政管理总局工商法字〔2006〕119号关于废止有关工商行政管理规章、规范性文件的决定。

附录一　法律概述

§ 1.1 部门法律

凡一国法律，自成一体。为法律体系。法律体系由以下要素组成：

（1）宪法及其相关法律

在我国，宪法及其相关法律包括：宪法、国务院组织法、法院组织法、香港基本法等。上述法律，规定一国宪政、国家权力配置以及具体实施方案等。有的是原则性的，比如宪法；有的是操作性的，比如立法法和组织法。

（2）行政法

行政法，广而言之，包括两个部分：行政实体法和行政诉讼法。行政实体法，比如个人所得税法，企业所得税法等。相应法律是控制行政权力的法律。有时法律采取的控制途径，是设置程序，即行政程序。与此相关的法律，为行政程序法。比如行政许可法和行政处罚法。如就行政权力之行使，屈从于行政权力的相对人不服，因此发生纠纷，此为行政诉讼案件。相应的诉讼是行政诉讼。与此相关的法律，是行政诉讼法。相对应于实体法，为程序法。

（3）刑法

刑法，广而言之，包括两个部分：刑法和刑事诉讼法。刑法规定犯罪与刑罚。诸如妨碍公司企业管理秩序罪、生产和销售伪劣产品罪、金融诈欺罪、商业贿赂罪、破坏金融管理秩序罪等均由刑法规定，并设置相应刑罚。与刑法相应的程序法，是刑事诉讼法。诸如无罪推定原则和自由心证原则之类原则，由其贯彻执行。

（4）民商法

以上几个部门，身陷国家权力。在法律上，定性为公法。与公法相应的是私法。私法，仅仅处理人与人之间的权利和义务，并无国家权力介入。

最为一般的私法，是民法。德国式的民法包括：民法总则、民法债权、民法物权、婚姻家庭法和继承法。这五部分内容组成民法典。民法典之外，尚有其他民事法律，比如专利法、商标法和著作权法等。为民事单行法。民法特别法之一是商法。一般包括商法总则、公司法、票据法、保险法、海商法和破产法。甚至上述内容或多或少组成商法典。商法典之外的是，诸如信托法和投资基金法之类的商事单行法。

相对应于民商法的程序法，为民事诉讼法。

因涉外因素介入，民法施行得面临民法适用选择；决定民法适用选择的法律，为民法施行法。俗称国际私法。

§1.2 法律文件

部门法律，以法律文件的方式显现，为法律渊源。

（1）中央立法

在我国，中央立法权归属全国人民代表大会及其常务委员会。下列事项，只能以法律规定：① 国家主权的事项；② 各级人民代表大会、人民政府、人民法院和人民检察院产生、组织和职权；③ 民族区域自治制度、特别行政区制度、基层群众自治制度；④ 犯罪和刑罚；⑤ 剥夺公民政治权利的强制措施和处罚与限制人身自由的强制措施和处罚；⑥ 对非国有财产征收；⑦ 民事基本制度；⑧ 基本经济制度以及财政、税收、海关、金融和外贸基本制度；⑨ 诉讼和仲裁制度；⑩ 必须由法律规定的其他事项。上节民法，对应上述“⑦ 民事基本制度”；上文刑法，规定上述“④ 犯罪和刑罚”。凡“法律”者，应以国家主席令公布。

就上列事项，尚未制定法律者，全国人民代表大会及其常务委员会，可以授权国务院，根据实际需要制定行政法规；上述授权并不包括上列第4、5项和第9项。从授权之说的逻辑上看，全国人民代表大会及其常务委员会立法权之外的事项，由国务院制定行政法规。凡“行政法规”者，应以国务院令公布。

（2）地方立法

省、自治区、直辖市人民代表大会及其常务委员会，根据本行政区域具体情况和实际需要，可以制定地方性法规。省、自治区人民政府所在地市、经济特区所在地市和经国务院批准的较大市的，亦同。经济特区所在地省市人民代表大会及其常务委员会，根据全国人民代表大会授权，制定地方性法规。民族自治地方人民代表大会，依照当地民族政治、经济和文化特点，制定自治条例和单行条例。凡“地方性法规”、“自治条例”和“单行条例”者，应以立法法规定方式公布。

§ 1.3 法律条文

（1）任意性规定

合同法第220条规定：“出租人应当履行租赁物的维修义务，但当事人另有约定的除外。”凡租赁合同出租人，对承租人负有租赁物维修义务；如果租赁合同存在相反约定的，则为例外。即，有约定，从约定；无约定，从规定。诸如有关维修义务规定之类的拾遗补缺性规定，为任意性规定。

2005年公司法第72条共有4款：

“有限责任公司的股东之间可以相互转让其全部或者部分股权。”（第1款规定）

“股东向股东以外的人转让股权，应当经其他股东过半数同意。股东应就其股权转让事项书面通知其他股东征求同意，其他股东自接到书面通知之日起满三十日未答复的，视为同意转让。其他股东半数以上不同意转让的，不同意的股东应当购买该转让的股权；不购买的，视为同意转让。”（第2款规定）

“经股东同意转让的股权，在同等条件下，其他股东有优先购买权。两个以上股东主张行使优先购买权的，协商确定各自的购买比例；协商不成的，按照转让时各自的出资比例行使优先购买权。”（第3款规定）

“公司章程对股权转让另有规定的，从其规定。”（第4款规定）

从第4款规定看，前3款都是任意性规定。

（2）强制性规定或者禁止性规定

2005年公司法第147条第1款规定：“有下列情形之一的，不得担任公司的董事：……因贪污……被判处刑罚，执行期满未逾五年……”第2款规定：“公司违反前款规定选举……董事……的，该选举……无效。”2005年公司法第147条第2款明确，凡违反2005年公司法第147条第1款规定者，无效。诸如2005年公司法第147条第1款之类的规定，为禁止性规定。其表达模式为“不得为……如果为……行为无效”。

2005年公司法第33条第3款规定：“公司应当将股东的姓名……向公司登记机关登

记……未经登记……的，不得对抗第三人。”这里的“不得对抗第三人”，即对第三人而言是无效的。2005年公司法第33条第3款第2句明确，凡违反公司法第33条第3款第1句者，无效。诸如2005年公司法第33条第3款第1句之类的规定，为强制性规定。其表达模式为“应当为……如果不为……相应行为无效”。

上述强制性规定和禁止性规定，合称强制性规定。

（3）强行法规定

2005年公司法第147条第2款和2005年公司法第33条第3款第2句是什么规定呢？属强行法规定。针对强行法规定，当事人不得以约定推翻，否则一律无效。比如，有限责任公司章程约定：“本公司不适用2005年公司法第147条第2款。”上述约定无效；再比如，2005年公司法第24条规定：“有限责任公司由五十个以下股东出资设立。”设若共有101位自然人缔结章程，意欲设立有限责任公司的，且不论其他事宜，该章程是否有效？结论是无效。

（4）管制性规定

2005年公司法第36条规定：“公司成立后，股东不得抽逃出资。”如果抽逃，结果又怎样？2005年公司法第201条规定：“公司……股东在公司成立后，抽逃其出资的，由公司登记机关责令改正，处以所抽逃出资金额百分之五以上百分之十五以下的罚款。”此系公法规定中的行政法规定。2005年公司法之外的刑法第159条规定：“公司……股东……在公司成立后又抽逃其出资，数额巨大、后果严重或者有其他严重情节的，处五年以下有期徒刑或者拘役，并处……抽逃出资金额百分之二以上百分之十以下罚金。”“单位犯前款罪的，对单位判处罚金，并对其直接负责的主管人员和其他直接责任人员，处五年以下有期徒刑或者拘役。”此系公法规定中的刑法性规定。从行政法规定和刑法性规定来看，2005年公司法第36条规定是管制性规定。行政法规定和刑法性规定，就是针对2005年公司法第36条的管制。行政法规定和刑法性规定之设，本来就是为了保证诸如2005年公司法第36条之类规定的执行。

（5）宣示性规定

2005年公司法第19条规定：“在公司中，根据中国共产党章程的规定，设立中国共产党的组织，开展党的活动。公司应当为党组织的活动提供必要条件。”何谓必要条件？如果没有标准，不能执行；设若公司不提供必要条件，结果又怎样？结果没有；设若如此，又如何保证该种规定的实施呢？2005年公司法第19条只能流于宣示性规定，宣示价值的规定。

§ 1.4 政府规章

（1）制定目的

国务院各部、委员会、中国人民银行、审计署和其他具有行政管理职能直属机构，可制定规章；制定依据为法律和国务院行政法规、决定与命令；制定权限为在本部门权限范围内。部门规章制定的目的，在于执行法律和行政法规。部门规章应当经部务会议或者委员会会议决定，由部门首长签署命令公布。

省、自治区、直辖市和较大市人民政府，可制定规章；制定依据为法律、国务院行政法规和省、自治区、直辖市与较大市地方性法规。政府规章制定的目的，在于执行法律、行政法规和地方性法规。政府规章应当经政府常务会议或者全体会议决定，由省长、自治区主席或者市长签署命令公布。

（2）规章适用

从政府规章制定目的来看，凡法律、行政法规和地方性法规已经规定的，无需制定政府规章；如果制定并且两者相互冲突的，适用法律、行政法规或者地方性法规。例如：

最高人民法院关于道路运输市场管理的地方性法规
与部门规章规定不一致的法律适用问题的答复
（2003年8月15日）

（〔2003〕行他字第4号）

江苏省高级人民法院：

你院〔2003〕苏行他字第002号《关于部门规章与地方性法规规定的处罚幅度不一致，如何适用法律的请示报告》收悉。经研究，答复如下：

在国家尚未制定道路运输市场管理的法律或者行政法规之前，人民法院在审理有关道路运输市场管理的行政案件时，可以优先选择适用本省根据本地具体情况和实际需要制定的有关道路运输市场管理的地方性法规。

附录二 中国证监会[1]“看得见的手”[2]看得见吗？——以境外间接上市为例

摘 要：

……2005年证券法……第238条规定：“境内企业直接或者间接到境外发行证券或者将其证券在境外上市交易，必须经国务院证券监督管理机构依照国务院的规定批准。”……何谓境外间接上市？如何审批？……境内企业利用境外公司名义在境外上市，应获证券委员会批准，审批依据是……境内企业，借助诸如香港重汽之类境外关联人，施行境外上市……是否一定构成境外间接上市？……上市乃系列行为的自然结果，不言行政许可之获取。境内借壳上市如此，境外借壳上市也当如此。如若一定要以境外借壳上市为例外，相应理由为何？……凡拥有中国境内权益的境外公司之境外上市……如属诸如北京金裕兴之类换股转移情形，则应获中国证监会核准……开曼新东方以VIE方式境外上市，是否存在并购内资规定批准？……批准与否的标准为何？相应申请文件为何？相应批准程序为何？2005年证券法第238条授权国务院规定……

关键词：

境外直接上市、境外间接上市、行政许可和行政许可程序。

一、引言

为中国证券市场统一监管计，1992年成立国务院证券委员会（证券委员会），负责证券市场大政方针；同时成立原中国证监会，充作证券委员会执行部门，负责证券市场监

1 中国证券监督管理委员会，简称为中国证监会。

2 参见小艾尔弗雷德·D.钱德勒：《看得见的手——美国企业的管理革命》，商务印书馆1987年汉译版，第1页。

管。[1]1998年证券委员会和原中国证监会合并为现今的中国证监会，作为国务院直属事业单位，负责中国证券期货市场监管。[2]也就在1998年年底，新中国第一部证券法[3]通过。[4]身为法定证券市场监管者，中国证监会享有相当的职权，包括证券市场行政监管权，比如，就证券发行从行政许可程序做出行政许可。[5]

1993年股票发行与交易管理暂行条例[6]（股票发行条例）第6条第2款规定："境内企业直接或者间接到境外发行股票……在境外交易……须经……审批……" 1998年证券法[7]保留上述规定内容，于第29条规定："境内企业直接或者间接到境外发行证券或者将其证券在境外上市交易，必须经国务院证券监督管理机构批准。"其中，国务院证券监督管理机构即中国证监会。2005年证券法[8]仍然保留上述规定内容，该法第238条规定："境内企业直接或者间接到境外发行证券或者将其证券在境外上市交易，必须经国务院证券监督管理机构依照国务院的规定批准。"其中国务院证券监督管理机构即中国证监会。

依照上述规定，如果境内企业，直接到境外发行股票或将其股票在境外交易所挂牌交易（境外直接上市），得获中国证监会批准。这一点是自明的。依照上述规定，如果境内企业，间接到境外发行股票或将其股票在境外交易所挂牌交易（境外间接上市），亦得获中国证监会批准。这一点不甚明了。不甚明了之处在于：何谓境外间接上市？如何审批？

本文愿意讨论上述不甚明了的问题：其一，本文第2~5部分，从时间顺序上，分别梳理中国证监会的态度；其二，本文第6部分，以2005年证券法为例，分析中国证监会审批程序；其三，本文第7部分，概括本文结论。

---

1 参见1992年10月12日国务院办公厅国办发〔1992〕54号关于成立国务院证券委员会的通知；1995年2月23日国务院办公厅国办发〔1995〕12号关于印发中国证监会机构编制方案的通知。

2 参见1998年9月28日国务院办公厅国办发〔1998〕131号关于印发中国证监会职能配置内设机构和人员编制规定的通知。

3 参见1993年8月25日第8届全国人民代表大会常务委员会第3次会议全国人大财政经济委员会主任委员柳随年关于证券法（草案）的说明。

4 1998年12月29日国家主席令第12号。

5 参见2005年证券法第179条；第10条第1款；第23—24条。

6 1993年4月2日国务院令第112号。

7 1998年12月29日国家主席令第12号。

8 2005年10月27日国家主席令第43号。

二、股票发行条例前阶段

1984年初，因为财务危机，香港上市公司康力投资有限公司（康力，0031）几近倒闭；香港中资企业中银集团和华润集团，联手于香港设立新琼企业有限公司，委其向康力注资4.3亿港元，获取康力股份67%。此乃境外中资企业境外借壳上市之始。[1]

1990年2月，中国国际信托投资公司香港全资子公司，中信香港集团有限公司（中信香港），收购香港上市公司泰富发展集团有限公司（泰富，0267）股份43%，并获泰富控制权；中信香港，先后将其名下诸如国泰航空公司股份之类资产注入泰富；泰富，则以增发股份吸收上述注入资产；由此泰富更名为中信泰富有限公司（中信泰富，0267）。[2]此为境外中资企业境外借壳上市。

1992年10月，北京首都钢铁公司（首钢）与香港长江实业集团有限公司（长江实业），联手收购香港上市公司东荣钢铁集团有限公司（东荣钢铁，0697）；事后长江实业将部分股份转让给首钢，首钢得以控制东荣钢铁，并将其更名为首长国际企业有限公司（首长国际，0697）；首长国际配股募集18亿港元，以资收购首钢境内外资产。[3]此为境内中资企业境外借壳上市。

从上述中资企业借壳上市实情来看，在股票发行条例公布前，中资企业未获任何形式批准于境外上市者，[4]已是常事。虽然常事如斯，但1992年国务院的政策（1992年政策）是：“目前……我国证券市场有关法规尚不完善，各有关部门在制定与证券市场有关的对外开放政策时，要事先与证券委研究。选择若干企业[5]到海外公开发行股票和上市，必须在证券委统一安排下进行，并经证券委审批，各地方……各部门不得自行其是。”[6]

1992年政策发布后，中国证监会曾专门撰文（中国证监会报告）总结，过往境内企业未获任何形式批准或者直接或者间接于境外上市的主要方式；其中要者为：中国境内企业

1 参见邱永红：《我国企业境外借壳上市的实证分析与法律规范》，载《学术研究》1999年第3期，第175页。

2 参见邱永红：《我国企业境外借壳上市的实证分析与法律规范》，载《学术交流》1999年第3期，第175页。

3 参见邱永红：《我国企业境外借壳上市的实证分析与法律规范》，载《学术交流》1999年第3期，第176页。

4 参见前文“一”。

5 即由国务院证券委员会（证券委员会）审批先后于香港等地上市的数十家大型企业。参见1993年12月28日中国证监会证监国字〔1993〕137号关于境外上市企业进行年终总结的通知；1994年6月4日证券委员会证委函〔1994〕34号关于1994年度第一批境外上市企业名单的函。

6 见1992年12月17日国务院国发〔1992〕68号关于进一步加强证券市场宏观管理的通知。

利用于境外已经设立的公司的名义于境外上市。[1]中国证监会认为，上述上市行为违反国家规定，应予以制止；其中“国家规定”，应该是1992年政策。[2]中国证监会为此建议，证券委员会应严格从1992年政策审批上述之类上市行为；[3]中国证监会如此建议的理由为，境内企业境外上市，是一项政策性很强的工作，应防止一哄而上，应避免国有资产产权遭受侵害，应保护国家和投资者利益。[4]

证券委员会曾批复同意并转发中国证监会建议。[5]既然证券委员会同意，中国证监会报告所述境内企业利用境外公司名义境外上市，应获证券委员会批准，审批依据是1992年政策。对照中资企业境外借壳上市实情，1992年政策乃至中国证监会报告，原本就是“马后炮”。尽管如此，此时股票发行条例或者证券法均未公布，有此应急措施，尚在可以合理理解的范围之内。

三、股票发行条例后阶段

（一）境外间接上市

1993年股票发行条例施行后，境外间接上市得获相应批准。[6]逻辑上第一问题是，何谓境外间接上市？境内企业，直接在境外设立子公司，并以子公司名义施行境外上市，属境外间接上市。比如，2007年，中国重型汽车企业集团有限公司（中国重汽），在英属维尔京群岛注册中国重汽维尔京群岛有限公司（维尔京重汽）；维尔京重汽，在香港注册中国重汽香港有限公司（香港重汽）；中国重汽将内地相应资产，通过维尔京重汽注入香港重汽；香港重汽因此在香港上市。[7]实际上，中国重汽境外间接上市直接由国务院批准。[8]

1 参见1993年4月9日证券委员会证委发第18号关于批转中国证监会关于境内企业到境外公开发行股票和上市存在的问题的报告的通知（证委发第18号）。

2 参见证委发第18号。

3 参见证委发第18号。

4 参见证委发第18号。

5 参见证委发第18号。

6 参见前文“一”。

7 参见中国重汽香港有限公司招股书。

8 国务院原则上批准，2005年11月14日中国证监会国合函〔2005〕221号关于中国重型汽车集团有限公司境外上市有关事宜的函。

设若换个思路讨论问题，如果内地企业，借助诸如香港重汽之类关联人，施行境外上市，也就是，中国证监会报告所述境内企业利用境外公司名义境外上市，[1]是否一定构成境外间接上市？试举两例：

其一，境外母公司上市。境内企业股东，在境外注册境外公司；境外公司通过收购控制境内企业，借此境外公司于境外上市。比如，1993年4月，中外合资企业广西玉柴机器股份有限公司（广西玉柴）成立；广西玉柴机器集团有限公司（玉柴集团）持有国家股21.75%，其余多为5家外国投资者手中过71.4%外资股；1993年5月，5家外国投资者在百慕大注册中国玉柴国际有限公司（玉柴国际），5家外国投资者将广西玉柴过71.4%外资股从10∶1比例转换为玉柴国际股份；玉柴国际于1994年12月15日在纽约上市。[2]

其二，境外子公司上市。境内企业，在境外注册境外公司；境外公司收购境内企业相应资产，由此境外公司于境外上市。比如，1993年，北京联想计算机新技术发展公司（北京联想）获准改制。中国科学院单独持股北京联想，但中国科学院将其分红权一分为二：其中65%，归属中国科学院；其余35%，划归公司员工。改制之前，北京联想已在香港设立并控制香港联想控股有限公司（香港联想），股东有三：香港导原系统电脑有限公司、中国技术转让（香港）有限公司和北京联想。1994年2月14日，香港联想（0992）在香港上市。[3]

中国证监会的态度（中国证监会态度一）是，因境外关联人情况不同，应根据具体情况个案判定。[4]比如，第1例，判断参照是广西玉柴，难言广西玉柴境外间接上市。第2例，判断参照是北京联想；北京联想和中国重汽尚有区别；中国重汽借助香港重汽施行境外上市，北京联想境外子公司独立上市而非北京联想境外间接上市。[5]中国证监会要求，境内企业或其境外关联人，应事先向中国证监会汇报，说明意图并解释方案；中国证监会明确，在全面了解情况的基础上，根据已有的规定和行政司法实践判定。凡中国证监会判定应获批准的，未经证券委员会批准，不得为之。[6]

相较于中国证监会报告，中国证监会态度一略显宽松。逻辑派生的问题是，“已有的规

---

1 参见前文“二”。

2 参见邱永红：《我国企业境外借壳上市的实证分析与法律规范》，载《学术交流》1999年第3期，第177页。

3 参见凌志军：《联想风云》，中信出版社2005年版，第67—68、105页和第166—167页。

4 参见1994年2月4日中国证监会关于境内企业到境外发行股票和上市审批程序的函。

5 证券委员会曾批复同意；之所以批复同意，是中国科学院以（93）科发企字1174号主动请示之故。参见1994年1月1日证券委员会关于同意香港联想控股有限公司股票在香港申请上市的批复。

6 参见1994年2月4日中国证监会关于境内企业到境外发行股票和上市审批程序的函。

定和行政司法实践”为何？如果不可得而知之，实乃中国证监会卖个关子。

（二）境外借壳上市

1992年以来，时有境内企业，未获证券委员会任何形式批准，将境内企业资产以各种形式转移至境外并上市；鉴于此等不良实情，1997年6月20日，国务院发布关于进一步加强在境外发行股票和上市管理的通知[1]（21号通知）；[2]21号通知明确定调：

其一，在境外注册的中资控股的上市公司（境外中资控股上市公司），施行分拆上市或者增发等计划，受股票上市国或者区证券监管机构监管；事后中资控股股东境内持股单位，应将有关情况，报中国证监会备案，以加强股权监督管理。[3]即，中国证监会不主张管辖权，比如，中信泰富增发以吸收注入资产。[4]

其二，境外中资控股上市公司，以其境外资产或者由其境外资产在境内投资形成并实际拥有3年以上的境内资产，施行境外上市，从股票上市国或者区的法律施行；中资控股股东境内持股单位，应按照隶属关系，事先征得省级人民政府或者国务院有关主管部门同意；不满3年的境内资产，不得纳入境外上市计划；如有特殊需要的，报中国证监会审核后，由证券委员会批准；中资控股股东境内持股单位，应将上市情况报中国证监会备案。境外注册中资非上市公司为之者，亦同。[5]即，中国证监会不主张管辖权。境外中资控股上市公司，比如，中信泰富；[6]境外注册中资非上市公司，比如，香港联想。[7]

其三，若以换股等任何方式，将境内企业资产转移到境外中资非上市公司并在境外上市的，应获证券委员会批准；将境内企业资产转移到境外中资控股上市公司并在境外上市的，亦同；先将境内企业资产转移到境外中资非上市公司，再行注入境外中资控股上市公司并在境外上市的，亦同。[8]第一种情形，比如，中国重汽借助香港重汽上市，即境外间接

1 1997年6月20日国务院国发〔1997〕21号。

2 参见21号通知序言。

3 参见21号通知第1条。

4 参见前文“二”。相反的例子，参见中国证监会证监国合字〔2004〕28号关于同意TCL集团股份有限公司下属境外公司分立并在香港上市的批复。

5 参见21号通知第2条。

6 参见前文“二”。

7 参见前文“三、1”。

8 参见21号通知第3条。

上市；[1]第二种情形，比如，首钢注资上市公司，即境外借壳上市。[2]

其四，重申国务院关于暂停收购境外企业和进一步加强境外投资管理的通知[3]精神，禁止境内机构或者企业以购买境外上市公司股份方式，实施借壳上市。[4]

综上所述，21号通知主要精神在于，境内企业不得施行境外借壳上市；如若一定要施行，应获证券委员会批准，此即境外借壳上市禁令。为执行21号通知计，中国证监会曾专门行文要求就境外借壳上市事宜摸底普查。[5]摸底普查之举足资说明，境外借壳上市禁令，有时是实实在在的禁令，[6]有时是两可之令。[7]

若从逻辑的角度看，中信香港收购泰富股份，中信香港向泰富注入资产，中信香港相应资产得以借壳上市；[8]故上市乃系列行为的自然结果，不言行政许可之获取。[9]境内借壳上市如此，境外借壳上市也当如此。如若一定要以境外借壳上市为例外，相应理由为何？

四、1998年证券法公布后

1998年证券法公布后，中国证监会发布关于企业申请境外上市有关问题的通知（境外上市通知）。[10]境外上市通知明确告知，国有企业、集体企业和其他所有制企业，重组改制为股份有限公司，并符合境外上市条件[11]的，可向中国证监会申请境外直接上市。

尽管如此，北京金裕兴电子技术有限责任公司（北京金裕兴）境外直接上市无望。[12]为

1 参见前文“三、1”。

2 参见前文“二”。

3 1993年国务院国发〔1993〕69号。

4 参见21号通知第4条。

5 参见1998年2月22日中国证监会证监〔1998〕5号关于落实21号通知若干问题的通知（21号通知若干问题）。

6 例见1999年1月1日中国证监会关于杜庆松违反证券法规行为的处罚决定。

7 例见1998年3月19日对外贸易经济合作部办公厅转发21号通知若干问题的通知。

8 参见前文“二”。

9 其中资产注入，或可构成上市公司重大购买、出售或者置换资产；此等行为得获中国证监会审批，但此一行政许可非属上市行政许可。参见2004年6月29日国务院令第412号对确需保留的行政审批项目设定行政许可的决定，特别是，文中附件行政许可目录第395项。

10 1999年7月14日中国证监会发布。

11 参见后文“六”。

12 参见后文“六”。

境外上市目的，1999年祝维沙和陈福荣归化南美圣文森（St. Vincent & Grenadines）籍；以股权转让方式，将北京金裕兴股东减少为：祝维沙、陈福荣、孙立军和时光荣4人。此前几经创业，祝维沙等16人于1996年在北京注册北京金裕兴。祝维沙和陈福荣在英属维尔京群岛注册裕龙公司；孙立军和时光荣在英属维尔京群岛注册宝龙公司；裕龙公司和宝龙公司在百慕大注册裕兴电脑科技控股有限公司（裕兴科技，8005）；裕兴科技在英属维尔京群岛注册金裕兴电子技术有限责任公司（金裕兴电子）；北京金裕兴99%出资转让给金裕兴电子；剩下的1%转让给北京市永兴电子有限责任公司。1999年年底，裕兴科技正于香港公开发行股票之际，被中国证监会叫停。[1]叫停理由为境外间接上市未经中国证监会核准；归化南美圣文森籍仅仅是规避措施。[2]

在上述背景之下，如若换个思路讨论问题，凡拥有中国境内权益的境外公司之境外上市，比如，俞敏洪的开曼新东方，[3]一律属于境外间接上市？中国证监会的态度是，如属诸如北京金裕兴之类换股转移情形，为境外间接上市，应获中国证监会核准。[4]否则，就上述事宜，律师可以出具法律意见书；中国证监会如无异议，则在收到律师法律意见书之日起15个工作日内提出处理意见，由中国证监会法律部函复律师。[5]此即业界所称“无异议函”。

总之，中国证监会的态度（中国证监会态度二）是，鼓励境外直接上市，不提倡境外间接上市，明确反对规避监管之操作；如若中国证监会出具无异议函，则境外上市可行。

中国证监会出具无异议函，乃以另外一种方式做出行政许可；既为行政许可，自会牵涉中国证监会信用背书一节；[6]为摆脱背书干系，中国证监会借行政许可法[7]施行之机，于2003年废止无异议函之要求，[8]诸如开曼新东方之类的境外上市开闸。

1 参见申林平等:《中国企业境外上市法律事务》，法律出版社2006年版，第269—277页。

2 参见2000年1月17日中国证监会关于批准北京金裕兴电子技术有限公司重组后到香港创业板上市的函。

3 参见后文“五、1”。

4 参见前文“三、2其三”。

5 参见2000年6月9日关于涉及境内权益的境外公司在境外发行股票和上市有关问题的通知。

6 参见陈炜恒：行政审批背后的政府信用，载《二十一世纪经济报道》2003年4月14日。

7 2003年8月27日国家主席令第7号。

8 参见2003年11月20日中国证券监督管理委员会证监法律字〔2003〕15号关于废止部分证券期货规章的通知(第四批)。

五、关于外国投资者并购境内企业的规定[1]

（一）特殊目的公司境外上市

新东方教育科技集团有限公司（开曼新东方），原在英属维尔京群岛注册，2006年1月25日迁至开曼群岛；北京新东方教育科技集团有限公司（中国新东方），成立于2001年，股东为俞敏洪等人（中国新东方股东）；开曼新东方股东，为中国新东方股东和老虎国际基金。中国新东方持有中国境内25家学校和其他运营机构从事教育业务。开曼新东方下设全资子公司，加拿大新东方（New Oriental Education Corporation（Canada））、（HewstoneBeijing Hewstone Technology Co. Ltd（PRC））、Judgment Education（Beijing Judgment Education and Consulting Co. Ltd（PRC））和Decision Education（Beijing Decision Education and Consulting Co. Ltd（PRC））。加拿大新东方持控相应商标和其他知识产权。

转移收入协议：① Decision Education和中国新东方学校缔结教学支持协议，以独占方式向中国新东方学校提供教学支持，相应费用以中国新东方学校收入比例计量；缔结新生录取发展服务协议，相应费用以中国新东方学校新生录取数量比例计量；缔结网站发展和使用协议，相应费用以中国新东方学校收入比例计量；② 开曼新东方分别和Hewstone与中国新东方缔结商标许可协议，以付费使用方式，许可对方在中国境内使用商标；③ Hewstone和中国新东方学校缔结教育软件销售协议，提供教育软件充作新生入学教学资料。控制协议：① 质押协议，为上述协议履行目的，中国新东方股东将其中国新东方出资质押给Hewstone和Decision Education；② 独占选择权协议，开曼新东方享有不可撤销的无条件的选择权，在法律许可的时点，购买中国新东方股东对中国新东方全部或者部分出资。[2]

以上安排可以简略图示如下：

1 2006年8月8日商务部国务院国有资产监督管理委员会国家税务总局国家工商行政管理总局中国证券监督管理委员会国家外汇管理局令2006年第10号。

2 See Prospectus dated September 6, 2006, New Oriental Education & Technology Group Inc.

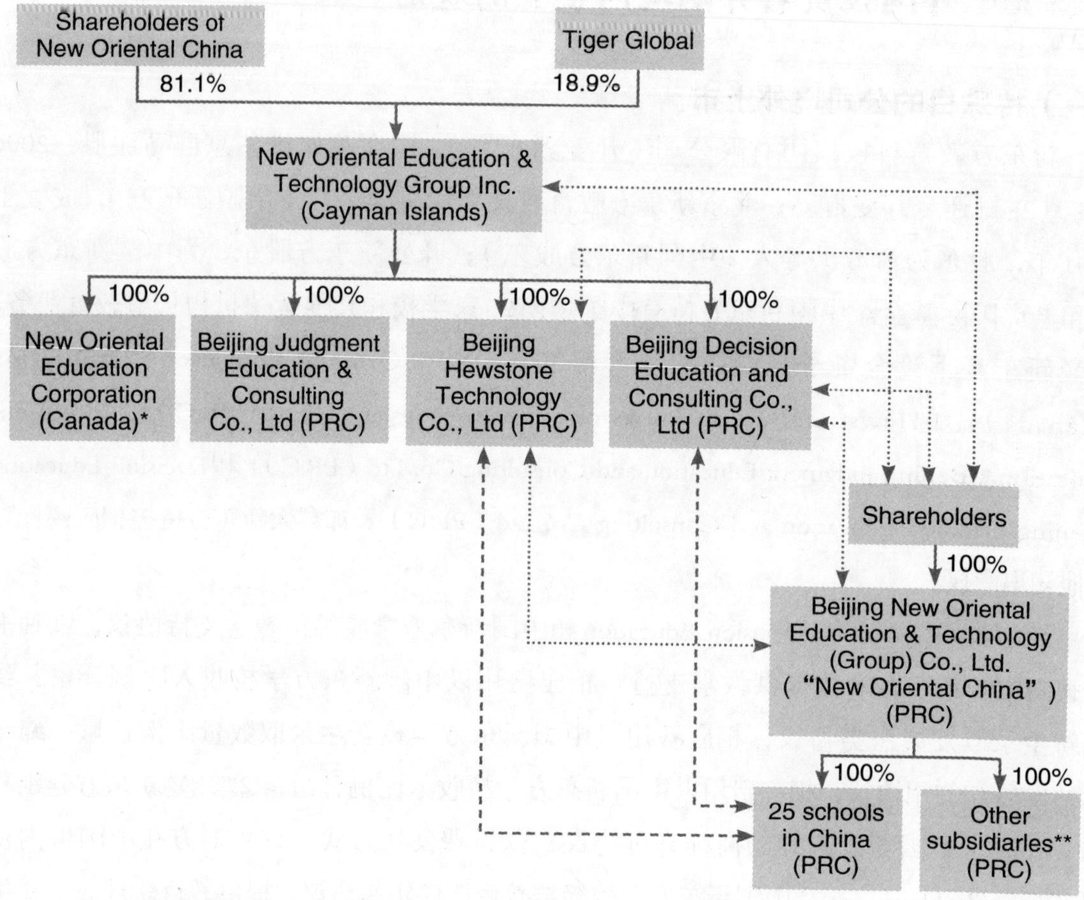

⟶ Equity interest

⟵- -⟶ Contractual arrangemerds consisting of tmdernark lierse agreements, teaching support agreements, new enrolment system development and service agreements and website development and use agreements For a desciption of these agreemerts, see "—Our Corparate Structure and Contractual Arrangements."

⟵····⟶ Contractual arrangamerts consisting of an equity pledge agreement or an endusive option agreement. For a description of these agreements, see "—Our Corparate Structure and Contractual Arrangements."

* An entity without substantial sctivilies except for holding certain trademarks and other intellectual property rights of our company.

** Consisting of various PRC subsidaries operating our educatloral content, software and other technology development and distribulion business, online education business and overseas consulting business in China.

Source: Prospectus dated September 6, 2006, New Oriental Education & Technology Group Inc.

上述案情可以小结为：首先，开曼新东方并非中国新东方的股东，即开曼新东方并未投资中国新东方以维持其营运；其次，因为控制协议而非股权投资，开曼新东方而不是中国新东方股东控制中国新东方；最后，因转移收入协议而不是股权投资，中国新东方收入转移至开曼新东方。开曼新东方即Variable Interest Entities（VIE），[1]也即特殊目的公司。

开曼新东方以VIE方式在美国上市。[2]

（二）关于外国投资者并购境内企业的规定

假设，开曼新东方换股收购中国新东方股权，借此于美国上市；专门针对上述情形，[3]关于外国投资者并购境内企业的规定（并购内资规定）第45条第1款规定：“商务部……初审同意的，出具原则批复函，境内公司凭该批复函向国务院证券监督管理机构报送申请上市的文件。国务院证券监督管理机构于20个工作日内决定是否核准。”即，以特殊目的公司换股收购境内公司股权方式施行境外间接上市者，需获中国证监会批准（并购内资规定批准）。

现开曼新东方以VIE方式境外上市，是否存在并购内资规定批准？开曼新东方在并购内资规定施行前成立；故不存在并购内资规定批准之说。[4]目前尚无中国证监会适用并购内资规定批准的VIE类案例；从逻辑的角度看，并购内资规定批准之说，并不适用于VIE类案例；究竟如何，不得而知。

如此看来，相对于废止无异议函之举，并购内资规定批准为反向动作；如若不能以VIE方式规避，则为大大的反向动作。

六、中国证监会审核程序

以2005年证券法为例，2005年证券法第238条规定：“境内企业直接或者间接到境外发行证券或者将其证券在境外上市交易，必须经国务院证券监督管理机构依照国务院的规定批准。”批准与否的标准为何？相应申请文件为何？相应批准程序为何？2005年证券法第238条授权国务院另行规定，但直至目前国务院尚未公布相应规定。

1 See FASB Interpretation No. 46(revised December 2003).

2 See Prospectus dated September 6, 2006, New Oriental Education & Technology Group Inc.

3 参见第10号第2条和第39条。

4 See Prospectus dated September 6, 2006, New Oriental Education & Technology Group Inc.

2005年证券法公布前的境外上市通知第1条倒是明确，境外直接上市条件为：① 符合中国有关境外上市的法律、法规和规则。② 筹资用途符合国家产业政策、利用外资政策和国家有关固定资产投资立项的规定。③ 净资产不少于4亿元人民币，过去一年税后利润不少于6 000万元人民币，并有增长潜力，按合理预期市盈率计算，筹资额不少于5 000万美元。④ 具有规范的法人治理结构和比较完整的内部管理制度，有比较稳定的高级管理层和比较高的管理水平。⑤ 上市后分红派息有可靠的外汇来源，符合国家外汇管理的有关规定。⑥ 中国证监会规定的其他条件。[1]这是境外直接上市条件。境外直接上市条件是否可以类推适用于境外间接上市，不可得而知之；纵使实际上适用，2005年证券法公布后是否仍然适用，也不可得而知之。[2]

此外，境外上市通知第2条，明确相应申请文件；境外上市通知第3条，明确相应申请和批准程序。上述两条的适用情形，亦同。

仅以境外上市通知而论，中国证监会如欲明确上述事宜，并非困难，倒是简单非常。只要明确“境外直接上市条件可准用于境外间接上市”即可。耐人寻味的是，十数年以来，中国证监会就以“不明确”应对。

七、结论

不论是境外借壳上市，还是境外间接上市，中国证监会可从行政许可程序决定许可与否，此乃看得见的手。从1992年到现在，业界始终难以清晰看见中国证监会看得见的手。法律为中国证监会创设行政许可，中国证监会可定相应行政许可程序以资执行，此亦是看得见的手。从1999年到现在，业界亦难以清晰看见中国证监会看得见的手。中国证监会本应“看得见的手”[3]，看得见吗？

1 类似的条件，参见1999年9月21日中国证监会关于发布境内企业申请到香港创业板上市审批与监管指引的通知。

2 境外间接上市审批事宜未入中国证监会行政许可目录，足可说明问题。http://www.csrc.gov.cn（2009年5月15日访问）。

3 至于是否需要设置这一只“看得见的手”，足值另文讨论。

郑重声明